Ingeborg Christel Spiess

Die Himmelssurferin

Ingeborg Christel Spiess

Die Himmelssurferin

Warum Dimensions- und Rückreisen in vergangene Leben so wichtig sind und eines Tages alle Menschen zu Lichtarbeitern und Schamanen werden müssen

Verlag LILA Das göttliche Spiel
Neuestes spirituelles Wissen durch Religio

MIX
Papier aus verantwortungsvollen Quellen
Paper from responsible sources
FSC® C105338

Verlag:	**LILA Das göttliche Spiel**
Herstellung:	BoD - Books on Demand, Norderstedt
Bestelladresse:	BoD - Books on Demand oder bei der Autorin über
E-Mal:	info@verlag-lila-das-goettliche-spiel.de webmaster@muetter-und-vaeter-der-welt.de
Websites:	www.verlag-lila-das-goettliche-spiel.de (wechselt zu https://verlagliladasgoettlichespiel.wordpress.com) und www.muetter-und-vaeter-der-welt.de (wechselt zu https://muetterundvaeter.wordpress.com)

Umschlaglayout:	Die Autorin/Verlegerin und Norbert Knoblauch Wolkenbild/Teilansicht aus dem Privatbesitz von Norbert Knoblauch freigegeben
Surferin:	Lara Rebecca Ritz, DLRG Hitzacker, fotografiert von Norbert Knoblauch.
Grafiken:	Herstellung und Copyright liegen beim Verlag

Die Autorin und Verlegerin ist für Buchbestellungen, Seminare, Tagungen und Einzelsitzungen unter der Telefonnummer 05821/992511 zu erreichen. Sollte sich die Nummer ändern, bitte auf die Website gehen.

ISBN 978-3-00-047837-6

Inhaltsverzeichnis Seite

Teil I.

Liebe Leser und Leserinnen,

hier ist nun mein nächstes Buch, das mir wieder sehr am Herzen liegt. Ich gebe es zu, mich hat der Titel von José Argüelles Buch: „Surfer der Zuvuya – EIN INTERGALAKTISCHER REISEFÜHRER IN DIE 4. DIMENSION“, Bauer Verlag, 1. Auflage 1997, dazu inspiriert, auch mich selbst als Himmelssurferin zu bezeichnen. Vor etwa dreißig Jahren war ich vom Kosmos zur Schamanin initiiert worden. Doch diese Einweihung machte mich noch nicht zu einer auf geistigem Wege galaktisch- und intergalaktischen Reisenden. Sie machte mich erst einmal zu einer vom Kosmos angeleiteten Heilerin. Zu einer Himmelssurferin wurde ich erst, als ich das unbedingt sein wollte; als ich die dafür notwendigen spirituellen Techniken zu benutzen lernte, und es mich nicht mehr losließ, mich vielen Dimensionen öffnen zu wollen – und weil die Wesenheiten aus der geistigen Welt es so wollten, weil ich für sie in Liebe offen war.

Die meisten Menschen sagen: „Das war aber komisch“, wenn sie sich an ihre Träume erinnern, die ihnen ein bestimmtes geistiges Wissen zuspielten oder wenn sie Vorahnungen oder auch klare Vorausschauen, die sich erfüllten oder auch Déjà-vu-Einsichten in ihre vergangenen Leben hatten. Da sie dafür aber kein Update haben, gehen diese Träume, Erinnerungen oder auch größeren Visionen in ihrem Bewusstsein wieder in die Versenkung – bis sie nur noch ganz schwach sind und von ihnen nicht mehr abgerufen werden können, als Unsinn abgetan oder auch völlig negiert werden. Ein Himmelssurfer und eine Himmelssurferin aber können mit solchen Träumen, Erinnerungen und Visionen bewusst spielen; sie können sie abrufen und verifizieren. Sie können sich gezielt in geistige Räume begeben und sich in ihnen hin- und herbewegen und kundtun und das kosmische Internet – das große kosmische Online-Wissen – fast zu jeder Zeit und fast an jedem Ort anzapfen. Sie sind dazu bereit, zu jeder Zeit von den Wesenheiten lernen zu wollen, die diese Räume bewohnen und unsere Lehrer sind. Sie machen es, um zu lernen: Wie der Kosmos aufgebaut ist und wie er arbeitet und wozu andere Dimensionsräume da sind, und um zu erkennen: Wer bin ich eigentlich? Wozu bin ich gedacht? Wie viele Personen bin ich? Zu welchen kosmischen Gruppierungen, zu welcher Seelenfamilie, gehöre ich?

Was ist meine spezielle Lebensaufgabe? Und: Wie kann ich allem dienen?

Man kann die kosmisch geistige Surffähigkeit eines Menschen durchaus mit den Fähigkeiten von sehr guten Surfern und Tauchern auf und in unseren Meeren vergleichen; auch für sie ist das Surfen und Tauchen ein mystisches Erlebnis. Sie müssen dafür das Meer und seine Wellen lesen können und gut mit den Fischen und den anderen Lebewesen im Wasser umgehen und sie respektieren und lieben, um ganz eins zu werden mit dem wundervollen Element, das wir als Wasser bezeichnen, das aber noch viel mehr – nämlich eine ganz eigene Dimension für sich – ist. Der Walfilmer und Ozeantaucher Daniel Opitz spricht nicht umsonst davon, dass er, um Wale gut filmen zu können, erst selbst zu einem Wal werden muss.

Später einmal, wenn hoffentlich doch noch das Goldene Zeitalter anbricht, von dem immer die Rede ist, es also keine Kriege und andere von Menschen gemachten Dramen mehr auf der Erde gibt, wird der Mensch sich nicht nur gedanklich in andere geistige Dimensionen begeben, sondern er wird sich dann wahrscheinlich sogar mittels Teleportation mit seinem Körper auf der Erde von hier nach dort bewegen können. Dafür ist es aber erst einmal notwendig, dass er zu einem hundertprozentigen friedfertigen Wesen geworden ist, das einem anderen Menschen nichts mehr antun will. So lange das aber nicht der Fall ist, wird es eine Teleportation nicht geben dürfen, weil diese ja nur mit einem verantwortungsvollen Menschen zu ertragen wäre. Stellen Sie sich einmal vor, alle Menschen könnten durch Photonenverschiebungen Reisen auf der Erde vornehmen und der Mensch wäre noch kein friedfertiger Mensch? – Dann könnte jeder jeden bekriegen (des Nachts – in welchem Land auch immer – an seinem Bette stehen und ihn umbringen oder Kriege mit einer ganzen Armada durchführen, indem diese plötzlich aus dem Nichts auftauchen und genauso wieder verschwinden würde).

„Beam me up, Scotty!“, ein häufig zum Spaß nachgesprochener Ausspruch aus der amerikanischen Serie „Star Trek“, wird in der Zukunft von uns genauso natürlich gehandhabt werden können, wie unsere heutige Benutzung von IT-Medien, die es vor zwanzig Jahren noch nicht gab und wahrscheinlich werden Zeitreisen auch bald möglich sein. Das wird dann sein, wenn alle Menschen ein altes Seelenalter erreicht haben und damit zu SchamanInnen und LichtarbeiterInnen werden durften, die dem Himmel dienen wollen.

Wir werden noch viel zu lernen haben, denn wir leben in einer spannenden Zeit. Wissenschaft und Spiritualität kommen sich immer näher (auch wenn viele Wissenschaftler das – noch! – nicht gerne zugeben mögen!) Nicht wenige von ihnen spielen mit David Bohms Theorie, dass wir in einem **holografischen** Universum leben, und dass die Realität, wie wir sie wahrnehmen, nur eine Projektion einer sich außerhalb von Raum und Zeit existierenden Realität ist, die jede Kommunikation im selben Augenblick stattfinden lassen kann. Es scheint sich wissenschaftlich zu bestätigen, was spirituelle Lehren schon lange vermitteln, nämlich, dass wir unser Leben wahrscheinlich nur träumen und von der Ebene der Traumzuschickung nur darum nichts mitbekommen, weil wir in einer von ihr zu weit entfernten und damit zu niedrigen Schwingungsebene leben.

Unsere Erde benötigte bis jetzt immer wenigstens ein paar Menschen, die multidimensional wach waren und ihr Wesen und ihr Wirken als göttlich erkannten und dementsprechend leben wollten. Aber gerade jetzt, in der beginnenden Neuen Zeit, wird es allen Menschen abgefordert werden, so schnell wie möglich zu einem kosmisch wachen und bewussten Lichtwesen heranzuwachsen. Das ist das Ziel Gottes und ein Teil der von ihm an den Menschen gestellten Evolution. Um diesen göttlichen Willen erfüllen zu können, ist es aber erst einmal wichtig, überhaupt zu einem Himmelssurfer oder einer Himmelssurferin werden zu wollen, denn erst dann kann die Welt mit dem daraus Gelernten bewusst neu gestaltet werden. Es ist dafür wichtig, Gott entgegenzukommen und seiner eigenen Verdichtung zu „entfliehen“, sprich „feinstofflicher“ zu werden. Die Neue Zeit braucht einen entdichteten Menschen, mit einem Verständnis über die verschiedensten Bewusstseinsebenen der Welt.

Werden Sie sich bewusst, wer Sie sind! Lassen auch Sie sich ein auf das Spiel, um Ihre „mehrdimensionalen ICHs“ kennen zu lernen, und freuen Sie sich auf die Möglichkeit, dafür immerfort dazulernen zu dürfen. Und lassen Sie sich dabei von den MeisterInnen des Himmels und von guten irdischen Therapeuten begleiten, die schon jetzt ihrer Zeit voraus sind und Erfahrungen mit dem „Reisen in vergangene Erdenleben“ und mit dem „geistigen Reisen in die verschiedensten Himmelsdimensionen“ haben. Schätzen Sie sie als diejenigen HimmelssurferInnen, SchamanInnen und LichtarbeiterInnen, die den Weg bereits beschritten haben, den nun auch Sie zu begehen bereit sind. (Eine theoretische Anweisung, wie man Rückreisen in vergangene Leben und himmlische Reisen allein gestalten kann, gebe ich in diesem Buch aus Verantwortungsgründen ganz bewusst nicht, obwohl manche Menschen das durchaus mit so einer Anweisung könnten! Dafür veranstalte ich Seminare und Einzelsitzungen.)

Dieses Buch baut auf alle vorangegangenen Bücher von mir auf, und es ist wiederum dazu gedacht, mein von mir über viele Jahre hinweg erarbeitetes *neuestes spirituelles Wissen* unter die Menschen zu bringen, das notwendig ist, um noch mehr verstehen zu können, welches Spiel *wir alle* gemeinsam im göttlichen Spiel zu spielen haben, das *Evolution* heißt. Das ist meine – mir vom Himmel gesetzte – Aufgabe.

Es gibt kaum spannendere Reisen, als die Reisen zu sich selbst und in die eigenen vergangenen Leben und in andere Universen. Sie, liebe LeserInnen, gewinnen mit diesen Reisen nicht nur für sich an Erfahrungen. Sie können sie auch an andere Menschen weitergeben. Sie beeinflussen mit jeder Reise aber auch die Entwicklung der geistigen Welten mit ihren LehrerInnen, die nur darauf warten, dass wir *alle endlich* dazu bereit sind, mit ihnen gemeinsam unsere Welt – unsere Erde – zu einem friedlichen und intelligenten Platz zu gestalten. Es ist äußerst wichtig, dass wir die Welt nicht mehr allein gestalten wollen und dass es zu einem spielerischen Miteinander mit den Weisen der verschiedensten Dimensionen kommt. Es ist wichtig, dass wir mit ihrem Wissen endlich zu den HimmelsbotschafterInnen werden wollen, als die wir schon immer gedacht waren. Um das zu können, bedarf es aber spezieller Rückbindungstechniken = „Religiotechniken“.

Religio ist nicht Religion. Obwohl der Begriff Religion sich aus dem Wort Religio=Rückbindung entwickelt hat, haben unsere Religionen heutzutage nur noch wenig mit einer echten Rückbindung zu unseren geistigen Lehrern zu tun. Durch Religio kann jeder Mensch die geistige Welt so erfahren, wie sie ist, und es ist dann nicht mehr nötig, für diese Erfahrungen Kriege auszuführen, weil einem einmal bestimmte Glaubensrichtungen aufoktroyiert und eingebleut wurden.

Werden auch Sie zu einem bewusst gewordenen Lehrer oder einer Lehrerin für die Menschheit. Heizen Sie die positive Evolution der Menschheit als Lichtarbeiter mit an. Bedienen Sie sich des kosmischen Spiels, das „Immer-Weiter-Wachsen" heißt. Nehmen Sie dazu mit Freude mein spirituelles schamanisches Wissen an, das ich Ihnen in diesem Buch näher bringen möchte, und bitten Sie um den heiligen Gral, der Ihnen dafür zukommen möge, um auf der Erde ein spirituell und ökologisch denkender, fühlender und handelnder Mensch zu sein.

Das Endziel soll sein:

ein liebevoller Mensch zu werden, der sich zu jeder Zeit
seiner Multidimensionalität bewusst ist
und im Einklang steht mit allem was ist
und der seine Heimkehr in Freude annehmen will
– zurück zur Urschöpfung – zu Gott.

Wir benötigen Menschen, die mit beiden Beinen fest auf der Erde stehen, und die sich gleichzeitig als galaktische und geistige Wesen begreifen.

Insbesondere die grüne Bewegung benötigt dringend eine mystische und spirituelle Weltsicht, die sie heute noch weitgehend negiert – ohne die sie aber in der Zukunft nur halb sein und nie mehr richtungsweisend agieren kann und im Einheitsbrei des politischen Alltags untergehen muss (was sie seit Jahrzehnten leider tut!) Um Umweltprobleme kümmert sich unsere sogenannte Grüne Partei fast gar nicht mehr!

Wir benötigen Menschen, die sich darüber bewusst sind, dass unsere Natur schon zur Genüge Narben durch die Dominierung des Menschen trägt und keine weiteren mehr ertragen kann; dass wir die Natur nicht noch mehr nur als Ware handeln und abhandeln dürfen, weil alles belebt und miteinander verbunden ist.

Lieben können wir unsere Natur nur,
wenn wir sie mit dem Herzen sehen und
wenn wir uns auf geistigem Wege mit ihr verbinden wollen
und sie sprechen und ihre Lieder und Töne hören
und die feinstofflichen Wesen in ihr sehen können!

Dieses Buch hatte ich gestartet, weil ich dem Thema „Reinkarnation“ auf meine eigene „wissenschaftliche“ Weise beikommen und die Menschen von ihrer irrigen Annahme abbringen wollte, dass sie nur einmal leben, wie es ihnen unsere westlichen Religionshüter seit Jahrtausenden gebetsmühlenartig predigen.

Ein Beweis für die vielen Inkarnationen meiner Urseele war – von vielen anderen Beweisen abgesehen –, dass ich bei meinen Sichtungen öfter in der Sprache des Landes, in das ich gerade eingestiegen war, gedacht, und manches Mal sogar gesprochen hatte – wie das der als Seher, Heiler, Mystiker und als Medium wirkende Amerikaner Edgar Cayce auch getan hatte. Auch er hatte in seinen Readings ab und an in einer Sprache gesprochen, die er im Wachzustand nie hätte sprechen können.*

Nur, wenn sich viele Menschen auf die Reise zu sich selbst und in ihre vergangenen Leben begeben, und damit experimentieren wollen, kann das daraus resultierende Wissen eines Tages zum Gegenstand ernster wissenschaftlicher Untersuchungen gemacht werden. Das wird aber erst dann sein können, wenn die Universitäten dazu bereit sind, ihre bis jetzt noch starre dreidimensionale Weltsicht aufzugeben und wenn sie diese um eine vielschichtige vieldimensionale Weltsicht erweitern wollen, in der nicht alle Versuchsanordnungen stetig wiederholbar sein müssen, um wissenschaftlich anerkannt zu sein. In der geistigen vieldimensionalen Welt gelten diese starren Regeln nämlich nicht!

** Wissen aus dem Buch „Edgar Cayce – Seher, Heiler, Mystiker an der Schwelle des Neuen Zeitalters“, Heyne Bücher, Esoterisches Wissen, von 1965, Seite 65.*
Edgar Cayce soll einmal einen Teil eines Readings in deutscher Sprache gesprochen haben; manchmal sprach er auch italienisch sowie spanisch dabei.

Ich schreibe meine Bücher nicht nur für die heutige Zeit, das kann ich nicht, denn viele Seelen sind zurzeit noch zu jung, um von so einer Alten Weisen Seele wie ich es bin, lernen zu wollen. Erst in der späteren Neuen Zeit – weit nach meinem Ableben und meinem finalen Aufstieg von der Erde – werden sie von den heute noch jungen Seelen gelesen werden wollen. Dann werden auch sie, als Seele älter geworden, so ein Buch wie dieses, als Anleitung für ihr geistiges Wachstum und für ihren späteren Aufstieg von der Erde, dringend benötigen.

So wie ich heute u.a. Abd-ru-shin's „Gralsbotschaft" immer wieder lese, und seinen damaligen, seiner Zeit weit voraus gewesenen Worten und Thesen, in meinen eigenen geistigen Schauen nachspüre, genauso sollen die dann neugierig gewordenen Menschen meine Bücher benutzen können, um mehr über *ihr eigenes spirituelles Sein* zu erlernen. Möge der Himmel dafür Sorge tragen, dass meine Nachkommen es vermögen, meine Schriften in Sorgfalt und in Dankbarkeit für viele Generationen zu erhalten. Vielleicht muss ich dafür aber aus der Anderswelt heraus immer wieder eingreifend vermitteln und ihnen das ewige heilige Feuer, den Gral des Wissens, bringen und sie initiieren, damit sie meine Bücher hüten; so wie das mit mir aus der geistigen Welt heraus geschehen war, damit ich zu der Schamanin und Himmelssurferin – der *Himmelsbotschafterin* – werden konnte, die ich heute bin.

Die Hopi-Indianer sagten, dass das geistige Wissen nur wenigen Menschen vorbehalten sein sollte; und zwar nur denjenigen, deren Seele reif dafür ist (das war auch einmal meine Meinung, denn für unsere früheren Zeiten galt das auf jeden Fall!) Sie initiierten deswegen immer nur die ältesten und weisesten Seelen ihres Stammes. Daraus ließe sich schließen, dass man auch heute nicht so viel davon erzählen und für die Allgemeinheit schreiben sollte. Doch unsere Zeiten haben sich geändert. Da es auf unserer Erde durch die Überpopulation an Menschen und durch den Gebrauch von schädlicher Chemie und Technik und durch die immens gestiegenen Völkerwanderungen – durch Kriege und Wirtschaftsproblematiken hervorgerufen – immer rauer werden wird und sich damit die zukünftigen biologischen, physikalischen und geologischen Veränderungen der Erde sowie der himmlisch evolutionäre Druck dementsprechend verstärken müssen, ist es für die heute noch jungen Seelen besonders wichtig, sich schneller als früher die Menschen, zu einem spirituellen wachen Wesen zu entwickeln. Denn nur ein spirituell wacher und weiser Mensch ist fähig, mit Krisen zurechtzukommen und die Erde zu einem guten Ort ohne Kriege zu machen – und wenn nicht über Bücher und über die verschiedensten neuen technischen Informationsmedien, wie dann, kann das Eingeweihtenwissen heute in unserer Welt in großer Menge und besonders schnell Verbreitung finden!?

Eine große Bitte habe ich an Sie, bevor Sie weiterlesen:
Versuchen Sie bitte immer denjenigen Worten in diesem Buch zu lauschen, die von mir ungesagt hinter dem Gesagten auch Gehör finden wollten!

„Die Wirklichkeit eines anderen Menschen liegt nicht darin,
was er dir offenbart, sondern in dem, was er dir nicht offenbaren kann.
Wenn du ihn daher verstehen willst, höre nicht auf das, was er sagt,
sondern vielmehr auf das, was er verschweigt."

Khalil Gibran, libanesischer Maler, Dichter und Philosoph.

Die Autorin und Verlegerin

Die Urthemen unseres Lebens

Die Urthemen, mit denen wir uns innerhalb unserer vielen irdischen Leben auseinanderzusetzen haben, sind seit den Zeiten, seitdem die Menschheit die Erde betreten hat, immer dieselben geblieben. Auch wenn wir heute durch unsere technisierte Umwelt der Meinung sind, dass wir unser Leben viel besser im Griff haben, als unsere Ahnen – die wir ja auch einmal selber gewesen waren –, so sollte man sich nicht darüber hinwegtäuschen lassen, dass wir fast gar nicht mehr fähig sind, draußen in der Natur allein zu überleben. Wir können das Internet besuchen, Blogs schreiben und unsere Websites erfolgreich hochladen, komplizierte Arbeiten verrichten und tausend wichtige und unwichtige Dinge zum Leben herstellen oder unsere Lebensmittel in Supermärkten einkaufen, aber wir kennen die wilden Pflanzen, die essbar sind kaum noch, unsere Körper sind von Heizungen verwöhnt, und wir wissen auch nicht mehr viel über die medizinischen Heilmittel unserer Vorfahren, mit denen sie auch die schlimmsten Krankheiten zu heilen vermochten. Schlimmer noch: Viele Pflanzen, die diese Heilmittel zur Verfügung stellten, gibt es nicht mehr, weil wir sie nicht schätzten und von ihrem Wert nichts mehr hören wollten und sie als „Unkraut" geradezu hysterisch ausrotteten.

Unsere vermeintliche Sicherheit bezahlen wir heute mit anderen Preisen. Konnte uns früher eine Schlange überraschen und mit ihrem Biss niederstrecken, so müssen wir heute selbstgemachten Ökokatastrophen entgegentreten, deren Ausmaße groß genug sind, ganze Landstrecken und Völker zu vernichten oder unsere Mutter Erde gänzlich in Stücke zu zerreißen. Wir haben heute Gifte in unseren Körpern gespeichert, von denen die früheren Menschen nicht einmal ahnten, dass es sie gibt. Radioaktivität und elektromagnetische Einwirkungen beeinflussen unsere Körper bereits so stark, dass Krankheiten wie Krebs und Allergien Tür und Tor geöffnet wurden, aber auch unser psychisches Verhalten immer unberechenbarer geworden ist. Unsere große Mutter Gaia ist davon in derselben Weise betroffen und soll dabei bald auch noch bis zu zehn Milliarden Menschen ernähren und uns eine gute Mutter sein; sie soll uns eine gute und gesunde Heimstatt bieten, obwohl wir ihr bereits die letzten Tropfen Milch aus ihren Brüsten saugen, sie vergiften und uns ihr gegenüber wie unartige Kinder benehmen. Dafür müssen auch die

Tiere herhalten, die von uns für Forschungszwecke benutzt oder zur vermeintlichen Gesunderhaltung gegessen werden. Als Seele nicht geschätzt, müssen sie ein Leben lang von uns in Ställen eingesperrt, wie in Konzentrationslagern, ihr Dasein fristen – manche ohne je die Sonne gesehen zu haben – und können unserer eiskalten Tötungsmaschinerie nie entgehen.

Mit den Urthemen Leben oder Tod sind wir stündlich, minütlich und sekündlich verbunden, auch wenn wir uns in vollkommener Sicherheit glauben. Ständig geht es um ein Ringen mit unserem Selbst und dem, was wir im Außen, in der Natur und innerhalb unserer gerade existierenden sozialen und politischen Lebensgemeinschaften vorfinden und zu erleben und zu erfüllen haben. Und es geht um den Versuch, das eigene Schicksal zu meistern und das Schicksal anderer Menschen zu verstehen und ihnen im günstigsten Fall behilflich zu sein. Es geht damit auch um gesellschaftliche Machtkämpfe, Sexualität, Krankheit und das Beherrschen unserer körperlichen Ausscheidungen und der damit verbundenen wichtigen Hygienemaßnahmen, und es geht um Zank, Streit und Kriege und deren positive Überwindung durch Liebe, es geht aber auch um unsere Entfremdung von der Urschöpfung und wie man dieser entkommen kann.

Kurz gesagt: Es geht um unser Werden und Vergehen, und wie wir unsere Zeit „dazwischen" – die Zeit zwischen unseren Reinkarnationen – am besten nutzen können, um das von der Urschöpfung für uns gemachte Leben auf der Erde zu verstehen. Damit geht es auch darum, dass wir uns mehr darüber bewusst werden müssen, wie wir unsere Erdmutter zu beschützen haben, damit wir unsere Erdreisen so gut wie möglich, im Sinne Gottes, gestalten können – und es geht dabei auch noch darum, die zukünftigen Leben unserer Nachfahren zu berücksichtigen, die auch wir wieder sind.

Denn das ist der Sinn:
Die Erde hat sich einmal dafür zur Verfügung gestellt, um uns für viele Inkarnationen eine Lernstatt zu bieten. Das ist nötig, weil ein einziges Leben für uns zu kurz wäre, um genug gelernt zu haben. Unsere Erdmutter nimmt uns dafür in ihrer Liebe auf und stellt sich für uns mit ihrer Natur in Hülle und Fülle zur Verfügung – und sie ist es auch, die

unsere Körper zur letzten Ruhe bettet! Alle gemachten Erfahrungen kommen dann unserer Urseele zugute, für die wir als vielfältige Seelenkopien unsere Erderfahrungen machen müssen. (Dazu später noch mehr!)

Rückreisen in unsere vergangenen Leben zeigen uns in vielfältiger Weise auf, durch welche Kulturen wir bereits gewandert sind, wie die Erde früher aussah und wie der Mensch sich entwickelt hat (damit sind sie auch immer als Kulturreisen anzusehen!); aber sie zeigen uns auch auf, was wir alles falsch gemacht haben und wie wir in der Zukunft allem Falschgemachten besser entgegensteuern können. Durch Rückführungen und das Reisen in andere Himmelsdimensionen können wir lernen, unsere, von uns Menschen gemachte Welt, und das Ziel der göttlichen Schöpfung, noch besser als bisher zu verstehen und in uns in Einklang zu bringen, um letztendlich zu den Himmelsbotschaftern (SchamanInnen und LichtarbeiterInnen) zu werden, zu denen alle Menschen eines Tages werden müssen, bevor sie ihren ultimativen Abschied von der Erde antreten und ihren weiteren himmlischen Aufstieg wagen dürfen.

Evolution heißt das kosmische Ziel

Schon für mein Buch „Eure erste Erde ist nicht mehr...“, wurde mir vom Kosmos durchgegeben, dass „Gott, unser Superdesigner“* den „Unter-Gott der Technik“ erschaffen hat, um aus der geistigen Welt heraus die Technik in die Stofflichkeit der Erde zu bringen.

Nicht ohne Grund gibt es zurzeit auf unserer Erde in immer kürzeren Abständen Technikentwicklungen, die unser Leben stark verändern. Vor etwa vierzig Jahren hätten wir uns noch kein I-Phone vorstellen können, mit dem wir von jedem Ort der Welt kommunizieren und uns mit dem globalen Wissen des Internets verbinden und uns per Bildschirm oder Display für andere sichtbar machen können, und dass es Lesegeräte gibt, auf die wir unsere Bücher laden können.

Wie aber kommt dieses Wissen zu uns?
Die meisten Menschen glauben, dass Erfinder und Wissenschaftler stets nur aus sich selbst heraus etwas Enormes leisten oder geleistet haben, wie der Erfinder der Glühbirne Thomas Alva Edison oder der Ingenieur Nikola Tesla, dessen bekannteste Erfindung wohl die Tesla-Spule ist. Diese Erfindungen wurden aber vom Kosmos aus gesteuert! Erfindungen passieren dann, wenn der Mensch dafür zur Genüge entwickelt ist, sie auf die Erde zu bringen! Eigentlich müsste der Begriff „Erfindungen“ in „Findungen“ umgewandelt werden, weil wir „fast immer“ nur das finden, was bereits kosmisch für uns vorgedacht und ausprobiert wurde („fast immer“ schreibe ich, weil natürlich auch der Mensch aus sich selbst heraus eine eigene Evolution betreiben und damit etwas erfinden kann). Aber die meisten Erfindungen werden kosmisch initiiert und gelenkt! Wir können auch die stofflichen Materialien, die wir zur Umsetzung unserer kosmischen Eingebungen benötigen, nicht erfinden. Auch sie können von uns immer nur gefunden werden, und sie können immer nur aus dem bestehen, was die Natur für uns bereithält.

** Damit ist seine männliche und weibliche Form gemeint.*

„Der Mensch wird niemals etwas erfinden,
er entdeckt es lediglich.“

Auch das schrieb Khalil Gibran. Es können aber Dinge, die bereits bestehen, so bearbeitet werden, dass daraus etwas anderes entsteht, wie Plastiktüten aus Oel oder Mais z.B., die so in der Natur nicht vorkommen. Aber nie mehr und nie weniger.

Ich hatte vor Jahren einmal in die Zukunft gesehen, um mir anzusehen, wie Menschen in etwa fünfzig bis hundert Jahren mit ihren Energieproblemen umgehen werden, und ich sah, dass dann jeder ein Minigerät – ein kleines Energiehandy – bei sich trägt, mit dem er sich mit Strom und Wärme versorgen kann, wenn er sie gerade braucht: für seine Lampen und Küchengeräte und zur Erwärmung seiner Innenräume, für seine Autos u.a.m. Diese Energie muss dann nicht mehr aus den Steckdosen gezogen werden, sondern sie wird über das Handy selbst in die Steckdose eingegeben. Dieses Energiehandy hat die Fähigkeit, eine zu allen Zeiten der Erde bereits bestehende – frei verfügbare Energie – aus dem Kosmos, überall und zu jeder Zeit einzufangen und verwertbar zu machen. Bei meinen nachfolgenden Recherchen zum Thema „frei verfügbare Energie aus dem Kosmos“, fand ich heraus, dass der von mir auf der Vorseite erwähnte große (Er-)Finder Nikola Tesla bereits davon gesprochen hatte, dass unsere Maschinen in der Zukunft von einer im Weltraum frei verfügbaren Energie angetrieben werden könnten, wenn Wissenschaftler dieses Ziel nur konkret verfolgten.*

Mit meiner beschriebenen Sichtung hat sich meine Hoffnung genährt, dass Teslas Ideen doch noch zu Ehren kommen und weiterentwickelt werden. Tesla hatte es schwer, seinem vom Superdesigner gegebenen Schöpfergeist gerecht zu werden. Zu viele Steine wurden auch ihm – wie vielen anderen Visionären und Erfindern – in den Weg gelegt. Aber es ist Hoffnung in Sicht, dass meine Vorhersehung doch noch wahr gemacht wird.

* *Wissensquelle: www.tesla.ch/deutsch/4–Free_energy.html*

Es gibt bereits ein sogenanntes Tesla-Auto. Sein Nachteil: Es besteht z.Zt. noch aus 6831 Zellen handelsüblichen Lithium-Ionen-Akkus für Laptops* (die leider viel zu schnell explodieren können) und es holt sich auch noch nicht die Energie aus dem Weltraum. Aber das wird schon werden! Der Gedanke wurde in die Welt gesetzt und wird eines Tages sicher zur Gänze verstofflicht werden können.

Unsere Evolution betrifft aber nicht nur unsere Technik. Sondern sie ist notwendig für alle Wissensgebiete – und auch für unser spirituelles Sein. Um sich zu bilden, kann man viel lesen, zu den Gebildeten gehen und bei ihnen studieren. Man kann sich ins Internet begeben und dort in den wissenschaftlichen und interdisziplinären Websites stöbern. Man kann sich aber auch durch Rückbindungstechniken in die vieldimensionale kosmische Universität mit ihren Lehrern und letztendlich auch in sich selbst begeben, denn alles was es gibt, ist auch in uns vorhanden: Alle Dimensionen des Himmels, Gott, der Sternenstaub, aus dem wir geboren wurden, unsere gesamte Natur! Durch Reisen zu uns selbst, zu unserer Urseele, und in unsere vergangenen Leben, aber auch durch Reisen in andere Dimensionen, können wir enormes Wissen über uns und den Kosmos erlangen; wir können durch sie lernen, wer wir zu früheren Zeiten gewesen waren und wer wir heutzutage sind und warum wir so sind wie wir sind und von welchen LehrerInnen wir im Kosmos angeleitet und beschützt werden und welche Ideen unseres Superdesigners zu unserer weiteren Entwicklung gerade wieder für uns anstehen.

Nachfolgend genannte Themen und noch weitere Themen, werde ich für dieses Buch hintereinander bearbeiten, damit Sie, liebe Leserinnen und Leser, in der Zukunft Rückreisen in Ihre eigenen vergangenen Leben und Reisen in den geistigen Weltenraum auch gern dazu benutzen wollen, um ein noch mündigerer und verantwortungsvollerer Bürger zu werden als jetzt; der sich nicht nur durch kleine visionäre Einsichten ein paar seiner vergangener Leben bewusst ist und damit angeberisch

* *Wissensquelle: https://de.wikipedia.org/wiki/Tesla_Roadster*

hausieren geht und sagt: „Die oder der bin ich gewesen!“, sondern der sich seines jetzigen Seins und vieler seiner gewesenen Seelenselbste bewusst wurde, und dadurch erkennen kann, was seine Aufgabe im großen „göttlichen Spiel“ ist und dass er eines Tages, als Seele alt und weise geworden, als Himmelsbotschafter – als Schamane oder Lichtarbeiter – genauso der Welt zu dienen hat, wie es die heutigen SchamanInnen und LichtarbeiterInnen bereits tun.

Diese Themen sind der Reihenfolge nach u.a.:

Wie wird unsere Evolution aus dem Gottesreich angeheizt und geprägt?/Was ist der Gral?

Wie kommen die Ideen der Schöpfung in uns hinein?

Wie bemerkt man die Einstrahlung des Grals, wenn sie auf einen trifft?

Lichtkörperveränderungen durch den heiligen Gral.

Der Unterschied zwischen einem Schamanen und einem Lichtarbeiter.

Die Fähigkeiten und Merkmale von HeilerschamanInnen/ Wie erkennt man sie?

Wie wird unsere Evolution aus dem Gottesreich angeheizt und geprägt?/Was ist der Gral?

Für diejenigen Leser und Leserinnen, die meine Bücher: „Eure erste Erde ist nicht mehr..." und „In der wahren Gralsburg – Die Arthus-Legende reloaded", noch nicht gelesen haben, möchte ich hier noch einmal darauf eingehen, wie Gott uns Wissen vermittelt.

Für erstgenanntes Buch wurde mir mittels meiner Channelmethoden aus der geistigen Welt das Wissen darüber durchgegeben, wie und warum Gott als **der *Superdesigner***, als **der *Superschamane,*** Schöpfung betreiben muss, und dass wir bereits eine erste Erde hatten, die wir (auch!) kaputt bekommen haben. (Wir leben heute auf ihrer Kopie!) Für das zweitgenannte Buch bereiste ich die himmlische Gralsburg, um diese näher kennen zu lernen, denn es war mir schon lange klar gewesen, dass die Gralsgeschichte mit ihrer Arthusrunde keine irdische, sondern eine sehr alte Überlieferung aus der geistigen Welt ist – die über viele Jahrtausende hinweg stetig neuen Erzählvarianten unterlegen und sich damit mehr und mehr von ihrem Ursprung entfernt haben musste. Wäre ich nicht für viele Abende mit meinen geistigen Sinnen in die himmlische Gralsburg gegangen, und hätte ich dort nicht meine Einweihungen und das Wissen über den Heiligen Gral erhalten und sogar noch die zwei weiteren Burgen über der Gralsburg finden und durchwandern dürfen – und meine eigene Funktion und meine Bestimmung darin, dieses Wissen heute unter die Menschen bringen zu sollen, erkennen dürfen –, dann hätte ich auch dieses Buch nie schreiben, geschweige die nächsten Zeilen, zu Papier bringen können.

Den Ursprung des Grals und der Gralsburg zu erklären, ist auch für dieses Buch wieder von immenser Bedeutung, denn nur mit dem richtigen Verständnis darüber, können wir begreifen, warum wir Menschen Kultur auf die Erde bringen müssen und warum wir zusammen mit Gott, unserem Superdesigner, Evolution zu betreiben haben.
Aber wie heizt Gott unsere Evolution an?
Um alles im Universum am Leben zu erhalten, muss unser Superdesigner bestimmte Energien in bestimmten Abständen durch den Weltraum schicken. Ohne diese Energien würde alles Leben in seiner Kraft nachlassen; alles würde schon schnell verdorren und wäre dem Tode ge-

weiht. Dazu sendet er Riesenlichtduschen durch das Universum, die über alle Hauptsonnen, bis hin zu den kleinsten Nischen ihres Sonnensystems, geleitet werden. Die Strahlen der Lichtduschen müssen deshalb Informationen – in einzelne Lichtquantenpäckchen verpackt – enthalten, die nötig sind, um alles im Weltall am Leben zu erhalten, sie müssen aber auch Gottes neueste, von ihm immer wieder überprüfte, Ideen zu einer erneuten Evolutionsanhebung mit sich tragen.

Diese großen Lichtduschen sind als **Riesengral** zu bezeichnen.

Dabei ist es natürlich für unseren Schöpfergott wichtig, zu beachten, dass die Qualität und die Quantität des Strahls nicht alles im Kosmos mit derselben Stärke trifft und dass seine Energien an seinen gewünschten Zielen *punktgenau* ankommen. Es ist nur zu verständlich, dass manch ein Planet oder Stern oder ein Mensch usw., mehr und auch weniger Energie oder eine andere Energie und Evolutionsmerkmale benötigt als der andere.

Die Mayas erzählen uns noch heute über die Interpretation ihres Kalenders durch Eingeweihte wie José Argüelles, von galaktischen Einstrahlungen, die durch das Universum ziehen, sich dort gezielt verteilen und Einfluss auf uns nehmen, um neue Erdbewusstseinszyklen einzuleiten. Diese Strahlen werden, so sagten sie, von Hunab-Ku, dem Zentrum der Galaxie – das mit einer Radiostation vergleichbar ist – ausgesendet. Diese Strahlen sind kompressierte Wellen mit einer immer langsamer werdenden Frequenz. Und die müssen sie haben, damit sie einen Körper, wie unsere Erde mit ihren Informationen nicht nur spezifisch erreichen können, sondern ihn auch nie zerstörerisch treffen. Dabei ist zu bedenken, dass zu allen Zeiten der Menschheit ein anderes Evolutionsziel Gottes bestand. Mal wurde, wie in der Renaissance, die Malerei und Bildhauerei, gefördert, danach war es die klassische Musik, dann die Technik – und jetzt ab dem Ende 2012 ist der Mensch gefragt, seinen Weg zu Gott zurückzugehen und ein spiritueller, liebevoller und empathischer Mensch zu werden, der alles schützt. Wir können gerade heute an unseren, uns bereits überfordernden Flüchtlingseinwanderungen, ablesen, inwiefern uns eine neue Art von Empathie abgefordert wird, weil wir das, was wir uns in der sogenannten „Hohen Zeit des Kapitalismus“ hart erarbeitet hatten (wir sprechen ja schon von unserer jetzigen Zeit als der Zeit des „Postkapitalismus"), wieder zu teilen zu lernen haben. Die Mayas kannten auch noch nicht unsere mechanisierte Zeit. Die Zeit hatte für sie spirituelle Werte. Sie würden darüber staunen, inwieweit Menschen heute von einer Uhr abhängig sind und damit für ihre Berufe, ihr materielles Auskommen und ihre Freizeit, mechanisiert und zu Sklaven gemacht werden konnten.

Der allererste Superdesigner unseres Universums, wurde von den Elementen des Vakuums geboren und hatte die Idee von diesen implantiert bekommen, das Weltall zu erschaffen und mit ihnen zusammen beständig Evolution zu betreiben. Er erlernte dafür, mit ihnen so viel herumzuspielen, wie er es nur wollte und wie sie sich dafür eigneten, mit diesen aber auch – durch Misserfolge – in Verantwortung umzugehen. Unser heutiger Superdesigner ist deshalb genauso wie der erste Superdesigner, und alle Superdesigner, die ihm nachfolgten, dazu angehalten, mit Verantwortung Neues zu erfinden und Altes am Leben zu erhalten, es aber auch sterben zu lassen, wenn es anders nicht mehr geht. So muss er insbesondere heutzutage unnütz gewordene Sterne sterben lassen, wenn er sich an neue Sternenarten wagt, weil unser Weltall bereits mit Sternen übersät ist; seine hermetische Absiegelung könnte ansonsten in Gefahr kommen, aus der Balance zu geraten. (So war es mir für mein Buch: „Eure erste Erde ist nicht mehr...", auch durchgegeben worden.)

Die Theologie Platons sagte aus, dass alles das, was ist und passiert und jede Form, die neu in Erscheinung tritt, in Einklang steht mit den bereits seit Ewigkeit bestehenden Archetypen, Ideen und Gedanken Gottes oder einer grundlegenden mathematischen Formel im Weltenraum. So lässt sich sagen:

Unser Superdesigner ist „Alles-Was-Ist" und
was schon vor ihm da gewesen war!

(Auch das Vakuum, aus dem der erste Gott entstand, war nicht leer, denn es beinhaltete bereits die Elemente – Wasser, Erde, Luft, Feuer und Äther/Geist –, ohne die es ihn nie hätte geben können.)

Anmerkung: Der Gnostiker Kerinth, der zwischen dem 1. und 2. Jh. gelebt haben und in der Provinz Asia gelehrt haben soll, soll davon überzeugt gewesen sein, dass unser Universum nicht allein von einem Gott erschaffen wurde. Dieser Meinung bin ich auch, denn es soll ja noch andere Universen geben. Dazu später noch mehr.

Alles was bis heute entstand und weiter entstehen wird, ist ein Teil des jetzigen Superdesigners und aller seiner mittlerweile vor ihm gewesenen Superdesigner und deren Mitdesigner und der Elemente, mit denen er spielt. Wir müssen verstehen lernen, dass auch Gott sich weiter zu entwickeln hat, und wir als Menschen – als „die Mit-Auszuführenden seiner Evolutionswünsche" – dazu gedacht sind, für ihn möglichst alles in guter Weise auf unsere 3-dimensionale Erde zu bringen und dass wir ihm damit in seiner Evolution zu folgen haben. Dafür sind wir da! Dafür haben wir unser Gehirn mit seiner Denkfähigkeit und unsere Sprache mitbekommen! Das ist unser Gewinn! Das ist unser Schicksal! Das ist unsere Verantwortung!
Alle Superdesigner mussten sich zur Mithilfe Mitdesigner=Untergotte erschaffen, damit das Spiel mit der Evolution schneller weitergehen konnte, denn erst wurde nur ein Stern erschaffen, dann mehrere verschiedene ausprobiert; bis zur heutigen Zeit, in der unser Weltall – wie ich bereits schrieb – mit Sternen übersät ist*. Da reichte ein Gott nicht mehr aus. Diese Untergotte, oder Mitdesigner, wurden von den früheren Menschen, die noch bessere Seher gewesen waren als die Menschen heute – vor der zwanghaften Einführung unserer monotheistischen Religionen – als Götter bezeichnet. Durch das Glaubensbekenntnis: „Ich bin der Herr, Dein Gott, es gibt keine anderen Götter neben mir", wurde die Lehre über den „Ein-Mann-Gott" in unseren christlichen Religionsgemeinschaften aber derartig stark in Stein gemeißelt, sodass die Mitdesigner unseres Superdesigners einfach in völlige Vergessenheit geraten mussten. Ich habe in allen meinen Büchern deshalb auch nie von ihnen als Götter, sondern von *Gotten*, gesprochen, um ihre Wertigkeit besser darzustellen, weil man kulturgeschichtlich bedingt, mit ihrer Bezeichnung „Götter" unterstellt hat, dass man sie wie Götzen anbetet und damit ihre Arbeit an der Welt unterschätzt. Aber auch die meisten anderen Religionsgemeinschaften stehen uns heute in der Verehrung des Einmann-Gottes in nichts nach. Andere Glaubensweisen wurden kaum noch zugelassen, ja ausgerottet und nur noch den primitiven Stammeskulturen „großherzig" zugeschrieben.

** Diese verschiedenartigen Sterne sind als Versuchsanordnungen unseres Superdesigners und seiner Mitarbeiter anzusehen.*

Man verehrte früher aber nicht nur die Götter, sondern auch zu Recht, die Göttinnen. (Göttinnen haben eine etwas andere Stellung als Mitdesigner. Sie sind Friedens- und Schönheits- und Anmutserhalterinnen, Rechtsprecherinnen und Psychologinnen in ihren unterschiedlichsten Funktionen. Sie haben damit eine andere sehr wichtige himmlische Position inne. Und da wir Frauen auf der Erde einstmals aus ihnen durch Emanation=Herausfluss entstanden sind, sollten wir hier auf Erden auch nur ihre Aufgaben einnehmen und nicht männlichen Attributen und Berufen nachhecheln, die uns nie guttun können.)

Es ist in unseren Religionen auch nie die Sprache davon gewesen, dass der allmächtige Gott eines Tages zu sterben hat; er gilt als unsterblich (was im eigentlichen Sinne richtig ist, weil er nicht stirbt, sondern sich nach seinem Abgang nur auf eine andere – eine weitere – Stufe *seiner* Entwicklung begeben muss). Auch er muss seinen „Job" eines Tages an einen jüngeren Gott abgeben, wie es bei uns hier auf der Erde geschieht, wenn der Firmenpatriarch seine Firma an einen jüngeren Nachfolger abgibt, um nach seinem Tod eine Erhaltung und Weiterentwicklung seines Geschäfts gewährleistet zu sehen. Alle Superdesigner – und mit ihm seine Untergotte – verändern sich also genauso wie wir, die wir auch eines Tages zu sterben und damit in einen anderen Seinszustand überzugehen haben. Den letztendlichen Tod stirbt aber wahrscheinlich alles erst dann, wenn es eines Tages wieder ins Nichts (und in das, was vor dem Nichts war!) eingehen muss, siehe dazu auch wieder mein Buch: „Eure erste Erde ist nicht mehr...". Und vielleicht wird eines Tages von einem Gott oder dem, was vor dem Vakuum existiert, entschieden – oder es ist bereits beschlossene Sache!? –, dass auch dieser Prozess nicht mehr sein muss, dass es doch noch andere Formen der Weiterentwicklung geben kann oder sogar bereits gibt, die sogar einen letztendlichen Tod ausschließen. Doch vorerst muss jeder Superdesigner genauso immer wieder abrücken und einem neuen Gott mit neuen Ideen und Evolutionswünschen Platz geben, wie wir unseren Nachfahren Platz geben müssen, um durch unsere Kinder und Enkel weitere Evolutionsanhebungen auf der Erde gewährleistet zu sehen, für die wieder neue körperliche, seelische und spirituelle Stärkemerkmale vonnöten sind, die man im Alter einfach nicht mehr hat!

Zurzeit befindet sich das Weltall am Anfang einer erneuten großen Zeitenwende! Alle bereits gewesenen sehr großen Zeitenwenden gingen damit einher, dass es zu einem Austausch von einem Superdesigner zum nächsten und damit natürlich zu vielen weiteren großen Bewusstseinsanhebungen und noch neueren Erfindungen kommen konnte, die wiederum durch viele verschiedene Grale zu uns gebracht wurden. Damit ist auch erklärt, dass die Kinder unserer jetzigen Neuen Zeit mit ganz anderen Entwicklungen fertig werden können als die älteren Menschen. Analog zum Austausch unseres alten Superdesigners zum nächsten Superdesigner und dessen neuen Erfindungen, sind sie bereits vor ihrer Geburt und durch die Evolutionsgeschichte der Menschheit insgesamt bedingt – in der sie durch ihre vielfältigen Reinkarnationen eine Rolle spielen und daraus lernen durften – darauf vorbereitet worden, in der Zukunft wieder ein neues und noch größeres Entwicklungsspiel aufzunehmen (so ist das immer schon gewesen!) Unsere Kinder können demnach nicht von ungefähr mit unseren neuen Techniken immer schneller und „Multitasking“ umgehen, sie haben auch ein anderes Gefühl für Geschwindigkeit und die kosmische Evolution im Allgemeinen mitbekommen. Als die erste Eisenbahn erfunden wurde, sagte man, dass eine Geschwindigkeit der Lok von über dreißig Kilometern pro Stunde die Passagiere umbringen würde; heute sitzen wir Normalbürger gemütlich in Jets, die die Erde mit um 850-900 km/h überfliegen können und trinken unseren Tee oder essen eine Mahlzeit, ohne dass uns schlecht wird; und besonders mutige Menschen erreichen mit bestimmten Fluggeräten sogar Überschallgeschwindigkeit, ohne davon auch nur annähernd gesundheitlich beeinträchtigt zu sein. Alle großen Zeitenwenden wirken sich aber auch auf die anderen Dimensionen aus. Alle geistigen Wesen in diesen Dimensionen, müssen sich dann auch schneller entwickeln.
Aber nicht nur Gott betreibt Evolution, auch die Erde und alle sie bewohnenden Lebewesen, haben die Fähigkeit entwickelt, aus sich selbst heraus Evolution zu betreiben. Aus Einzellern wurden Mehrzeller und aus ihnen wiederum große Zellorganellen bis hin zu unseren heutigen Pflanzen, Tieren und Menschen, die auch nicht unveränderbar sind und einer stetigen Weiterentwicklung unterliegen. Alles im Kosmos ist einer Veränderung durch Wachstum und Anpassung unterworfen. Nur so ist Weiterleben garantiert. Was sich nicht mehr weiterentwickeln kann, das muss verdorren und sterben. Und so ist auch der Mensch – bis er alt geworden ist und seinen Nachfahren Platz machen muss – dazu angehal-

ten, mit und für die göttliche Schöpfung Evolution zu betreiben, nicht stille zu stehen, sondern mit dem Willen des gerade herrschenden Superdesigners weiterzugehen und mit der Schöpfung im kosmischen Spiel eine bewusste Einheit zu bilden; biologisch, physikalisch, seelisch, geistig und spirituell.

Da aber nicht alle Menschen auf der Erde die nötige geistige, seelische und spirituelle Reife haben, die Schöpfung zusammen mit dem jeweiligen Superdesigner und seinen Untergotten in einem guten evolutionären Sinn anzutreiben, muss es auch noch Menschen, und auch Menschengruppen, geben, die sich als besonders geschulte vom Himmel, als „Herabgestiegene Lehrer" (MeisterInnen, EngelInnen und HimmelsköniginInnen), als SchamanInnen zur Verfügung stellen, um wie fleißige Bienen oder Ameisen, die Schöpfung zu erhalten und Kulturen anzuheben. Michelangelo hatte das in der Zeit der Renaissance mit der Malerei und Bildhauerei und dem Weiterbau von Bramantes 1506 begonnenen Petersdom getan. So auch Leonardo da Vinci, der sich nicht nur mit der Malerei und dem Aufbau von Maschinen auseinandersetzte, sondern sich auch der Anatomie des menschlichen Körpers verschrieb und dafür das Sezieren gründlich erlernte. Und so machten es auch noch andere große Maler, Bildhauer und Kirchenerbauer der Renaissance und des späteren Mittelalters, die ich hier nicht alle wegen ihrer großen Anzahl benennen kann – und so hatten das auch Bach (1685-1750) und Mozart (1756-1791), um hier nur zwei wichtige Komponisten herauszustellen, mit der Musik als Schamanenkünstler getan.

Dazu ist es auch noch wichtig von mir anzumerken, dass das göttliche Spiel mit der Entwicklung der alten Künste im eigentlichen Sinne abgeschlossen ist. Es gibt keine großen Weiterentwicklungen in der Malerei und Bildhauerei und in der Musik mehr. Quasi ist alles bereits heruntergeleitet und von uns verstofflicht worden. Es gibt keine Malerei und Bildhauerei mehr, die so neu sind, dass wir davon noch einmal so völlig neu überwältigt werden könnten wie zur Zeit ihrer Erfindung, und es gibt keine völlig neue Musik mehr. Alle Musik, die zu uns heruntergeleitet wurde, ist bereits geschrieben und vertont worden. Heute gibt es nur noch unterschiedliche Variationen davon; mit anderen Instrumenten gespielt als früher. Man könnte meinen, dass die moderne elektronische Musik eine völlig neue Musik ist, wie die Musik des verstorbenen Klangmeisters Karlheinz Stockhausens z.B., aber auch sie ist eine Variation der alten Töne. Auch Arnold Schönberg verwendete mit seiner Zwölftonmusik heutige Töne, er setzte sie „nur“, was natürlich genial war, in eine Reihe von zwölf verschiedenen Tönen, die innerhalb der Serie nicht mehr wiederholt werden durften und darum ein völlig anderes Klangbild erschufen. Eine ganz neue Musik muss wahrscheinlich erst noch von Gott und seinen Helfern geschrieben werden – wenn überhaupt!? Vielleicht wird erst der nächste Superdesigner ganz neue Töne erfinden und damit ein völlig neues Klangbild auf die Erde bringen!? Heute sind es die Wissenschaften, wie die Biologie, die Biochemie und die Physik mit ihrer Quanten- und Astrophysik, die sich weiter zu entwickeln haben und für die Gott bestimmte Grale für diejenigen Menschen darreicht, die einen Adapter dafür mitbekommen haben. Und so verhält es sich auch mit der Entwicklung der Technik, insbesondere der Informationstechnik und der Nanotechnik, von denen wir noch viel erwarten können – die wir aber genauso wie die Gentechnik zu fürchten haben, wenn wir sie nicht verantwortungsvoll einsetzen und zu nutzen wissen.

Ich erwähnte bereits, dass unser jetziger Superdesigner den Gott der Technik extra dafür geboren hatte, um mit seinen speziellen Ideen unsere Evolution zu bereichern. Insbesondere an der Erfindung unserer Informationstechnik lässt sich das gut ausmachen, der ein bewusster sozialpolitischer Zweck zugrunde lag, denn wenn sich immer mehr Menschen mittels Facebook, Blogs und Twitter u.a. ähnlichen Medien, weltweit zusammenschließen und ihre Gedanken schneller als früher austauschen können, umso weniger können ihre Politiker sie für ihre undemokratischen Zwecke missbrauchen. (Dass diese Medien trotzdem missbraucht werden können, das haben wir leider auch lernen dürfen. Wo Licht ist, ist immer auch Schatten!) Man muss verstehen, dass der Mensch ohne die regelmäßigen, in Zyklen verlaufenden, Energieanhebungen noch wie ein Wilder leben würde, der kaum fähig wäre, sein Überleben gut zu gestalten, noch schöpferisch tätig zu sein – und damit auch bleibende Kulturen nie erschaffen haben könnte.

Es gab viele Menschen in meinem Leben, die mir auf mein eben beschriebenes kosmisches Wissen entgegneten, dass sie es nicht gerne sähen, dass sie damit fast zu jeder Zeit wie Marionetten im kosmischen

Spiel benutzt werden könnten. Ich halte aber immer dagegen: Wäre es denn nicht ganz furchtbar, nicht in dieses schöpferische Spiel, in Gottes Traum von der Evolution, eingebunden zu sein? Dann wären wir ja alle verlorene Seelen ohne Wachstum! Wir hätten keine Künste wie die Malerei, die Architektur, die Bildhauerei, den Tanz, das Schauspiel und die Musik. Mozart ist zwar arm gestorben, aber wäre er glücklicher gewesen, wenn er an Geld reich, aber ohne seine Musik gelebt hätte? Ohne seinen himmlischen Auftrag, diese unter die Menschen bringen zu müssen und ohne vom heiligen Gral dafür als Künstlerschamane so wunderbar bestückt worden zu sein?

Aus allem Gesagten ergibt sich, dass unser Superschöpfer dazu angehalten ist, nie in seiner Entwicklung stille zu stehen und stetig weiter zu gehen und zu erfinden und dass analog dasselbe für uns gilt, weil ***alle Menschen Mitschöpfer im kosmischen Spiel sein sollen***.
Und dass er das nicht alles allein bewerkstelligen kann, sondern Hilfe durch Untergotte (und vielleicht sogar durch Nebengotte?) dafür benötigt, weil das von seinen Vorgängern und ihm gestaltete Universum immer komplizierter wurde, das ist auch nur all' zu logisch. Doch Gott der Superdesigner hat noch eine andere besondere Fähigkeit, so auch in meinem genannten, mir aus der geistigen Welt durchgegebenen, Buch: „Eure erste Erde ist nicht mehr…", nachzulesen. Er wäre nicht *der Superdesigner*, hätte er diese nicht. Er ist es, der für unser gesamtes Universum zuständig ist. Nur er weiß, wie man es hermetisch abgeriegelt hält und wie und welche Sterne er in welchem Zeitraum sterben lassen muss, damit er neue ausprobieren kann. Damit ist er nicht nur ein Superhirn, sondern er hat damit auch eine große – für uns unvorstellbare – Verantwortung zu tragen, die nicht nur aus seinem Designergen, sondern genauso aus seiner Herzenergie, seiner großen Liebe für „Alles-Was-Ist", entspringt. Denn was wäre, wenn dieser hermetisch abgeriegelte Weltraum platzen würde?*

** Obwohl die meisten Physiker die Theorie favorisieren, dass sich das Weltall unendlich ausdehnt, weil Messungen das so suggerieren, gibt es auch Physiker, die der Meinung sind, dass das Universum doch endlich ist. Bitte googeln sie dafür u.a.: http://www.spektrum.de/magazin/ist-der-raum-endlich/825561*

Wie kommen die Ideen der Schöpfung in uns hinein?

Es ist natürlich logisch, dass diejenigen Menschen, deren Urseele sich bereits zu einer Alten oder Alten Weisen Erdseele* entwickelt hat, ein wenig mehr an Energie – an Wissen (an Lichtinformationsquanten) – zugewiesen bekommen dürfen, als diejenigen, die auf der Erde „Noch-Junge-Seelen", mit nur wenigen Erderfahrungen sind. Es ist aber auch logisch, dass selbst Alte und Alte Weise Erdseelen nicht zu viel Energie aus dem Universum erhalten dürfen; dass die Energiemenge der Informationen auch für sie so bestückt sein muss, dass sie sie gut aushalten und gut in sich integrieren können.

Und damit jeder Mensch *sein* persönliches Quantum an Energie und Wissen erhalten kann, dafür ist die kosmische Gralsburg mit ihren zwölf Räten und King Arthus – in der geistigen Welt **Arthurus** genannt –, zuständig. Sie sind es, die darüber beraten und entscheiden, welche spezifische Menge an Lichtenergie zu den einzelnen Menschen geleitet werden darf. Da sie sich mit den Menschen und dem Menschsein durch eigene Inkarnationen, für die sie auf die Erde vielfältig herabgestiegen waren, genau auskennen, wissen sie auch, mit wie viel Lichtenergie der Einzelne ausgestattet werden darf, um damit arbeiten zu können. Dafür kommen den Ausgewählten entweder die Mengen von kleineren Lichtduschen zu (ich nenne sie „kleinere Lichtduschen", bzw. „kleinere Lichtgrale" im Verhältnis zu den „Riesenlichtduschen, bzw. Riesenlichtgralen", die durch das Universum ziehen und auch auf die Erde treffen) oder die Lichtenergiemengen, die in eine Sauciere für ihre persönliche Lebensaufgabe, abgefüllt passen. (Die Sauciere sowie der Kelch, zu dem ich später noch komme, sind den Menschen als Restidee vom heiligen Gral übrig geblieben, von den Lichtduschen als Riesengrale aber weiß keiner mehr!)

** Das sind Begriffe, die ich in meinem Buch „MORGENSTERN – Die Seelenalter und die Neue Zeit" verwendet habe. Die Seelenalterbezeichnungen werden von mir in diesem Buch deshalb auch durchgängig substantiviert, siehe dazu mehr im II. Teil dieses Buches unter dem Thema „Die Seelenalter", ab Seite 170.*

Auf diese Art und Weise werden auch alle diejenigen initiiert, dic im Kosmos bereits Wissende sind und die als Herabgestiegene – EngelInnen, MeisterInnen und KönigInnen – auf die Erde kommen, um der Menschheit durch ihr kosmisches Wissen und ihr heiliges Sein, noch einmal eine besondere Art von Evolution möglich zu machen. Es ist wichtig, auch ihnen bei Bedarf neue Evolutionsmerkmale und Energien für ihre körperlich und seelisch anstrengende Aufgabe zukommen zu lassen, damit sie diese nie aufgeben.

Es leuchtet auch ein, dass unser gutes altes Wissen – wenn jemand stirbt oder ganze Menschengruppen von ihrem Seelenalter her aussterben –, erneut an andere vereinzelte Bürger oder Menschengruppen der nächsten Generation weitergegeben und wiederum gehalten und weitergegeben werden muss, damit auch dieses niemals verloren geht und sich wiederum neues gutes Wissen darauf aufbauen kann.

Das ist das ewige kosmische Spiel.
So lange es das Weltall gibt, wird Schöpfung
auf diese Weise betrieben.

Jede neue Energieanhebung beschleunigt die nächste, denn, wenn immer mehr Wissen in immer kürzerer Zeit unter die Menschen gebracht werden soll, und das Universum damit an Wissen immer „voller" wird, dann müssen auch immer mehr Untergotte zur Mithilfe für eine weitere Evolutionsanhebung und -korrektur geboren werden; nur so kann der jeweilig gerade amtierende Supergott garantiert bekommen, seinem Wesen als guter, moderner und innovativer Designer gerecht zu werden. Deshalb haben wir das Gefühl, dass wir es zurzeit mit großen energetischen Beschleunigungen und einer großen Energie- und Wissensanhebung zu tun haben, und daraus folgt auch: Diese Beschleunigungen und Anhebungen werden in unserer Zukunft logischerweise noch zunehmen – denn je mehr der Mensch lernt und weiß, umso mehr muss er bereit sein, noch mehr zu lernen. Und dass das so geht, das spüren wir alle! Unsere Enkelkinder werden demnach noch mehr ein „Superhirn" sein dürfen als wir; und deren Kinder und Enkelkinder wieder noch mehr als sie. Den Evolutionsmerkmalen Gottes mittels Gral zu folgen, ist nicht nur wichtig, damit wir noch gebildeter werden, sondern genauso wichtig, damit wir den Drang in uns verspüren, uns unseres multidimensionalen Seins bewusst zu werden. Wir sollen zu einem Wesen heranreifen, das Gottes Schöpfung immer mehr zu begreifen imstande ist und welches sich seiner Liebe und Verantwortung für „Alles-Was-Ist“ bewusst wird und mit diesen, seinen wundervollen Eigenschaften, eines Tages die Welt genauso zu einem guten Platz machen möchte wie er. Denn Evolution zu betreiben heißt: Im höchsten Maße Liebe zu verspüren und Verantwortung zu tragen!

Unsere Informationstechniken haben uns heute eine ganz eigene Evolutionsanhebung möglich gemacht. Fast acht Milliarden Menschen, die heute schon zu zwei Drittel global vernetzt sind, können auf eine ganz andere Informationsbildung blicken, als noch ihre Vorfahren vor zwei Jahrhunderten, die noch nicht einmal ein Radio kannten. Ich sagte ja schon, dass unsere rasanten Erfindungen im Bereich der Informationstechnik nicht von ungefähr sind. Sie wurden und werden von Gott, dem Superdesigner, und seinem Gott der Technik, mittels Gral zu uns „heruntergeladen“, damit wir durch ihre uns gegebenen Vernetzungsmöglichkeiten auch ihre sozialen und politischen Ideen noch besser und schneller als zu früheren Zeiten zur Anwendung bringen können. So sind alle: die EngelInnen und MeisterInnen und KönigInnen des Himmels, sowie die zwölf Räte mit ihrem König Arthurus, sowie die Herabgestiegenen, aber auch alle anderen Lichtduschen- und Gralsempfänger wie eine Kette in einem Glied innerhalb des großen kosmischen Spiels, das *Evolution* heißt, zu betrachten. Nur so lässt sich erklären, dass Nikola Tesla, der u.a. auch das Radio erfand, ein Empfänger für Gottes neue Evolutionsanordnungen gewesen war, bzw. gewesen sein muss! Die Mayas, die große Zeitenkenner gewesen waren, sie sprachen von der jetzigen Zeit – der Zeit ab 2012 – von einer Zeit der Synchronisation mit dem Weltall. „Synchronisation mit dem Weltall“ heißt: Wir sollen mit den Weisen des Himmels kommunizieren lernen und mit ihnen zusammen (synchron) an einer besseren Welt arbeiten! So wie ich heute meine kosmischen Lehrer und Lehrerinnen als Professoren und Professorinnen, der einzigen „richtigen Universität“, der Himmelsuniversität, betrachte, so sollten das in der Zukunft möglichst alle Menschen tun. Um das zu können, müssen sie aber wissen, dass man sich nur durch die Techniken der Rückbindung und des Channelns auf das Hören und Sehen ihrer Informationen und Lernprogramme einstellen kann. Diejenigen Menschen, die Erfindungen oder neue Künste auf die Erde zu bringen haben,

die beherrschen das Channeln bereits auf ihre Weise, indem sie dic Fähigkeit haben, *Inspirationen zu empfangen.* (Inspirationen erhalten zu können, ist auch eine Form der Rückbindung und des Channelns!) Sie wissen oft nur nicht, dass sie sich dafür freihalten, weil sie Gottes evolutionäre Ideen auf die Erde zu bringen haben. Sie denken, dass ihre Ideen aus ihnen selbst entstanden sind, weil unsere Erziehung ihnen das so vermittelt hat. Und doch ahnen immer einige von ihnen, dass ihre Ideen aus der geistigen Welt zu ihnen kamen.
Nur mit solchen Menschen und unseren LehrerInnen in der kosmischen Universität und mit einer stetig wachsenden geistigen Seelenreife, die es uns erlaubt, auf die eine oder andere Weise für die Welt evolutionär wirken zu können, kann das so oft vorhergesagte Goldene Zeitalter garantiert werden. Und da es kosmisch vorgesehen war, dass dieses Zeitalter jetzt in seiner Morgenröte steht, müssen die heute noch jungen Seelen viel schneller reinkarnieren und in kurzer Zeit noch mehr erlernen, als es den heute schon Alten und Alten Weisen Seelen abgefordert wurde, als sie noch ein junges Seelenalter innehatten. Ich weiß, dass mir jetzt viele Menschen entgegenhalten möchten, dass wir gerade darum noch Kriege haben, weil es so viele unfertige Seelen gibt, und dass man deswegen nicht mehr an ein schnell anrückendes Goldenes Zeitalter – wenn überhaupt an ein Goldenes Zeitalter – glauben sollte. Die Kriege der Männer – zurzeit in der Ukraine, in Syrien, im Irak und im Gazastreifen, um hier nur einige zu nennen, werden nicht so schnell beigelegt werden und sprechen Bände. (Das Thema „Flüchtlingsprobleme", hatte ich ja schon auf Seite 25 unter den Themen "Empathie und Kapitalismus" kurz benannt.) Kinder müssen in Afrika verhungern, weil große Konzerne dafür sorgen, dass die Preise von Lebensmitteln künstlich hochgehalten werden. Aber auch bei uns gibt's zur Genüge Probleme: Unsere Umweltproblematiken wachsen uns in rasanter Geschwindigkeit über den Kopf, täglich sterben Tier- und Pflanzenarten aus. Unsere Kinder werden bereits als Kleinkinder ihren Müttern entzogen und in KITAS gesteckt, weil diese auch noch zur Erhaltung der Familien und des Staates mitarbeiten sollen (unsere Politik und Wirtschaft negiert mittlerweile die Biologie von Männern und Frauen und Kindern und erschöpft sie genauso bis zum Letzten, wie sie die Biologie und den Lebenszweck von Tieren negiert und erschöpft, die in den Ställen nur zu dem einen Zweck gehalten werden, um auch sie bis aufs Letzte auszubeuten; kann die Kuh keine Kälber mehr gebären und uns keine Milch

mehr zur Verfügung stellen, so kann man sie aber noch töten und ihr Fleisch, ihre Knochen und ihre Haut in Geld umwandeln).

Unsere Welt wird stetig komplexer, und somit wachsen unsere Schwierigkeiten. Es sind die *von uns gemachten Schwierigkeiten*, denen wir begegnen müssen. Wir haben durch unsere Herzlosigkeit und unseren Hass bereits tief in unsere Natur eingegriffen – insbesondere die (noch) rauen und wilden Männer und diejenigen Frauen, die mit ihnen mitmachen und sie unterstützen, haben das! Aber auch ich darf die Hoffnung nicht aufgeben, dass die Menschheit noch lernen wird, ihre Population nicht noch mehr zu vergrößern, weil sie dadurch zu junge Seelen vom Himmel herunterzwingt und die Alten Weisen Seelen noch mehr in die Nischen abstellt und mit ihrem karmisch erworbenen Wissen negiert! Es ist wichtig zu lernen, ein Kind bewusst und nicht unbewusst zu bekommen und mit dem Herzen zu verstehen, was eine Überzahl an Menschen für das Überleben unserer Mutter Erde bedeutet! Aber – wenn wir alles verschlechtern konnten, dann können wir auch eine Wende einleiten und zu einer Heilung aufrufen. Wir müssen die dafür nötigen Verbesserungen nur konsequent verfolgen. (Wir werden unseren Klimaveränderungen nur entgehen können, wenn wir eine Geburtenkontrolle einleiten und wenn wir das in Freude für unsere Erdmutter tun und nicht als Zwang empfinden, denn ansonsten wird daraus auf die Dauer nichts!) Dafür müssen wir nur auf diejenigen Menschen zu hören lernen, die nicht nur reif, sondern spirituell reif genug sind, diese Heilung zu erzeugen: Es sind die Alten und Alten Weisen Seelen, die das können. Nur sie haben das Zeug dazu! Sie tragen die Kenntnis über die Menschheitsgeschichte tief in sich implementiert, sie haben sie ja lange genug mitgemacht und gestaltet und viele Katastrophen erlebt. Und wir müssen noch eines dringend tun: Wir sollten in der Zukunft möglichst nur noch die wärmeren Länder besiedeln – so wie wir es in der frühen Zeit unserer Menschheitsgeschichte taten, als wir nur den äquatornahen Raum mit seinem Klimagürtel bewohnten. Dann hätten wir keine Energieprobleme mehr (selbst mein vorhergesagtes Energiehandy bräuchte man dann nicht mehr zum Heizen zu verwenden) und die Natur in den kälteren Gebieten könnte wieder sich selbst überlassen sein und regenerieren – und wir würden nicht mehr ständig junge Seelen auf die Erde ziehen können, die wiederum Äonen dazu benötigen, um eine Alte Weise Seele zu werden, denn dafür fehlte, dann *ganz bewusst von uns entschieden,* der Platz dazu. Unser jetziges Zeitalter wird von der Wissenschaft auch als „Anthropozän“ („ein vom Menschen gemachtes Zeitalter“) beschrieben. Dieser Begriff wurde von dem Atmosphärenchemiker und Nobelpreisträger Paul Crutzen geprägt. Er meint, dass wir mit dem Anthropozän eine Epochenwende des Quartärs eingeleitet haben. Wir Menschen hinterlassen durch unsere Industrialisierung Spuren und Gifte wie noch nie. Diese können nicht mehr so einfach im Winde verwehen, wie die menschlichen Merkmale der anderen Epochen zuvor. Wir haben unseren Landschaften unseren tiefen Stempel aufgedrückt und die Erde insgesamt tiefgreifend verändert. Wir stoßen Co2-Emissionen aus und verändern damit das Klima, wir bringen Gifte über unsere Böden in die Flüsse ein und damit ins Meer, wir töten Tiere weiterhin zum Essen, fällen die letzten schönen alten Bäume, und wir greifen durch Genmanipulation immer mehr in unsere Natur ein und verändern sie auf diese Weise unwiderruflich. Unsere Körper können demzufolge auch nicht mehr dieselben wie die unserer Vorfahren sein. Selbst wenn man bestimmte Umweltzerstörungen und Umweltgifte nicht mehr nachweisen kann, so bleiben sie aber als Erfahrung in uns und unseren Nachfahren gespeichert – und dieser Mechanismus gilt für alles Lebende auf der Erde!

Man kann nur hoffen, dass der Mensch in der Zukunft eine Lösung für all‘ diese Probleme findet und dafür die Hilfe Gottes mittels seiner Grale annimmt. Patriarchal strukturierte Kopfgeburten allein können unsere Welt nicht mehr menschlicher machen. Damit haben wir bereits genug schlechte Erfahrungen gemacht. Daraus ergibt sich, dass wir auch wieder eine stärkere Gewichtung zu einer „gesunden“ fraulichen Denkweise benötigen (ich schreibe „gesund“, weil viele Frauen einseitige patriarchale Denkweisen mittlerweile zu ihren eigenen gemacht haben, und diese als ihre „selbstgemachte Emanzipation“ empfinden und bezeichnen). Gesunde, weise und spirituelle Frauen schützen die Erde und alles Lebende auf und in ihr, weil sie es sind, die von Natur aus fühlen und wissen, was hinter Gottes Plan steht, Kinder gebären und großziehen zu müssen. Gesunde, weise und spirituelle Frauen essen keine Tiere, weil in ihnen das Muttersein so stark verankert ist, dass sie es auch beim Tier schätzen. (Wenn ich über „Vegetarismus aus Tierliebe“ in meinen Referaten oder Seminaren spreche, dann frage ich die noch fleischessenden Frauen immer, was sie machen würden, wenn man ihnen ihr Kind wegnehmen und es zum Essen töten würde – denn mit dieser Frage ist doch alles gesagt!) Gesunde, weise und spirituelle Frauen sind stolze Frauen! *Sie sind stolz auf ihr weibliches Sein!* Und sie lieben ihre Schwestern. Sie stehen ihnen bei und beißen sie nicht weg.

Ich schrieb bereits davon, dass die Riesenlichtduschen, die wir auch die Strahlen zu unserer stetigen Lebenserhaltung und evolutionären Erneuerung nennen können, „über alle Hauptsonnen bis hin zu den kleinsten Nischen ihres Sonnensystems" (S.25) geleitet werden. Diese Hauptsonnen sind darum als Hauptübermittler und als Schaltstellen für Gottes Energieerhaltung und für seine Evolutionswünsche zu betrachten. D.h., wenn uns unsere Sonne wärmt und unsere Natur erblühen und grünen lässt, dann enthalten ihre Strahlen dafür nicht nur ihr Licht und ihre Wärme und bestimmte, von uns heute schon messbare Strahlungen (wie Infrarotstrahlungen), sondern es kommen uns gleichzeitig immer auch Strahlen für unsere intellektuelle, seelische und spirituelle Weiterentwicklung zu, die eines Tages sicher von uns genauso messbar sein werden, wie die Infrarotstrahlen heute. Wäre es nicht ganz wunderbar, wenn in etwa fünfzig bis einhundert Jahren bestimmte Computer errechnen könnten, wann wieder eine neue Riesenlichtdusche bei uns eintrifft – und wenn diese dann auch noch fähig wären, deren Bestimmung, bis hin zu ihren letzten Empfängern, zu decodieren? Dann bekäme man zu seinem Superdesigner, nebst seinen Helfern aus der wahren Gralsburg und selbst zur Sonne, eine ganz andere Bindung! (Ob starke eruptive Phasen der Sonne zum selben Zeitpunkt die Riesenlichtduschen unseres Superdesigners weiterleiten oder sogar selbst welche hervorbringen können, das müsste sich dann auch klären lassen!) Das in uns stetig neu geleitete Gralslicht kann und wird uns zu einer wahrhaft spirituellen Regeneration anregen, wenn wir es nur anzunehmen bereit sind. Und damit können wir alles mitreißen und regenerieren, was wir heute noch nicht imstande sind zu sehen und zu glauben. Ich plädiere nicht ohne Grund für Bildungsstätten, in denen Jungen und Männer lernen, auf eine spirituelle Weise ihre übermäßigen Feuer- und Luftelementeenergien in den Griff zu bekommen und Frauen mit ihrer Anmut zu lieben und nicht mehr gefährlich dummen Kriegermännern nachzuhecheln. Ich plädiere auch nicht ohne Grund für Frauenbildungsstätten, in denen Frauen lernen, ihre Erd- und Wasserelemente zu leben, und sich ihres Liebreizes und ihrer Anmut und ihres Frauseins erneut gewahr zu werden, damit sie nicht mehr, um noch irgendwie in der Gesellschaft Anerkennung zu

finden, ihre „noch fraulichen“ Schwestern wegbeißen müssen, denn der Gral dafür war schon lange zu mir unterwegs gewesen. Das alles lehre ich in meiner: „Mütter-und-Väter-der-Welt-Schulung“.
(Siehe dazu meine Blogs unter: https://muetterundvaeter.wordpress.com).
Selbst einmal eine Maya gewesen, darf ich sagen: Die Mayas waren die größten Riesenlichtduschenkenner. Sie konnten die Riesengrale decodieren und hinterließen uns daraus ihren Kalender, der uns erzählen sollte, in welchen Zeiträumen welche Themen von der Menschheit nach Vorgabe unseres Superdesigners bearbeitet werden sollten. Sie waren auch „große Surfer durch die Galaxis“ gewesen, und man fragt sich ungläubig, wie konnte ein Volk, das nicht fähig gewesen war, ein Rad für ihre Landwirtschaft zu benutzen, noch ein Fernrohr zu bauen, so ein großes astronomisches und spirituelles Wissen besitzen? (Räder für Spielzeuge und zur Darstellung ihres Kalenders gab es aber!) Die einzigen Antworten, die es darauf gibt, sind die: Ja, weil sie schon seit Ewigkeiten Surfer auf den verschiedensten kosmischen Strahlen und damit Dimensions- und Zeitreisende gewesen waren: *und weil der Kosmos es so wollte, dass sie uns wieder einmal mit ihrem Wissen belehren sollten – denn das hatten sie auch schon zuvor in anderen Ländern und Kulturen getan (davor in Ägypten zur Zeit des großen Pyramidenbaus vor rund 4500 Jahren) – und weil er sie dafür seelisch und intellektuell ausgestattet und zum richtigen Zeitpunkt auf die Erde geschickt hatte!* Da war es nicht wichtig für sie, sich um Räder zur Bestellung der Felder oder um ein Fernrohr zum Beschauen der Sterne zu kümmern. Sie bestellten die Felder eben auf ihre Weise, und sie wussten auch ohne ein Fernrohr mehr als genug vom Sternenhimmel. Zusammengefasst kann noch einmal gesagt werden: Ohne die verschiedensten Grale könnten wir nicht existieren und ohne sie wäre unsere Weiterentwicklung zu einem mehrdimensionalen Menschen niemals gewährleistet. Gäbe es keine Grale mehr, würde alles verdorren; der Kosmos insgesamt, *alle* Galaxien würden zusammenfallen, alles müsste sterben, bzw. in seinen Urzustand, ins sogenannte „Nichts“, zurückgehen. Kein Fortbestand unseres jetzigen Lebens wäre gewährleistet, keine Kultur, keine Wissenschaft, keine Evolution... Die Grale sind der Hoffnungsstrahl am Himmel, die uns bewegen, auch dann weiterzumachen, wenn alles ganz schlimm für uns aussieht! Die kommenden Lichtduschen und Grale werden es sein, die den neuen spirituellen Menschen des Goldenen Zeitalters hervorrufen. Wir müssen nur vertrauen und mitarbeiten und uns

verbessern *wollen*. Und je mehr der Mensch davon weiß, dass es das alles gibt, von dem ich bis jetzt geschrieben habe, umso schneller kann die Entwicklung mit ihm vorangehen, und umso mehr wird er bereit sein, sich dem großen kosmischen Spiel, dem Wagnis der großen Weiterentwicklung, zur Verfügung zu stellen. Er wird in Resonanz zu dem Spiel gehen wollen. Und nicht umsonst wurde mein Buch über die wahre Gralsburg und das Geheimnis des Grals kurz vor dem Ende des Jahres 2012 fertig. Dafür gab es eine Synchronisation. Es war genau zu dem Zeitpunkt, an dem die Mayas ihre Zeitenrechnungen enden ließen. (Für die Mayas endete ihr Kalender mit dem 13. Baktun, am 21. Dezember 2012 – ein Baktun besteht aus 144.000 Tagen –, was viele fälschlicherweise als mögliches Apokalypsedatum deuteten.) – Wir stehen in Resonanz auf Gottes Willen. Sich gegen den Willen der Urschöpfung und ihrer Mithelfer zu stemmen, hilft nicht. So wie ein Heilerschamane sich nicht gegen seine kosmische Einweihung stemmen kann und sollte, für die ihm bestimmte Lichtmengen als persönliche Lichtduschen oder kleinere Grale zukommen, so sollten auch die Lichtarbeiter diese für sich annehmen (zu den Lichtarbeitern noch mehr ab Seite 56), um an der Veränderung unserer Zeit und an der erneuten evolutionären und spirituellen Anhebung der Menschheit und der Erde insgesamt, in Freude mitzuarbeiten. Darum gebe ich auf der nächsten Seite noch einmal zum besseren Verständnis eine Erklärung darüber, in welcher Gewichtung uns die Lichtduschen zukommen, wobei meine Einteilung der Einfachheit halber sehr plakativ ist. Die Lichtquantenverteilung gestaltet sich natürlich in tausendfachen oder noch mehr Abstufungen. Darüber werden sicher zu späterer Zeit noch viele Schriften verfasst werden; dann, wenn Physiker die Fähigkeit errungen haben, die Riesenlichtduschen, aber auch die kleineren Lichtduschen decodieren zu können. Dann werden manche von ihnen auch zu Schamanen und Lichtarbeitern geworden sein und unsere heutigen Priester der Kirchen ablösen können, und das muss sein, wenn unsere Evolution und unser Verständnis über die Welt wachsen sollen! Dann werden auch die anderen Wissenschaften neue mehrdimensionale Anschübe für ihre Forschung erhalten und mit ihnen umzugehen lernen und noch andere – völlig neue – Wissenschaftssparten werden entstehen, von denen wir heutzutage noch nicht einmal etwas ahnen! *Unsere heutige Mathematik ist z.B. bis jetzt auch nur eine Erfindung des Menschen und kann damit noch keine „kosmische Mathematik" und damit superperfekt sein, wie es alle Mathematiker, Architekten und Ingenieure wissen, die oft Korrekturberechnungen vornehmen müssen, um überhaupt ein Hochhaus bauen zu können, dass dann auch wirklich stehen bleibt.*

Der Riesengroße Gral ist die größte Riesenlichtdusche, die zum Überleben und zur Evolutionsanhebung aller Sonnensysteme tätig ist; wobei ihre Energie – je weiter sie sich von ihrem Ursprung entfernt – immer kleiner wird, und auch kleiner werden muss, damit sie für alle Planeten und Sterne erträglich ist und von ihnen erfolgreich adaptiert werden kann. Aus dieser Riesenlichtdusche entstehen dann die nächstgenannten Abstufungen.

Der Mittelgroße Gral ist eine Lichtdusche, die für ganze Gruppen zur Evolutionsanhebung gedacht ist. (Damit ist nicht nur die Gruppe Mensch gemeint.)

Der Kleine Gral ist eine Lichtdusche, die für einzelne Lebewesen zu ihrer Evolutionsanhebung gedacht ist.

Der Saucieren Gral ist mit seinem Gralslicht zur spezifischen Bestückung für die jeweilige Lebensaufgabe eines einzelnen Menschen zuständig, damit er Mitschöpfer (Erfinder, Künstler u.a.m.) im kosmischen Spiel sein kann.

Der Kelch als Gralsgefäß, hat eine etwas andere Bedeutung. Er wird von der Gralsburg aus dazu benutzt, um uns für unser Leben zu stärken, indem man – genau wie in unseren Kirchen – eine Oblate in seinen Gralslichtinhalt eintaucht und diejenigen damit segnet, die dieser Segnung dringendst bedürfen. Man darf sich mit seinem Licht auch etwas wünschen. Diese Segnungen und Wünsche holen wir uns in der geistigen Welt, in unseren Nächten oder Tagträumen, aus der Gralsburg selbst ab; oder wir werden von ihren MitarbeiterInnen dafür auf der Erde aufgesucht. (Man sieht, dass der Kelch, der zum Abendmahl in unseren Kirchen gereicht wird, eine Kopie des Kelchs aus der Gralsburg darstellt, und dass es nicht falsch ist, wenn man sagt, dass man sich mit ihm etwas wünschen kann, wie es noch in den Sagen vom „Heiligen Gral“ als Hauptthema zum Ausdruck kommt! Schade ist, dass unsere Kirchen davon nichts mehr wissen!) Alles Lebende ist von der Einstrahlung Gottes abhängig, so auch unsere Evolution. In meinem Buch „Eure erste Erde ist nicht mehr...“, war davon die Rede, dass Gott und seine

Mitgotte entschieden hatten, den Menschen die erste Erde wegen der von ihnen (auch damals schon!) vorgenommenen Ausbeutung wegzunehmen. Das kann für die Urschöpfung ganz einfach gehen: Allein die Wegnahme der Großen Lichtdusche für die Erde kann bewirken, unsere Erde zu einem ausgedörrten Planeten werden zu lassen. Ich erwähnte schon, dass die in der kosmischen Gralsburg lebenden zwölf Räte und King Arthus – in der geistigen Welt **Arthurus** genannt – dafür verantwortlich sind, dass jeder einzelne Mensch *sein* persönliches Quantum an Lichtenergie erhält, und dass sie es auch sind, die darüber beraten und entscheiden, welches spezifische Wissen und welche spezifische Menge davon zu den einzelnen Menschen heruntergeleitet werden darf und muss. (Diese Räte, die sich in der geistigen Welt zu ihren Beratungen wirklich an den bekannten ovalen Tisch zurückziehen, der noch aus der Arthus-Sage bekannt ist, treten in unserer Bibel um das Jahr Null herum als Herabgestiegene, als Apostel um Jesus auf, und ihr großer König Arthurus ist auf der Erde noch als King Arthur aus der Arthus-Sage – *im englischsprachigen Raum „Artus" geschrieben* – bekannt.) Dieser Herabgestiegenen bedurfte es immer; und bedarf es auch heute. Insbesondere die Alten und Alten Weisen Seelen, bedürfen der Unterstützung der herabgestiegenen EngelInnen, MeisterInnen und KönigInnen, weil sie sich zur Errettung der Erde insbesondere zur Verfügung gestellt haben und diese nicht immer allein bewerkstelligen können, und weil es nicht viele Bürger gibt, die ihnen auf der Erde noch als Lehrer zur Seite stehen könnten. Manchmal leben diese Herabgestiegenen als „fast normale Menschen" unter der Menschheit und stehen auf diese Weise den Hilfebedürftigen zur Seite – so wie ich –, manchmal aber erscheinen sie „nur kurz" als feinstoffliche Wesen; manchmal aber auch stofflich sichtbar als Wiedergänger, wenn es die Entwicklung der Betroffenen einfordert und sie Trost und Kraft benötigen. Das sind dann große Begegnungen, die mit viel Liebe und Humor gekrönt sind (mit einer Liebe, die es auf der Erde nicht mehr gibt!) Es gibt bereits einige Menschen, die von ihren Besuchen erzählen können – so z.B. von den Besuchen des Wiedergängers St. Germain, der eine Emanation aus König Arthurus ist. Auch ich kann von solchen Besuchen berichten.

Wie bemerkt man die Einstrahlung des Grals, wenn sie auf einen trifft?

Wie kann man in unserer immer lauter und immer schneller an Informationen werdenden Gesellschaft merken, dass man ein Lichtquantenpaket zu seinem Wachstum erhält? Wie kann man merken, dass man inspiriert und geleitet wird?

Wenn von den Räten der Gralsburg entschieden wurde, einem eine spezielle Lichtdusche oder den Lichtinhalt einer Sauciere oder den Kelch zum Trost für ein schweres Leben, aber auch mit Wunschmöglichkeiten für ein besseres Leben, zukommen zu lassen, dann ist es wichtig, für den Erhalt immer mehr Sensibilität zu entwickeln. Es ist wichtig, die Informationen aufmerksam und in Freude an- und aufzunehmen und sie bewusst in den Körper zu integrieren. Es ist wichtig, sich gegen diese Informationen nicht zu wehren und sie verstehen zu wollen! Und es ist wichtig, mit der Zeit die Größen- und Informationsunterschiede der verschiedenen Lichtquanten zu erkennen, denn sie sind ein Geschenk, weil sie mit ihrer großartigen Energie nicht nur zu unserer geistigen und spirituellen Evolutionsanhebung beitragen, sondern mit ihrer Kraft auch immer etwas für unsere körperliche und seelische Gesundung tun können.

Wenn es sehr laut und hektisch ist, dann merkt man zumeist nichts davon, wenn einem eine Lichtinformation zugeleitet wird. Ist man aber schon sensibler auf ihren Empfang eingestellt, dann wird einem der Vorgang natürlich auch in der Hektik nicht verborgen bleiben. Aber zumeist kommen einem die Lichtinformationen nur dann zu, wenn man allein ist, weil man seine Aufmerksamkeit auf sie gelenkt haben *soll*! Das ist sehr schön, weil die Bestückung mit neuen Evolutionsmerkmalen als eine Anerkennung der eigenen Entwicklung angesehen werden kann.

Wie aber fühlt sich die Energie einer Lichtdusche oder der Füllmenge eines Gralsgefäßes an?
Eigentlich ist die Antwort einfach:
Man spricht nicht umsonst von einer Licht d u s c h e.

Eine Lichtdusche fühlt sich genauso wie eine Dusche an! Stellen Sie sich vor, Sie halten einen Duschkopf über Ihren Kopf und Sie haben den Wasserdurchlauf auf eine bestimmte Stärke und auf eine bestimmte Wasserwärme eingestellt, die sich von Ihrem Kopf aus über Ihren Körper wohlig ausbreiten soll, und Sie verstellen ihn dann noch auf andere Stärken und Temperaturen, wie kalt und sehr heiß? So verhält es sich auch mit der Lichtdusche; nur dass die Energie nicht aus purem Wasser besteht, sondern aus purem Licht. Unsere geistigen Lehrer wissen, welche spezifischen Mengen an Lichtinformationen auf uns zukommen dürfen, denn diese müssen immer im Einklang mit unserer Aufnahme- und Verarbeitungsmöglichkeit stehen, die von Zeit zu Zeit variieren können. Und darum kann die Lichtdusche mal stark in uns hineinfließen, sogar fast wie ein Wasserfall sein, aber auch nur wie ein schwaches Wässerchen, wie ein Rinnsal sein, und sie kann mal als kalt und mal als wohlig warm und mal sogar als heiß empfunden werden. Sie kann von uns als wunderschöne Energie wahrgenommen werden, aber auch als unangenehm und uns sogar mit ihrem Druck fast in die Knie zwingen, sie kann wie ein harter dünner Laserstrahl, aber auch wie ein Streicheln oder wie ein zärtlicher Kuss sein. Da gibt es viele Möglichkeiten. Riesel- und Druckgefühle sind aber vorwiegend auszumachen.

Zumeist fließt die Lichtdusche zuerst in unser Kronenchakra hinein. Was dort als zu viel an Energie ankommt, kann dann an unserem Körper abfließen; wobei auch von der Haut und den Nebenchakren noch kleinere Lichtmengen aufgenommen werden können. Es ist deshalb vorwiegend das Kronenchakra, in dem man die Energie am meisten verspürt, weil dort die größten Lichtmengen hineingegeben werden können. Es kann aber auch sein, dass nur bestimmte Gehirnregionen, der Nacken oder die Hände als Einstiegspforte für die Lichtmengen erreicht werden sollen. Dann nehmen Gottes Helfer lieber die mit Lichtquanteninformationen bestückte Gralssauciere zur Hand, denn mit ihr kann jedes gewünschte Gebiet einzeln versorgt werden. Wenn man noch nicht viel oder auch keine Erfahrungen mit dem Gral hat, dann kann es sein, dass man sich erst einmal gegen seine Energiemenge und -zufuhr zu wehren beginnt, denn man empfindet nicht nur das Rieseln oder den Druck und die Wärme, Hitze oder Kälte, sondern man empfindet auch eine Art geistige Hand und damit ein Fremdbestimmtsein (da die genannten Gralsburgbrüder um König Arthurus, aber auch noch andere Gralsburgbrüder und Gralsburgschwestern, über unsere persönliche Lichtmenge entscheiden, spürt man natürlich auch immer ihre „geistige Hand"). Das ist völlig normal! Das gehört dazu! Haben Sie, liebe LeserInnen, keine Angst davor, nehmen Sie alles eben Beschriebene als Wertschätzung entgegen! Freuen Sie sich, dass Sie zu einem bewussten Schüler oder einer bewussten Schülerin des Himmels geworden sind. Nehmen Sie die Menge der Lichtdusche oder die sich im Gralsgefäß befindliche Lichtmenge als ein Geschenk an, selbst wenn das Licht zunächst noch als unangenehm empfunden wird. Auch Gefühle von Schwere an den Körperstellen, auf denen sich das Licht besonders verteilt, wie speziell auf der Schulter und an den Armen, sowie Kälte- und Schauergefühle im Nacken und im Rücken, können sich breit machen. Nach mehreren Gralslichterfahrungen werden Sie diese vorher noch unangenehmen Gefühle aber mehr und mehr verstehen! (Wenn Sie in Ihrem Leben kleine Kinder geduscht oder auch nur gewaschen haben, dann kennen Sie es sicherlich, dass diese sich zuerst dagegen wehren. Sie spüren das Wasser auch zuerst auf eine unangenehme Weise wie wir die Lichtdusche oder das Licht aus dem Gralsgefäß, aber auch sie gewöhnen sich mehr und mehr daran und duschen und waschen sich später gern und nehmen dann das warme Wasser gerne entgegen.) Je nachdem, wie der Initiant allgemein mit Stress umgeht, und je nachdem, inwieweit er spirituell geschult oder auch indoktriniert wurde, werden auch seine ersten Reaktionen auf seine ihm nun bewusst gewordenen Einweihungen sein.

Ist man schon geübter mit dem Erhalt des Gralslichts, dann versteht man, warum man dabei am besten allein sein sollte und wie man die Lichtmenge in Ruhe „über sich ergehen" lassen kann. Suchen Sie einen ruhigen Raum auf, setzen Sie sich auf einen Stuhl oder einen Sessel, werden Sie ganz still und legen Sie Ihre beiden Hände – mit der Innenfläche nach oben weisend – auf Ihren Schoß, und versuchen Sie ruhig zu bleiben und sich nicht gegen die Energien und den dazugehörenden Druck aufzulehnen. Gerade die Chakren in den Handinnenflächen haben die Fähigkeit, Lichtinformationen gut und schnell aufzunehmen und damit den Druck auf uns zu verringern. (Nicht umsonst beten die Moslems mit ihren Handinnenflächen nach oben geneigt. Das ist sehr klug und weise!) Die Chakren in den Händen sind wunderbare Tore, die die Informationen aus der geistigen Welt aufnehmen, aber unsere auch zur geistigen Welt leiten können – wovon alle diejenigen wissen, die channeln können oder sich einer oder mehreren REIKI-Einweihungen unterzogen haben.

Alle Energien, die man für eine REIKI-Behandlung erhält,
ja alle Energien für geistige Heilweisen, sind Gralsenergien!

Da die Lichtdusche zumeist über das Kronenchakra in unseren Körper geleitet wird, ist natürlich auch erst einmal dieses Chakra betroffen. Dann sind es nacheinander die Ohrennebenchakren (hinter den Ohren spürt man die Energien insbesondere), das Dritte Auge Chakra (hier kann ein sehr starker Druck entstehen), das Halschakra mit dem Nacken, die Schultern, das Herzchakra und die Chakren der Hände. Aber auch noch viele andere kleinere Nebenchakren sind zur Aufnahme mitgeöffnet. Hat sich die Energiemenge gut verteilt, dann merkt man die Lichtdusche in den unteren Chakren und Körperteilen nicht mehr so sehr. Und natürlich nehmen die Hautporen auch noch die überschüssigen kleineren Lichtquanten auf. Geben Sie ihrem Körper Zeit, um die Lichtinformationen aufzunehmen. Bleiben Sie noch für mindestens fünf weitere Minuten nach Erhalt der Lichtdusche ruhig sitzen. (Später, wenn Sie schon viele Erfahrungen mit den Lichteinweihungen haben, können Sie versuchen, die Informationen zeitgleich mitzulesen. Man muss dafür keine Techniken erlernen, man muss sie nur lesen wollen und das Dritte Auge dafür benutzen und sich immer wieder darin üben! Wir sind ja dafür angelegt worden, sie lesen zu können!) Normalerweise reicht die genannte Zeit, um das Licht bewusst in den Körper zu bekommen. Die vollständige Integrierung und Verarbeitung der Informationen, die kann aber noch für Tage und manches Mal auch für Wochen andauern. Lichtinformationen werden aber auch direkt in die Kristallmagnetite* unseres Gehirns gegeben. Wenn das geschieht, spürt man das insbesondere hinter den Ohren. Diese Art der Eingabe verursacht einen besonderen „Hallo-Wach-Effekt“.

** Wir haben alle Kristalle im Gehirn. Diese winzig kleinen magnetischen Kristalle im menschlichen Gehirn haben Forscher, ein Team um Joseph Kirschvink vom California Institute of Technology (Caltech) in Pasadena, ausfindig machen können. Wissensquelle: Klimaforschung.Net/cgi-bin/weblog_basic/index.php?page_id=25:*

So wie wir unter der Mithilfe von Kristallen ein Telefon zum Kosmos erstellen können, können unsere himmlischen Lehrer die Kristalle in unserem Gehirn wie eine Empfangsantenne für ein Radio oder ein Modem zu einem Computer auf sie ausrichten, die ständig für ihre Informationen auf Stand by stehen sollen. Sie wissen schon, wie sie das zu machen haben. Das Know how dafür gehört zu ihrer himmlischen Position. Das geschieht aber erst, wenn der Lichtarbeiter sehr weit entwickelt ist. Für SchamanInnen ist dieser Vorgang gang und gäbe. Er erleichtert ihren permanenten Zugang zu ihren kosmischen LehrerInnen.

Auch bei dem Empfang von Gralsinformationen in die Magnetite unseres Gehirns (manche Gehirnregionen sollen fünf Millionen Magnetit-Kristalle pro Gramm enthalten, die uns schützende Gehirnmembran sogar 100 Millionen), sollte man sich genauso verhalten, wie beim Empfang einer großen Lichtdusche oder dem Licht aus einem kleineren Gralsgefäß. Wie schon gesagt: Ruhig bleiben, sich möglichst allein in ein Zimmer begeben und die Handinnenflächen offen halten, weil manchmal doch etwas Licht überschwappen kann und über die Handchakren die Aufnahme und Verteilung der Energie besser und schneller gewährleistet ist, und weil man sich so auch leichter an diejenigen anschließen kann, die einem das Licht aus dem Gralsgefäß haben zukommen lassen (diejenigen zu erkennen, bedarf natürlich schon einer besonderen Übung).

Kochen Sie sich nach Erhalt der Lichtinformationen eine Tasse Ihres Lieblingstees (ein Tee aus Citronengras – er stärkt die Leistungskraft – und Eisenkraut – zur Nervenstärkung – ist besonders zu empfehlen. Für eine längere Einweihungszeit ist es ratsam, einen Vitamin B-Komplex einzunehmen!) Es hilft auch, im Zimmer herumzugehen und das überschüssige Licht von sich abzuschütteln. Auch Duschen hilft, so auch ein Fußbad! Meditieren Sie, hören Sie ruhige Musik oder setzen Sie sich in die Natur, denn manchmal werden noch ein paar kleine Lichtduschen nachgeschoben. Überlassen Sie sich auch dann wieder dem Himmel, dem nur an Ihrem Wachstum in Liebe gelegen ist. Diese Prozesse hat es schon immer gegeben. Alles Lebendige muss sie durchlaufen, mal weniger und mal mehr; aber ganz besonders, wenn wieder eine Neue Zeit eingeleitet wird. Der Kosmos muss ständig neue Reize setzen, damit der Mensch in seiner Evolution nicht stille steht und weiter lernt. Schamanen und Lichtarbeiter aller Couleurs waren immer diejenigen, die zuerst davon betroffen waren, wenn neue Informationen vom Himmel heruntergeleitet wurden; denn sie sind es, die die jeweilige Neue Zeit zuerst einzuleiten haben. Fernsehen sollte nach Erhalt der Lichtdusche nie geschaut werden. Auch der Computer sollte aus bleiben, so auch das Handy, Smart-Phone, Tablet etc. (Ich bin mir durchaus darüber bewusst, dass in etwa zwanzig Jahren die Menschen ganz andere Geräte mit anderen Namen haben und dann über meine hier noch alten benutzten Namen schmunzeln werden!) Geben Sie der Energie Zeit, sich in Ihrem Körper einzufinden, und vor allen Dingen dort einzufinden, wo sie gebraucht wird. Ihr Körper weiß nach Erhalt der Lichtinformationen schon, wie er damit umzugehen hat. Er ist ja dafür ausgelegt worden – er kommuniziert mit den einzelnen Lichtquanten – und da, wo er besondere Hilfe zur besseren Verarbeitung benötigt, da sind die Weisen des Himmels immer zur Stelle.

Die schweizer Journalistin Reintjen Anselmi, hatte vor etwa 20 Jahren viel für die Lichtarbeiter im deutschsprachigen Raum getan, indem sie von ihren eigenen spirituellen, seelischen und körperlichen Erfahrungen erzählte, die sie während ihrer Initiation zur Lichtarbeiterin durchzumachen hatte. Ihre Berichte erschienen in ihrer Zeitschrift „Lichtforum", Assunta Verlag. Dafür nahm sie aber nicht nur ihre eigenen Erfahrungen zu Hilfe, sondern auch die erhaltenen Durchsagen von hauptsächlich amerikanischen Channeln, die von Erzengel Ariel und anderen EngelInnen und MeisterInnen des Himmels dazu instruiert wurden, den Lichtarbeitern bei der Verarbeitung der neuen kosmischen Informationen behilflich zu sein. Diese Schriften kann ich auch heute noch sehr empfehlen; sie haben noch dieselbe Gültigkeit wie früher. Und doch sind die Einweihungen durch Lichtduschen oder andere Grale zurzeit nicht mehr so stark, als zu der Zeit, als unsere jetzige Neue Zeit – im Jahr 1987 – begann.

Denken Sie, liebe LeserInnen, daran, wenn Sie ein Lichtarbeiter sind:
Sie sind dazu geboren worden, der Welt einen neuen Anstrich zu geben. Das ist keine leichte Aufgabe. Aber Sie schaffen das, denn schon vor Ihrer Geburt wussten Sie davon, wofür Sie geboren wurden – und dass Sie auch dafür geboren werden sollten, Surfer auf dem galaktischen Strahl und damit Schüler des Himmels und Lehrer für die Menschheit

zugleich zu sein. Ich schrieb, dass alle Menschen natürliche Kristalle in ihrem Gehirn haben, über die sie Lichtinformationen aufnehmen können und dass unsere himmlischen LehrerInnen diese in unserem Gehirn wie eine Empfangsantenne für ein Radio oder ein Modem zu einem Computer auf sie ausrichten können, damit sie ständig auf Stand by für ihre Informationen stehen. Auch die Kristalle in unserer Mutter Erde haben die Funktion, die für sie spezifischen Lichtduschen aus dem Weltall aufzunehmen und können wie eine Antenne oder ein Modem zu einem Computer auf sie ausgerichtet werden. Schon Hildegard von Bingen wusste davon, dass Quarzkristalle die präzisesten Aufnahmeinstrumente sind, durch die unsere Mutter Erde Lichtinformationen aufnehmen kann, dass aber auch wir durch sie zu guten Empfängern von galaktischen Informationen werden können – dass sie aber auch als Mittler von Informationen von uns zum Himmel fungieren können, wenn wir sie dafür zu benutzen lernen. Deshalb arbeitete sie so gerne mit Kristallen.

Über die Funktion von Quarzkristallen hatte ich schon vor Jahren in meinem Buch: „Briefe an die Weltenbürger – Neue Vorgaben für die Neue Zeit“, viel geschrieben, und auch erklärt, wie man sich mittels dieser Kristalle ein kosmisches Telefon erschaffen und mit deren Codierungen, Telefonnummern gleich, zu den verschiedensten kosmischen Ebenen gelangen kann. Wer Interesse daran hat, für sich ein permanentes kosmisches Telefon mittels Quarzkristallen installiert zu bekommen, dem möchte ich dieses Buch nahe legen.

Mit Kristallen zu arbeiten ist mir wichtig, dem Leser und der Leserin ans Herz zu legen, da man mit ihnen nicht nur leichter zu unseren himmlischen Lehrern reisen kann, als ohne sie, sondern mit ihnen auch leichter in die verschiedensten vergangenen Zeiten der Erde sowie in unsere Zukunft einsteigen kann. Und sie sind besonders dazu geeignet, Reisen ins innerste der Erde – zu den Erdhütern –, zu gestalten. Sie sind aber genauso vortrefflich dazu geeignet, in unsere vielen ehemalig gewesenen Selbste einzusteigen und mit unserer Urprintkopie, unserem mehrdimensionalen Doppelgänger in unserem ätherischen Feld – der auch als Schattenmann oder Schattenfrau bezeichnet wird –, in bewusste Verbindung zu gehen. (Zur Bezeichnung: „Schattenmann und Schattenfrau“ finden Sie später noch mehr zu lesen.)

Quarzkristalle werden nicht umsonst in unseren Computern als „Herzstücke" zur Informationsübertragung betrachtet. Es sollte sich unbedingt herumsprechen, dass man mit ihnen auch auf geistigem Wege Informationen übertragen kann.

Es ist mir zu diesem Thema auch noch wichtig zu erwähnen, dass wir unsere Mutter Erde nicht dieser wunderbaren Kristalle maßlos berauben dürfen, weil wir sie *nur* als Schmuckstücke betrachten. Abgesplitterte Kristalle, irgendwo in unseren Schubladen liegend, können nicht mehr für die Aufnahme kosmischer Informationen dienlich sein – so auch nicht „zu Tode geschliffene".

Lichtkörperveränderungen durch den heiligen Gral

Jeder Mensch bekommt *seinen* individuellen heiligen Gral, entweder als Lichtmenge in Form einer Lichtdusche oder in einem Gralsgefäß bereitgestellt. Mit welchen kosmischen Evolutionswünschen jemand bestückt wird, das hängt von seinem jeweiligen Entwicklungsstand ab, der sich durch seine vielfältigen und vielschichtigen Erfahrungen mit den Bedingungen auf der Erde, und in den kosmischen Räumen, ergeben hat. Eine noch junge Seele, wird natürlich nicht denselben Gralsinhalt – an Qualität und Quantität – empfangen dürfen, wie eine Alte Weise Seele, die in ihren vielen Leben auf der Erde Grale schon sehr oft erhalten hat, und auch gelernt hat, als EvolutionsanheberIn für Neue Zeiten tätig zu sein. Eine junge Seele könnte so eine schwierige Aufgabe noch nicht erfüllen und diese Grale auch noch nicht vertragen.

Die Veränderung des Menschen zu einem spirituellen Lichtwesen geschieht in Abstufungen. Diese Abstufungen bestehen zuerst einmal aus zwölf verschiedenen Bewusstseinsstufen.
Viele Lichtarbeiter haben heute bereits die letzte, die zwölfte Stufe, erreicht. Die genannten zwölf Abstufungen sind als die erste Stufengruppe zur höheren geistigen Welt zu betrachten, mit der man der Schöpfung zwar etwas näher kommt, der Erde aber trotzdem noch sehr nahe ist. Erst ab der nächsten ersten Stufe, der zweiten Stufengruppe, die auch als die dreizehnte Stufe bezeichnet wird, in der die Gralsburg mit ihrem König Arthurus und seinen Gralsbrüdern, den Räten, zu Hause ist, ist die Einweihung zum nächsten Schritt einer noch höheren Evolution möglich.

Alle Abstufungen haben ihre eigenen Merkmale in Bezug auf die energetischen Vorgänge in unserem ätherischen, aber auch in unserem stofflichen Körper. Menschen, die sich auf den beiden letzten Stufen innerhalb des ersten Zwölfstufensystems befinden, werden den Wunsch verspüren, sich ihre vergangenen irdischen Leben anzusehen, um sich damit an ihre anderen – einmal gewesenen – Seelenselbste zurückzuerinnern. Das ist unbedingt notwendig, denn seit der Harmonischen Konvergenz* im Jahr 1987 (siehe meine Anmerkung dazu auf der nächsten Seite), befinden sich unser Planet und die gesamte Menschheit in einem beschleunigten Aufstieg ins Licht, und dieser Aufstieg kann nicht vollzogen werden, wenn man nicht in seine verschiedenen gewesenen Seelenselbste – immer wieder aus dem Urprint gezogen und auf der Erde durch die verschiedensten Eltern zu den verschiedensten Zeiten in der Menschheitsgeschichte erneut genetisch vermischt – einsteigen möchte. Nur wenn ich weiß, wer ich – außer als die Person, die ich in meinem heutigen Leben bin – auch noch gewesen war und welche Erfahrungen ich auf der Erde gemacht habe, und machen sollte, komme ich mir selber nah!

Die evolutionäre Anforderung an uns Menschen, zu einem wachen und mehrdimensionalen Lichtwesen heranwachsen zu müssen, ringt uns einiges ab. Sie betrifft aber nicht nur uns Menschen, sondern unsere Mutter Erde mit allen ihren Lebewesen insgesamt! Die Integration der Energien wird von allen und jedem auf der Erde ausgeführt werden müssen – von den Pflanzen, den Tieren und auch den Steinen. Auch sie müssen sich erhöhen und neue Evolutionsmerkmale aufnehmen!
Aber nicht nur wir und die Erde, sondern das gesamte Weltall, unterliegt den Evolutionswünschen Gottes, die von Zeit zu Zeit mal schwächer und dann wieder stärker ausfallen. Das ist der Wille und Sinn unseres Superdesigners, der ohne neue Evolutionsziele in die Bedeutungslosigkeit fallen würde. Werden irgendwo im kosmischen Raum neue Evolutionsziele gesetzt, so bleiben sie auch für andere Räume nicht verborgen und bedeutungslos, denn alles das, was in einem Raum passiert, nimmt Einfluss auf die anderen Räume. Kein Raum bleibt davon ausgeschlossen. Nicht umsonst spricht man in der Physik davon, dass selbst ein Flügelschlag eines Schmetterlings irgendwo, z.B. in Japan, auch noch in Amerika seine Auswirkungen hat.

** Harmonische Konvergenz heißt, dass zu diesem Zeitpunkt bestimmte Planeten in einer bestimmten harmonischen Reihe standen. Dadurch konnte unsere Erde erneut größere Lichtquantenmengen (Riesenlichtduschen) aufnehmen. Dieser Prozess fand im Laufe der Erdzeitgeschichte wiederholt statt und wird auch weiterhin stattfinden. Zum letzten Mal geschah dies im Jahre 1987 am 16./17. August, wodurch das planetarische Wissen unserer Mutter Erde wiederum enorm erhöht werden konnte. Auch zu der Zeit um Jesus Geburt, gab es so eine Planetenkonstellation.*

Die genannten zwölf Stufen der von uns abgeforderten Entwicklung werden von uns nicht immer linear integriert. Es können von uns durchaus mehrere Stufen gleichzeitig durch das Gralslicht beeinflusst werden. Dann stehen wir vollkommen unter Strom. Es kann aber auch sein, dass wir auf eine schon vorherig durchgemachte Stufe zurückspringen müssen, wenn unser Seele/Geist- und Körpersystem bestimmte Lichteinheiten noch nicht oder nur unvollständig in sich aufgenommen hat. Wie das zu geschehen hat, das entscheiden unsere geistigen Lehrer – nicht wir! Mit der Gralsenergie werden aber nicht nur die Magnetite im Gehirn, sondern auch bestimmte DNS-Codierungen im menschlichen Körper mitaktiviert, was zur Umstrukturierung unseres gesamten Seins führt. Der Sinn ist, wie ich bereits auf Seite 11 geschrieben hatte, dass der Mensch seiner eigenen Verdichtung entfliehen, sprich feinstofflicher werden soll. Der Mensch soll wieder so werden, wie er es am Anfang seiner Menschheitsgeschichte einmal gewesen war: Ein androgynes Wesen mit einer mehr ektoplasmischen – einer gasförmigen – Zusammensetzung, dass sich von Prana ernährt und einen ständigen Zugang zu anderen Welten hat. Ein energetisch noch grober Mensch ist nicht fähig wie ein Adapter auf feinstoffliche kosmische Energien zu reagieren. Er wird diese Energien gar nicht oder nur sehr schwach erkennen. Damit ist auch erklärt, warum jemand, der spirituell weit entwickelt ist, Schwierigkeiten damit hat, die Prozedur einer Evolutionsanhebung mittels Lichtquanten einer noch nicht so feinstofflichen Seele zu erklären; und ihr auch erklären zu können, was mit ihr und dem gesamten Planeten und dem Universum zurzeit geschieht. Und trotzdem werden auch diese Seelen mit angehoben. Stück für Stück werden auch sie merken, selbst, wenn sie ihre Erfahrungen nicht verbalisieren können oder wenn sie diese ablehnen, dass es etwas gibt, das neu für sie ist und mit dem sie fertig zu werden haben.

Wenn man die Lichtquantenenergie eines Grals als eine neue und verstärkte Nahrung für unser Seele/Geist- und Körpersystem beschreibt, dann versteht man am besten, dass die seit den '90er Jahren davon Betroffenen diese erst zu verdauen lernen mussten, und dass das nicht immer leicht für sie gewesen sein kann. Durch ihre zunehmende Sensibilisierung wurden sie von ihren Erinnerungen an erlebte Traumen und Unfairness geradezu überschwemmt, und sie begannen auf Umweltgifte vermehrt zu reagieren. Es ist darum kein Wunder, dass sie sich für spirituelle und ökologische Themen zu interessieren begannen und dass synchron dazu die Behandler – wie auch ich – fast wie aus dem Nichts auftauchten (auftauchen mussten!) und bereits zu multidimensionalen Heilern geworden waren; und dass auch SchamanInnen aus den verschiedensten indigenen Kulturen uns von ihren Einweihungen und ihrem Leben als HeilerInnen erzählten, uns aber auch Seminare zu einer besonderen tiefen Selbstfindung zu geben bereit waren. Bei den meisten von den neuen Lichtinformationen Betroffenen konnte man sehen, dass sie nicht nur mit diesen Informationen zu leben lernten, sondern dass sie analog dazu eine neue Art von Wirklichkeit für sich entdeckten. Sie übten sich nicht nur in der Rückführung in ihre vergangenen Leben, sondern auch zu den Weisen des Himmels. Und manche von ihnen wurden von diesem Zeitpunkt an auch von den Weisen des Himmels – für sie mit ihren stofflichen Augen erkennbar! – aufgesucht (wie bereits auf Seite 43 geschrieben), damit sie sehen konnten, dass sie nie allein sind. Dadurch lernten sie Freude darüber zu empfinden, vermehrt am Himmel angeschlossen und mit ihrer Gefühlswelt und ihrer Arbeit an der Welt nicht allein zu sein.

Je mehr Menschen die gleichen Erfahrungen durchmachten und einander davon erzählen konnten, umso mehr lernten sie ihre neue Welt zu akzeptieren, und sich darauf einzulassen, dass Evolutionsanhebungen zum kosmischen Spiel gehören. Alte Verhaltensweisen wurden von ihnen durch starke Selbsteinsichten zumeist über Bord geschmissen: Sie wollten nicht mehr so wie die Masse sein und mit ihr mitrennen, sie wollten keine Tiere mehr essen, sie brauchten kein Leben mehr im Superluxus, sie bedienten sich möglichst nur noch alternativer Heilweisen, und sie wollten lernen, wie der Kosmos arbeitet und wie sie ihm dienen können. Das alles war gottgewollt.

**Ja, spirituell und ein Sozialrebell zu werden und zu sein,
das ist gottgewollt!**

Und sollte möglichst bis ins hohe Alter gelebt werden. Dass das nicht leicht zu leben ist, das kann man sich ja vorstellen!

Der Unterschied zwischen einem Schamanen und einem Lichtarbeiter

Ich wurde oft gefragt, ob ich beantworten kann, was es ist, was den Unterschied zwischen Lichtarbeitern und Schamanen ausmacht, und natürlich hatte auch ich mir diese Frage schon oft gestellt. Ich hatte lange keine klare, sondern nur eine diffuse Antwort darauf zur Hand. Vor ungefähr zwanzig Jahren wurde ich von der bereits auf Seite 49 erwähnten schweizerischen Journalistin und Lichtarbeiterin Reintjen Anselmi, darum gebeten, einen Artikel über dieses Thema für ihre Zeitschrift „Lichtforum", Assunta Verlag, zu verfassen. Sie war sich ziemlich sicher, dass ich den Unterschied als initiierte Schamanin schon erklären könnte. Doch dem war nicht so! Wegen meiner damaligen Unkenntnis, musste ich diesen Artikel zu schreiben, leider ablehnen. Damit ich mir aber ganz sicher sein konnte, was den genauen Unterschied wirklich ausmacht, kam ich für dieses Buch auf die Idee, unseren großen König Arthurus aus der Gralsburg zu befragen. Nachfolgend hierzu seine von mir gechannelten Worte:

„Ich sage dir, der Unterschied ist ein kleiner.
Du bist als Schamanin dazu initiiert zu heilen und zu mir und anderen geistigen Lehrern zu kommen – und auch ich wurde zu einem Schamanen initiiert. Auch ich bin hier ein Schamane, ein königlicher allerdings, der dem Himmel dient.
Ihr Schamanen und Schamaninnen, ihr alle seid Himmelsreiter. Ihr wisst das nur nicht immer.

Ein Schamane muss immerzu lernen und lehren, er muss heilen und immer für seine und unsere Welt da sein. Ein Lichtarbeiter kann erst einmal nur lernen und dann muss er oft nur für eine einzige Sache für die Welt da sein. Das ist auch nicht immer leicht. Aber ein richtiger Schamane muss, wie schon gesagt, Schüler und Lehrer zugleich sein und für immer seiner großen Aufgabe gerecht werden. Er oder sie muss ***immer bereit sein*** *zu dienen – bis zum irdischen Abgang und auch danach bei uns.*

© Diese Skizze ist von der Autorin und Verlegerin, gezeichnet worden; wie sie König Arthurus aus der Gralsburg kennt, in der er sich in einem Alter (irdisch gesehen!) um etwa sechzig Jahre alt aussehend befindet. Eine Erlaubnis zur Weiterverbreitung der Skizze für seriöse Zwecke, unter Benennung der dazu wichtigen Namen und Daten, wird gerne nach Rücksprache vergeben.

Wir wissen, was es bestimmt, dass jemand ein Schamane werden kann. Und das erzähle ich dir jetzt aus diesen Höhen hier, aus der Gralsburg, in der du ja bereits so viele Male gewesen warst und auch als ein Seelenanteil eine königliche Funktion innehast, wie dein Buch: „In der wahren Gralsburg – Die Arthus-Legende reloaded“ erzählt.

Die Bestimmung zum Schamanen wird hier aus der Gralsburg-Ebene schon zuvor gesetzt. Erst musst du viele und vielfältige Leben auf der Erde gehabt haben und auf ihr eine Alte Weise Seele geworden sein, erst dann erhältst du von uns einen Bonus – einen Extra-Gral –, um nun auch Lehrer und Schüler gemeinsam sein zu können. Das beinhaltet auch, dass du über viele Zeiten hinweg gelernt hast, in unseren Ebenen ein Dimensionswanderer zu sein. Erst dann erhältst du den Extra-Gral, als Schamane oder Schamanin wirken zu dürfen.

Die Lichtarbeiter, sie erhalten ihre Einweihung erst dann, wenn es Gottes Wille ist, dass wieder viele Menschen – also Menschengruppen – eingeweiht werden sollen, um die Erde zu verändern und damit erneute Energien auf die Erde zu bringen; so wie das bei euch bereits seit ein paar Jahrzehnten geschieht. Sie müssen zwar auch wie die Schamanen lernen, den Gral „zu schlucken“ – ihn in sich hineinzulassen und in jede Zelle zu integrieren –, aber sie müssen das nicht immer und immer wieder, so wie du, ein ganzes Leben lang tun, denn oft haben sie nur eine Aufgabe für ein einziges Mal in ihrem Leben zu erfüllen. Z.B. nur, um mit ihren Einsichten durch den ihnen zugesandten Gral den Menschen davon zu erzählen, dass es so etwas gibt wie uns. Manche haben aber auch schwerere Aufgaben vor sich und werden dafür ein paar Mal mit dem Gral bestückt und müssen uns für eine längere Zeit dienen.

Oft – und das wissen wir, es ärgert dich auch hin und wieder – vergessen Lichtarbeiter, dass sie Lichtarbeiter sind, oder sie verdrängen es. Aber dazu sage ich dir: Ärgere dich nicht. Das ist auch nicht immer leicht für sie, denn sie spüren ja, dass sie es nicht schaffen, ihre Aufgabe zu erfüllen, und oft sind daran eure sozialen und politischen Umstände schuld, weil sie zu viel arbeiten müssen und darum nicht mehr können. Doch wir hier, wir nehmen ihnen das nicht übel und sind dir damit ein Stück voraus.

Sie alle leuchten ja und verbreiten trotzdem das in sie (ab-)gesetzte Licht. Auch sie sind und bleiben immer eine Kette im Glied der Lichtarbeitergemeinschaft – selbst dann, wenn sie Menschen nur ab und zu dazu anregen, über die geistige Welt und uns nachzudenken.

Du aber hast einen hübschen Extra-Gral bekommen. Und damit eine Extra-Stufe erreicht, die dich dazu befähigen sollte, noch mehr für die Menschheit zu tun, und du bist auch dazu bereit, dafür einiges zu opfern. Deine Aufgabe ist es, Menschen zu heilen und sie an dich zu binden; wie Jesus, der auch ein Menschenfischer gewesen sein musste, damit die Menschen es lernten für uns zu sein. Du sollst diese Menschen mit neuen Energien für die Neue Zeit auffrischen, aber sie auch in ihrem oft armseligen Leben unterstützen. Das ist eine besondere Verpflichtung, die du eingegangen warst schon seit Äonen immer und immer wieder – erst bei uns und dann auf der Erde – so zu sein und wirken zu müssen. Deine Reinkarnationsreisen erzählen später ja noch davon.

Wir mussten dich mit unseren Einweihungen erinnern!

Wir mussten dich daran erinnern, dass es uns gibt – und wir haben das immer und immer wieder in vielfältiger Weise und auch in verstofflichter Weise getan. Daraus hast du gelernt, dich neu darauf einzulassen, was das Heilige in dir ist und es auch zu leben und uns zu dienen – und zwar immerdar.

Du hast es dir dafür auch gefallen lassen, von den Menschen angegriffen zu werden, die dich nicht so gemocht haben und sie trotzdem versucht zu heilen und ihr Geschwätz nicht so ernst zu nehmen – nicht so hinzuhören. Aber du hast daraus gelernt, noch mehr eine Dienerin Gottes zu sein, und vor allen Dingen hast du auch uns immer damit gedient, wenn du dafür das Königliche in dir verstecken musstest. Du siehst also: die Aufgabe eines Heilerschamanen oder einer Heilerschamanin ist permanent. Auch Rudolf Steiner ist so ein permanenter und ein ganz besonderer königlicher Heilerschamane bei euch gewesen. Auch er hatte – so wie es ein Schamane eben muss – seine Lebensaufgabe bis zum Rest seiner Erdzeit auszuführen.

Die Lichtarbeiter aber sind zumeist nur „Schamanen auf Zeit" und damit „kleine Schamanen". Nach getaner Arbeit, oder wenn ihnen alles zu viel wird, wenden sie sich von ihrer an sie gestellten Aufgabe wieder ab und können sich gar nicht mehr vorstellen, einmal so wie ein Lichtarbeiter gedacht und gehandelt zu haben. Aber wie gesagt: Nichts geht im Kosmos verloren. Nicht immer zählt die Zeit ihrer Darstellung, sondern auch ihr Einsatz in einer sehr kurzen Zeit! Da sie ihre Aufgaben innerhalb einer Seelengruppe durchführen, können ihre Arbeiten dann von anderen Lichtarbeitern dieser Gruppe übernommen werden. Sie sind ja über Lichtfäden miteinander verbunden und wissen – wenn auch nicht immer auf der bewussten Ebene – davon.

Du schriebst bereits, dass Mozart, Bach und Michelangelo eine Lebensaufgabe als Künstlerschamanen innehatten, und dass es nicht zählt, ob sie arm oder reich an Geld gestorben; da zählt nur, ob sie reich ihre Aufgabe gelebt haben. Und ist es nicht schön, dass ihr noch ihre Musik hören und euch daran erfreuen könnt, weil sie eine bei uns bereits seit Äonen gespielte!!! Himmelsmusik ist, die von ihnen mit ihren damaligen irdischen Möglichkeiten – den Instrumenten ihrer Zeit – auf der Erde kopiert worden war? Ist es nicht schön, dass Michelangelos Fresken so berühmt wurden, sein David und die Pieta, dass ihr immer noch nach dorthin pilgert, wo sie stehen? Ist es nicht schön, dass es in Rudolf Steiners Sinne noch immer Schulen bei euch gibt, die seine Lehren verbreiten, und dass auch seine Art, die Medizin und die Natur verstanden zu haben, bei euch nicht verloren gegangen ist?

Alle, ob Lichtarbeiter oder Schamane, sie sind immer wichtig gewesen, im ewigen kosmischen Spiel, das Evolution heißt. Und da ihr bereits wieder an einem Zeitenübergang zu einer erneuten Neuen Zeit steht, gibt es wiederum viele Lichtarbeiter. Alle zusammen seid ihr Zeitenbrecher. Ihr seid damit auch Kulturbrecher. Ihr habt darin übereingestimmt, das kulturelle Wachstum der Menschheit erneut zu (be)fördern.

Noch etwas ist mir wichtig zu sagen:
Wir sind bei unserem Evolutionsvorgang hier im Himmel nicht so einsam wie ihr auf der Erde. Das möchten wir euch auch noch sagen, denn ob Schamane oder Lichtarbeiter, ihr seid oft sehr allein. Ihr wisst, dass ihr anders seid und dass ihr eine oder mehrere Stufen weiter gerückt

seid als der „normale“ Mensch, und das lässt euch oft sehr allein dastehend fühlen. Aber wir sind bei euch, und wenn ihr lernt, den Himmel zu bestürmen und eine Himmelsstürmerin oder ein Himmelsstürmer zu sein, dann ist es vorbei mit eurem Allein-Sein. Wenn ihr den Weg mit uns zusammen bewusst geht, dann seid ihr nicht mehr allein, dann seid ihr All-Eins mit uns.

Geht immer weiter euren Weg! Und wenn ihr einmal nicht mehr könnt, dann gebt eurem Körper auch hin und wieder viel Zeit und Aufmerksamkeit, denn er ist das Gefährt, durch das ihr lebt, arbeitet und leuchtet. Und wie gesagt: wenn ihr denkt, ihr tut gar nichts mehr für die Welt, dann lasst euch von mir sagen: Das stimmt nicht, ihr leuchtet! Licht ist immer Information – Licht ist auch dann Information, wenn es euch nicht bewusst ist, dass ihr mit eurem eigenen Licht Informationen nach außen abgebt. Licht kann auch non-verbale Information sein.

Schaut zur Sonne! Ihr Licht ist Information, und doch seid ihr nicht fähig all′ ihre Informationen zu lesen. Und doch wärmt und erfreut euch eure Sonne und lässt alles wachsen und blühen. Und damit ist auch gesagt: Auch ihr seid lauter kleine Sonnen, die leuchten. Auch durch euch darf vieles wachsen und blühen, was ansonsten der Verdorrung preisgegeben wäre.

Auch ihr gebt Informationen ab, die nicht von allen auf der bewussten Ebene verstanden werden, aber diese Informationen sind trotzdem immer da.

Ihr Lichtarbeiter:
Ihr seid Diener der großen Sonne, und ihr seid ein Teil von ihr!

Durch die Sonne wird die Energie des großen kosmischen Grals zu euch geleitet.

Aber hin und wieder nehmt euch auch Zeit zum Wachsen und zum Veredeln eures Wissens und lasst euch dafür Neues einfallen. Und dann seht zu, dass ihr euch Netzwerken anschließt oder euch online schaltet auf die Seiten von denjenigen Menschen, die sich auch damit beschäftigen und ein anderes Sein auf die Erde bringen wollen – z.B. mit dem

Wissen, was zu machen ist, um nicht mehr Tiere essen zu müssen, um nicht mehr die Erde zu vergiften, um multidimensional denkend und fühlend zu werden und andere Dimensionen bereisen zu können u.v.a.m. Dafür haben wir euch ja das Internet geschenkt.

Wir wissen von euch Lichtarbeitern: Eure Kraft reicht oft nicht mehr.

Aber diese euch fehlende Kraft, die haben die von uns initiierten HeilerschamanInnen mitbekommen, und sie haben genug davon mitbekommen, damit diese auch für euch reicht, und sie wissen auch, wie sie euch diese Kraft übertragen können. So wie wir von hier, aus der Gralsburg, euch die Kraft eines kleinen Grals mittels einer Saucierenmenge oder einer Lichtdusche oder eines Kelchs zukommen lassen können, so können diese Schamanen und Schamaninnen dasselbe mit euch ganz direkt tun. Sie kennen das von hier. Sie sind von uns Eingeweihte und manche sind auch Gralsburgkönige und -königinnen selber, wie unsere Autorin, die hier Anthea heißt und eine Funktion als „Königin der Balance" innehat.

Wir hier aus der Gralsburg, wir dienen euch allen, wie ihr uns dient. Wir veredeln uns auch immer wieder, wie ihr euch veredeln sollt. Wir alle sind Gottes Diener und Dienerin. Der/die eine so, der/die andere ähnlich.
Das war's, was ich heute dazu zu sagen hatte.
Ich Arthurus, Amen"

———

Noch etwas zu den Lichtarbeitern von mir:
Wir HeilerschamanInnen werden zumeist nur von den älteren Seelen aufgesucht. Jüngere Seelen haben oft Angst vor uns (nicht nur beruflich, sondern auch privat – das kann auch innerhalb der eigenen Familie sein!), und sie sind auch schnell auf unsere Seelenreife eifersüchtig. Das passiert auch dann, wenn wir sie zu verstecken versuchen – aber Seelenreife lässt sich nie gänzlich verstecken! Diese jüngeren Seelen erreicht man mit „nur" teilinitiierten Seelen, wie die Lichtarbeiter es sind, leichter, die sich noch mehr unter sie mischen und sich ihnen zugehöriger fühlen können. Es ist sozusagen der große Wurf Gottes, wenn er seine Lichtdusche oder sein Gralsgefäß nimmt und die Informationen daraus

in noch „normalere“, Menschenseelen fließen lässt, vor denen die jüngeren Seelen nicht so viel Angst haben und eher bereit sind, ihnen zuzuhören als uns HeilerschamanInnen zuzuhören; denn je größer die spirituelle Diskrepanz zwischen zwei Menschen ist, umso eher kommt Befremdliches zwischen ihnen auf.

Ich habe aus Arthurus Zeilen viel gelernt, als er Lichtarbeiter als **„Schamanen auf Zeit“** und als **„kleine Schamanen“** bezeichnete. Nur mit diesen Worten hat er mein Wissen über ihre Aufgabe komplettiert und auf den Punkt gebracht. Ich freue mich sehr, auch für dieses Buch wieder sein großes Wissen an meine LeserInnen weiterleiten zu dürfen. Ich bin mir dieser – seiner – Gnade sehr bewusst.

Im nächsten Kapitel werde ich auf die Fähigkeiten und Merkmale von uns HeilerschamanInnen eingehen, und auch darauf eingehen, wie man uns erkennt.
Ich erhebe mit meiner Aufzählung keinen Anspruch auf Vollständigkeit. Es sind aber die für mich wichtigsten Merkmale, die ich zusammengetragen habe, damit die Menschen lernen, uns mit Respekt! zu begegnen. Das ist mir auch noch wichtig zu sagen, weil alle HeilerschamanInnen unter einem stetigen Mangel an Respekt und Gegenliebe, insbesondere in unseren westlichen Kulturen, leiden und oft auch gar nicht als solche erkannt werden! Letzteres auch dann nicht, wenn sie wirklich große Fähigkeiten mitbringen und sichtbar viel Gutes geleistet haben! Ich habe häufig erlebt, dass Menschen sich von mir, nach erfolgter Heilung, für immer abwandten und daran zweifelten, dass ich es war, die es mit der Hilfe des Himmels geschafft hat, dass sie z.B. nach langem Kinderwunsch doch noch ein Kind bekommen konnten. Es ist für sie schwer, unsere kosmische Kraft auszuhalten, die wir ja auch erst einmal zu erlernen hatten, selbst auszuhalten und weiterzugeben. Kein Wunder, dass wir HimmelsdienerInnen deshalb auch immer sehr einsam bleiben. Der Neid in den Menschen ist allgemein zu dominant geworden, und man gibt auch nicht gerne etwas von dem zurück, was jemand für einen geleistet hat.

Ich erinnere mich an einen amerikanischen Film, der diesen Umstand thematisierte. In diesem fragte ein ehemaliger Mitschüler den Hauptdarsteller auf einem Klassentreffen nach mehreren Jahren (die nächsten

Worte sind sinngemäß von mir wiedergegeben): „Ich dachte, Du bist wie Dein Onkel Arzt geworden?“, worauf der Hauptdarsteller antwortete: „Nein, ich sehe doch, wie allein und einsam mein Onkel heute ist, der immer für andere Menschen dagewesen war, denn heute ist keiner für ihn da!“ (Leider erinnere ich mich des Titels dieses Filmes nicht mehr, noch fand ich ihn beim Googeln. Ich glaube aber, dass der Schauspieler William Hurt in ihm spielte!) Treffender kann man die Problematik des Lebens von HeilerschamanInnen, aber auch vielen anderen LichtarbeiterInnen – und auch anderen Menschen in normalen helfenden und medizinischen Berufen, die sich aufopfern – nicht ausdrücken. Aber man sollte bedenken: Selbst Jesus, einem sehr großen Heiler- und Priesterschamanen, erging es nicht besser! Sein Kreuz wartet auch auf uns in der einen oder der anderen Form, und das wird es so lange tun, bis die Menschen mehr von uns wissen wollen, und auch verstehen wollen, dass wir eigens für sie abgeordnet wurden und darum auf die Erde hinabgestiegen sind.

Die Fähigkeiten und Merkmale von HeilerschamanInnen/ Wie erkennt man sie?

Es ist das alte Seelenalter – und zwar nicht nur dasjenige, das man auf der Erde, sondern auch in den verschiedensten dimensionalen Räumen als Urseele erworben hat –, dass erst die Voraussetzung dafür schafft, dass jemand zu einem Schamanen oder Lichtarbeiter und damit zu einem Botschafter des Himmels werden kann; und natürlich Gottes Gebot als solcher für die Welt wirksam zu sein.

Ich sprach schon davon, dass man, um ein Heilerschamane zu werden, initiiert werden muss und dass alle Initiationen, je nach der später auszuführenden Funktion, verschieden ablaufen und dass wir auch noch andere Schamanentypen haben, wie Künstler- oder Forscherschamanen. HeilerschamanInnen müssen, um Krankheiten überhaupt auf geistigem Wege heilen zu können, viele Dimensionen des Himmels bereisen können, und die Weisen darin kennen, denn nur durch sie und ihr multidimensionales Wissen, können ihnen die wichtigen Ratschläge während ihrer Heilungszeremonie zukommen, die sie so dringend für ihre PatientInnen benötigen. Durch ihre Erfahrungen mit der geistigen Welt und deren hierarchischen Aufbau, werden HeilerschamanInnen gleichzeitig auch zu PriesterschamanInnen geschult! Ob sie letztere Funktion öffentlich ausführen wollen, hängt nur davon ab, ob sie ihr geistiges Wissen gerne weitergeben und das Talent dazu haben, es zu vermitteln oder ob sie *nur* als HeilerInnen tätig sein und ihre geistigen Erkenntnisse lieber für sich behalten möchten! Es gibt aber auch PriesterschamanInnen, die nur eine Priesterberufung erhalten. Sie findet man zumeist in philosophischen und psychologischen Nischen. Ihre Einweihungen geschehen mehr durch Inspiration, was aber nicht heißt, dass sie nicht manchmal auch tiefere Einsichten in die geistige Welt haben können.

Für zukünftige HeilerschamanInnen, ist ihre Initiation deshalb nicht leicht zu durchlaufen, weil die kosmischen Lehrer ihnen dafür erst einmal ihre bisher dagewesene normale Sicht von der Welt wegnehmen und auf die geistige Welt hinlenken müssen und weil sie über die Psyche und den Körper gleichermaßen geht. *Es ist wichtig den Unterschied zwischen einer Seele und Psyche zu wissen: Es darf nicht heißen: „Wir haben eine Seele", sondern: „Ich bin eine Seele". Es darf aber heißen: „Ich habe eine Psyche", denn unsere Psyche ist unser körperliches seelisches Bewusstsein, das mit unserem Tode vergeht.* Das schwerste ist für sie, dabei die Schattenwelt auszuhalten. So wurde ich mit vielen dunklen Bereichen in mir selbst, sowie mit traumatischen Situationen aus diesem und meinen vielen vergangenen Leben, aber auch mit der Schattenwelt des Todes, der Unterwelt, konfrontiert. Ich war ständig besetzt, konnte nachts nicht schlafen und musste mir die Geister, die an mir klebten – damals lebte ich in Hamburgs Westen – bis zur völligen Erschöpfung an der Elbe ablaufen, damit ich doch noch irgendwann völlig übermüdet zur Ruhe kommen und wenigstens für ein- oder zwei Stunden Schlaf finden konnte. Letztendlich – nach einem langen Zerstückelungs- und Wiederzusammensetzungsprozess mit mir fremden und schrecklichen körperlichen Symptomen einhergehend – kam mir aber das Geschenk zu, wie Phönix aus der Asche aus der Einweihung aufzuerstehen und zu einem schönen freien Vogel werden zu dürfen. – Nach erfolgreicher Initiation, haben wir HeilerschamanInnen (je nach Anlage mehr oder weniger) folgende Fähigkeiten und sind daran auch zu erkennen:

Wir können die Gedanken unserer Patienten und Mitmenschen lesen und hören. (Wir sollten das aber nur gezielt tun, denn sonst wären wir völlig überlastet.)
Wir können hellsehen, weil wir andere Dimensionen und ihre Zeiten kennen; darum können wir auch in der Akashachronik eines Menschen lesen und in ihre vergangenen Leben, aber auch in ihr zukünftiges Leben, einsteigen.
Wir können Astralreisen vornehmen, das Jenseits bereisen und „Höllenfahrten" in der geistigen Unterwelt unternehmen, aus denen viele körperliche und geistige Krankheiten entstehen.
Wir können die Aufmerksamkeit für die andere Welt auch in anderen Menschen hervorrufen.
Wir sehen die Konflikte des Lebens immer aus mehrdimensionaler Sicht und ziehen dafür vorherige Leben und die geistige Welt mit in Betracht.
Wir bemerken es, wenn uns die Lichtdusche des Heiligen Grals erreicht.
Wir können die Evolutionsmerkmale der Lichtduschen lesen.
Wir können den Lichtduschenerhalt auch bei anderen sehen und ihren individuellen Sinn und Zweck abfragen.
Wir können das ätherische Feld der Menschen sehen und mit Hilfe unserer kosmischen LehrerInnen über dieses Feld ihre Körper heilen, indem wir zuerst ihren seelischen Doppelgänger (die Urseelenkopie) in diesem Feld heilen und dann die geheilten Merkmale in ihren irdischen Körper zurückkopieren. Da wir ihren Ätherkörper sehen können, können wir die Menschen auch seelisch/geistig und körperlich durchleuchten und ihre Merkmale scannen.

Wir sind bewusste Wellenreiter auf den kosmischen Strahlen.
Wir sind nicht nur mit unserem ätherischen Doppelgänger – unserer Seelenkopie – ganz bewusst verbunden, sondern auch mit noch anderen Seelenduplikaten von uns irgendwo anders auf der Erde oder im Hyperraum.
Wir wissen nach unserer Initiation, dass sie dazu da war, um uns für immer zum Dienen zu bringen und uns an unsere kosmische Herkunft, und damit an unsere Lebensaufgabe, zu erinnern.
Wir sind tiefreligiös im Sinne einer Naturreligio, lehnen Religionsdoktrinen aber auf das Stärkste ab.
Wir sind Freigeister und ordnen uns keinem System unter, wenn es unserem spirituellen Sein entgegensteht. (Im Mittelalter ließen wir uns lieber verbrennen, heute müssen wir leider viel zu oft schweigen.)
Wir beherrschen es, eine Religio – Rückbindung zum Himmel – auszuführen und können somit verschiedene Dimensionen und ihre Unterebenen bereisen und die dort wohnenden LehrerInnen zu den Problemen unserer Patienten und zu unseren eigenen Problemen befragen.
Wir sind Lehrer für die Menschheit: als Heiler, Priester, Mystiker, Medium, Seher, Friedensbringer und Prophet und müssen damit auch wie der Schamane Jesus ein Menschenfischer sein und den Schmutz anderer mittragen, weil sie selbst noch nicht fähig sind, sich davon zu reinigen und zu erlösen; und doch sind wir auch immer Schüler des Kosmos zugleich.
Wir sind für alle Menschen gleichermaßen in unserer Liebe und bauen während der Behandlung unserer Patienten oder Klienten eine Liebesbeziehung zu ihnen auf (wie eine gute Mutter oder ein guter Vater sie zu ihrem Kind haben).
Wir können prä- und postmortale Zustände erleben und nacherleben.
Wir sind – wie heute die Astrowissenschaftler auf der sichtbaren materiellen Ebene – die Erforscher des Weltenraums auf der geistigen Ebene.
Wir haben für galaktische Informationen spezifische Magnetitkristalle in unserem Gehirn aktiviert bekommen. Diese Kristalle können uns durch ein laut vernehmbares Klickern – wie ein Morsezeichen – immer dann auf etwas Bedeutendes hinweisen, wenn es für uns wichtig ist. „Hab Acht“, soll das Klickern bedeuten, „es ist jetzt für dich wichtig über dieses oder jenes besonders nachzudenken und deine Achtsamkeit darauf zu lenken und uns aus der geistigen Welt zuzuhören und uns Folge zu leisten!“ (Dieses Klickern kann auch von anderen Menschen gehört werden. Wenn meine Freundin und ich telefonieren und die geistige Welt zu dem von uns Gesprochenen ihre Zustimmung oder Ablehnung kundtun will, dann klickert es bei mir vornehmlich im rechten Ohr oft so laut, dass auch sie das am anderen Ende der Leitung hören kann.)
Wir können mit Quarzkristallen oder anderen Medien (ich lernte einmal einen afrikanischen Schamanen kennen, der benutzte ein altes schwarzes Telefon mit

abgeschnittener Schnur als Medium zum Himmel, das geht auch) zu jeder Zeit ein kosmisches Telefon herstellen.
Wir kennen die Codiernummern zu den Himmelsebenen, zu denen wir gehören und die für unser Lernen zuständig sind, weil sie uns während unserer Initiation in unseren Träumen, täglichen Visionen und/oder durch unser gezieltes Abfragen zugespielt wurden.
Wir kennen unser eigenes und das Lebenslied unserer Patienten und benutzen es zur Heilung. (Nach meiner schamanischen Lehrerin Leah Maggie Garfield* singt jeder Mensch ab und zu sein Lebenslied; aber immer nur dann, wenn er oder sie völlig allein ist, weil es ein Geheimnis bleiben soll – meines singe ich in französischer Sprache, und ich weiß nur zum Teil, was ich da singe, weil mein Französisch in diesem Leben zu mager ist, um es genau zu verstehen; ich singe es außerdem in Altfranzösisch.)
Wir können mit den Engeln arbeiten und sie sehen (schließlich sind sie unsere Geschwister).
Wir können Menschen von ihren Besetzungen befreien.
Wir sind sehr ätherische, feingeistige Wesen; zumeist sehr still und in uns selbst zurückgezogen und fühlen uns ständig zwischen den Welten. Wir sind dementsprechend auch nie ganz auf der Erde.
Wir sind von kosmischem Adel und haben deshalb ein feines und königliches Benehmen.

Diese Liste ist nicht perfekt, aber sie zählt die zumeist wichtigsten Fähigkeiten von uns HeilerschamanInnen auf, und diese können auch von den LichtarbeiterInnen zum Teil erlernt werden, wenn sie sich dafür die geeigneten irdischen und kosmischen LehrerInnen aussuchen.

** Alle Menschen haben **ihr** Lebenslied. Versuchen Sie bewusst hinzuhören, wenn Sie wieder einmal allein sind und vor sich hinsingen. Wer nicht viel singt, kann dieses Lied auch nur vor sich hinsummen oder nur innerlich singen. Versuchen Sie herauszufinden, in welcher Sprache Sie dieses Lied singen oder summen. Das zeigt zumeist eine starke Inkarnationsbindung an dieses Land auf. Auch, wenn man ein Lied mit einem bestimmten Thema wiederholt singt, dann sollte man das zu interpretieren versuchen, weil es einem etwas sagen will. Z.B. hat Leah von einer Klientin erzählt, die umziehen wollte und nicht wusste wohin. Als sie ständig Lieder über „San Francisco" vor sich hinträllerte, da wusste sie plötzlich ganz genau, wohin ihr Umzug gehen sollte. Leah (eigentlich Laeh) ist Amerikanerin und eine international bekannte Heilerin und Lehrerin. Sie wurde von der Pomo Schamanin Essie Parrish (1903-1979) ausgebildet. Ich empfehle gerne ihre Bücher: „How The Universe Works – Pathways to Enlightenment und Companions in Spirit" und „Sound Medicine", CELESTIALARTS, Berkely, California.*

Noch mehr zum vielfältigen Schamanismus

Ich erwähnte bereits, dass Gott insbesondere diejenigen Alten und Alten Weisen Seelen als *seine Mitarbeiter benötigt*, die die Fähigkeit haben, mit ihm zusammen die Erde zum Guten zu gestalten und umzugestalten. Aber er benötigt dafür auch EngelInnen und MeisterInnen aus den Himmelsebenen, die bereit sind, einen Abstieg oder sehr viele Abstiege auf die Erde zu wagen. Sie werden als im Kosmos Eingeweihte, dafür abgestellt, um als Künstler, Erfinder und Wissenschaftler ihr Wissen auf die Erde zu bringen und um unsere Kultur in besonderer Weise anzuheben. Gott benötigt außerdem bereits im Himmel eingeweihte EngelInnen und MeisterInnen, die als HeilerschamanInnen und PriesterInnen wirken können, um die Menschheit gesund und am spirituellen Wissen des Kosmos angeschlossen zu halten.

Und wie wir nun vom großen König Arthurus aus der Gralsburg wissen, benötigt Gott zu jeder erneuten großen Bewusstseinsanhebung, wie wir sie zur jetzigen Zeitenwende gerade wieder erleben, Menschen, die fähig sind, sich in Gruppen gut einzufügen, um sich in und mit ihnen ein neues Gedankengut zur Wohltat der Erde zu erarbeiten. Er benötigt dafür Lichtarbeiter: in der Ökologie, in der Ökonomie, in der Medizin, in sozialen Sparten. (Als Greenpeace gegründet wurde, waren es die LichtarbeiterInnen, die freudig ans Werk gingen, diese Organisation zu gründen und sie der Bevölkerung durch offensive Aktionen nahe zu bringen, um hier nur ein Beispiel zu nennen.) Das war immer so und wird immer so bleiben! Gott braucht also viele verschiedene Arten von MitarbeiterInnen, die sich – jede und jeder auf seine Weise! – für seine Lichtinformationen zur Verfügung halten und sich dem kosmischen Evolutionspotential zu unterwerfen bereit sind. Gott benötigt dafür Menschen, die fleißig und zur Genüge inspiriert sein können, ihm in Freude Folge zu leisten. Diese Grundvoraussetzungen müssen letztendlich alle von mir genannten Mitarbeitertypen mitbringen. Dass diese verschiedenen Aufgaben für sie unter den Bedingungen der Erde und unter denjenigen Menschen, die von ihrem Wirken als Lichtarbeiter noch nichts wissen (wo sie doch selbst oft davon nicht wissen, dass sie Lichtarbeiter sind!), nicht immer leicht zu leben sind, liegt auf der Hand.

Die Begriffe „Schamane" oder „Schamanin", werden in der Regel aber für Heiler und Heilerinnen (zumeist vergesellschaftet mit der PriesterInnenaufgabe) benutzt. Und das sollte auch so bleiben, weil sie – um heilen und lehren zu können – von den Weisen des Himmels besonders initiiert werden müssen und dafür eine spezielle Schamanenkrankheit zu durchlaufen haben. Erst nach erfolgreich überstandener Schamanenkrankheit, dürfen sie sich für ihre Heilungen Hilfe aus der geistigen Welt einholen.
Und doch sind auch alle eingeweihten Lichtarbeiter auf ihre Art – ob Künstler oder Erfinder – Schamanen.

Die Einweihung zu einem Schamanenheiler, ist aber diejenige – im Gegensatz zu der Einweihung zu einem Lichtarbeiter –, die am schwersten zu durchstehen ist, weil sie nicht nur außerkörperliche, ekstatische und postmortale Zustände beinhaltet, sondern auch von einer körperlich/seelisch/geistigen Krankheit begleitet wird, für die von dem davon Betroffenen erst eine eigene (naturheilkundliche und geistig/psychische mehrdimensionale) Heilung *gefunden werden muss*, um die Initiation erfolgreich beenden zu können. Alle diese Zustände müssen sein, damit er erkennen kann, dass er ein „*Berufener*" ist, der seiner Aufgabe bis zu seinem Lebensende zu folgen hat und dass er die Krankheiten anderer zu heilen und sich dafür ein Leben lang selbst zurückzunehmen hat.
Da die vergangenen, sowie die heutigen sozialen, religiösen und kulturellen Umstände in unseren westlichen Kulturen die Menschen so beeinflussen konnten, dass sie fest davon überzeugt sind, dass es Heilerschamanen und -schamaninnen bei uns nicht mehr gibt und man sie heutzutage nur noch als ein unwichtig gewordenes Relikt aus den Stammeskulturen vergangener Zeit ansehen sollte, macht dieser Umstand es den Initianten bei uns nicht gerade leicht, zu verstehen, was mit ihnen während ihrer Initiation vorgeht und wo sie Hilfe bekommen können und dass sie ihre kosmische Berufung zu leben und sich nicht zu verstecken haben. Da kommt es u.a. darauf an, in welchen Situationen sie sich gerade befinden; ob sie bereits einen Beruf innehaben, der für das Heilerschamanendasein förderlich ist, welchen finanziellen Zwängen sie unterliegen, wie viel Zeit und Ruhe sie für die Initiation haben, und ob sie Menschen kennen, die sie durch die Initiation leiten können.
– Und ob sie überhaupt davon wissen, dass es so etwas, wie eine Schamanenkrankheit gibt und wie unterschiedlich sich diese gestalten kann.

(Wenn man, so wie ich, den Beruf zur Heilpraktikerin schon vor der Initiation inne hatte und schon immer eine Querdenkerin gewesen war, ist es natürlich etwas leichter, seiner Bestimmung zu folgen, als wenn man den Weg des Heilers oder der Heilerin ganz neu beschreiten muss und keine öffentliche Legitimation zum Heilen hat. Es ist von Vorteil, wenn man schon vorher in der alternativen Medizin ausgebildet worden oder ihr wenigstens zugetan gewesen war. Dann hat man später nicht nur zu kranken Menschen einen leichteren Zugang, sondern es lassen sich auch Heilungsmethoden für die eigene Schamanenkrankheit leichter finden. Schamanenkrankheiten lassen sich mit allopathischen Mitteln und Methoden *nie* heilen! Sie sind multidimensional initiierte Krankheiten und können deswegen auch nur auf multidimensionale Weise verstanden und erlöst werden.)
Nicht immer werden SchamanenheilerInnen anerkannt.
Sie müssen aber nicht nur um ihre Anerkennung kämpfen, sondern zumeist genauso um ihr finanzielles Überleben. Und das wird leider auch noch so lange so bleiben, bis die Menschheit im Ganzen nahezu dieselbe Seelenreife erreicht haben wird wie sie, und erkennen kann, welche Schätze sie in ihren Reihen hat und dass auch sie ihnen wenigstens ab und zu unter die Arme greifen sollte. Wir HeilerschamanInnen benötigen nicht nur Gottes Hand, sondern auch die Anerkennung und die Hände derjenigen Menschen, in die wir unsere manchmal auch müde gewordene Seele wenigstens von Zeit zu Zeit zum Ausruhen hineinlegen können (auch wenn wir sehr viel Kraft für andere Menschen aufbringen können, wie Arthurus es gesagt hatte, so sind aber auch wir ab und an sehr müde!)
Ich schrieb schon: Es ist nicht leicht, von Menschen aufgesucht zu werden, die nicht mehr weiter wissen und von diesen nach erfolgter Sichtung oder auch Heilung, für die man eine große Schamanenkraft aufbieten musste, mit großer Ablehnung fallen gelassen zu werden (ich könnte von vielen solchen Begebenheiten berichten!), weil sie dann alles doch nicht mehr glauben können und das von uns Vollbrachte nachträglich als Hokuspokus abtun. Es ist auch nicht leicht, im Verbund mit den himmlischen LehrerInnen zu arbeiten und mit ansehen zu müssen, dass auch ihnen ihre Mitarbeit an den vollbrachten Heilungen (von denen manche wirklich große Wundertaten sind!) aberkannt wird. Und es ist außerdem nicht leicht, manchmal sehr müde zu sein, und keiner sieht's.

Leider werden heute von vielen Menschen die Begriffe *Heilerschamane* oder *-schamanin*, inflationär benutzt, und zwar von denjenigen, die nie eine kosmische Einweihung dazu hatten und dafür auch nie eine schamanische Krankheit durchzumachen hatten. Deshalb können heutzutage ganz normale Bürger auch nicht mehr unterscheiden, ob es sich wirklich um einen „echten Heilerschamanen“ oder eine „echte Heilerschamanin“ handelt, wenn sich jemand als solcher oder solche bezeichnet. Ich benötige allerdings nur sechs Fragen, um ihre „schamanische Qualifikation“ zu erkennen:

1. „Wie sieht das Tor zur Unterwelt aus?“
2. „Welche Tiere bewachen dieses Tor?“
3. „Wie verhalten sie sich dabei?“
4. „Welche Tiere repräsentieren außerdem die Unterwelt?“
5. „Wie geschah ihre Annäherung?“
6. „Wie wurde die schamanische Einweihung beendet?“

Eine schwer durchgemachte Krankheit, die durchaus auch verändernde Bewusstseinszustände verursachen kann (wir sollen ja alle auf verschiedene Weise wachsen), ist noch kein Garant dafür, wirklich einer kosmisch *schamanischen* Einweihung unterzogen worden zu sein; auch dann nicht, wenn man hinterher sein Schicksal anders sieht und meistert und auch hellsichtig ist (oder es vorher schon gewesen war!) Es gibt viele Arten von Einweihungen und viele transformative Zustände im Leben, aber sie müssen deswegen noch keine schamanischen Einweihungen zu einem Heilerschamanen oder einer Heilerschamanin gewesen sein. Eine heilerschamanische Einweihung ist nicht nur körperlich/psychisch und geistig brandgefährlich, wenn man sie nicht folgerichtig übersteht – weil man sich z.B. dagegen wehrt – sondern sie geschieht immer auf mehrdimensionale Art zusammen mit der geistigen Welt, die einen zur Hilfe für die Menschheit ausgesucht hat. Das impliziert auch, dass man für den Rest seines Lebens mit dieser Welt zusammenarbeiten *muss* und dass man seine dortigen Lehrer kennt und sie sehen und hören kann und dass man für sie auch noch als Priester und Priesterin zu wirken hat, wenn man dafür das Talent besitzt (was ich insbesondere in meinen Seminaren mache). Ich schrieb außerdem davon, dass die meisten Menschen in unseren westlichen Kulturen davon überzeugt sind, dass es Schamanen und Schamaninnen bei uns nicht

mehr gibt und dass man sie hauptsächlich nur noch in indigenen Kulturen – in Stammeskulturen – finden kann. Kein Wunder, dass sie so denken, denn diese Meinung wird in unseren Medien, selbst von Ethnologen, die sich des Themas „Schamanismus“ angenommen haben und es eigentlich besser wissen müssten, hinlänglich vertreten. Doch wir sollten wissen: Nur Ethnologen, die sich ganz und gar in die Anderswelten eines Heilerschamanen eingegeben haben und dadurch schon fast selbst zu einem Schamanen werden durften – und manche werden es dann auch wirklich! – verstehen, was es bedeutet ein Heilerschamane oder eine Heilerschamanin zu sein. Sie wissen dann auch, dass es gerade heutzutage dieser Art von HeilerInnen und PriesterInnen in unseren hoch technisierten und industrialisierten Ländern dringendst bedarf, weil die Menschheit ansonsten die alten Religiotechniken zur geistigen Welt vollkommen verlieren würde. Viele Menschen sind auch gegen Schamanenheiler eingestellt, weil man sie bei uns in Europa als Hexer und Hexen aus dem Mittelalter verschrien und abgetan hat, und weil sie nicht verstehen, dass man tatsächlich aus hingeworfenen Stöckchen, Hühnerknochen o.ä. Voraussagen treffen oder sogar Zauber veranstalten kann. Sie wissen auch nicht davon, dass sich diese Menschen schon vor ihrer Inkarnation dazu bereit erklärt hatten, während ihres kommenden Lebens zu einem bestimmten Zeitpunkt die göttlich geführte Initiation zu ihrem Heilerberuf anzunehmen, um die damit verbundene Berufung für den Rest ihres Lebens auszuführen, damit die Menschheit nicht nur körperlich und seelisch, sondern auch spirituell gut versorgt bleibt. Viele Heilerschamanen und -schamaninnen bezeichnen sich heutzutage, weil sie nicht mehr in Stammeskulturen und in Dörfern leben, deswegen auch zu Recht als „StadtschamanInnen“.
Da die Meinung vorherrscht, dass es SchamanInnen bei uns nicht mehr gibt und auch nicht mehr geben sollte, sind diejenigen, die wirklich *echte* SchamanInnen sind, dazu gezwungen, sich leise in der Ecke zu verstecken und aus dieser nur dann hervorzukommen, wenn jemand dringendst ihrer Hilfe bedarf. Das ist wirklich ein großes Übel. Das wird auch in meinem Buch: „Die Reise nach Tschernobyl – Ein Schamane erzählt“ thematisiert.

Wir HeilerschamanInnen haben es schwer, über unsere Bewusstseinszustände und die in der Anderswelt gesehenen Bilder zu sprechen. Wir finden nur selten Menschen, die unsere Sprache über postmortale oder andere geistige Einsichten verstehen und diese nicht als Nonsens abtun. Es gibt in unseren westlichen Sprachen auch nur sehr wenige Worte, die unsere wahren Gefühle und Einsichten aufs Genaueste beschreiben können. So sage ich oft, dass ich mit Bäumen sprechen kann. „Ja“, sagen da die meisten, „das ist ja einfach, das kann ich auch.“ Sie wissen in diesem Moment nicht, dass ich eigentlich meinte, dass ich die Bäume sprechen hören kann. So musste ich lernen, mich zu korrigieren und gleich zu sagen, dass *ich die Bäume sprechen hören* kann. Dann wussten sie, was ich meinte. Für mich war aber vorher schon klar gewesen, dass ich, wenn ich „mit ihnen spreche“ sage, auch immer meine, dass die Bäume mit mir sprechen. Sonst hätte ich ja gesagt: „Nur ich kann mit ihnen sprechen, aber leider antworten sie nicht.“ Wir sagen ja zumeist auch: „Wir sprechen mit Menschen“, und meinen damit immer einen gegenseitigen Gesprächsaustausch. Dieses semantische Beispiel einer fälschlichen Alltagsdefinition soll verdeutlichen, dass *ich* es als vieldimensionaler Mensch sein muss, der den Menschen sprachlich zuvorkommt, wenn ich ihnen etwas begreiflich machen will. Und das ist ziemlich anstrengend. Ich will das an noch einem Beispiel aus unserer alltäglichen Wirklichkeit verdeutlichen: Machen Sie einem Menschen mal klar, was ein Fernseher ist und wie er funktioniert, und dass man mit ihm, obwohl er 2-D-Bilder generiert, heute mit einer Spezialbrille 3-D-Bilder sehen kann, wenn er noch nie einen Fernseher gesehen hat und auch nichts von einer 3-D-Brille und einer 3-D-Fernseherfahrung gehört hat – obwohl er doch ständig in einer 3-D-Welt lebt und diese erfährt. Wie würden Sie das erklären? Aber nicht nur wir SchamanInnen, auch die WissenschaftlerInnen kennen diese Sprachunzulänglichkeiten. Zum einen sind sie gezwungen, nur Belegbares zu analysieren und auszudrücken, zum anderen sind sie aber auch gefordert, neue Denkansätze für zukünftige Forschungswünsche zu formulieren, die aus ihrem Inneren kommen und hochspirituell und poetisch sein können. Der von mir sehr geschätzte Ethnologe und Psychologe Holger Kalweit, der sich selbst ganz und gar in den Schamanismus vieler Kulturen eingegeben hat, und der auch ein Schamane ist, schrieb bereits in seinem großartigen Buch, das ich nur empfehlen kann, „Die Welt der Schamanen – Traumzeit und innerer Raum“, Fischer Verlag, Ausgabe 1988, auf Seite 248, davon, dass sich auch die Erkenntnisse der modernen Physik „nur schwer oder gar nicht“ in unserer „mechanistisch-materialistisch orientierten Sprachstruktur“ ausdrücken lassen. Er stellte außerdem die Frage, ob wir nicht eines neuen und zusätzlichen Wortschatzes bedürften, um unsere Gedanken und Gefühle neu formulieren zu können. Wir Menschen haben mit unserer Sprache die Fähigkeit, aber auch die Macht in der Hand, uns und andere, sowie unser kollektives Bewusstsein und Unterbewusstsein stark zu beeinflussen, aber auch zu manipulieren; uns in bestimmten Sparten gebildet zu machen, aber auch dumm zu halten. Wie würde ein zweidimensionales Wesen unsere dreidimensionale Welt beschreiben, wenn es nur für eine kurze Zeit einen Einblick in sie gehabt hätte? (Stellen Sie sich vor, Sie wären noch platter als ein Blatt Papier und ein höher und tiefer gäbe es für Sie nicht, nur das, was sich rechts und links von Ihnen auf flachster Fläche befindet und sie hätten manches Mal einen sehr kurzen Einblick in die 3-D-Welt. Wie würden Sie diese Welt dann beschreiben?) Und wie genau können wir HeilerschamanInnen, die wir zwar auch dreidimensionale Wesen sind, die mehrdimensionale Welt, in der wir uns von Zeit zu Zeit befinden und in der wir „spazieren gehen“ und sogar „surfen“ können, für andere Menschen erklärbar machen? Und wie würde unser Gegenüber unsere Schilderungen über diese Welt interpretieren, wenn er oder sie nie einen Einblick in sie gehabt hätte? Er oder sie würde „Quatsch“ sagen und uns damit tief verletzen und nie gerecht werden können! Deshalb ist es so wichtig, dass zukünftig alle Menschen wenigstens ein paar schamanische Erfahrungen machen und die dafür notwendigen Techniken erlernen wollen.

Es ist schade, wenn Menschen uns aus egoistischen Gründen erst dann aufsuchen, wenn sie unheilbar krank geworden sind, uns aber ansonsten für reichlich „queer“ halten, wenn wir von noch anderen Therapiemöglichkeiten und Hilfen zur Selbstfindung sprechen, wie von der Reinkarnationstherapie z.B. Oder wenn sie uns nach erfolgter Heilung auf der Straße wiedersehen und auf die andere Straßenseite wechseln.

Keine Schamanen – wenn es sich um echte Schamanen handelt! – sind besser oder schlechter als andere. Jeder und jede hat seine/ihre Aufgabe und seinen/ihren Platz gesetzt bekommen, um ihn auszufüllen. Erfüllte er oder sie seine/ihre Aufgabe nicht, hat das für den gesamten Evolutionsplan unseres Superdesigners große Auswirkungen, denn alles das, was in einer Dimension geschieht, nimmt immer auch Einfluss auf andere Dimensionen, das sagte ich schon.

Auch zu früheren Zeiten war es nicht immer sichtbar gewesen, dass es sich bei einer initiierten und damit eingeweihten Person um einen Heilerschamanen oder eine Heilerschamanin handelte; auch Hildegard von Bingen*, eine Kirchendienerin, war eine Heilerschamanin gewesen, die heute zu Recht heilig gesprochen wurde, weil auch sie sich in der Religio üben und heilen konnte; ein Schamane war auch Einstein gewesen, der mit seiner Formel zur Relativitätstheorie die wissenschaftliche Forschung enorm anheizte, bzw. anheizen sollte (man spricht darüber, dass er, wie der (Er-)Finder des Benzolrings, August Kekulé, seine Formel geträumt haben soll). So war auch der Musiker Yehudi Menuhin ein Schamane, der nicht nur hochspirituell lebte, sondern mit seiner Musik Menschen zu heilen vermochte. Auch der große Maler Dali, der nicht ohne Grund ein Vertreter des Surrealismus gewesen war und den Menschen in seinen Bildern ihre eigenen vergessenen Traumbilder aufzeigen wollte und sollte, und ihnen ein Leben als Freigeist und Rebell vorlebte, war ein Schamane. Aber auch die südamerikanische Malerin Frida Kahlo war eine Schamanin gewesen, die der Menschheit nach ihrem schweren Unfall aufzeigte, dass man trotz seiner höllischen Schmerzen – auch wenn man unfähig zu gehen ans Bett gefesselt ist – immer weiter machen muss, wenn man tief in seinem Herzen eine Künstlerin ist; weil man als eine große Künstlerin eben nicht anders kann, als zu erschaffen, weil Gott das so will (und das als Designerkünstler selbst so macht!) und weil man sein Gottesgut nicht einfach so wegwerfen und verschwenden darf und dass gerade Krankheiten erheblich zu unserer Evolution beitragen können, wenn man sie dazu nutzt. Dass dieser Aufgabe aber nur große Alte und Alte Weise Seelen gerecht werden können, brauche ich hier sicher nicht mehr zu vermerken. Auch manche antike Geistesgrößen sind nicht nur Geistesgrößen auf theoretischer Ebene, sondern vom Kosmos eingeweihte PriesterschamanInnen gewesen.

* *Ihre körperlichen Zustände und ihre Visionen sind m.M. nach ein gutes Beispiel für eine schamanische Initiierung gewesen. Dass man sich damit in der psychologischen Fachwelt nicht sonderlich auskennt, zeigt der Umstand, dass selbst der große Neurologe Oliver Sacks, diese als schwere Migränezustände missdeutete und abgetan hatte.*
*Wissen aus: https://de.wikipedia.org/wiki/Hildegard_von_Bing*en.

Durch die Verdrängung und Verleugnung von außersinnlichen und ekstatischen Erlebnissen nach der großen Zeit der antiken abendländischen Geschichte, wurden ihnen schamanische Erfahrungen einfach nicht mehr zugeschrieben. Sie hätten ihrem Ansehen und ihrer Geistesgröße auch noch im Nachhinein geschadet! Man wollte lieber nur noch theoretisierende – verkopfte! – Philosophen, und vor allen Dingen, Philophenmänner haben.

Machte man eine Liste derer, die unsere Welt auf eine gute Weise verändert und gestaltet haben, sie wäre endlos, und es fiele den Menschen wie Schuppen von den Augen, dass es SchamanInnen auf vielfältige Weise gibt. Ja, geben muss! Und dass wirklich nicht alle nur Heiler und Priester gewesen sein können. Sie alle haben dementsprechend auch ihre Initiationen auf verschiedenste Arten erfahren. Aber immer war das kosmische Ziel:

dass sie die Evolution mit anheizen und gewährleisten sollten,
uns alle zu bereichern: durch Heilung, Wissen, Erfindungen,
Religion, Philosophie, Kunst und Kultur oder durch
Dimensionsreisen, Hellsicht, Telepathie und Teleportation,
um hier nur einige Fähigkeiten zu benennen.

Und so war, wie schon gesagt, auch Mozart ein Schamane, ein Botschafter Gottes gewesen, der die „Musik des Himmels" auf die Erde zu bringen hatte und die Menschen damit kulturell bereichern sollte; dasselbe gilt natürlich auch für den großen Johann Sebastian Bach, sowie für viele andere großartige Musiker. So war auch Michelangelo ein Schamane, der selbst noch im Alter von 72 Jahren die Bauleitung vom Petersdom übernahm. So war Florence Nightingale eine Schamanin, die im 19. Jahrhundert der modernen westlichen Krankenpflege einen neuen hygienischen Anstrich geben sollte, und so war auch der Heiler Bruno Gröning, der ein Leben wie Jesus leben musste, weil er aus dessen geistigem Ursprung herausgeflossen war, ein Schamane. Und auch der Nobelpreisträger Albert Schweitzer, der nicht von ungefähr seiner Berufung als Arzt nach Afrika zu folgen und außerdem noch ein Leben als Theologe und Musiker zu leben hatte, war ein Schamane gewesen. Wie aus allen diesen, aber doch nur wenigen Beispielen ersichtlich, gab und gibt es immer Menschen, die zur Erhöhung unserer Evolution und zum Überleben der Menschheit beitragen sollten und sollen. Allen war, und

ist, die Nähe zu Gott gemeinsam, und der Wunsch, die an sie gestellte Lebensaufgabe so gut wie möglich zu erfüllen. Dass diese Menschen mit so einer Aufgabe auch zu Getriebenen werden können, so wie ich es in meinem Buch: „In der wahren Gralsburg – Die Arthus-Legende reloaded", über König Ludwig II. von Bayern erklärt hatte, der mit seinem Bau von Schloss Neuschwanstein eine Kopie der himmlischen Gralsburg auf die Erde bringen sollte, und der sich und sein Volk dafür antrieb und ausbeutete, ist nicht verwunderlich! Besser sollte ich schreiben: „dass er sein Volk dafür antreiben und ausbeuten musste!", denn sonst hätte er seiner kosmisch gesetzten Aufgabe nie gerecht werden können; vielleicht kann man ihn mit meinen letzten Worten von seiner, ihm unterstellten *Geldgier,* ein wenig freisprechen! – Um kreativ zu sein, benötigt man einfach Geld! Vielleicht sieht man unter diesem Aspekt auch König Ludwig XIV. mit anderen Augen. Unser Superdesigner liebt schöne Architektur und will sie nicht nur im Himmel, sondern auch auf die Erde gebracht haben. Es entspricht seinem Weltbild, das wir als hermetisches Weltbild bezeichnen, welches u.a. besagt: dass alles *wie oben – so unten, wie unten – so oben, wie innen – so außen, wie außen – so innen* anzutreffen ist! Er bedarf dieser besonderen großen Menschen, er hat sie ja dafür herangezogen. Dass diese dann auch manchmal etwas absonderlich sind und sogar dekadent leben, ist sozusagen in ihrer Aufgabe enthalten. Auch das gehört zum göttlichen Spiel! (Es ist mir dazu noch wichtig anzumerken, dass gerade Ludwig II. von Bayern selbst sehr bescheiden lebte. Er hat nur für seine Projekte gelebt.)
Ich schrieb bereits davon, dass Forscher und Künstler vom Kosmos anders initiiert werden als ein Heilerschamane oder eine Heilerschamanin; dass sie eher *inspiriert* werden, weswegen ihre Initiation auch nicht so krankmachend verläuft wie die eines Schamanenheilers, der die Unterwelt auszuhalten hat, von der viele Krankheiten ausgehen. (Die Einweihungen von HeilerschamanInnen geschehen zumeist zwischen dem 16.-40. Lebensjahr.) Und ich schrieb bereits davon, dass diese Einweihungen immer als Rückerinnerung an ihre eigentliche Lebensaufgabe betrachtet werden sollten, für die sie auf die Erde geschickt worden waren. Das impliziert auch, dass sie bereits als Kind tief religiös gewesen sein mussten. Nicht unbedingt im Sinne unserer heutigen Religionen, sondern im Sinne alter Naturreligionen, mit ihren damals noch vorhandenen Fähigkeiten zur Religio. Da sich unsere Welt heute aber in technischer Richtung stark verändert hat, muss es nun auch noch andere

Schamanen, nämlich „Technik-Schamanen“, geben. Auch sie sind sich nicht immer ihrer von Gott gegebenen Aufgabe bewusst, aber sie bringen eine große Freude und einen großen Willen mit, ihre Fähigkeiten auszubauen und für sie zu leben, und manchmal wird ihnen schon auf diese oder jene Weise klar sein, dass sie dazu geboren wurden, unsere technische Zukunft mitzugestalten und damit die Welt ganz wesentlich und unumkehrbar zu verändern, wie man es von den Begründern des Internets und auch vom verstorbenen Steve Jobs, der Firma Apple, annehmen kann, der nicht von ungefähr mit seinem Charisma die Menschen begeistern und mitreißen konnte. Auch ihn hätte man als einen Schamanen – eben, als einen Technik-Schamanen – bezeichnen können. Natürlich wussten und wissen Menschen wie er – noch!!! – nicht, dass sie als ausführendes Organ dem „Gott der Technik“ unterliegen (diese Denkungsweise entspricht ja nicht der Denkungsweise unserer Welt und unserer Religionen). Aber das soll nun ja nun durch dieses Buch, sowie durch meine anderen bereits geschriebenen Bücher, anders werden. Unsere technischen Erfindungen werden sich überschlagen und darum wird es sicher nicht mehr all‘ zu lange dauern, bis es einen Menschen gibt, der einen Apparat erfindet, mit dem man geistig reisen und dabei die Wesenheiten anderer Dimensionen auf dem Bildschirm seines Computers oder auf dem Display seines Handys sichtbar und vielleicht sogar hörbar machen kann (wofür wir SchamanInnen heute noch unsere geistigen Augen und Ohren benutzen müssen!) Und vielleicht helfen uns eines Tages unsere weiterentwickelten technischen Medien, Zeitreisen ganz leicht vollziehen zu können oder uns sogar an einen anderen Ort beamen zu können; davon schrieb ich bereits im Vorwort. Wenn Seher früher – und manche auch noch heute – eine Glaskugel und ihre Fähigkeit aus dem geistigen Auge heraus zu sehen, benutzten, um mit jemandem in der Ferne in Verbindung zu gehen, so geht das heute für alle Menschen bereits ganz einfach mittels Handy und anderen Informationstechniken. Morgaine, die Priesterin von Avalon, aus der Sage von König Artus und seinen Rittern, aus Marion Zimmer Bradley‘s: „Die Nebel von Avalon“, Fischer Taschenbuch Verlag, müsste heute nicht mehr an den See ihrer Nebelinsel gehen, und die Spiegelung des Wassers benutzen, um über jemanden in weiter Entfernung etwas in Erfahrung zu bringen und ihn zu sehen. Sie würde heute einfach skypen und dafür ihren Computer, ihren Laptop oder ihr I-Pad benutzen. Man sieht, es wurden durch die verschiedensten Informationstechniken auch diejenigen, die keine Hellsehfähigkeit besitzen, zu einer Art von HellseherInnen gemacht, und man kann an meiner Ausführung außerdem sehen, inwieweit auch der Gott der Technik ein Zauberer und damit ein sehr großer Schamane ist, und wie wunderbar es ist, dass er uns für seine Evolutionsanordnungen benutzt, und inwieweit wir bereits durch ihn dazu befähigt wurden, mit ihm mitzuzaubern. Vielleicht sollten wir ihn deswegen auch als „Technik-Merlin“ bezeichnen, um bei der Artus-Sage zu bleiben. (Zurzeit arbeiten Physiker an Quantencomputern, die mit Q-Bits arbeiten. Ihre Zukunft ist viel versprechend, und die Auswirkungen sind noch völlig undenkbar.)

Mit meinen Beispielen wollte ich aufzeigen, dass es Evolutionsanheber und -anhebungen in vielfältiger Art gibt. Dafür mussten sich auch die Schamanen, verändern. Waren Schamanen früher diejenigen, die zum Heilen Tieropfer verwendeten und mit den Mitteln des Aberglaubens hantierten (weil sie selbst daran glaubten oder sie sonst ihr Gegenüber nicht erreicht hätten!), so sind sie heute diejenigen, die sich gut mit der Physik auskennen und die Erkenntnisse daraus auch zur Erklärung ihrer Religio-Fähigkeit und für neue Denkmodelle über das Universum nutzen. Konnte jemand früher *„einfach nur“* hellsehen, so spricht er heute – so wie ich – bereits von seiner Fähigkeit das geistige Weltall besurfen zu können. Nicht nur die Physiker und Astrowissenschaftler entwickeln sich, auch der Schamane und die Schamanin tun und *müssen* das (und oft ist der/die eine auch das andere). Deswegen sind wir heute auch nicht mehr so gut zu erkennen. Wir laufen nicht, wie die Schamaninnen im Altai-Gebirge mit Röcken herum, an denen Puppen und Schlangen oder auch Skelette als Zeichen ihrer Berufsausübung und schamanischen Macht hängen, wir sehen aus wie „Du“. Nur wer genau hinsieht, sieht uns unsere himmlisch zugesteckte Aufgabe und unser sehr Altes Weises Seelenalter im Gesicht an und erkennt uns an unserem feinen „Himmelsadel-Verhalten“ und unserem leisen, aber doch für alle sichtbaren, Rebellentum, weil die Welt nicht so heil und heilig ist, wie wir sie gerne hätten. Es bedarf noch einiger Zeit, bis die Menschen verstehen, dass wir vom Himmel Herabgestiegene sind, um der Menschheit als Lehrer und Lehrerin dienlich zu sein.
Es wäre schön, wenn wir auch *„genau dafür“* geschätzt würden!
Ich erwähnte, dass die Initiationszustände der Schamanen und Schamaninnen berufungsspezifisch sind; dass der Heiler eine andere Initiation

erfahren muss, als der Künstler oder der Erfinder oder der Priester, der als Psychologe oder Philosoph tätig ist – dass sie mehr inspiriert werden. Darum ist gerade für die Letztgenannten ihre Initiation nicht immer klar ersichtlich. Und doch machen auch einige von ihnen schwerste sie verändernde Zustände durch, die dann aber mehr intellektueller oder depressiver Natur sind. Sie quälen sich, um zu ihrer Lebensaufgabe durchzudringen, und sie tun sich schwer, sich diese zu erarbeiten. Manche trifft aber plötzlich nur ein klarer Gedankenblitz, und sie wissen, wer sie sind und was sie fortan zu machen und wie sie zu leben haben, und sie haben für ihre Lebensaufgabe die dafür notwendigen Fähigkeiten sofort zur Verfügung. Alles das liegt im kosmischen Plan, wie wir SchamanInnen, ob Heiler, Künstler, Wissenschaftler, Erfinder oder Priester einzusetzen sind und an der Bewusstseinsstufe des Einzelnen; wobei aber nicht gemeint ist, dass jemand, der eine leichte Einweihung zu durchlaufen hat, schon vorher das größere Wissen dafür mitbrachte. Zumeist hängt die Stärke der Einweihung mit der nach der Initiation zu vollziehenden Aufgabe zusammen, denn je mehr dem Einzelnen für sein Leben und seine Aufgabe abverlangt wird, desto größer muss natürlich auch seine/ihre Einweihung sein. Und natürlich muss auch der Druck der geistigen Welt auf diese Menschen so groß sein, dass sie sich beugen und ihre Aufgabe annehmen, aber auch Gottes schützende Hand muss in einer besonderen Weise auf ihnen liegen, damit sie ihre Berufung ausführen können. Das ist wichtig, weil sie von der Gesellschaft oft verlacht und verhöhnt und in der Ausübung ihrer Aufgabe behindert werden, wie es häufig Erfindern geht, die ihrer Zeit weit voraus sind. So erging es Tesla oder dem Klangpriester Karlheinz Stockhausen, von denen ich bereits schrieb. Stockhausen wusste, dass er vom Siriussystem abstammte. Er brachte eine neuartige Musik – vom Sirius gechannelt! – auf die Erde. So erging es Tänzern, die neuartige Tanzausdrücke auf die Erde bringen mussten, wie Mary Wigman, Martha Graham und auch Pina Bausch, die mit ihrem Tanztheater Einfluss auf die Moderne nahmen und damit das klassische Ballett mit Spitzenschuhen und Tutu ablösten und so erging es Pablo Picasso sowie George Braque, die mit ihrer kubistischen Malerei, vorherige Stile ablösen sollten.
Wir hier auf der Erde sind ein Abbild der Urschöpfung und können mit unserem Verhalten den großen Plan unseres Superdesigners unterstützen, aber auch stören – was wir mit unseren Kriegen und Umweltzerstörungen und Tiertötungen stetig machen. Darum müssen von ihm und

seinen Untergotten (und natürlich von den weisesten Menschen unter allen Menschen) ständig neue Anpassungsmaßnahmen gefunden werden, damit die Welt doch noch zu einem besseren Platz gemacht und eine positive Evolution gewährleistet werden kann. Um Gottes Anpassungsmaßnahmen und Evolutionswünsche gewährleistet zu bekommen, wurden wir SchamanInnen in unserer Unterschiedlichkeit ausgebildet. Gott, unser Superdesigner, ist der größte denkbare Schamane überhaupt. Auch er muss sich entwickeln. Auch er ist gezwungen, sich ständig zu überprüfen, ob seine „All-Liebe" rein und der Urgrund für alle seine Evolutionsanhebungen geblieben ist? Evolution darf nicht um jeden Preis betrieben werden; die Liebe sollte immer als ein Maßband in die Evolutionswünsche miteingebunden sein, denn sonst kommt es zu Chaos und Untergang (der Bau der Atombombe steht ja zur Genüge als ein Beispiel für eine pervertierte menschliche Evolution). Gott, der Superdesigner und seine Helfer, sie wissen das. Nur die Menschen auf der Erde, sie haben das noch zu lernen. Noch ein Wissen möchte ich für dieses Buch weitergeben: Die Gralsburg wird es nicht mehr lange geben. König Arthurus hat mich darin eingeweiht, dass sie in ca. 20-30 Jahren für immer geschlossen wird und dass zurzeit in der geistigen Welt für die Menschheit – für die jetzt noch jüngeren Seelen – ähnliche, aber neue und modernere menschenführende Gralssysteme entstehen. Diejenigen, die bis jetzt Mitarbeiter der Gralsburg gewesen waren, sie müssen bis dahin die Erde und auch die Gralsburg für immer verlassen und sich die nächsthöheren Dimensionen erschließen. Das ist das Evolutionsziel für sie, das jetzt kurz vor ihnen steht, und da viele meiner Leser, auf irgendeine Art und Weise wohl auch Schamanen oder auch Lichtarbeiter und damit Alte Weise Seelen sind, wird das auch sie betreffen, wie es mich betrifft. Dieser Vorgang wird auch vor der katholischen Kirche nicht haltmachen, die noch ein Abglanz des alten Gralsburgensystems ist (was sie aber nicht mehr weiß!) Analog zum kosmischen Geschehen, wird es auch sie immens verändern und sogar schütteln, wenn sie nicht bereit ist, den großen Sprung in die nächste Zeitenwende mitzumachen (denn nichts von *oben* bleibt für *unten* ungeschehen!) Dieser Evolutionssprung ist nicht mehr aufzuhalten!

Ein Lichtdiener zu sein, heißt: lernen sich ein- und hinzugeben

Wie aber wird man zu einem Menschen in unserer Gesellschaft, der sich seines Lichtkörpers bewusst ist und lernen will, mit ihm auf geistige Weise galaktische und intergalaktische Reisen zu gestalten? Wie kann man in einer Gesellschaft spirituell wach sein, die sich insbesondere durch ihre globale Industrialisierung und das Geldverdienenmüssen und die daraus resultierende Fokussierung auf die *n u r* sichtbare Welt, immer materieller und grober verhält und das große gesamte geistige Wissen aus den Augen zu verlieren scheint oder auch schon verloren hat? Wie kann man trotzdem zu seinem Ursprung zurückkehren und sich seines inneren heiligen Wissens bedienen und sich dem Wissen Alter Weiser Seelen anschließen und sein Leben nach heiligen Prinzipien ausrichten? Und wie kann man zusätzlich noch lernen, mit den LehrerInnen in den anderen Dimensionen in Verbindung zu treten? Und wie kann man das Channeln erlernen, das eine hohe Stufe des Betens darstellt, und sich ein- und hingeben in Gottes Hand?

Tröstlich ist, man muss das nicht alles allein bewerkstelligen. Man muss es nur wollen! Dann kommt dazu schon die kosmische Hilfe.
Die *Probanden* werden dann von den Weisen des Himmels initiiert, wenn sie dazu bereit sind. (Ich benutze diese universitäre Terminologie gerne, weil sie die treffendste ist, denn irgendwie sind wir ja auch kosmische Versuchskaninchen! Und ich spreche auch immer gern von den ProfessorInnen, wenn ich von den Weisen des Himmels rede und so spreche ich auch immer von einer kosmischen Universität und von uns als deren StudentInnen.)

Es heißt ja so schön: *Wenn der Schüler bereit ist, dann kommt sein Lehrer.*

Gottes Abgeordnete im Himmel wissen, wer zu welchem Zeitpunkt initiiert werden soll und wie dieser Initiationsvorgang zu geschehen hat. Sie müssen sich ganz sicher sein, dass der Initiierte alles übersteht, was mit seiner Einweihung in Zusammenhang steht und dass er danach bereit und fähig ist, ein anderes Leben als andere Menschen zu leben. (Gerade der letzte Punkt ist bedeutend, denn wie Arthurus es mit seinen Worten geschildert hat, sind Schamanen und Lichtarbeiter ja auch immer sehr einsam.)

Ist eine kosmische Initiation erst einmal eingeleitet worden, dann ist es am Schüler, zu entscheiden, ob er das neue Bewusstsein annehmen will; ob er auf seiner alten Entwicklungsstufe stehen bleiben will oder nicht und ob er sich an seine kosmisch gesetzte Aufgabe zurückerinnern lassen möchte! Jeder hat seine Wahl dazu zu treffen. Ein wichtiger Grund für eine Verneinung kann sein, dass der davon Betroffene so große Angst vor der ihm bevorstehenden Aufgabe bekommt, dass diese ihn fast auffrisst. Und das liegt vor allen Dingen daran, dass er um den Wert seiner Initiation nichts weiß, weil die Väter (ich sage bewusst *„die Väter“, „die Mütter“* hat man ja erfolgreich ausgeschlossen!) unserer Religionen seit Jahrtausenden eine himmlische Einweihung für einen „normal lebenden“ Bürger fast vollkommen verneint haben. Die steht für sie eigentlich nur Kirchendienern zu – wie es auch nur der Kirche zusteht heiligzusprechen.

Es gibt nur einen Weg, seine Initiation erfolgreich zu beschreiten und zu beenden. Dieser Weg heißt:

Vertrauen zu lernen und sich in Gottes Hand zu begeben,
die einen immer dann auffängt, wenn es mit der
Initiation zu schwer wird.

Ich habe in meiner langen Zeit als Schamanin und Heilpraktikerin die Erfahrung machen dürfen, dass es für denjenigen, der vom Kosmos ausgebildet werden soll, nicht gut ist, wenn er sich gegen seine Schulung wehrt – und das trifft auf Schamanen wie Lichtarbeiter gleichermaßen zu. Ich habe Patienten gesehen, die wundervolle geistige Lehrer geworden wären, hätten sie sich nicht an die Meinungen derjenigen psychiatrischen Fachleute gehalten, die ihnen eintrichterten, dass sie geistig nicht ganz zurechnungsfähig seien und dass die Stimmen, die sie hörten, nun wirklich nicht aus dem Jenseits, sondern aus ihnen selbst, von innen, aus ihrem Gehirn, kommen und dass „Neurotransmitterverschiebungen“ und „nicht-verarbeitete Traumen“ dafür verantwortlich gemacht werden müssen. Natürlich gibt es das auch und bedarf psychologischer oder sogar psychiatrischer Behandlung, jedoch nützen Psychologen und Psychiater wenig, die keine Unterscheidung machen können zwischen irdischen psychischen Störungen und kosmisch gewollten Einweihungszuständen, die erst einmal psychisch/pathogene Zustände hervorrufen *müssen*. Ich hatte einmal einen sehr charismatischen Patienten. Er war damals um die fünfzig Jahre alt gewesen und befand sich schon viele Jahre lang in psychiatrischer Behandlung; starke Psychopharmaka und wiederkehrende Aufenthalte in psychiatrischen Kliniken waren ihm nicht fremd und zeigten ihre Nebenwirkungen. Als ich ihn fragte, ob er nicht vielleicht ein Schamane hätte werden sollen? – ich stellte diese Frage sehr eindringlich, denn ich hoffte, dass sie ihn an seine kosmische Aufgabe erinnern würde! –, antwortete er mir nur, dass sein Professor ihm gesagt hatte, dass er solche Dinge mal lieber ruhen lassen sollte. Keine Psychiaterausbildung kann als perfekt angesehen werden, so lange sie eine kosmisch initiierte Einweihung eines Patienten zu einer Schamanin oder einem Schamanen oder eine kleinere Einweihung zu einem Lichtarbeiter nicht in Betracht zieht und diagnostizieren kann. Dazu bedarf es aber eines Behandlers, der sich – und das möglichst nicht nur einmal – durch schamanisches Reisen selbst in den Kosmos eingegeben hat, um wenigstens im Ansatz solche Initiationszustände zu erkennen und benennen zu können. So behaupte ich dazu natürlich analog: Auch kein Physiker kann den Kosmos verstehen, so lange er nicht durch geistiges galaktisches Reisen ein wenig das geistige Universum gesehen und verstanden hat. Kein Biologe kann die Natur richtig verstehen und lieben, wenn er sich nicht mit seinen ganzen Sinnen in eine Blume oder ein Tier begeben hat und sie nicht sprechen hören kann, und auch ein Arzt ist immer nur ein guter Arzt, wenn er seine eigenen Krankheiten erfolgreich durchlaufen hat und für diese aus sich selbst heraus und mit himmlischer Hilfe Lösungen finden konnte. Diese Menschen gibt es. Leider schweigen sie zu oft darüber, um die Wissenschaft nicht zu stören und von ihr nicht für immer abgelehnt zu werden. Und trotzdem, so nach und nach scheint immer mehr durch, dass auch Wissenschaftler ihre inneren Bilder nicht negieren können. Astrophysiker sprechen von Außerirdischen, die es für sie aller Wahrscheinlichkeit nach gibt und senden für sie verschlüsselte Messages und Musik durch den Weltenraum. Doch so lange sie glauben, sie können die Außerirdischen immer nur auf dreidimensionale stoffliche Weise sehen, so lange wird das ein Trugschluss für sie bleiben; so lange werden sie nicht erkennen können, dass sie dafür erst in eine andere Welt sehen müssen und dass diese Außerirdischen schon seit Anbeginn unserer Zeit unsere kosmischen Lehrer gewesen waren, und es noch immer sind. – Und manchmal, aber nur manchmal, treten diese

Lehrer für uns auch stofflich sichtbar in Erscheinung. Sie sehen dann natürlich auch wesenhaft menschlich aus und nicht wie „E.T. – Der Außerirdische".

Ich hatte schon geschrieben, dass es für die kosmischen Schüler nicht einfach ist, ihre Einweihungszustände zu durchlaufen, denn die dadurch hervorgerufenen körperlichen und seelischen Zustände, können vielfältiger Natur sein, die nicht leicht nachzuvollziehen und mitzumachen sind. Der Zweck der Einweihung aber ist es, so schrieb ich auch, dass ihr Bewusstsein zuerst von ihrer normalen Sicht, auf unsere, mit unseren körperlichen Augen sichtbare 3-dimensionale Welt abgezogen werden muss, um danach auf die geistige Welt gelenkt werden zu können. Nur so kann ihnen die Fähigkeit abgerungen werden, mehrdimensional denkend, fühlend und sehend zu werden und der Urschöpfung zu dienen. (Der Witz dabei ist, dass wir schon immer mehrdimensionale Wesen gewesen waren, es aber durch unsere 3-D-Erziehung nicht mehr erkennen können!) Die Zustände, die dabei erfahren werden, werden für die Schamanen als *schamanische Krankheit* bezeichnet. Analog kann man die ähnlichen, aber kleiner gehaltenen Zustände bei Lichtarbeitern, durchaus als *Lichtarbeiterkrankheit* bezeichnen. Auch Lichtarbeiter sollen sich als mehrdimensionale Wesen verstehen und als solche mit Verantwortung für die Welt handeln und sich ihrer kosmischen Aufgabe in der Welt bewusst werden; auch sie sollen ihre Egoismen zurücknehmen und dem Himmel dienend zur Verfügung stehen, auch wenn das nicht unbedingt für ein ganzes Leben gelten muss, wie für Schamanen. Lichtarbeiter sollten außerdem Schamanen helfend zur Seite stehen, sagte Arthurus!

Und das ist sehr wichtig, weil sie diejenigen sind, die den Schamanen geistig am nächsten stehen; aber trotzdem noch mehr als sie der alltäglichen Wirklichkeit angehören und damit auch noch den „normaleren" Menschen und Menschengruppierungen nahe sein können. Und tatsächlich tun sie das in vielfältiger Weise – zumeist ohne es zu wissen, dass sie selbst Lichtarbeiter sind und dass sie bereits Schamanen wie Künstlern, Forschern oder Priester- und Heilerschamanen zur Hand gehen. Manche Lichtarbeiter sind ihre Mäzene, manche ihre Musen, manche ihre Schüler. Da muss es viele Möglichkeiten geben, denn allein könnten Künstler-, Forscher-, Priester- und HeilerschamanInnen ihrer Lebensaufgabe nie gerecht werden. Auch Jesus – ein großer Heiler- und

Priesterschamane – brauchte seine mitinkarnierten Brüder aus der Gralsburg, die wir Räte, Ritter oder Apostel nennen, um für die Menschheit als spiritueller Lehrer wirksam sein zu können. Aber er brauchte auch seine mitinkarnierten Schwestern, über die aber heute kaum noch jemand spricht oder falsch spricht, wie über Maria Magdalena, die religionsgeschichtlich als Prostituierte auftreten darf, die ihn, unseren Jesus, sexuell (das Böse und Sexuelle ist für die Kirchenbrüder schließlich in jeder Frau, nicht im Mann!) versuchte „herumzukriegen". Dass sie seine Frau gewesen sein könnte, darüber diskutieren heutzutage auch sehr seriöse Religionswissenschaftler. – Ein Mensch allein kann eine sehr große schamanische Aufgabe nicht schaffen und auch so ein Übermensch wie Jesus konnte das nicht. Auch er benötigte Lichtarbeiter als Brückenbauer zu den „normalen" Menschen. Auch Hildegard von Bingen brauchte ihre Freundin Richardis von Stade, die leider schon sehr früh als Äbtissin ins Kloster Bassum bei Bremen abgezogen wurde. Und auch Bruno Gröning brauchte einen Menschen wie Grete Häusler, die ihm während seines Wirkens sehr zugetan gewesen war, und die das Know how und die Kraft dafür besaß, sein Wissen weiterzugeben, sodass er und seine Lehren und sein Wirken bis heute nicht vergessen werden konnten. Und auch ich habe eine Freundin, die mich als Lichtarbeiterin in meinem Wirken bewusst unterstützt, und die weiß, dass sie als meine Himmelsschwester damit dem Himmel genauso dient, wie ich es tue.

Da sich viele Lichtarbeiter, obwohl sie sich für ihre Arbeit an der Welt häufig in Gruppen zusammenfinden, trotzdem sehr einsam fühlen können, möchte ich ihnen als Trost mitgeben, dass sie auf geistiger Ebene immer mit anderen Schamanen und Lichtarbeitern via Lichtfäden verbunden bleiben; und zwar selbst dann noch, wenn sie diese Arbeit nicht mehr leisten wollen oder leisten können, weil sie zu alt, krank und gebrechlich oder zu arm an Geld geworden sind. Eine Verbindung zu ihnen auf geistiger Ebene hergestellt, würde ihnen dabei helfen, diesen Umstand noch besser zu verstehen.

Unser ätherisches Feld/unser seelischer Doppelgänger und das gekreuzte Feld

Ich hatte schon öfter in meinen Büchern die Bosonenforschung erwähnt, wenn es um die Interpretation von der Verstofflichung des Menschen aus der geistigen Welt bis hin zur Erde ging. Auch für die Teilchenphysiker stellt sich seit längerem die Frage, warum Objekte im Universum eine Masse haben und wie diese zur Masse werden konnten. Diese Frage impliziert für mich, dass man schon irgendwie weiß, dass der Verstofflichung auf der Erde eine Entstehung im Geist – in einem Ätherraum – vorausgegangen sein muss. Der schottische Physiker Peter Higgs, sowie sein belgischer Kollege François Englert, erhielten im Oktober 2013 den Nobelpreis für Physik, weil man im Jahre 2012, im Schweizer Kernforschungszentrum CERN, tatsächlich das erste Mal das hypothetische Teilchen (auch Higgs-Boson oder Gottesteilchen genannt) nachweisen konnte, das sie vor 50 Jahren als verantwortlichen Masseproduzenten postuliert hatten. Für Gnostiker war es schon immer klar gewesen, dass alle Erfindungen im Geiste Gottes, genau in dem Moment zu einer dramatischen Veränderung – und damit auch zu einer Masse – kommen müssen, wenn sie in unsere stoffliche Welt eingehen.
Für mich als Mystikerin, stellen sich viele andere Fragen, die auch einer Klärung bedürfen:

1. Wie wird aus meinem Seelenurprint eine Seelenkopie erschaffen?
2. Wie und wann bildet sich das ätherische Feld, in dem sich die Seelenkopie befindet?
3. Was löst den Vorgang aus, dass sich die Seele in Richtung Erde begibt? Und wann war der Zeitpunkt der Entscheidung, wer die kommenden Eltern werden sollen und kann man diese Entscheidung noch ändern?
4. Wie wird es gemacht, dass ich mich mit meiner – noch – seelisch/geistigen und wesenhaften Kopie (mit „wesenhaft“ ist gemeint, wie wir in der geistigen Welt aussehen!), mit dem seelisch/geistigen und wesenhaften und körperlichen Genpool meiner zukünftigen Eltern vermische?
5. Muss die Gewichtung dabei immer absolut fünfzig zu fünfzig Prozent sein? (50 Prozent von mir und jeweils 25 Prozent vom Vater und 25 Prozent von der Mutter?)
6. Ist sie es nicht, sind dann körperliche Behinderungen und seelisch/geistige Erkrankungen vorprogrammiert?

7. Wie geschieht der Vorgang der letztendlichen Verstofflichung? In welchen Schritten? Und unter welchen Zeitraumbedingungen?

Diese von mir aufgelisteten Fragen bereiteten mir viele Kopfschmerzen. Und je mehr ich über sie nachdachte, umso schwieriger wurde es für mich, Antworten darauf zu finden. Weil alles Grübeln nicht half, bat ich Arthurus erneut, der Gottes Dimension näher ist als wir, auch dazu Stellung zu nehmen. Er ist nicht nur *der größte König* der Gralsburg, sondern auch ein großer Wissenschaftler. Hierzu einige Antworten auf meine Fragen, und damit für die Welt ganz neue Einsichten, denn es gibt außer dem bereits von mir genannten ätherischen Feld mit der Seelenkopie aus dem Urprint, noch ein Feld, indem sich unsere Seelenkopie mit den Eltern vermischt (dass ich da nicht drauf gekommen bin!?):

„Wenn ich mich dir annähere, dann muss ich mich zuerst deinem ätherischen Feld annähern. Das ist ganz wichtig! Auch du machst das so, wenn du dich uns oder deinen Patienten annäherst. Ohne eine Annäherung an das ätherische Feld der Seelenkopie aus dem Urprint – wir nennen dieses Feld auch den seelischen Doppelgänger –, ist keine Heilung und Annäherung zu machen; keine Arbeit am Menschen, keine Gesundung und auch nicht eine Nähe zu Gott. Aber dieses ätherische Feld, von dem du bis jetzt immer gesprochen hast, enthält noch keine Informationen zu deinem späteren stofflichen Körper von deinen ausgesuchten Eltern. Es enthält nur die Informationen, die vom Urprint gekommen waren. Dieses ätherische Feld enthält eine Kopie deiner Urseele und damit immer nur deine Seelenhaftigkeit mit deinen seelisch/geistigen und wesenhaften Merkmalen; und damit auch dein geistiges Aussehen und auch die wesenhaften Organe, wie es bei euch so oft geschrieben wurde. Es wird in demselben Moment herangebildet, wie die Urseelenkopie erschaffen wird. Du willst nun wissen, wie sich die Genetik eurer Eltern mit eurer Seelenkopie vermischt? Die Vermischung geschieht nicht im Feld des seelischen Doppelgängers. Es entwickelt sich nämlich noch ein Feld. Dieses wird erst dann herangebildet, wenn die Eltern bereit sind, der Seele eine stoffliche Heimat zu geben. In diesem Feld wird alles das zusammengefügt, was einer Menschwerdung bedarf: eure Seelenhaftigkeit aus der Urseelenkopie und die stoffliche Genetik eurer Eltern sowie auch ein gewisser Anteil ihrer Seelenhaftigkeit, den ihr mitbekommen sollt. Wir nennen dieses Feld deswegen „das

gekreuzte Feld", weil es die Fähigkeit hat, die geistige Genetik eurer Seelenkopie aus eurem Urprint und die körperliche und die geistige Genetik von eurem Vater und eurer Mutter und deren Ahnen zuerst zu kreuzen und dann zu verschränken! Es ist damit auch wichtig zu erklären, dass die Genetikeigenschaften – ob körperlicher oder seelisch/geistiger und wesenhafter Art – immer gut übereinstimmen müssen, damit es überhaupt zu einer Schwangerschaft kommen kann. Auch Aborte können mit dem Umstand zusammenhängen, dass die Überkreuzung und Verschränkung nicht gut gelungen war. Dieses von mir beschriebene gekreuzte Feld ist auch dasjenige, mit der sich eure Bosonenforschung in Zukunft beschäftigen wird, weil es der Stofflichkeit näher liegt als das ätherische Feld. Euer ätherisches Feld mit allen seinen seelisch/geistigen und wesenhaften Anteilen auszumachen, wird vorerst nur über schamanische Techniken möglich bleiben. Doch noch etwas anderes möchte ich erklären: Da wir noch viel mehr vom Urprint wissen, wollen wir dir heute noch etwas für euch Wichtiges erzählen, sozusagen als ein Geschenk an dich für deinen Forschungswillen:

*Die Schöpfung verfolgte mit der Menschwerdung ein spezielles
kosmisches Ziel: Der Mensch sollte diejenige Spezies werden,
die eines Tages mit der „ganzen Welt" eins werden kann.
Nur der Mensch hat die Fähigkeit mitbekommen,
sich in alles hineinprojizieren zu können (wenn er das will!)*

Dafür benötigt man nämlich seine ganzen Sinne und ein holografisches Verständnis für die Welt. Die haben nur der Mensch und natürlich wir hier, in den geistigen Ebenen, aus denen ihr einmal aus etwas Höherem emaniert (herausgeflossen) und inkarniert seid. Arthurus, Amen"

Man kann an meinen eingangs erstellten Fragen sehen, dass die Neugierde und die Gedanken von MystikerInnen und PhysikerInnen gar nicht so weit voneinander entfernt sind. Nur führt jeder seine Studien auf seine Weise aus.

Meine folgende Grafik ist mein Versuch, alles eben Gesagte in eine erkennbare Form zu bringen.

Wie die Seele auf die Erde kommt und sich mit den seelischen, geistigen und körperlichen genetischen Merkmalen ihrer Eltern vermischt. Grafik © die Autorin und Verlegerin.

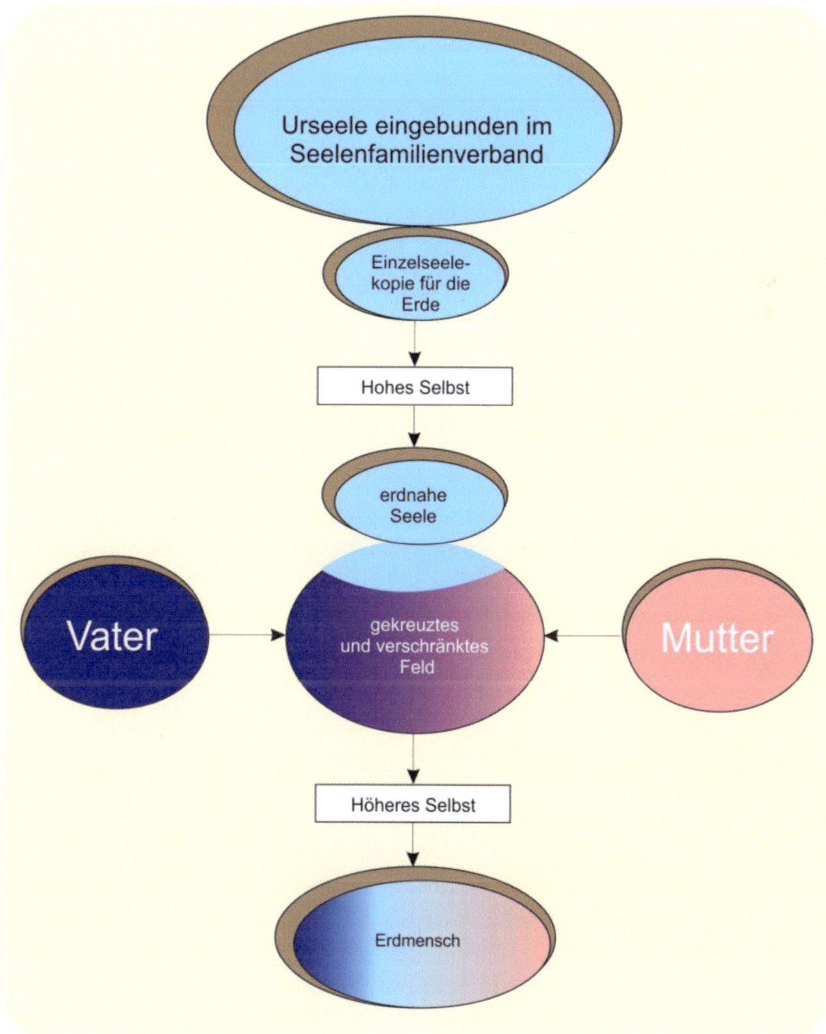

Schön wäre es für die Zukunft, wenn SchamanInnen und PhysikerInnen miteinander arbeiten könnten; wenn die PhysikerInnen von SchamanInnen lernen, die geistige Welt zu bereisen und die SchamanInnen von PhysikerInnen mehr über deren Versuchsanordnungen erfahren könnten. Da unsere Welt sowohl geistig als auch stofflich ist, ist es nur allzu logisch, dass unsere getrennte Sichtweise darüber aufgehoben werden *muss*, um eine komplette Forschung zu erreichen. Bis jetzt ist die Erforschung des Weltenraums der PhysikerInnen *fast nur* auf die Stofflichkeit – das mit den Augen Sichtbare und in mathematischen Zahlenspielen Berechenbare – beschränkt gewesen. Da aber alles das, was existiert, aus einem geistigen Genpool (einem geistigen Urprint einer Urseele) entstammt und damit als Kopie dieses Urprints im ätherischen Feld erst zu einem Doppelgänger werden muss, bevor es in unsere 3-D-Stofflichkeit gehen kann, wird eine Forschung, die nur auf unsere sicht- und berechenbare Stofflichkeit ausgerichtet ist, immer nur eine *halbe Forschung bleiben müssen.* Und ist es nicht ganz wunderbar, auf geistige Weise den Himmel befragen zu können und Antworten zu erhalten, die einen fast vom Hocker reißen, wie der Hinweis darauf, dass es außer dem ätherischen Feld für unsere Seelenkopie noch ein Feld gibt, in dem alle weiteren Merkmale, die zur Menschwerdung von den zukünftigen Eltern wichtig sind, zuerst gekreuzt und dann verschränkt werden? Und dass dieses Feld erst dann herangebildet wird, wenn die Eltern dazu bereit sind, der Seele eine stoffliche Heimat zu geben? Unter diesem Licht sieht man eine Elternschaft noch einmal mit ganz anderen Augen, und es kann einem nun noch mehr als sonst Tränen in die Augen treiben, wenn diese einmal angenommene Seele später als Kind – aus welchen Gründen auch immer – verlassen, verstoßen oder auch getötet wird. Damit ergibt sich wohl auch, dass selbst Kinder, die aus einer Vergewaltigung entstanden sind, keine völlig unerwünschten Kinder sein können, weil die Eltern der Seele des Kindes ja wenigstens zum Zeitpunkt der Zeugung darin übereingekommen sein müssen (vielleicht ist es aber nur die Seele der Mutter gewesen?), ihr eine stoffliche Heimat zu geben. Das ist kein Zynismus. Das ist ein großer Trost für die Kinder. Es ist gut, immer mehr aus der geistigen Welt zu erfahren. Dann sieht man vieles mit noch anderen, mit klareren, Augen. Noch etwas ist mir wichtig zu erklären: Unsere Urseele bleibt nicht konstant dieselbe. Sie verändert sich stetig. Das hat sie seit ihrem Anbeginn getan und tun müssen, denn mit jeder erneuten Inkarnation einer Seelenkopie aus ihr

selbst heraus, wächst ihre Seelenreife, weil sie zum einen mit ihr als verstofflichte Erdseele während ihres gesamten Lebens via Lichtfäden in Verbindung bleibt, und dadurch ihr Leben anleitet und mitlebt, und weil sie zum anderen die Seelenkopie wieder in sich aufnimmt.
Wie passiert das? Dazu wieder Arthurus:

„Deine Urseele hat immer einen Anteil daran, wenn du stirbst und in die geistige Welt zurückgehst. Sozusagen legt sich ein Schleier deiner Seelenkopie, so eine Art multidimensionale Matrix-Kopie, auf deine Urseele und wird von ihr geschluckt. Und damit bekommt deine Urseele auch wirklich alles Gelebte mit; die Eigenschaften, die du als Mensch hattest und alle Formen und Farben des gelebten Lebens. Es ist das göttliche Spiel, dass es so sein muss, dass die Seelenkopie wieder in die Urseele eingehen muss, denn ansonsten könnte diese nicht alle Erfahrungen schlucken und sie würde auch verwunden. Dadurch kommt es, dass ihr mit jeder erneuten Seelenkopie eurer Urseele auch die Eigenschaften und das Aussehen und auch die Erinnerungen aus den vorherigen Leben mitnehmt. Arthurus, Amen."

Daraus ergibt sich auch, dass wir heutzutage, in einer Zeit, in der sich unser Wissen zunehmend beschleunigt, immer schneller reinkarnieren müssen. Lägen zwischen unseren Inkarnationen Tausende von Jahren, dann wäre es schwieriger für uns, die neuesten Errungenschaften auf der Erde zu adaptieren. Unsere Urseele lernt aber auch noch von allen gemachten Erfahrungen unserer Seelenfamilienmitglieder und von den anderen himmlischen Dimensionen mit ihren Seelengeschwistern und Lehrern, mit denen sie in enger, aber auch in weniger enger, Verbindung steht. Da alles mit allem verbunden ist, muss sie auch das können. Wenn wir erneut geboren werden sollen und dafür eine erneute Kopie aus dem Urprint unserer Urseele gezogen wird und wir die genetischen Merkmale unserer erneuten irdischen Eltern bekommen haben und erneut stofflich werden durften, dann sind auch alle die einmal von uns gehabten Leben in uns gespeichert. Manche sind uns bewusst, manche dürfen aber nur in unserem tiefen – und manche nur in unserem tiefsten – Unterbewusstsein verankert sein. Wir könnten hier auf der Erde nicht überleben, wenn wir uns an alle unsere vielen ehemaligen gelebten Selbste mit ihren Erfahrungen auf der bewussten Ebene erinnern würden und wenn wir uns unseres großen kosmischen Wissens unserer Urseele bewusst wären. Wir wären von den vielen Erinnerungen und Gefühlen daran zu überwältigt; sie würden uns ins Chaos stürzen und starr werden lassen vor Angst...

...denn wir erinnerten uns gleichzeitig:
an alle Menschen, denen wir einstmals begegneten,
an alle Eltern, die wir einmal hatten,
an alle Partner, Kinder, andere Verwandte und Freunde, die wir einmal liebten
und wieder verlassen mussten oder durch Tode verloren,
aber auch an den Hass, den wir zu fühlen lernten
und an alle Länder, in denen wir lebten
und an alle Sprachen, die wir sprachen;
an die schönen Seiten, aber auch an alle unsere Ängste
und mitgemachten Kriege und Krankheiten –
und an alle unsere schönen
aber auch nicht so schönen Geburten und Tode
und an alle die geistigen Bereiche,
in denen wir auch noch existieren.

Wir könnten ein neues Leben nicht mehr gestalten und neue Fehler zum Lernen auch nicht machen. Und doch in kleineren Formen – in Erinnerungsformen, in Déjà-vu-Erlebnissen und durch initiierte Rückreisen – können wir Einblicke in unsere vergangenen Leben erhalten oder wir bekommen sie direkt aus unserem Urprint oder über unser ätherisches Feld von unseren geistigen Lehrern zugesandt; wenn wir z.B. Menschen begegnen sollen, mit denen wir bereits lebten oder wenn wir uns in bestimmten Orten aufhalten sollen, damit wir sie wiedererkennen – oder wenn wir uns in Orten befinden, die fast genauso aussehen wie ein Ort, der einmal von Bedeutung für uns gewesen war. Es ist sicher schwierig zu verstehen, dass man einerseits nicht mehr dieselbe Person ist, die damals gelebt hat, aber andererseits eben doch – vielleicht versteht man diese Prozesse besser, wenn man sich in Erinnerung ruft, dass man sich als Person auf der Erde in einer fünfzig zu fünfzig Prozent Gewichtung zu verstehen hat: fünfzig Prozent bestehen aus unserer jeweiligen geistigen Urprintkopie, diese bildet unser eigentliches „Ich“ und fünfzig Prozent bestehen aus den jeweiligen Eltern und deren Ahnen. Diese sind unser aufgepfropftes zweites „Ich“. „In Lakech!“, sagten die Mayas zum Gruße. „Ich bin ein anderes Du!“ „In Lakech!“ beschreibt nicht nur den Umstand, dass jeder mit jedem verbunden ist, weil wir alle einer Urschöpfung entstammen und uns deswegen in Liebe und mit Respekt begegnen sollen, sondern es sagt auch aus, dass wir unseren eigenen vielen gewesenen ICH's begegnen können, die nach unseren Toden im Hyperraum als Erinnerung verankert bleiben. Es heißt aber auch, dass wir nicht nur unseren Seelengeschwistern aus unserem Seelenfamilienverband auf der Erde begegnen können, die mit uns ungefähr zu selben Zeit inkarnierten oder auch zur selben Zeit co-inkarnierten, sondern auch uns selbst als Zwillingsseele, wenn von uns als Einzelseele zwei oder mehrere Kopien zur selben Zeit für die Erde gezogen wurden. Alles das gibt es! Zwillingsseeleninkarnationen sind wichtig, damit man in manchen Leben zeitgleich mehrere Erfahrungen machen kann. Auf diese Weise kann unsere Urseele noch schneller lernen. Zwillingsseelen müssen auch nicht in derselben Mutter zu Leben gekommen sein, sie können durchaus andere Kontinente bewohnen und manchmal können sie sich auch in anderen Dimensionen aufhalten. Da gibt es viele kosmische Spielmöglichkeiten! Mit ihnen sind wir natürlich auf eine andere – noch tiefere – Weise via Lichtfäden verbunden als mit unseren Seelengeschwistern aus unserer Seelenfamilie, und wir können auf eine noch tiefere Art ihr Leben genauso miterleben, wie sie unseres miterleben; auch, wenn uns das nicht bewusst ist. Manche dieser Zwillingsgeschwister sehen wir nur kurz. Das passiert vornehmlich dann, wenn wir in Not sind oder wenn ein bestimmtes Lernprogramm für uns anliegt. Das kann durchaus nur mal kurz auf einem Flughafen oder auf einem Bahnhof sein. Wenn das passiert, ist das ein großes Geschenk für uns und kann uns vor Glück fast zerreißen, denn wir sind sofort füreinander in allergrößter Liebe – in ihren verschiedensten Formen – entflammt. Und manches Mal geschieht eine Begegnung mit ihnen auch „nur" auf geistigem Wege. Wenn wir sie für längere Zeit wiedersehen dürfen oder sie in unserer Nähe leben, haben wir durch sie viele Hilfen, und unsere inneren und äußeren Ähnlichkeiten sind durch unsere geistige Wesenhaftigkeit so frappierend, dass von anderen Menschen immer wieder darauf hingewiesen wird. Daraus ergibt sich auch, dass eineiige Zwillinge wahrscheinlich nicht nur aus einem geteilten Ei entstandene körperliche Wesen sind, sondern, dass sie wohl auch immer aus einer in sich geteilten Seelenkopie *bestehen müssen*. Genau aus diesem Grunde, müssen sie zwangsläufig schicksalsmäßig noch stärker miteinander verbunden sein, als diejenigen Zwillingsseelen, die als Einzelseele zur selben Zeit mehrfach kopiert wurden; was man an den Lebensgeschichten derjenigen eineiigen Zwillingsgeschwister ausmachen kann, die früh voneinander getrennt wurden und sich erst im späteren Leben wiederfinden konnten! Die Ähnlichkeiten in ihren Viten beruhen deswegen nicht nur auf ihrer genetischen „körperlichen Eineiigkeit“, sondern auch auf ihrer „kosmischen Eineiigkeit“. Beide zusammen schaffen den starken Kleber, der sie schicksalhaft auf eine Weise zusammenhält, dass es schon mystisch anmutet, was man mit dieser Erklärung nun aber noch viel besser versteht. – Allen eben genannten Geburtsmöglichkeiten einer Seelenkopie aus dem Urprint kann man bei Rückführungen begegnen, und darum war es wichtig für mich, noch einmal näher darauf hingewiesen zu haben, damit Sie, liebe LeserInnen, Ihre Sichtungen noch besser einordnen können, wenn es in Ihrer Vergangenheit auch einmal um solche Geburten ging. Wenn ich später von einigen meiner vergangenen Leben berichte, dann bedenken Sie beim Lesen bitte immer, dass man in keinem Leben mehr ganz dasselbe „Ich“ aus dem Urprint sein kann, weil dieser nach jeder Rückkehr einer Seelenkopie erneut mit den vielen Erfahrungen und Formen und Farben aus den vorherigen Leben bespickt wurde und dass man durch die Art der seelisch/geistigen Wesenhaftigkeit und Stofflichkeit der jeweiligen Eltern noch einmal ganz besonders, nämlich zu fünfzig Prozent, zu einem ganz anderen „Ich“ verändert wird. Dass das nicht immer leicht zu leben ist, liegt auf der Hand. Und wie oft fühlen wir das auch und möchten aus uns selbst ausbrechen. Wenn dann noch die Umgebung, in die wir hineingeboren wurden, und die Eltern und unsere Erziehung, und vielleicht auch unser Geschlecht und unser Aussehen, so gar nicht den wesenhaften Zügen unseres Urprints entsprechen, dann ist das wirklich schwer zu leben. Dann fühlt man sich schnell in einem falschen Körper und in einem falschen Umfeld. Deshalb ist es wichtig, die davon betroffenen Menschen zu verstehen, wenn sie ihr Elternhaus so schnell wie möglich verlassen wollen. Aber es gibt einen Trost: Das passiert nicht so oft! Denn das verlangt einem Menschen sehr viel ab. Davon weiß man in der geistigen Welt. Und doch ist es wichtig, auch diese Erfahrung gemacht zu haben. Wichtig ist außerdem zu erklären, dass man in Gottes Labor auch noch bestimmte Seelenveränderungen vornehmen kann. Das ist unbedingt notwendig, wenn wir für ein erneutes Leben eine bestimmte Lebensaufgabe zu erfüllen haben, der wir mit unserer Grundseelenessenz ansonsten nicht so leicht nachkommen könnten; dann wird unsere Seelenkopie ein wenig modifiziert. Sie wird mal härter oder weicher oder künstlerischer oder wissenschaftlicher gemacht. Quasi bekommt sie für das nächste Leben einen leichten Stups in die richtige Richtung. (Mozart durfte auch nie wieder Mozart sein und musste in seinem nächsten Leben ein Schuster werden – dieser Satz wurde von mir nicht nur so dahingeschrieben!) Für unseren Superdesigner sind vielfältige Spiele möglich. Aber unsere seelisch/geistige Grundessenz wird dadurch nie ge- und zerstört.

Unsere Seelenkopie befindet sich in einer Blase, weil alles Leben in einer Blase entsteht und dort geschützt sein muss. Da sich diese Blase im Ätherraum befindet, wird sie als „ätherisches Feld" bezeichnet. Sie bildet die äußere Haut, durch die alle Informationen von außen zur Seelenkopie hinein aber auch von innen nach außen gehen können. Man könnte das ätherische Feld auch mit einem Hühnerei vergleichen, welches das zukünftige Wesen, das Küken, schützt und dessen Haut genauso durchlässig sein muss für alle wichtigen Informationen; von außen nach innen sowie umgekehrt. Unsere Seelenkopie – unser seelischer Doppelgänger unserer Urseele –, steuert uns maßgeblich, wenn es um unsere Verbindung zu unseren himmlischen LehrerInnen und damit letztendlich auch zu Gott geht. Sie kann Druck auf uns ausüben, wenn es für unsere Entwicklung wichtig ist, diesen aber auch wieder wegnehmen, wenn unsere Befindlichkeit das erfordert. Sie ist unser stetiger Mittler für kosmisches Wissen und unser Aufpasser und Retter in brenzligen Situationen. Man nennt sie deswegen nicht nur den seelischen Doppelgänger; manche bezeichnen sie auch als Schattenmann oder Schattenfrau, je nach Geschlecht unserer verstofflichten Seele, wie ich es bereits auf Seite 50 anmerkte. Und diese Begriffe finde ich sehr gut, weil sie beinhalten, dass unsere Seelenkopie im ätherischen Feld stets wie ein Schatten mit uns mitläuft und uns schützt. Unsere Seelenkopie muss immer eine reine Kopie der Urseele sein, damit es mit der Menschwerdung klappt. Sie befindet sich in uns – in jeder Zelle – und um uns herum. Es wird von Neurologen gesagt, dass unser Gehirn schon weise für uns vorgedacht und entschieden hat, bevor wir den dafür spezifischen Gedanken in unserem Bewusstsein wahrnehmen können. Es ist unsere Seelenkopie, unser seelischer Doppelgänger, der mithilfe unserer Urseele bereits für uns vorgedacht und über uns entschieden hat. Er kann den Kosmos für die „besten Entscheidungen" anzapfen. Deshalb wird auch der erste Gedanke, den wir in wichtigen Situationen erhalten, von uns als der beste Gedanke, als unser „Bauchgefühl" bezeichnet. Verwerfen wir diesen Gedanken, schalten wir unser Bauchgefühl ab und unser stoffliches Gehirn an, dann kann das schlecht ausgehen, wie wir alle wissen. Aber alles das, was aus der geistigen Welt zu uns kommt, wird auch noch von unserem Höheren und Hohen Selbst kontrolliert. Das ist wichtig, um unser Körperbewusstsein vor zu vielen Informationen aus der geistigen Welt zu schützen. (Das Höhere Selbst ist unserem Körper-Ich nahe und das Hohe Selbst unserer Seelenkopie und damit mehr unserem urgeistigen-Ich, unserer Urseele, näher liegend). Während die Seelenkopie als Doppelgänger unserer Urseele, für unsere geistig/spirituelle Entwicklung zuständig und ein Spiegel unserer Urseele mit allen ihren seelisch/geistigen und wesenhaften Anteilen ist, müssen das Höhere und das Hohe Selbst an unserem körperlichen Seele/Geistsystem ablesen können, welches geistige Wissen für uns als Mensch wirklich schon zuträglich ist und welches nicht. Sie können dann ein Stopp für die Informationen der Seelenkopie anweisen, damit unsere körperliche Psyche nicht vollends überlastet wird. Es gibt so viel abzudaten, bevor uns etwas aus der geistigen Welt erreichen darf, aber auch von uns in die geistige Welt geht. Würden wir alle Datenbanken sichtbar machen können, die uns zur Verfügung stehen und kontrolliert werden müssen, dafür würden selbst die Rechner großer Internetkonzerne nicht ausreichen. Da ist es gut zu wissen, dass es mit unserem Höheren und Hohen Selbst wichtige Kontrollinstanzen gibt, die uns in der Hierwelt davor schützen, nicht durchzubrennen. Nur wir eingeweihten HeilerInnen kennen nach unserer Einweihung einen Teil der Merkmale Gottes und seine Art der Vorgehensweise, die als ein Spiegel seines Geistes über die verschiedensten dimensionalen Instanzen und deren Kontrollinstanzen, in unseren Körper hinuntergeleitet werden. Mit ihnen müssen wir lernen, mit größtmöglichem Respekt umzugehen, wenn wir einen Menschen heilen möchten. Aber immer ist es das ätherische Feld, die Blase, in der sich die Seelenkopie als seelischer Doppelgänger der Urseele befindet, der man sich zuerst annähern muss, um überhaupt heilen zu können, denn wir heilen zuerst den seelischen Doppelgänger eines Menschen und ziehen erst danach die von ihm geheilte Kopie in seinen Körper zurück. Letztendlich ist es auch der seelische Doppelgänger, der darüber entscheidet, ob er als verstofflichter Mensch wieder gesund werden will – und natürlich macht er das im Abgleich mit seiner Urseele, die ja ein Interesse daran hat, dass er so viel wie möglich für sie lernt und sein Schicksal in der für ihn vorgesehenen Lebenszeit bemeistert. Ist jemand körperlich unheilbar krank, dann muss sich aber auch sein seelischer Doppelgänger in sein Schicksal eingeben. Man muss aber auch noch das Können haben, die Kontrollinstanzen des Höheren und Hohen Selbstes mit in die Heilungszeremonien einzubinden, denn wenn jemand hier auf Erden nicht mehr weitermachen will, dann kann sein Wunsch zu sterben so stark sein, dass er mit seiner Psyche auf seinen seelischen Doppelgänger so starken Einfluss nimmt, dass auch er nicht mehr weitermachen möchte. Manchmal können die beiden Selbste diese Entscheidung noch korrigieren. Können sie das nicht, dann muss man als Heiler die Entscheidung zu sterben akzeptieren. Das ist kein Fallenlassen des Menschen. Im Kosmos weiß man, dass das Leben erneuert werden kann und dass alle Erfahrungen auf lange Sicht ihren Wert haben; auch die Erfahrung des frühzeitigen Sterbenwollens und des dafür nötigen an sich selbst Handanlegens. Und natürlich lässt man sich bei seinen Heilungsversuchen auch immer von den MeisterInnen des Himmels begleiten, die einem gerne die Gründe dafür zuleiten, warum es zu einer Heilung kommen darf oder auch nicht! Es ist gut, sich auf ihre Ausführungen verlassen zu können, ansonsten wäre man als Heiler noch einsamer, als man es sowieso schon ist. – Und es ist auch noch wichtig, mit dem gekreuzten Feld der Eltern in Verbindung zu gehen. Viele Heiler tun das durch Familienaufstellungen und indem sie spezielle Fragen zu der Verbundenheit ihrer Patienten mit ihren Eltern haben. Es ist wichtig zu wissen, ob der Patient Eltern hat, die aus dem eigenen Seelenfamilienverband kommen und ob er bereits viele Inkarnationen mit ihnen durchlaufen hat – oder auch nicht. Und zuletzt ist es auch noch wichtig, den roten Faden der früheren Leben eines Patienten zu kennen, um seinen Lebensauftrag und auch seine Krankheiten und Verhaltensweisen, gut zu verstehen. Alle genannten Felder und Kontrollinstanzen in Erwägung zu ziehen, erscheint auf den ersten Blick etwas zu viel zu sein. Aber das ist es nicht, weil „alles mit allem“ *verbunden* und *verschränkt* ist. Sehe ich mir ein Feld an, dann muss ich mir konsequenterweise auch die anderen Felder ansehen. Natürlich machen das viele SchamanInnen unbewusst, denn ihre heilerischen Fähigkeiten beruhen auf ihrer zumeist dafür in Frage kommenden intuitiven Intelligenz, die sie über viele Inkarnationen auf der Erde, aber auch in ihren Zwischenleben, in der geistigen Welt, entwickeln konnten.

In der Lichtquantenphysik hat sich herausgestellt, dass ein Lichtquantenobjekt an zwei oder mehreren Orten gleichzeitig sein kann und dass sich Quanten von A nach B über tausende von Kilometern verbinden.* Auch in der Antike sprachen Philosophen davon, dass es für alles das, was uns als existent erscheint, eine Entsprechung auf einer anderen Ebene des Daseins gibt und dass alles miteinander verbunden ist und miteinander kommuniziert.

Ich war schon in meinem letzten Buch über die wahre Gralsburg darauf eingegangen, dass wir viele Selbste haben, weil wir hier auf der Erde bereits mehrfach lebten, dass aber andere Selbste von uns gleichzeitig auch noch in anderen Dimensionen vorhanden sind und eine Aufgabe innehaben und dass all‘ diese Selbste für ihre Aufgabe miteinander verbunden sind, bzw. verbunden sein müssen. So bin ich in der Gralsburg und den darüber liegenden Burgen in verschiedener Form und mit verschiedenen Arbeitsaufgaben vorhanden und sehe dort auch immer etwas anders aus, und ich habe dort auch oft ein unterschiedliches Lebensalter inne – gemäß der Zeitraumbedingungen, die in den jeweiligen Dimensionen herrschen, in denen ich mich gerade bewege und gemäß meiner kosmischen Seelenreife, die ich dort inne habe.

Die Bedeutung unserer vielen Seelenselbste sollte den Menschen für die Neue Zeit unbedingt näher gebracht werden. Sie muss ihnen näher gebracht werden, damit sie sich besser erkennen, und damit sie auch erkennen können, wie *alles mit allem* verbunden ist. (Sie hilft ihnen außerdem zu verstehen, dass wir als vieldimensionale Seele oft schon weiter entwickelt sind als hier auf der Erde als Erdseele, und diese Erkenntnis kann ein großer Trost für sie sein!) Von Gott aus angesehen, unterliegt alles in seiner Schöpfung von oben nach unten einer Fraktalisierung.

** Wissensquelle: https//de.wikipedia.org./wiki/Quantenteleportation*
Anton Zeilinger hatte erstmals im Jahr 1997 mit Photonen Quantenteleportationen durchgeführt.

Auch wir hier auf der Erde sind ein Fraktal* aus dem Urprint Gottes. Wir sind eine geistige Kopie aus Gott, unserem Superdesigner (seiner männlichen und weiblichen Form) – in mehreren Abstufungen (Herausflüssen) entstanden –, sowie eine geistige und stoffliche Kopie unserer irdischen Vorfahren, beginnend von Adam und Eva. Und weil alles nach diesem Prinzip entsteht, kann alles Lebende im kleinsten Raum der Schöpfung auch immer nur ein Abbild des größten Raumes der Schöpfung sein und deshalb unterliegt es auch allem Lebenden im kleinsten Raum der Schöpfung, retrograd der Urschöpfung dienlich zu sein. Alle Fraktale sind miteinander verbunden und verschränkt. Besonders bildhaft anschaulich zeigt sich für uns das Fraktale in der Natur im Muster des Romanesco-Blumenkohls, in dem sich das gesamte Grundmuster in jedem Blumenkohlröschen – bis hin zum kleinsten – exakt wiederholt, und auch wir können immer nur das Aussehen unserer Urseelenkopie und das Aussehen unserer kosmischen Seelenfamilie sowie das Aussehen unserer irdischen Vorfahren haben, und immer bleiben wir morphogenetisch „ein Mensch“ und können nie zu einem Hasen oder Meerschwein werden. Und auch wenn man ein Hologramm in viele Stücke zerschneidet, ergibt sich das Phänomen, dass jedes Stück unter dem Laserlicht noch die gesamte Information des ehemaligen gesamten Hologramms trägt; will man aber aus einem dieser Stücke das gesamte Hologramm rekonstruieren, wird sein Kontrast schwächer.

Für mein Buch: “Eure erst Erde ist nicht mehr...“, auf Seite 87f, wurde mir aus der geistigen Welt erklärt, dass unsere jetzige Erde bereits eine zweite Erde ist, und dass es nicht klar ist, dass die Gotte bereit sind für uns eine dritte Erde herzustellen, wenn wir auch unsere jetzige Erde wieder zerstören. Und zwar darum, weil eine dritte Erde immer nur eine Kopie von der Kopie sein kann und dass diese deswegen einfach schwächer ausfallen muss, als unsere jetzige Erde, die noch eine Kopie vom Original ist. Und auch wenn wir an einem Kopierer eine Kopie von der Kopie vornehmen, wird diese schwächer ausfallen, als die Kopie vom Original.

** Der Begriff „Fraktal“ stammt von Benoit B. Mandelbrot. Sein fraktales Apfelmännchen ist mittlerweile fast jedem bekannt.*

Warum für eine nächste Erde nicht eine weitere Kopie aus der Urseele der Erde entsteht, wurde mir nicht gesagt und bleibt mir ein Rätsel. Vielleicht sollte es aber auch heißen, dass auch die Kopien, die aus dem Urseelenpool entstehen, stetig älter und schwächer werden und dass darum auch eine dritte Erde schwächer ausfallen muss als unsere heutige zweite Erde. Darum muss es irgendwann auch mit der Menschheit zu Ende gehen, weil schon zu viele Kopien von ihr gemacht wurden. Keiner von uns kann mehr dieselbe Energie und denselben Glanz aufweisen wie es die ersten Kopien aus unserer Urseele noch konnten. (Adam und Eva waren demgemäß energetisch von allen Menschen die am frischesten.) Darum muss bei der Rückkonstruierung eines Hologrammstückes sein Kontrast wahrscheinlich auch schwächer ausfallen. Vieles bleibt für mich ein „Buch mit Sieben Siegeln." Und manches verstehe ich beim Channeln auch nicht immer akkurat. Aber es macht Freude, darüber nachzudenken, und ich hoffe, dass darüber noch vermehrt geforscht werden wird. Ich gebe mit diesem Buch gerne neue Forschungsansätze.

Wir werden tausendfach geboren und werden dadurch zu tausendfachen Selbsten. Wenn wir sterben, dann gehen wir im Kosmos als diese spezifischen Selbste aber nie verloren. So schrieb Bruno Nardini in seinem „Handbuch der Mysterien und Geheimlehren", Goldmann Esoterik, Ausgabe von 1994, auf Seite 51, davon, dass der italienische Mathematiker Luigi Fantappiè die These vertrat, dass sich alle Töne und Bilder, die einmal existierten, im Ätherraum des Weltalls „ausbreiten und verlieren" und sich „in den Hyperräumen oder den Räumen der n-ten-Dimension" festhalten, und dass man sie dort für immer lokalisieren lassen könnte, wenn sich die Wissenschaft damit beschäftigen würde. Damit lässt sich auch die Fähigkeit von uns HellseherInnen erklären, in die Akasha-Chronik, in „die Gedächtniszentrale von allem was war (und einmal sein wird!)", einsteigen zu können.

Die Akasha-Chronik ist die große Datenzentrale, in der nichts verloren geht. Kein Ton, nichts Wesenhaftes, keine Geschichte der Erde und des Kosmos insgesamt, keine unserer vielen Selbste – wie auch unsere alten Lieben als (viele!) verschiedenartig gewesene Menschen nicht. Ist es nicht wunderschön, dass wir ihnen darum nach unserem Tod in den anderen Räumen wiederbegegnen können und dass wir darum auch von ihnen in vielfältiger Form – und auch sie von uns in vielfältiger Form –

abgeholt werden können, wenn wir sterben und dass alle diese Selbste Spiegelungen unserer ehemaligen Selbste sind und sich deshalb aller Wahrscheinlichkeit nach auch ein Lichtquantenobjekt an zwei oder mehreren Orten gleichzeitig befinden und sich über tausende von Kilometern miteinander verbinden muss? Und dass man im eigentlichen Sinne nichts töten kann, selbst wenn man es getötet hat? Immer bleibt von allem eine Spiegelung zurück!

Ich schrieb bereits, dass unsere Technik es uns möglich gemacht hat, zu zaubern. Vielleicht lassen sich ja auch die Bilder und Töne, die sich in der Akasha-Chronik befinden, eines Tages durch große Datenmaschinen, vielleicht aber auch durch kleine Super-Smartphones o.ä., mit sehr großer Speicherkapazität abrufen (wer weiß, was an Entwicklungen da noch alles auf uns zukommen wird!) Dann kann man sich nicht nur seine eigenen vergangenen Leben, sondern alle Zeiten der Erdgeschichte, aber auch die der gesamten kosmischen Entwicklung, ganz einfach auf dem Bildschirm oder den Displays ansehen. So dachte auch Bruno Nardini darüber nach, dass die Wissenschaft theoretisch in der Lage sein könnte, „einer Rede Caesars vor dem Senat oder dem Schlachtenlärm von Waterloo hinterherzulaufen und sie einzufangen“ (siehe auch vorher genanntes Buch, auf Seite 51). Sie muss sich nur darum kümmern, und daran glauben, dass das geht! Ich würde so eine technische Entwicklung begrüßen, weil sich die Menschen dann mehr mit ihrer eigenen Erd- und Inkarnationsgeschichte, aber auch vermehrt mit der geistigen Welt auseinandersetzen müssten. Und vielleicht ist auch das bereits im Sinne des Gottes der Technik und muss nur noch erfolgreich in einen Wissenschaftler implantiert werden, der einen Adapter dafür mitbekommen hat; sprich, dessen geistigen, sozialen und materiellen Fähigkeiten es diesem Gott ermöglichen, ihn dazu zu benutzen, um seine von ihm bereits vorgedachten Erfindungen in unsere 3-D-Welt verstofflicht zu bekommen.

Unsere Zeit ist eine Illusion. Wir glauben, dass die lineare Zeit, so, wie wir sie auf der Erde empfinden, überall Gültigkeit hat, aber dem ist nicht so. Dazu habe ich wieder unseren großen König Arthurus befragt. Hier seine Stellungnahme aus der Gralsburg:

„Es ist das göttliche Spiel, dass alle Geschehnisse gleichzeitig ablaufen müssen. Du bist weder Vergangenheit noch Zukunft, du bist immer

„Jetzt", auch wenn dir das nicht so vorkommen mag. Verstehe die Welt in der du bist, als eine Sanduhr, die immer laufen muss. Sieh aber auch, dass die Vergangenheit nie die Vergangenheit ist und die Zukunft nie die Zukunft, weil alles im göttlichen Spiel gleichzeitig geschieht. Arthurus, Amen"

Wir müssen mit der von uns gefühlten linearen Erdzeit ganz anders umzugehen lernen, wenn wir das kosmische Spiel überhaupt nur annähernd verstehen wollen. Wir SchamanInnen wissen auch davon – wir müssen von der Gleichzeitigkeit des Seins wissen, sonst könnten wir keine HeilerInnen sein. Wir fühlen sie besonders in den Momenten, wenn wir bei einer Heilung richtig gut sind. Dann heben sich Vergangenheit und Zukunft auf und werden zu der Gegenwartseinheit, die sie in Wirklichkeit immer schon gewesen war. Erst dann können wir die große Heiligkeit in und um uns richtig fühlen. So geht es auch Kindern beim Spielen, auch bei ihnen hebt sich das dreidimensionale Zeitgefühl auf, wenn sie ganz in sich sind und sich in einem Spiel verlieren. Und so geht es auch Künstlern. Wenn ein Auftritt oder eine Ausstellung stimmig, also richtig gut, gewesen war, dann ist ihr „High-Gefühl" darüber, durchaus als ein „heiliges Ganzheitsgefühl" (oder auch ein „heiles Ganzheitsgefühl"), ausgelöst durch *die Empfindung der Gleichzeitigkeit des Seins,* anzusehen. Auch deshalb suchen sie nach erneuten Auftritt- oder Ausstellungskicks. Es ist nicht immer ihre Eitelkeit, die diesen Gefühlsrausch wiederhaben möchte, wie manche Menschen es glauben. Es ist ihr Bedürfnis durch ihr Können ganz im Hier und Jetzt und damit ganz in sich selbst zu sein. Natürlich hängt ihr Bedürfnis sich heilig oder ganz zu fühlen, auch stark mit ihrem Seelenalter zusammen, wie man im zweiten Teil in diesem Buch noch sehen kann. Eine junge Seele möchte den „Kick" immer wieder haben, ohne groß dazulernen zu müssen (wie Sänger, die noch im hohen Alter dasselbe Lied singen), eine Alte Weise Seele aber erhält diesen „Kick" nur dann, wenn sie dazugelernt hat (wie Michelangelo z.B., der sich während seines Lebens immer neueren und schwereren Aufgaben stellte).
Auch ich habe diesen „Kick" nur dann, wenn ich ein neues und größeres Buch gemeistert habe.

Erklärungen zur Hellsehfähigkeit

Das Auge sagte eines Tages: „Ich sehe hinter diesen Tälern
im blauen Dunst einen Berg.
Ist er nicht wunderschön?“
Das Ohr lauschte und sagte nach einer Weile:
„Wo ist der Berg? Ich höre keinen!“
Darauf sagte die Hand: „Ich versuche vergeblich, ihn zu greifen.
Ich finde keinen Berg!“
Die Nase sagte: „Ich rieche nichts. Da ist kein Berg!“
Die anderen diskutierten weiter über diese
merkwürdige Täuschung
und kamen zu dem Schluss:
„Mit dem Auge stimmt etwas nicht!“

Khalil Gibran

Beim Empfang von Informationen aus dem Kosmos, spielen unsere spezifische Art der Wahrnehmung unserer geistigen Sinne, sowie unsere spezifische Art der Wahrnehmung unserer körperlichen Sinne für mehrdimensionale Raum- und Zeitbedingungen eine große Rolle.

Hellsichtige Menschen haben nicht nur eine andere Art, Bilder zu empfangen als Menschen ohne diese Fähigkeit, sie schieben sie auch nicht zur Seite. Sie sind dankbar für sie, und sie gehen mit der Interpretation des Gesehenen anders, nämlich äußerst kreativ, um. Sie müssen dafür aber nicht nur kreativ, sondern genauso bereit sein, das Gesehene immer wieder zu verifizieren und neu einzuordnen; je nach der sozialen und spirituellen Veränderung, die mit ihnen im Laufe ihres Leben passiert ist und auch nach der stetigen Veränderung ihrer allgemeinen Bildung. So werden Sie, liebe LeserInnen, nach der Lektüre dieses Buches sicher einige spirituelle Begebenheiten in Ihrem Leben nun auch mit anderen Augen sehen und sie anders interpretieren wollen als zuvor, und genauso werden Sie nun auch Ihre inneren Bilder zukünftig anders verarbeiten und einordnen wollen. Unsere Evolution steht ja nie still und wird durch jede Erfahrung, jedes gesprochene Wort, jeden Film und jedes Buch neu angetriggert.

Als Kind dachte ich, wenn ich etwas aus der geistigen Welt sah, dass alle Menschen dieselben Eindrücke hätten wie ich; doch so nach und nach fand ich aus den Reaktionen meiner Mitmenschen heraus, dass das nicht zwingend so ist – ja, dass nur wenige Menschen kosmische Einsichten haben und die meisten auch nur in den seltensten Fällen – und zumeist nur dann, wenn starker Kummer und/oder eine lebensbedrohliche Stresssituation ihren Blick von der Alltagswelt in die Anderswelt lenken oder die geistige Welt so starken Druck auf sie ausübt, dass dieser nicht mehr übersehen und überhört werden kann. Auch als ich älter wurde, machte ich mir über den Umstand, dass wohl jeder seine spezifische Art der Wahrnehmung hat, noch viele Gedanken, und ich kam zu dem Schluss, dass es stimmt, dass Sinneseindrücke allgemein nicht von allen Menschen gleich empfunden und verarbeitet werden und dass auch das Zeit- und Raumgefühl bei ihnen verschieden angelegt ist. Ich begriff: Nicht jeder sah einen Baum in derselben Weise wie ich ihn sah, und jeder Mensch schien sein eigenes Tempo innerhalb unserer Zeit zu haben.

Heute wissen wir aus Forschungen schon genauer:

Nicht alle Menschen sehen Farben gleich und hören dieselben Töne in derselben Art. Jeder hat mit der individuellen Umsetzung seines Gehirns für Sinneseindrücke zu leben. Musiker, die das totale Gehör haben, sind ein Beispiel dafür. So auch Savants, Menschen mit einer Inselbegabung. Diese können sich innerhalb einer sehr kurzen Zeit von einem Helikopter aus eine Großstadt ansehen und danach jedes Gebäude, jede Straße, jeden Fluss und jedes Monument, das sie von oben gesehen haben, bis hin zu den kleinsten Einzelheiten, gezeichnet wiedergeben oder innerhalb einer sehr kurzen Zeit von nur ein paar Tagen eine Sprache oder das Klavierspielen erlernen. Sie bringen dafür aber andere soziale Fähigkeiten nicht mit, die sie zum täglichen Überleben dringend benötigten, weshalb man sie zu den Autisten zählt. Manche Menschen sehen Farben und sogar Muster, wenn sie Klänge hören; andere spüren ein bestimmtes Aroma im Mund, wenn sie sich Farben intensiv anschauen; wieder andere hören Worte und haben parallel dazu bestimmte Musiktöne oder auch ganze Musikstücke im Kopf. Es gibt wahrscheinlich so viele Unterschiede in der Verarbeitung von Informationen, wie es Menschen gibt. Praktisch sind alle Vermischungen unserer Sinne möglich. Die Amerikanerin Jill Price ist ein gutes Beispiel dafür. Sie kann seit Februar 1980 alle Tage mit genauem Datum einordnen, wenn man ihr die Nachrichten von bestimmten Tagen zeigt (vorausgesetzt, sie hat sie sich damals angesehen!), und sie kann auch noch genau sagen, was an diesen Tagen bei ihr privat geschah.

So unterschiedlich, wie unsere Sinneswahrnehmung mit der stofflichen Welt ausfällt, kann sie auch mit der geistigen Welt geschehen. Manche Menschen können Verstorbene sehr klar sehen, andere können sie nur diffus als Schattenwesen wahrnehmen, oder sie nehmen nur ihren ehemaligen Duft wahr, wenn sie von ihnen aufgesucht werden. Wieder andere können sie nur hören oder sie spüren es nur, wenn sie von ihnen aufgesucht werden; sie spüren dann die Verdichtung, die sich vor ihnen auftut. Als mein von mir sehr geliebter Pflegevater verstorben war, und er sich ein paar Tage später noch einmal von mir verabschieden wollte, roch es in meinem Wohnzimmer sehr stark nach seiner von ihm geliebten Zigarrenmarke, damit ich schnell verstand, dass er es ist, der mir geistig nah gekommen war. Das war sehr klug von ihm gewesen.
Wenn Sie, liebe LeserInnen manchmal jemanden komisch finden, dann bedenken Sie bitte immer:
Wir alle sind eine *gewollte* Vermischung aus der Kopie aus unserem geistigen Urprint und dem geistig/seelischen und körperlichen Genpool unserer jeweiligen Eltern. Wenn jemand für sein jetziges Leben eine besondere Gewichtung seines Gehirns mitbringt, dann gibt es dafür Gründe! Ein Grund ist, mit seinen Gehirnstrukturen besondere persönliche Lernerfahrungen machen zu dürfen, die dann an die geistige Welt weitergegeben werden können (ich schrieb ja bereits, dass wir nie nur für uns selbst lernen, sondern für unsere Urseele, unseren Seelenfamilienverband und die geistige Welt insgesamt!), zum anderen bekommen wir aber auch als menschliche Gemeinschaft insgesamt die Möglichkeit, daraus zu lernen:

...dass es das kosmische Spiel so will, dass wir nicht
alle gleich sind.

Diesen letztgenannten Satz sollte man an alle Eingänge von KITA's, Schulen und Universitäten schreiben, die sich die Gleichmacherei auf ihre Fahne geschrieben haben, seitdem unsere Kinder zu früh ihren Müttern entrissen und vom Staat erzogen werden, damit durch die zusätzliche Arbeitskraft ihrer Mütter (ihrer Ausbeutung!) das Bruttosozialprodukt noch mehr gesteigert und Mehreinnahmen an Steuern verzeichnet werden können! (Dieses Thema schnitt ich bereits auf Seite 36 an.) Wie sollen Kinder, deren Sinne in unseren KITA's und Schulen ständig auf unsere stoffliche Welt gelenkt werden und die deshalb nie Ruhe zum Träumen finden, Einsichten in ihre geistige Heimat nehmen können? Wie und wozu sollten diese Kinder dann als Erwachsene mit der geistigen Welt verbunden sein?

Die meisten Menschen wissen davon, dass sich die Bilder, die wir in Filmen als eine kontinuierliche Geschichte wahrnehmen, aus einzelnen Bildern mit einer bestimmten Bildwechselfrequenz pro Sekunde zusammensetzen müssen, um von uns überhaupt als eine bewegte Szene verstanden werden zu können. In der Stummfilmzeit wurden 14-16 Bilder pro Sekunde gezeigt, später wurden sie auf 24 Bilder pro Sekunde festgelegt, damit der Film natürlicher erschien, sich aber auch die Tonqualität an die Bilderaufnahme des Gehirns besser anpassen konnte. Demnach sind Filme als kleine Betrügereien an unserem Gehirn anzusehen. D.h., durch Informationen in unterschiedliche, in Päckchen verpackte Lichtquanten, kann unser Gehirn enorm manipuliert und ausgetrickst, aber auch krank gemacht werden. Wir sprechen heute schon vermehrt davon, dass wir durch Filme manipuliert werden können, wenn man Werbungen für ein gewisses Mittel, das wir kaufen sollen, in so kleine Frequenzen zwischen die anderen Filminformationen schaltet, dass unser Gehirn sie nicht mehr bewusst wahrnimmt; dass diese aber dennoch irgendwann auf die eine oder andere Art unser Bewusstsein erreichen, und dass auf diese Weise an uns sogar politische Manipulationen durch Film und Fernsehen vorgenommen werden können. Um ein Gefühl für die Vergangenheit und die Zukunft zu erhalten, müssen Bilder von uns außerdem in einem 3-Sekundenrhythmus wahrgenommen worden sein; vorher kann eine zeitliche Einordnung von uns nicht stattfinden. Die Lichtinformationen aus dem Kosmos, auch die Lichtinformationen für und in unserem Körper, und so auch in unserem Gehirn, geschehen in Pulsationen (nach dem Biophysiker Prof. Dr. Fritz Albert Popp, der sich mit der Existenz von Biophotonen in unseren Zellen beschäftigt hat, sind Pulsationen in der Natur das vorherrschende Prinzip). Wir dürfen natürlich bestimmte Lichtinformationen nicht direkt merken, dann könnten wir unser Leben nicht leben und gestalten. Wir dürfen das Pulsieren unseres Herzens ja auch nicht ständig wahrnehmen. Unser

Gehirn hat gelernt, diesen Sinnesreiz auszuschalten und nur für uns als Warnung wieder einzuschalten, wenn etwas mit dem Herzen nicht stimmt. Und so können wir auch nicht hellseherisch ständig auf Stand by stehen, um die geistige Welt wahrzunehmen.
Unser Gehirn verarbeitet nicht alle Sinnesreize gleich und gleichzeitig. Es nimmt eine selektive Unterscheidung der Reize vor. Die einen, wie das Hören, haben eine prominentere Stellung in unserer Einordnung inne (das hat sich aus unserer Evolution ergeben, weil wir im Schlaf für Gefahren empfänglich sein und diese hören müssen – und auch im Mutterleib wurde unser Gehör schneller ausgebildet als unsere Augen). Andere Sinnesreize, wie das Riechen, können von uns erst etwas später eingeordnet werden. Damit das Gehirn aber Zeit hat, alle Sinnesreize zu einem Kontinuum zu verarbeiten, müssen auch diese Informationspakete in der bereits genannten Drei-Sekunden-Einheit verpackt sein.* Diese Ordnung ist sehr wichtig, damit wir nicht in einer Überflutung unserer Reize untergehen. Wenn wir z.B. einer Gefahr gegenüberstehen und uns auf sie konzentrieren müssen, dann ist es wichtig, dass bestimmte Sinnesreize, und auch unsere Resonanz darauf, stärker ausfallen. Im Urlaub haben wir noch einmal eine andere Wahrnehmung für Sinnesreize, und die Zeit erfährt eine andere Dehnung. Daran lag es, dass sich diejenigen Menschen, die sich am 26. Dezember 2004, in Thailand, am Strand von Phuket und Umgebung befanden, erst spät mit der Gefahr eines Tsunami auseinandersetzen konnten. Wenn man die Fernsehbilder von den Menschen am Strand gesehen hat, dann konnte man schon schnell ausmachen, dass viele von ihnen die Gefahr nur sehr langsam – wie in Zeitlupe und über die genannten drei Sekunden hinaus – wahrnahmen, bevor ihnen klar wurde:

Hier geht es jetzt um mein Leben!

Im Urlaub sind unsere Sinnesreize auf Ausruhen und die Schönheit der Natur eingestellt. Und auf Frieden und Liebe! Da braucht es Zeit, bis die Alarmglocken in uns läuten.

** Unser Gehirn hinkt der Gegenwart stetig um drei Sekunden hinterher, und es entsteht für uns ein sogenannter „toter Zeitraum" (so fand es der Münchner Gehirnforscher Ernst Pöpel heraus). Es wird diskutiert, dass wir möglicherweise auch dadurch die fremden Wesen aus der Anderswelt nicht oder nur selten sehen können.*

Kein Wunder also, wenn Menschen, die in Frieden und in ihrer Liebe leben, die Zeit dehnen können und Krieger die Zeit beschleunigen. Friedliebende, ruhige Menschen sind natürlich viel mehr zum Hellsehen geeignet, als kriegerische und hyperaktive. Sie können aber nicht nur besser hellsehen als andere, sondern auch ihre Interpretation und ihre Erinnerung daran, können in der Stille viel besser und nachhaltiger verarbeitet werden. Wenn unruhige Menschen doch etwas sehen, dann geschieht es, dass sie das Gesehene schnell wegwerfen, es als Unsinn abtun und von sich wegwischen, weil sie mit ihren Gedanken schon wieder bei anderen Dingen sind. Und natürlich spielt auch die Erziehung eine große Rolle darin, wie man Gesehenes aufnimmt, verarbeitet und interpretiert. Aber selbst eine die geistige Welt negierende Erziehung, kann die Fähigkeit zur Hellsichtigkeit bei einem Menschen nie ganz „wegbeamen", wenn er sie z.B. hat, weil er eine Alte oder Alte Weise Seele ist und bald seinen letztendlichen Abschied von der Erde vollziehen wird und darum einfach durchlässiger für die geistige Welt sein muss als eine noch junge Seele oder wenn er oder sie ein Herabgestiegener Engel ist und darum mit der geistigen Welt noch stärker in Verbindung steht als ein „normaler Mensch". Aber auch sehr junge Seelen, insbesondere die Baby- und Kindseelen, können sehr durchlässig für die geistige Welt und darum hellseherisch sein. Da es noch nicht lange her ist, dass sie ihre geistige Heimat verlassen haben, ist ihre Erinnerung daran natürlich auch noch stark genug, um sich zu ihr rückbinden zu können. Schwierigkeiten mit der Hellsichtigkeit und Rückbindung zu den verschiedensten geistigen Räumen des Kosmos, haben insbesondere diejenigen Menschen, die sich im mittleren Seelenalter befinden (dazu mehr im II. Teil dieses Buches).
Unser Gehirn ist phänomenal. Es kann mit der Multidimensionalität der Welt eigenständig umgehen, diese auf unser Geheiß hin aber auch erkennbar machen. Wenn wir uns darauf konzentrieren und uns trainieren, dann lernen wir schnell, mit beiden Beinen im Hier und Jetzt, aber gleichzeitig auch in der Anderswelt zu stehen; nur so können wir uns der uns umgebenden und in uns seienden Dimensionen bewusst werden, die wir zu erkennen ja durch unsere verschiedenen Sinne angelegt sind.

Ich habe in den letzten dreißig Jahren, durch meine geistigen Einsichten bedingt, bereits so viele „Filme" aus der anderen Welt gesehen – diejenigen für mich persönlich und diejenigen für meine Patienten –, sodass ich mich immer noch darüber wundere, dass mein Gehirn trotzdem noch in der Lage ist, neue „Filme“ aufzunehmen, und dass ich fast alle diese alten Filme aus meinem Gedächtnis abrufen kann, wenn ich danach gefragt werde. Dabei hilft mir enorm, dass ich von Geburt an ein – und wohl nicht ohne Grund – photographisches Gedächtnis mitbringe, denn als Schamanin benötige ich so ein Gedächtnis unbedingt. Wir sind eine Kopie unserer Urseele und darum muss unser stoffliches Gehirn die Fähigkeit besitzen, nicht nur unsere dreidimensionale Welt aufzunehmen, sondern auch die Multidimensionalität unseres gesamten Seins. Es kommt nur darauf an, womit man sich beschäftigen *will.* Man kann die Welt nur stofflich betrachten, aber man kann auch immer gleichzeitig den geistigen Sinn hinter allem suchen. Dann öffnen sich Türe zu vielen Bereichen. Diese Zustände übe ich mit meinen Patienten in meinen Seminaren ein, indem ich sie in nur kurzen Zeitabständen sowohl in die verschiedensten Zeiten ihrer vergangenen Leben als auch in bestimmte geistige Räume mit ihren verschiedensten Zeiten führe, in denen sie auch noch zu Hause sind, und indem ich sie dann auch noch in ihre Zukunft schicke. Das ist ein Trick von mir, um ihre starren Zeitansichten einzureißen, mit denen sie aufgewachsen sind. Auch Träume und das schamanische Reisen und das Hellsehen, können die Zeit- und Raumbedingungen unserer Erde zeitweise für uns aufheben und zu der Gegenwartszeit werden lassen, von der Arthurus gesprochen hatte. Wenn ich Trommelreisen begleite, dann denken meine SchülerInnen zumeist, dass ich nur sehr kurz – nur einige wenige Minuten – getrommelt habe, was aber nie stimmt. Auch wenn ich sie ohne Trommel in Rückreisen führe, denken sie, dass sie nur kurz „weg“ waren. (Hypnose wende ich nie an! Ich bin der Meinung, dass man einer Hypnose nicht bedarf, um Rückführungen auszuführen. Der Mensch soll sich eines Tages als ein multigalaktisches Wesen bewusst werden, das seine Wanderschaft in diesen Räumen ganz allein ausrichten kann. Dazu bedarf es keiner Manipulateure, die bestimmte Bewusstseinszentren ausschalten! Dafür muss man nur lernen, multidimensional sehend und hörend zu werden!) Bevor der Mensch sich in den vieldimensionalen Räumen aufhalten kann, sollte er aber erst einmal lernen, als Dimensionsflächenwanderer fungieren zu können, um sich von dort aus anzusehen, was in ihren Dimensionsinnenräumen *so los ist*, siehe die folgende Skizze aus meinem Buch: „Briefe an die Weltenbürger – Neue Vorgaben für die Neue Zeit“.

ANHANG, Abbildung II

Zeichnung des „Achtfältigen Seins“ mit seinen Dimensionen, Unterdimensionen und Dimensionsflächen.
(Alles ist holografisch zu verstehen.)

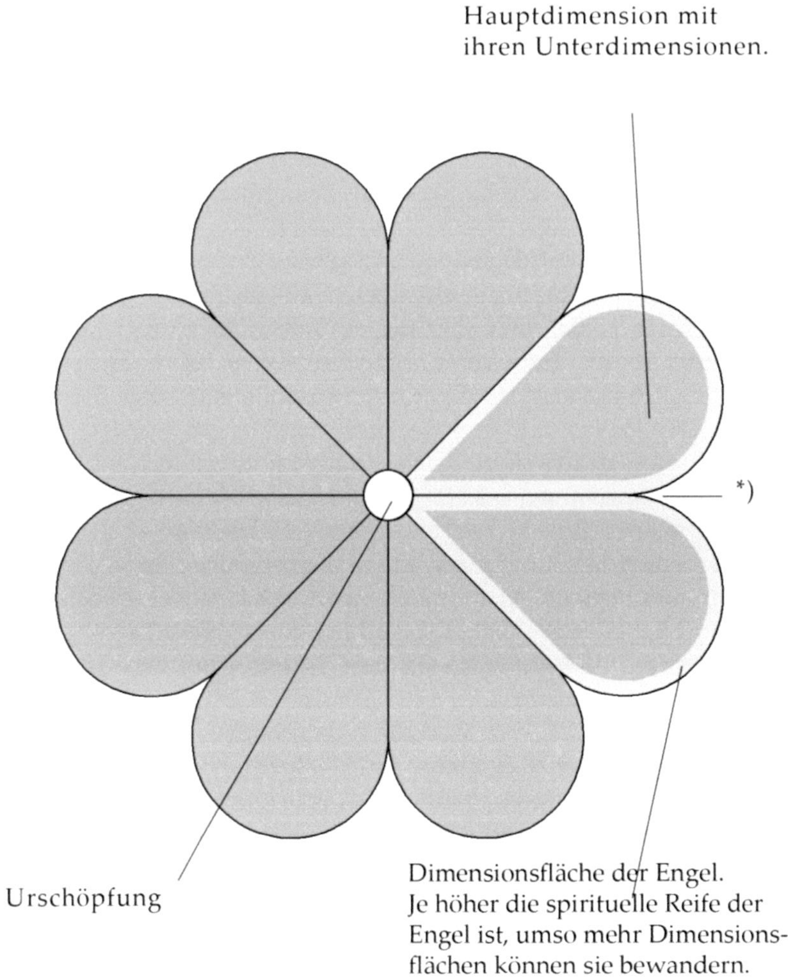

*) Schnittstelle, für die Einsicht von einer Dimension in die andere Dimension.

Denken Sie sich als Beispiel einen durchsichtigen Luftballon. Seine Haut bildet die Außenfläche einer eigenen Dimension. Haben wir mehrere Luftballone und halten sie eng zusammen, dann können wir auf ihrer Oberfläche von einer Dimensionsfläche zur anderen wandern und von dort aus in die anderen Luftballone und damit in ihre Dimensionen mit ihren Raumzeitbedingungen Einsicht nehmen – vorausgesetzt, wir wollen das! Und darauf kommt es an! Die auf der Erde inkarnierten EngelInnen und MeisterInnen des Himmels, viele unter uns als SchamanInnen und LichtarbeiterInnen lebend, bringen diese Fähigkeit bereits mit!

Sie sind *immer DimensionsflächenwanderInnen.*

Das heißt aber nicht, dass nicht auch sie davon betroffen sein können, dass ihnen diese Fähigkeit durch unsere leider zu dreidimensional ausgerichtete Erziehung und Schul- und Uniausbildung abhanden gekommen ist, denn es liegt im Engels- und Meistergen, nicht nur multidimensional, sondern gern „brav" und „adelig=edel" im Verhalten zu sein und sich damit möglichst ohne Kämpfe und Kriege an die Meinung der Umwelt anzupassen. Da kann es schnell passieren, dass sie ihr Himmelswissen ausschalten, um überhaupt noch anerkannt zu werden. Erst ältere EngelInnen und MeisterInnen mit vielen Erderfahrungen, bleiben sich ihrer Fähigkeit Dimensionsflächenwanderer zu sein, auf der Erde bewusst. (Zum Thema: „Dimensionsflächenwanderer und Engel", finden Sie noch mehr in meinem bereits genannten Buch: „Briefe an die Weltenbürger...".)

Wir können mit den Begebenheiten der verschiedenen Dimensionen und deren Zeiten spielen (obwohl Zeit eigentlich eine stoffliche Illusion ist, weil alles im Jetzt und zeitgleich passiert). Wir SchamanInnen brauchen dieses Spiel nur mitzuspielen, wenn wir die Wesenheiten in der geistigen Welt aufsuchen oder ihre Antworten channeln oder die in der Akasha-Chronik gespeicherten Informationen abrufen wollen. Wir können in den Mikrokosmos einsteigen, aber genauso in den Makrokosmos reisen. Können wir das alles, dann sind wir zu einem Himmelssurfer und damit zu einem galaktisch Reisenden geworden. Viele von uns nennen ihre inneren Räume auch Traumzeiträume und bezeichnen sich deshalb als TraumzeitwanderInnen. Und das ist nicht verkehrt, wenn wir bedenken, dass auch Gott uns träumt und wir eine Projektion seiner Träume sind. Wir folgen nur seinen vorgeträumten Träumen nach und werden damit selbst zu kleinen Gotten, bzw. MitschöpferInnen. (Leider sind die meisten Menschen heute nicht mehr mit ihrem Traumkörper verbunden, denn zu viel geschieht mit ihnen in ihrer 3-D-Welt. Sie können selbst in der Nacht keine *kleinen* TraumzeitwanderInnen mehr sein, weil ihr Gehirn die Zeit des Schlafs dazu benötigt, um die Dinge vom Tag zurechtzurücken; es würde ansonsten durchbrennen! Da bleibt kein Speicher mehr leer, um zusätzlich von der geistigen Welt aufgefüllt werden zu können.)

Man kann quasi alles mit seinen Sinnen abrufen, was in der Akasha-Chronik im Weltenraum gespeichert ist, wenn man in Resonanz dazu geht. Man könnte überall hingehen und es durchdringen, wenn man es nur wollte und das Leben lang genug dazu wäre. Mit meinen Füßen kann ich insbesondere die gespeicherten Informationen aus den verschiedensten Zeiten der Erdgeschichte abrufen. Dafür benutze ich meine Fußchakren. Aber auch hier heißt es: Ich muss gleichermaßen mit allen Zellen meines Körpers und allen meinen geistigen Sinnen die Fähigkeit besitzen, die Informationen abzurufen, die in den morphogenetischen Erinnerungsfeldern der Erde gespeichert sind – und dann muss ich auch noch die Fähigkeit haben, diese decodieren zu können.

Der amerikanische Neurotheologe Andrew Newberg, ist davon überzeugt, dass der Mensch für religiöse Erfahrungen ausgelegt ist. Seine Untersuchungen des menschlichen Gehirns hatten ergeben, dass bei religiösen Menschen der Frontallappen aktiver ist als bei Agnostikern. Benutzt ein Mensch dieses Gehirnareal durch Meditationsübungen und Gebete, dann kann es in seiner Tätigkeit wachsen; leider aber auch verkümmern, wenn er seine Sinne nur noch auf die stoffliche Welt gelenkt hält. Man weiß auch, dass Menschen, die religiös sind, weniger Schmerzempfindungen haben als Nichtgläubige und dass Epileptiker mit einer Temporallappen-Epilepsie während ihrer Anfälle häufig religiöse Einsichten haben. In der Antike sprach man nicht umsonst von der „hiera nosos“, der „heiligen Krankheit“, wenn man von der Epilepsie redete, weil viele dieser Kranken von geistigen Erfahrungen während ihrer Anfälle erzählen konnten, und es auch heute noch tun, wenn sie mutig genug dazu sind!

Einer meiner größten Erfolge in der Behandlung der Epilepsie, hatte ich vor über zwanzig Jahren auf geistigem Wege erhalten. Ich hatte damals einen Jungen von fünf Jahren seit ein paar Monaten in meiner Behandlung. Ich nenne ihn mal Boris; ein hyperaktives Kind, das schon gleich nach seiner Geburt unter mehreren starken Infektionen und Magenpförtnerkrämpfen zu leiden hatte. Im Krankenhaus erhielt er deshalb mehrfache Antibiotikagaben. Dadurch wurden wiederum vielfältige Nahrungsmittelunverträglichkeiten und -allergien ausgelöst. Eines Tages – keiner weiß, ob es an einer gerade vorgenommenen Impfung gelegen hatte – entwickelte Boris Absencen. Die Mutter meinte, dass ich auch diese Krankheit in den Griff bekommen könnte. Ich war jedoch pessimistischer. Ich sagte ihr, dass ich keinerlei Erfahrungen damit hätte und mich erst damit vertraut machen müsste. Es geschah nur eine Woche später, an einem Sonnabend: Ich befand mich in der Praxis und schaute auf mein Bücherregal. Ich wusste nicht, was ich da wollte. Ich war innerlich total leer und träumte vor mich hin. Schließlich war es mein freier Tag. Ich hatte an mein Versprechen an die Mutter in diesem Moment überhaupt nicht gedacht. Plötzlich ging mein rechter Arm in großer Schnelligkeit hoch (mein Arm wurde hochgeschupst), ich hörte den Namen „Boris“, und ich ergriff ein Kompendium einer kleinen Firma, das ich bis dato weggestellt und aus Zeitgründen noch nicht gelesen hatte. Ich wusste sofort, dass ich darin nur noch nach dem geeigneten Mittel für Epilepsie suchen musste. Und so war es. Ich rief die Mutter an, sie besorgte das Mittel und schon nach sechs Wochen hatte Boris keine Absencen mehr. Heute ist er bereits über fünfundzwanzig Jahre alt. Er hatte seitdem weder Absencen, noch ist er hyperaktiv geblieben. Er ist ein wunderbarer ruhiger junger Mann mit einem großen Charisma geworden. Er war schon als Kind hellsichtig und ist es auch heute noch. Für seine gesundheitliche Hilfe und zur Reise in die geistige Welt, hatte ich ihm damals einen Quarzkristall geschenkt und die Codierung dafür aus seiner geistigen Heimat entgegengenommen, mit der er immer dann mit ihr in Verbindung gehen kann, wenn er das will. (Zu der Zeit meiner Behandlung erzählte er mir einmal – flüsternd und ganz vertraulich –, dass er, wenn er sich etwas zum Spielen wünscht, mit diesem Kristall vorhersehen kann, wie viele Stücke es davon noch im Regal des ausgesuchten Geschäftes gibt und dass das immer stimmen würde.) Heute weiß ich, dass uns die Hilfe aus der Gralsburg vom großen König Arthurus zugekommen war. Ich nenne hier auch gerne das biologische Mittel gegen Epilepsie mit Namen: Es heißt Cerebrase und stammt von der holländischen Firma Enzypharm. Liebe LeserInnen, bitte suchen Sie HeilpraktikerInnen oder naturheilkundlich ausgerichtete ÄrztInnen auf oder befragen Sie die Firma selbst, die Ihnen sicher gerne dafür die Namen von spezifisch ausgebildeten Behandlern nennt, wenn auch Sie in derselben Not sind und Hilfe dazu brauchen!!! Ich habe jetzt aus zeitlichen und Kraftgründen keine medizinische Praxis mehr. Ich arbeite heute als Autorin und Verlegerin und halte Seminare und Einzelsitzungen ab. Mein spirituelles Wissen unter die Menschen zu bringen, hat heutzutage Vorrang.

Was wissen wir überhaupt über unsere Welt?

Was wissen z.B. diejenigen Menschen, die sich ein Organ transplantieren lassen, darüber, dass sie fortan – bis zu ihrem Tod – per Lichtfäden mit dem Spender des Organs, und damit auch mit seiner Urseele, verbunden sind? (Dieser Theorie können sicher noch einige folgen.) Und was wissen sie darüber, dass der Spender nach seinem Tod mit der Wegnahme seines Organs, das ja weiterhin auf der Erde am Leben gehalten wird, sein Sterben erschwert bekommen hat und bis zum Tod des Organempfängers nun auch mit ihm über bestimmte Lichtfäden verbunden *bleiben muss* und seine Entwicklung darum in der Anderswelt ausgebremst wird – auch seine Entwicklung bis zur nächsten Inkarnation! Und dass nicht nur *seine* Entwicklung, sondern die Entwicklung seines ganzen multidimensionalen Seins, sowie die Entwicklung seines Seelenfamilienverbandes und allen weiteren, mit ihm verbundenen Seelenfamilienverbänden, bis hin zur höchsten Schöpfung, ausgebremst wird?
Was wissen die meisten Menschen darüber, dass die Gralsburg eine Stätte – eine Himmelsburg – zur Gralsenergievermittlung ist und dass ihre Räte die Ritter der Arthurusrunde sind, die dazu von Gott abgestellt wurden, mit ihrem König Arthurus* darüber zu beraten, wie viel uns von diesem oder jenem Gral zukommen darf und dass Jesus und seine Apostel diese zwölf Ritter sind? Und dass diese – wie auch andere himmlische MeisterInnen und EngelInnen – vielfach auf die Erde herabgestiegen waren, um die Evolution der Menschheit zu gewährleisten; auch schon lange vor der Zeit um das Jahr Null? Und dass es im Laufe der Menschheitsgeschichte viele Jesusse und Jesussas** geben musste und gab und auch zukünftig geben wird?

* *In den Legenden um den heiligen Gral ist König Arthus derjenige, der auf der Erde mit seinen Rittern auf die Suche nach dem heiligen Gral geht. Man sieht, wie viel wahres geistiges Wissen vergessen und verändert worden ist, denn Arthurus* ist ***der Gralshalter*** *im Himmel. Er kann deswegen auch nicht derjenige sein, der sich auf der Erde auf die Suche nach ihm begeben muss – und Kriege führt er schon gar nicht aus, dafür ist er viel zu weit entwickelt!* ** *Der Begriff „Jesussa" ist meine Wortschöpfung, um uns Frauen mit einzubinden, denn es gab und gibt auch himmlische Frauen mit derselben oder einer ähnlichen Aufgabe, wie Jesus sie innehatte, und auch ich gehöre dazu!*

Und was wissen die meisten Menschen darüber, wohin sie gehen, wenn sie die Erde verlassen, und darüber, dass sie sich zuerst in einem geistigen Zwischenraum ausruhen und dann einer kontemplativen Rückschau auf ihr Leben widmen *müssen*, bevor sie ihren weiteren Aufstieg machen dürfen und wer ihnen bei diesem Aufstieg zu Hilfe kommt? Und dass dieser Zwischenraum als Schonraum äußerst wichtig ist, damit sie sich erneut an ihre körperlose Wesenhaftigkeit gewöhnen können? Und was wissen die meisten Menschen über ihre früheren Leben, ihr daraus resultierendes intuitives Wissen über die Welt, ihre daraus entstandenen Fähigkeiten, ihre mitgenommenen Ängste, aber auch ihren erworbenen Mut? Und was ihr heutiges Verhalten noch darüber aussagt? Dieses Noch-Nicht-Wissen kann für sie aber durch Reinkarnationsreisen und geistiges galaktisches Reisen schnell in Wissen umgewandelt werden. Und es kann außerdem dazu benutzt werden, ihre nächsten Aufstiege in den Himmel (aber auch ihre erneuten Abstiege zur Erde!) erheblich mitzugestalten und erleichtern zu helfen.

Was weiß ein Fisch tief im Wasser über unsere Welt, der noch nie eine Stadt, ein Hochhaus oder bewirtschaftete Äcker oder ein Museum gesehen hat? Und was wissen wir über die Welt der Fische, denen wir bereits so viel antaten und noch immer antun, weil wir glauben, sie essen zu müssen; die wir als seelenlos betrachten, wie wir fast alles als seelenlos und für uns einnehmbar betrachten, was in der Natur außer uns noch vorkommt? Nicht umsonst sind die Ozeane bald leer!

Auch wenn *nur* ein vom Kosmos ausgesuchter Mensch ein Schamane werden kann, so können aber alle Menschen lernen – sofern sie sich durch Vorurteile nicht all‘ zu sehr blockieren lassen – schamanische Techniken zu benutzen, um wenigstens ein paar Einsichten in ihr inneres Selbst, und in das innere Selbst anderer Lebewesen und in unsere geistigen Räume zu bekommen. Jeder, der diese Reise beginnt, wird ein anders denkender und reiferer Mensch werden. (Dafür muss derjenige nicht durch dieselben körperlichen, geistigen und seelisch/spirituellen Krankheitszustände gehen, die ein echter Schamane oder eine echte Schamanin, aber zum Teil auch die LichtarbeiterInnen durchzumachen haben!)

Um mit schamanischen Techniken geistiges Wachstum zu erlangen, ist es erst einmal wichtig, in das eigene ICH einzusteigen, und zu lernen, dem eigenen Körper zuzuhören. Der Einstieg in die geistige Welt klappt ganz vorzüglich, wenn wir ihn zuerst über unseren stofflichen Körper und dann über unsere Psyche und dann über unseren Geist nehmen. Wenn wir uns verändern wollen durch: Vegetarismus oder Veganismus, um Tiere zu schützen und wenn wir schlechte Gedanken nicht mehr pflegen und möglichst nur noch in unserer Liebe sein wollen, dann haben wir bereits einen großen Schritt getan! (Darum verändern uns Krankheiten ja so enorm. Sie zwingen uns zu wachsen und nicht mehr den von unserer Gesellschaft aufgestellten Regeln zu folgen, durch die wir ja erst krank geworden waren!) Danach kann man damit beginnen, seine Inkarnationen und evtl. auch seine Co-Inkarnationen auf der Erde abzufragen, denn erst dann weiß man wirklich, wer man gewesen war und warum man heute so ist wie man ist. Und wenn man auch noch lernt, die Straßen zum Himmel zu benutzen, um von den LehrerInnen des Universums lernen zu dürfen, dann wird man in sich immer kompletter; dann hält man für dieses Leben einen kostbaren und unbezahlbaren Schatz in der Hand.

Es ist keine Angeberei oder Egoismus, wenn wir das Erkennen unseres multidimensionalen Seins ansteuern; es ist dringend notwendig, um ein heiler und heiliger Mensch zu werden. Wir sind in unserem Leben mit so viel Neid, Streit, Aggressionen und Ängsten konfrontiert, da ist es unbedingt notwendig, sich selbst außen vorzuhalten. Nur durch die Erfahrungen mit unserem multidimensionalen Sein erlangen wir die Stabilität, unser Leben gut durchzustehen und weiterzuführen. Nur so bekommen wir die Chance, alt und weise und ein in sich stehender systemkritischer Mensch zu werden, der nicht mehr alles mitmacht und nicht mehr korrumpierbar ist und seinen eigenen *kosmischen* Weg geht.

Um all‘ das zu erlernen, ist es am einfachsten, sich schon immer dagewesener schamanischer Techniken zu bedienen, denn sie sind die dafür am weitesten entwickelten Techniken überhaupt. Sie sind die Ur-Religiotechniken, derer sich auch schon die Schamanen vor vielen tausenden von Jahren erfolgreich bedient hatten. Um diese erlernen zu können, ist es aber nötig, sich ausgebildeter – und das ist mir besonders wichtig! – auch *gebildeter* Schamanen zu unterstellen.

Am besten sucht man sich dafür Schamanen und Schamaninnen der Neuen Zeit aus, denen archaische Heilweisen genauso vertraut sind wie die Heilweisen unserer heutigen modernen Medizin. Und die sich auch für vergangene Mystiken, Naturreligionen, Philosophien sowie für die modernen Theorien der Physik, Astrophysik und Psychologie, der spirituellen Psychologie, der Anthropologie und Ethnologie interessieren; Menschen, die multidimensional denkend in jeder Hinsicht sind und das auch leben und mutig zeigen, und die davon wissen, dass „alles zu jeder Zeit mit allem verbunden ist" und dass ihr Handeln darum auch immer die anderen Dimensionen mit beeinflusst.

Das „Sich-Denken-Lassen“ üben

Unsere monotheistisch ausgerichteten Religionen
haben uns beigebracht,
wie wir und zu wem wir zu beten haben.
Wir sollen zu Gott direkt beten!

Doch Gott, unser Superdesigner, ist nur für die ganz großen kosmischen Entscheidungen zuständig. Er hat für unsere Fragen und Bitten seine gut ausgebildeten himmlischen LehrerInnen abgestellt, die uns zur Verfügung stehen sollen, wenn wir Hilfe benötigen. In einer großen Firma ist der Chef ja auch nicht mehr persönlich für seine kleinsten Mitarbeiter zuständig, dafür hat auch er seine gut ausgebildeten Angestellten. Und weil alles Stoffliche ein Spiegelbild der feinstofflichen Welt ist, sind wir hier auf Erden genauso hierarchisch strukturiert wie es Gottes Firma im Himmel ist. (Das sagte ich bereits in ähnlicher Form auf Seite 28, als ich von der Machtübergabe des vorherigen Gottes auf den nächsten Gott sprach und dafür genauso die Firmenhierarchie als Beispiel heranzog.)

Damit wir begleitet werden können, dafür hat unser Superdesigner in der geistigen Welt verschiedene Bildungssysteme erschaffen, von denen die Gralsburg mit ihren spezifischen LehrerInnen *ein Bildungssystem* darstellt. Mit diesen LehrerInnen sollten wir durch Religiotechniken in Verbindung gehen; sie sollten wir bitten und uns für ihre Hilfe bedanken. Aber natürlich ist es auch nicht ganz falsch zum großen Superdesigner zu beten, denn unsere Bitten kommen trotzdem immer da an, wo sie gehört werden sollen. Aber natürlich wäre es schöner, wenn die Menschheit insgesamt von den Himmelshierarchien wieder mehr verstünde, und lernen würde, diejenigen geistigen LehrerInnen anzusprechen, die für sie spezifisch zuständig sind. Damit käme ihnen auch wieder eine größere Wertschätzung von uns zu. Leider sitzen wir zumeist beim Beten auch noch gebeugt in der Kirche (unsere Kirchenbänke geben uns das so vor!) oder anderswo (wir beten fast immer in gebeugter Haltung, egal wo, das soll unsere Demut vor Gott ausdrücken, das wurde uns so, und nicht anders, beigebracht!) – was weder gut für die Zusendung des Gebets, noch für den Empfang der Informationen aus der geistigen Welt ist, weil diese nur durch eine gerade Position des Kronenchakras zum Himmel gewährleistet werden können. Und wir bitten und beten leise oder laut vor uns hin. Und leider halten wir unsere Handinnenflächen dabei auch noch so fest verschlossen, sodass die Chakren in unseren Händen zur Informationsaufnahme der Worte aus der geistigen Welt auch noch behindert werden. Selbst diejenigen, die still beten, beten innerlich noch zu laut. Dadurch können sie sich aber nur selber hören und fast nie eine Message erhalten. Natürlich kann man fragen und bitten, aber das darf nicht zu einer andauernden Beschäftigung werden. Ja, man muss das sogar – die geistige Welt braucht klare Fragen und Bitten, um damit arbeiten zu können – wobei aber zum Erfolg nicht die ständige Wiederholung, sondern die Intensität der Bitte und die Andockung an die himmlischen LehrerInnen und die Geduld auf eine Antwort zu warten, die sogar erst Tage oder Wochen später eintreten kann, eine Rolle spielen. (Manches Mal gibt es auch keine Antwort, und auch das hat seinen Sinn!) Wenn ich einen Menschen etwas frage und bitte, dann warte ich ja auch erst einmal seine Antwort ab und wiederhole mich nicht ständig. Darum ist es wichtig, nicht nur das richtige Beten und Bitten, sondern auch das „Sich-Denken-Lassen" zu erlernen und damit dem Kosmos als Empfänger (als Kanal) seiner Informationen zur Verfügung zu stehen, und auch zu verstehen, dass die Antworten nicht immer sofort durchkommen *können*. Unsere geistigen Lehrer benötigen manchmal viel Zeit, um sich Veränderungen für uns auszudenken und unsere Bitten zu überprüfen. Sie müssen die Nachhaltigkeit überdenken, die sich aus ihren Entscheidungen uns gegenüber ergibt, und manchmal sind sie auch der Meinung, uns noch ein wenig „zappeln" lassen zu müssen, damit unser lernen tief genug geht.

Man sagt: Gott hatte die Erde allein erschaffen und sich dann von ihr zurückgezogen. Er hatte weitere Pläne für das Universum vor. Die Erde war fähig, Evolution allein weiter zu betreiben.

Es ist nach meinem geistigen Wissen nicht nur so, dass unser Superdesigner unseres Universums nicht nur zu früherer Zeit Mitgotte benötigte, sondern dass er weiterhin ständig neue benötigen wird, um unser Universum mit noch neueren Versuchsanordnungen und Kreationen anzufüllen, und dass selbst unsere sogenannte „eigene Evolution" von ihm „bis zum Ende der Welt" durchdacht und geplant wurde. Diese Annahme wird von der Theorie von der „Feinabstimmung im Kosmos" gestützt, die besagt, dass die physikalischen Konstanten im Universum derartig fein aufeinander abgestimmt sind, dass es dazu ganz sicher einer vollständigen Planung „bis zum Ende der Welt" bedurfte. *Die vatikanischen Physiker und Astronomen favorisieren diese Theorie, weil sie darin „die ordnende Hand Gottes" erkennen können.* Damit ist es wohl eine Illusion, zu glauben, dass wir durch unsere eigenen Entscheidungen und durch unsere Eigenevolutionen überhaupt von den Plänen unseres Superdesigners – und den Plänen und Kreationen von den Supergotten, die es wahrscheinlich auch noch außerhalb unseres Universums für die anderen Universen gibt – losgelöst sein könnten. Damit haben wir für unsere Eigenevolutionen wohl nur ein sehr kleines Zeitfenster zur Verfügung.

Wir sollten Gott in Ruhe seinem unermesslichen Schöpfertum nachkommen lassen.* Wir sollten erkennen, wann wir Hilfe aus der geistigen Welt erbitten dürfen und was wir selbst bewerkstelligen können. Daraus folgend müssten wir auch endlich einsehen, dass wir es sind, die Kriege hervorrufen und nicht Gott! Dann bräuchten wir nicht mehr naiv zu fragen: „O Herr, warum schickst du mir Kriege, was tust du mir nur an?“ *Denn unsere Kriege, die machen wir immer selbst!* Dasselbe gilt für unsere selbstgemachten Umweltproblematiken und die zunehmende Lieblosigkeit in unserer Gesellschaft durch unsere aufoktroyierte Zeitmenge unserer uns kraftraubenden Arbeits- und Finanzwelt und unsere damit verbundenen psychischen und körperlichen Überlastungen. Diese Probleme können wir aber zurückfahren, wenn wir es nur wollen. Das heißt aber nicht, dass Gott sich nicht doch ab und an einmischen kann, wie wir es an seinen Evolutionsanhebungen durch die Grale sehen können. Und das muss er auch, um das von uns gemachte Negative wieder ins Lot zu rücken, bzw. mit seiner „ordnenden Hand“ alles so zurechtzurücken, damit es seiner Feinabstimmung letztendlich doch wieder gerecht wird. (Was m.E. ein großer Trost für uns ist!) Aber die für uns spezifisch gedachten Einmischungen, sie geschehen immer nur indirekt durch ihn; sie geschehen durch seine Abgesandten, die eine lange Ausbildung dafür durchlaufen haben, um für uns persönlich und überpersönlich wirksam zu sein! Manche leben zu unserer Hilfe auch unter uns; werden aber leider nur sehr selten erkannt!
Für uns, die wir Religio beherrschen, steht es außer Frage, dass es nur dann zu einer echten Rückbindung kommen kann, wenn man sich gedanklich völlig leer macht, und wenn man sich darüber bewusst ist, dass die himmlischen Lehrer der verschiedensten Dimensionen, Eigenschaften und Couleurs von Gott dafür abgeordnet wurden, uns zu belehren.

* *„92 Prozent aller Welten im Universum, die für Wesen wie uns bewohnbar wären, sind nach einer Studie des Space Telescope-Science Institute in Baltimore noch gar nicht entstanden“. Zitat aus der Zeitschrift stern, Zahl der Woche, vom 29.10.2015, Seite 11.*

Wenigstens einige von ihnen sollten wir kennen lernen wollen.
Da sie für eine Kommunikation mit uns abgestellt wurden, warten sie geradezu sehnsüchtig darauf, dass wir sie sehen und hören können.
In unseren Religionen beten wir zu Jesus, Buddha oder Mohammed oder Maria als Stellvertreter Gottes. Jedoch gibt es noch viele andere Stellvertreter und Stellvertreterinnen. Ja – es gibt viele Jesusse und Jesussas, im Himmel, so auch auf Erden. Man muss sie nur erkennen *wollen* und unsere himmlischen weisen Lehrer dazu befragen und ihnen *zuhören können*! Sich für die kosmischen Stimmen leer zu machen, ist nicht immer leicht zu erreichen. Denn sich innerlich leerzumachen, heißt: Seine Gedanken und sein Ego von täglichen Einflüssen freizumachen. Um zu einem Empfänger für die Anweisungen aus dem Himmel werden zu können, muss man lernen, das „innere endlose Geplappere“ auszuschalten. Dafür muss man sich auch in einer Situation befinden, in der alles Laute und Negative von einem fern ist. Aber noch etwas ist für das „Sich-Denken-Lassen“ und damit der geistigen Welt zuhören wollen, wichtig: Man muss eine unerschütterliche Liebe für sie mitbringen und sich ihr *übergeben*; erst dann bekommt man die für einen wichtigen Informationen zugesandt. Und das geht nicht von heute auf morgen. Es braucht Zeit, bis man die Techniken dafür beherrscht, und es dauert noch einmal Zeit, bis sich auch die geistigen Lehrer sicher sind, dass man ihnen als reiner Bewusstseinskanal dienen will. Man wird geprüft, ob man ein ständiger und wahrhaftiger Kanal für sie sein möchte oder ob man es nur mal so – und aus Eitelkeit – probieren will, einer zu sein; nur um mal kurz zu sehen, ob es stimmt, was Channel so von ihren Erfahrungen erzählen. Da dieses Unterfangen aber nicht heilig ist, und nicht den Wahrheitsansprüchen der geistigen Welt entspricht, kann so natürlich auch keine *reine* Telefonverbindung zu den himmlischen LehrerInnen entstehen. Für Spiele sind sich die geistigen Wesenheiten zu schade – und man kann sich sicher sein, von ihnen wird man *immer* durchschaut! Für sie sind wir wie ein Buch aus Glas zu lesen!
Im täglichen Leben muss deswegen geübt werden, sich von seinen Gedanken freizumachen und sich von der geistigen Welt besuchen und! „Denken-Zu-Lassen“. Es ist wichtig, sich ihr zu übergeben und zu unterstellen, und ihr zuzuhören – aber sich selbst auch zu hinterfragen, ob man wirklich „nur“ lautere Absichten mit ihr hat und ihr dienen will!

Zur geistigen Welt zu gelangen, ist noch einmal schwerer, als Meditation zu betreiben, um seine Gedanken zu beherrschen oder Trommelreisen auszuführen, um Seelenbilder zu erfahren oder in seine vergangenen Leben einzusteigen. Man muss dafür erlernen, die Lichtstraßen des Kosmos aus dem Kronenchakra heraus zu bewandern, mit dem dritten Auge die geistige Welt zu erkennen und sie mit den geistigen Ohren hören zu wollen und die daraus entstandenen Informationen dann auch noch in richtiger Weise zu decodieren. Alles eben Genannte, gehört zwar zueinander, um ein Lichtdiener zu werden, aber es kann nur Schritt für Schritt und in Abstufungen erlernt werden. Es bedarf Zeit, um das alles zu können und zu verstehen. Dass es dabei auch zu Rückschlägen in der Kommunikation kommen kann, gehört dazu.

Das „Sich-Denken-Lassen“ ist keine Trance oder Meditation,
es ist eine ***„Konzentration“, eine „Superkonzentration“***.
Man kann das „Sich-Denken-Lassen“ auch als eine
„Königskonzentration“ bezeichnen.

Sie ist vergleichbar mit einem sehr wichtigen Telefongespräch, bei dem es um Leben oder Tod geht und wir superkonzentriert zuhören und unsere Umwelt vollkommen ausschalten müssen, um die Informationen richtig zu verstehen, die wichtig sind, um nur nichts falsch zu machen.

Wir Menschen werden insbesondere heutzutage in unserer immer lauter und schneller werdenden Welt vermehrt von außen her gedacht und leider auch ständig manipuliert. Wir sind noch nicht Aldous Huxley`s „Schöne Neue Welt“-Menschen – in der Retorte gezeugte Wesen, die bereits im Reagenzglas auf Geheiß des Staates durch chemische Eingriffe in fünf streng voneinander abgegrenzte Kasten selektiert wurden – wir sind aber bereits von unseren Politikern und der Wirtschaft zu so stark manipulierten und gesteuerten Wesen geworden, dass uns unsere Zukunft mehr als beängstigen sollte. Wahrscheinlich unterscheiden wir uns durch das brainwashing in unseren KITA's, Schulen und Universitäten und auf dem Arbeitsmarkt kaum noch von den in der Retorte gezeugten Wesen der „Schönen Neuen Welt“. Auch wir sind je nach unserer Bildung und Verfügbarkeit für den Arbeitsmarkt bereits in soziale Kasten eingeteilt. So werden auch unsere Kinder schon vor ihrer Geburt von unseren Politikern als für unseren zukünftigen wirtschaftlichen Wohlstand notwendige und vorprogrammierbare Menschen betrachtet.

Ich schrieb bereits: Schon im Kindergarten und in der Schule bleibt den Kleinkindern und Schülern kaum noch Zeit und Muße, ihren eigenen Gedanken und Träumen freien Lauf zu lassen und sich in die geistige Welt zu begeben, *der sie ja gerade erst entsprungen sind.* Ständig wird ihr Bewusstsein auf die Wünsche der Lehrer und die Richtlinien der Schulbehörden ausgerichtet. Unsere Kinder werden dementsprechend hyperaktiv und leiden schon früh am Burn-out-Syndrom. Nicht, dass diese Tatsache die Verantwortlichen zu einer Umkehr zwingen würde. Nein, es muss unseren Kindern trotzdem *noch mehr* Lernstoff vermittelt werden, damit sie noch besser ausgebildet sind, um dem Staat später mit noch mehr Einkommen dienen zu können; einem Staat, der sich schon während ihres Kindseins nicht schämt, immer mehr Schulden zu ihren späteren Lasten zu machen, und der sie damit im Vorwege bereits derartig ausbeutet, dass sie nie mehr dazu kommen können, sich als spirituelle Wesen zu verstehen. Dem Staat würde es sehr gefallen, wenn alle Babys bereits mit Abitur aus dem Mutterleib – oder vielleicht doch aus der Retorte? – kämen und alle Menschen noch bis einen Tag vor ihrem Ableben arbeiten würden. Dass man sich auf diese Weise auch nicht auf seinen Tod vorbereiten kann, interessiert genauso wenig, weil spirituelle Denkweisen kaum noch vorkommen. Dass Abiturienten heute schon nach der zwölften Klasse ihr Abitur machen sollen, dient auch nur dazu, damit sie als Arbeitsbienen dem Staat noch früher zur Verfügung stehen können als bisher. Auch sie sollen, wie die Honigbienen, mit leerem Zucker (wenig Geld, hohem Arbeitstempo, wenig Freude und Druck von allen Seiten) gefüttert werden, um – so lange es eben bis zum Burn-out geht –, reichhaltigen und hochwertigen Honig, für den Staat, und vor allen Dingen für seine jeweiligen Staatsdiener!, produzieren zu können, die sich per Gesetz für ihr Leben immer mehr als genug nehmen können! Dafür muss man die Eltern nur zur Genüge unter Druck setzen, damit sie sich nicht mehr trauen – und auch keine Zeit und Kraft mehr haben! – für ihre Kinder auf die Barrikaden zu gehen und ihnen mit lächelndem und scheinbar gütigem PolitikerInnengesicht vormachen, dass man sich nun auch in 24-Stunden KITA's um ihre Kinder gut kümmern kann. Ich würde die Eltern gern dazu aufrufen, aus Verantwortung und Liebe zu ihren Kindern dem Staat gegenüber mehr Paroli zu bieten und sich als Mutter und Vater dem allgemein aufoktroyierten Druck zu entziehen. (Was äußerst schwer ist, weil Geld das Druckmittel überhaupt ist und wir es alle so nötig haben und bewusst knapp gehalten werden. Früher verdiente ein Vater genug, damit die Mutter die Erziehung übernehmen konnte, heute ist das kaum noch der Fall – warum wohl?) Wir wollen doch alle glückliche Kinder und Erwachsene haben. So aber erschafft man nur ausgelaugte und neurotische Menschen, die von der Natur abgetrennt sind. Solche Menschen, die die Natur nicht mehr verstehen und sie infantil ausbeuten, die können wir schon vielfältig sehen. Diese völlig überlasteten Menschen können dann auch nicht mehr an eine Rückbindung an den Himmel gehen und sich darauf einstimmen. Da muss man schon eine sehr Alte Weise Seele sein, um das doch noch irgendwie hinzukriegen. Als spiritueller Mensch muss man sich fragen: Ist das alles wirklich richtig und wichtig, was unsere Kinder eingetrichtert bekommen? Werden sie dadurch zu weisen und liebevollen Menschen oder doch eher zu brav angepassten seelischen Krüppeln, die sich später nicht mehr trauen, ihre eigenen Wege zu gehen? Unsere mit ADHS-Symptomatik geplagten Kinder, sind bereits ein Beweis für unsere pathologischen Gesellschaftsformen (aber für die haben wir ja eine Lösung, die Ritalin u.ä. Namen hat). Die einzige Lösung hieße: Zurück zur Natur und hin zu einer vieldimensionalen Bildung, in der das Stoffliche, aber auch das Geistige eine gleichgewichtige Rolle spielen. Man muss sich die berechtigte Frage stellen: Bin ich ein besserer Mensch, wenn ich die Uni absolviert habe? Habe ich dadurch gelernt, die Natur zu schützen; jedes Tier und jeden Baum? Habe ich ihre Sprache zu sprechen gelernt, habe ich gelernt, ihnen zuzuhören oder habe ich dabei mitgemacht, sie auszubeuten und zu töten? Habe ich Tierversuche und Schlachthöfe verhindert? Hier muss von mir der Vollständigkeit halber noch angemerkt werden, dass die Ausbeutung unserer Tiere analog zu der Ausbeutung von uns Menschen vor sich geht. Die Kraft und die Aggressivität, die wir für die Erhaltung unserer „Immer-Höher-Und-Schneller-Gesellschaft“ benötigen, kann nur durch den Verzehr von Fleisch und Blut (viel Fleisch und Blut!) der Tiere erhalten werden. Dadurch wird der Hunger nach dem „Stoff Fleisch“ noch mehr angefeuert. Man muss sich heute nur die vielen Menschen ansehen, die dick und unförmig sind; und nicht nur deshalb, weil sie viel zu viel essen, sondern weil sie *zu viel Fleisch* – und überhaupt *Fleisch* – essen. Dadurch muss sich die Morphogenetik der gegessenen Tiere in ihrem Äußeren einfach zeigen. Vegetarier und insbesondere Veganer, haben sich bewusst entschieden, dieses Leben nicht (mehr) mitmachen zu wollen. Sie haben sich der lieblosen Ausbeutung der Tiere entzogen. Sie leben lieber ein abgebremstes Leben. –

Unsere schulischen und beruflichen Ausbildungsstätten bieten uns stereotype Initiationen an. Diese beinhalten die gerade bestehenden patriarchalen, rationalen und humanen Ansichten derjenigen Menschen über die Welt, die hegemoniale Ansprüche an sie haben, wie unsere Politiker und Wirtschaftskonzernchefs z.B. (Konfirmation und Kommunion, den Führerschein machen oder eine Lehre mit Prüfung beenden oder eine Doktorarbeit anfertigen, sind Beispiele für unsere heutigen Initiationen; Tiere aus Ställen befreien oder Bäume schützen und anpflanzen und eine Religio ausüben zu können, werden als solche nicht betrachtet.) Heute sind es insbesondere die sogenannten „Realisten“, die alles von außen, aber nicht von ihren inneren heiligen Räumen aus betrachten, die uns führen. Ja, die inneren heiligen Räume sind uns gerade durch unsere Schulbildung abhanden gekommen. LehrerInnen dafür findet man nur noch sehr selten; auch selten im Religionsunterricht. Man findet sie heute eher in den Nischen der spirituellen KünstlerInnen, naturheilkundigen HeilerInnen (HeilpraktikerInnen und ÄrztInnen) und spirituellen PsychologInnen, nachdem sie zumeist ganz bewusst einen beschwerlichen Weg auf ihrer Suche zu einem Gegenmodell zu den uns aufoktroyierten und festgefahrenen und patriarchal geprägten Strukturen gegangen sind. Anstatt sie für ihre lange Reise zu sich selbst zu schätzen, die oft über Armut, Krankheit und Einsamkeit geschah, werden sie gerne von denen verlacht und verhöhnt, die sie als Weise und LehrerInnen zur Heilung ihres Lebens dringend selbst benötigten – oder sie werden, sind sie noch irgendwo angestellt, gemobbt und ausgelaugt in Frührente geschickt und damit wiederum sozial ausgegrenzt und auf das Abstellgleis verwiesen. Patriarchale Ansichten und Richtlinien werden von den meisten Menschen heute nur noch selten hinterfragt. Das war anders während der Zeit der 68er Bewegung. Heute hat man sich an unsere patriarchalen Strukturen wieder gewöhnt. Weibliche Ansichten und Richtlinien über die Welt gibt es kaum. Was nicht nur daran liegt, dass sich selbst die noch weiblich denkenden Frauen dem Urgrund ihres Seins, der schöpferischen Aufgabe Gottes: „Frausein durch Anmut und zum Ausgleich des zu viel an männlicher Feuer/Luftenergie auf die Erde zu bringen“, auf Geheiß des Staates, entfremden mussten, sondern, was fast noch schlimmer ist, dass sie durch die Dominanz der Männersprache auch nie zu ihrer eigenen weiblichen Sprache finden konnten. Wie viele Schriftstellerinnen gibt es heute, die in männlich sexualisierter Denkweise ihre Schriften anfertigen (*müssen*), weil sie nur so erfolgreich sein können? Ihre Verlage verlangen das aus finanziellen Gründen schon im Vorwege von ihnen! Sie sagen das nicht immer direkt, aber das klappt auch gut non-verbal, denn jeder kennt die Verkaufszahlen von sexualisierter Literatur. Wie viele Frauen gibt es, die die grobe und sexualisierte Sprache der Männer mitmachen, weil sie glauben, nur so in unserer Gesellschaft angenommen zu sein? (Was leider oft zu wahr ist; zumindest in bestimmten Bildungsschichten herrscht ein raues und chauvinistisches Klima.) Wie sollen Frauen heute ihre Weiblichkeit definieren und zum Ausdruck bringen können, wenn unsere Schöne Neue Welt ihnen ihre Emanzipation nur vorgaukelt und sie zum Handlanger patriarchaler Industrie- und Wirtschaftssysteme gemacht hat, denen sie auch dann zuzuarbeiten haben, wenn sie Kinder haben, die sie nötiger bräuchten?! (Zum Thema „Kinderklau" durch unsere staatlichen und sozialen Zwänge, finden Sie noch mehr in meinem nächsten Buch „Die wahre Frau Holle".) Es ist nicht von ungefähr, dass die Menschen knapp bei Kasse gehalten werden, denn nur Menschen, die knapp bei Kasse sind, können der Staat und die Wirtschaft als Marionette benutzen und ausbeuten! Diese Menschen werden aus Angst zu Opportunisten, die sich aus Furcht vor noch mehr Geldmangel jeder Zwangslage anzupassen bereit sind. Diese Menschen hat man besser im Griff als diejenigen, die sich trotz aller Schwierigkeiten nie verrenken wollen oder die zur Genüge Geld haben, um ihr Leben in einer Komfort-Nische zu führen. Es ist auch nicht von ungefähr, dass die meisten Menschen, obwohl heute an Nahrung satter als früher – und oft völlig übersättigt –, nicht mehr lachen noch lächeln können. Schon Kinder lachen und lächeln kaum noch und haben schon in jungen Jahren Gehässigkeit im Blick, wenn sie einen Fremden ansehen, weil es ihnen nicht gut geht und weil sie mit Recht gegenüber der Menschheit insgesamt misstrauisch geworden sind, und es bereuen, in eine Welt geboren zu sein, die so viel Druck auf sie ausübt und sie nicht mehr ein Kind und ein himmlisches Wesen sein lässt. Wir müssen unbedingt eine einhundertachtzig Grad Kehrtwende einleiten. Wir müssen unseren Kindern zwar eine gute rationale und humanistische Ausbildung zukommen lassen, wir müssen zusätzlich aber auch unsere heiligen Räume in unsere Bildung mit einbringen und unseren Kindern ihre Mütter so lange lassen, wie sie diese individuell benötigen, um ein vollständiger Mensch zu werden. (Kinder zeigen einem schon, wann sie fähig sind, sich abzunabeln, das geschieht so um das zwölfte Lebensjahr herum!) Dass wir Frauen es sein sollen, die die Natur beschützen, davon war Helena Roerich, die hochspirituelle Frau des selbst hochspirituellen russischen Malers Nicholas Roerich, überzeugt. In „Letters of Helena Roerich“, New York 1967, Vol. II., Seite 359f, schrieb sie sinngemäß, dass die Frau die Natur verkörpert und dass es die Natur ist, die den Menschen lehrt und nicht umgekehrt und dass in den uralten Legenden der Frau die Rolle der „Wächterin des Wissens“ zukommt. Und in „Herz“, 1932, Seite 86, Stanze 119, schrieb sie sinngemäß, dass Kinder „Mütter der Welt“, brauchen, und dass es nicht ohne Grund so ist, dass die Gabe des Hellsehens und Hellhörens der „Mutter der Welt“ gehört. Ohne im Einvernehmen mit der geistigen Welt zu sein, ist eine friedliche Welt nicht zu machen. So lange wir mit unserer dominanten Männerwelt und ohne die geistige Welt in unserer Entwicklung fortfahren, werden wir uns im Kreis bewegen und wird sich alles Ungute wiederholen. Um die Fähigkeit mit der geistigen Welt zusammenzuarbeiten in sich zu entdecken, dafür brauchen unsere Kinder Zeit; und sie brauchen sehr viel Zeit zum Träumen und dem „Sich-Denken-Lassen“, und sie brauchen ihre Mütter und die Natur. Sie brauchen keine abgearbeiteten Mütter. Sie brauchen ruhige und besonnene Mütter. Sie brauchen spirituelle Mütter: „Mütter der Welt“. (Gegen KITA’s ist nichts einzuwenden, wenn sie als eine Zusatzlernmöglichkeit gelten und die Mütter ein wenig entlasten oder ihnen, wenn sie mit ihren Kindern psychisch überfordert sind, mit psychologischer Hilfe unter die Arme greifen, aber gegen KITA’s als Abstellbahnhof für arbeitende Mütter, sollte man sich wirklich wehren!) Unsere Kinder brauchen aber auch Väter, die sich ihrer Rolle als „Väter der Welt“ bewusst sind; die auch nicht abgearbeitet und erschöpft sind und in ihrer Ruhe leben und mit den geistigen Lehrern arbeiten können. Nur durch liebevolle, in der Ruhe lebende, ökologisch und spirituell gut ausgebildete Frauen und Männer, die die Natur als heiligen Raum empfinden, können unsere Kinder lernen, dass ihre Entscheidungen über die Erde immer auch Entscheidungen für die nachkommenden Generationen sind – positiv wie negativ; dass in der Natur nichts unbestraft bleibt, was falsch gemacht wurde, egal auf welchem Gebiet, denn wir können nichts mehr zurückholen, was wir niedergemacht und getötet haben, wir können nur noch Kurskorrekturen einleiten. Es nützt nichts, gegen die Baumfällungen neue Bäume anzupflanzen, die dann auch nur wieder dreißig bis vierzig

Jahre alt werden dürfen. (Das ist der schädliche Gedanke der heutigen Nachhaltigkeitstheorie vieler sogenannter und selbsternannter Ökologen, die heißt: wir können pflanzen und wieder fällen, pflanzen und wieder fällen, pflanzen und wieder fällen...) Der Wald ist ein sensibles Ökosystem. Er benötigt für seine gesunde Entwicklung viele hunderte von Jahren. Nimmt man ihm ständig etwas weg, so wird seine herangewachsene Symbiose mit den anderen Pflanzen, Pilzen und Tieren aufs Äußerste ge- und zerstört. In meiner „Heilungs- und Ideenschmiede für die Neue Zeit“ gebe ich Naturseminare, um den Eltern und Kindern zu zeigen, wie alles beseelt ist und wie man sich mit einem Baum und Tier unterhalten und von ihm etwas auf geistigem und seelischem Weg erlernen kann. Das ist immens wichtig, um die Natur wieder richtig zu verstehen. Dafür muss es aber Menschen geben, die bereit sind, auf eine andere Art und Weise – auf eine multidimensionale Art und Weise – lernen zu wollen. Wir müssen uns nicht noch mehr zu von außen gedachten Menschen machen lassen, als bisher. Wir müssen nur die Entscheidung vornehmen, welchem Außen wir uns weiterhin unterstellen wollen. Natürlich ist nicht alles schlecht, was in unserer Gesellschaft vonstatten geht. Aber sich außerdem von den weisen LehrerInnen des Himmels führen zu lassen, kann unser Leben enorm bereichern; so wie unser Leben enorm bereichert wird, wenn wir auch noch denjenigen Menschen zuhören, die für uns in der Nische mit ihren alternativen Ansichten bereitstehen und dafür schon viel für uns vorgedacht und erlebt haben. Solche Menschen, vor allen Dingen Frauen, habe ich in meinem Leben gesucht und aufgesucht, und Dinge von ihnen gelernt, von denen ich noch nicht einmal wusste, dass es sie gibt, die aber in meinem Inneren tief zum Schlaf gebracht lagen, und die nur darauf warteten, erweckt zu werden; ich bin schließlich eine alte Matriarchin. Ich habe dabei wunderbare „große Mütter“ kennen lernen dürfen, die mir bis heute – nun, wo ich selbst „wieder“ zu einer so großen Mutter geworden bin – noch immer ein großes Vorbild sind. Die Entscheidung von den irdischen Helfern und denen in der geistigen Welt lernen zu wollen, liegt nur bei uns. Unsere ProfessorInnen in den Himmelsräumen warten schon lange darauf, dass wir endlich interdisziplinär und vieldimensional denkend und fühlend werden. Sie geben uns dafür ständig neue Anschübe, und manchmal kommen sie auch aus demselben Seelenfamilienverband wie wir.

Wie wird man gedacht oder gelenkt, wenn man sich leer macht? Wer oder was denkt uns dann?

Die meisten Menschen sind davon überzeugt, dass es nur unser stoffliches Gehirn ist, welches das Denken für unsere täglichen Dinge in der sichtbaren Welt ermöglicht. Ja und irgendwie gibt es auch noch eine Seele oder Psyche – *bitte sehen Sie sich noch einmal meine Erklärung über den Unterschied zwischen einer Seele und Psyche auf Seite 65f an* – die mit ihrer Gefühlswelt in unser Denken hineinspielt. Da wir als Mensch aber nicht nur aus der Kopie unserer Urseele hergestellt wurden, sondern auch aus den Kopien der Urseelen und der Körperlichkeit unserer Eltern entstandene Wesen – quasi vermischte Wesen – sind, bleiben wir natürlich immer von allen diesen Vermischungen abhängig und werden auch von ihnen gedacht und gelenkt!

Fast täglich wird in der Pflege von alten und kranken Menschen und in der Neurowissenschaft die Frage aufgeworfen, ob unser Bewusstsein vom Gehirn abhängig oder vielleicht doch völlig unabhängig und dementsprechend immer „nur" ein geistiges Bewusstsein ist. Diese Frage stellt sich insbesondere bei Komapatienten oder Menschen, die Nahtoderfahrungen machten. Auch ich habe schon Nahtoderfahrungen gemacht, und ich kann sagen, dass das geistige Bewusstsein in diesem Moment viel klarer ist, als unser gehirnabhängiges. Und das muss so sein, denn unser geistiges Bewusstsein ist unser Urbewusstsein – unser eigentliches Zuhause. Da Sterbende und Komapatienten nicht mehr sonderlich mit dem stofflichen Gehirn verbunden sind (die einen, weil sie es nicht mehr brauchen, die anderen, weil ihre seelischen Traumen und ihre körperlichen Verletzungen zu groß gewesen waren), benutzen sie vornehmlich nur noch dieses Bewusstsein. Das geistige Bewusstsein ist multidimensional und ewiglich, im Gegensatz zu unserem körperlichen Bewusstsein, das mit unserem Tod vergeht. Deshalb muss es einfach klarer sein. Unser geistiges Bewusstsein löst sich nach unserem letzten Atemzug von unserem Körper und kehrt mit uns in die geistige Welt, zu unserer Urseele, zurück.

Um ein kosmisch bewusster Mensch zu werden, ist es wichtig, beim „Sich-Denken-Lassen" zu verstehen, wer oder was einen gerade denkt und lenkt; aus welchen kosmischen Dimensionen oder aus welchen Feldern des eigenen Selbstes Informationen zu einem kommen und aus welchen nicht. Und dieser Punkt ist nicht leicht zu verstehen. Das Verständnis darüber ist nur durch beständiges Beobachten und Üben zu erreichen. Es ist wichtig zu wissen, ob Informationen aus meiner Urseele oder Seelenkopie kommen oder aus dem Genpool meiner Eltern mit allen seinen seelisch/geistigen und körperlichen Anteilen oder aus mir selbst als körperliches Wesen. Und wie ich bereits schrieb, werden die Informationen und Emotionen, die zu uns gelangen sollen, auch noch von unseren Höheren und Hohen Selbsten danach upgedated, was wir an Informationen und Emotionen aus der Anderswelt vertragen können und was nicht. Ist man bereits mit dem „Sich-Denken-Lassen“ geübt, dann lernt man auch mit ihnen bewusst zu kommunizieren und zu kooperieren und bekommt dadurch Informationen, die für das eigene Wachstum immer wichtiger werden.

Wenn wir ein Altes und ein Altes Weises Seelenalter erreicht haben, dann haben wir das Bedürfnis, noch mehr von der geistigen Welt zu erfahren als früher, in unseren jüngeren Seelenaltern. Dann stellen wir uns von ganz allein auf einen noch bewussteren Empfang für ihre wichtigen Informationen ein. Die geistige Welt ist froh, wenn sie mit uns vermehrt zusammenarbeiten und alle für uns abgestellten geistigen LehrerInnen in ihre Arbeit miteinbinden kann, damit ihre Anordnungen für uns nicht mehr einfach so im Sande verlaufen. Dann können ihre Vorhersagen, aber auch ihre Vorherwarnungen, noch besser bei uns ankommen – aber auch unsere Bitten von ihnen leichter verstanden werden.

Da unsere Urseele zu einem Seelenfamilienverband gehört, stehen wir natürlich auch mit den Seelenfamilienmitgliedern unseres Seelenfamilienverbandes in stetiger Verbindung; sowie mit noch anderen, uns auch noch nahe stehenden Seelenfamiliengruppierungen. Alle Informationen, die wir aus der geistigen Welt für unser Wachstum erhalten, werden aber immer ***primär*** aus den EngelInnen- und MeisterInnen-Ebenen gelenkt, die wiederum von noch höheren Ebenen (Erzengel- und noch höheren Engelebenen, wie die Seraphimebenen, die Gottes Thron noch näher stehen) gelenkt werden. Wir sind aber auch noch – wie schon mehrfach geschrieben – mit allen unseren ehemals gehabten und selbst mit unseren einmal später seienden Seelenselbsten von uns verbunden.

(Da alles zeitgleich geschieht und es im eigentlichen Sinne keine Vergangenheit und Zukunft gibt, sind natürlich auch unsere späteren Geburten schon in diese Zeitgleichheit der Gegenwartszeit mit eingebunden.)

Ich schrieb bereits von der vom Vatikan favorisierten Theorie der „Feinabstimmung des Universums", und davon, dass mit höchster Wahrscheinlichkeit selbst unsere Eigenevolution bis zu ihrem Ende vorausgeschaut und vorausgeplant ist und dass es für diese wohl nur ein kleines Zeitfenster gibt. Und das muss eigentlich auch so sein, weil der allerhöchste Schöpfergott – wahrscheinlich der Urschöpfergott aller Universen und Paralleluniversen –, das Ende der Welt kennen muss, wenn diese nicht schon vorher kollabieren soll. Das ist mit unseren 3-D Sinnen sehr schwer zu verstehen, denn einerseits spricht man davon, dass es keine Vergangenheit und keine Zukunft gibt und alles zeitgleich – in einer Gegenwartszeit – im Jetzt, passiert, andererseits leben wir aber gerade genau mit und in diesen drei Zeiten und schlagen uns mit ihnen herum und interpretieren alles nach ihnen.

Man stelle sich auch einmal vor, wie viele Lichtfäden es gibt, durch die alles mit allem verbunden ist. Wie es aussehen würde, könnten wir alle ihre Verbindungsstränge sichtbar machen! Diese Lichtfäden sehen genauso aus wie die Funkstraßen, die wir heutzutage durch den Gebrauch von Handys, Internet, Satelliten, GPS etc. hinterlassen. Diese Lichtfäden (oder auch Lichtstraßen) sind es, die wir als Zugangsstraßen benutzen, wenn wir auf Reinkarnationsreisen gehen – wir projizieren uns über sie in unser vergangenes Seelenselbst hinein, das alle Informationen wie in einem Hologramm gespeichert hält. Wir sind aber auch noch mit allen anderen Welten und deren Energien, Existenzformen und Informationen eins. Im Verbund mit dem Weltall laufen ständig unzählige Informationen ab. Und wir sind schließlich auch noch aus Sternenstaub gemacht und darum genauso ein Teil von den Sternen. Die kosmische Bibliothek und Universität ist immens groß. Da ist es ganz natürlich, dass uns nicht alle ihre Informationen bewusst werden dürfen. Aber es ist gut, immer mehr wissen zu wollen und so offen wie möglich für „Alles-Was-Ist" zu sein, denn aus dem „Alles-Was-Ist-Pool" kommen unsere Ideen und Inspirationen und die neuen Evolutionswünsche und -anordnungen unseres Superdesigners und seiner Mitdesigner auf uns zu. Und je mehr wir lernen wollen, umso mehr Wissen hält man für uns bereit.

Darum wird das „Sich-Denken-Lassen“ auch immer interessanter!
Geniale Menschen hatten und haben immer einen besonders offenen Kanal für kosmisches Wissen. Auch ihre Höheren und Hohen Selbste waren und sind schon immer für Inspirationen durchlässiger gewesen als die von normalen Menschen. Sie wurden durchlässiger, weil ihre als Mensch eingekörperte Seele das so wollte, und sich über viele Leben mit Freude und Eifer daran machte, zu lernen und damit genial werden zu wollen. “Sich-Denken-Lassen“, heißt still und aufnahmebereit zu sein für die Informationen, die immer für uns da sind und folgende Diszipline anzuwenden:

Sich zuerst für das Irdische leerzumachen
und dann eine Superkonzentration auf bestimmte
geistige Informationen anzuwenden
und unsere Chakren als Aufnahmefilter
zu benutzen zu lernen. Und außerdem zu lernen:
Wie man die Informationen aus der geistigen Welt interpretiert.

Manchmal brechen die Informationen aus der höheren geistigen Welt in uns hinein, ohne dass unsere Höheren und Hohen Selbste noch Einfluss auf sie nehmen und sie für uns vorsortieren können. Das geschieht immer dann, wenn die geistige Welt – unsere LehrerInnen oder unsere Seelengeschwister in ihr – es so wollen. Dann kann es sein, dass die Selbste von ihnen ausgetrickst und überrumpelt werden, damit ihre Informationen schnell und ungefiltert zu uns durchdringen. Das kann sich in Notsituationen so verhalten, aber es kann sich auch um andere wichtige Informationen handeln, die sonst nie bei uns ankommen würden. Viele Menschen meinen in solchen Momenten, dass Gott persönlich mit ihnen gesprochen hätte – und das ist ganz und gar nicht falsch, weil letztendlich immer er es ist, der durch unsere LehrerInnen und Seelengeschwister und noch andere MeisterInnen und KönigInnen des Himmels spricht.

Die Gefahren des „Sich-Denken-Lassens“

Was muss ich wissen, um nicht Gefahr zu laufen, geistig zu erkranken, wenn ich mich vermehrt auf meine vielen Selbste und auf die anderen Stimmen aus dem Kosmos konzentriere? Was passiert mit mir, wenn ich mich so weit leeren kann, dass ich zu einem Bewusstseinskanal für die hohen Wesenheiten der geistigen Welt werde? Kann ich dann, ohne es zu wissen, auch von dem Bösen, dem Niederen – der Unterwelt – kontaktiert werden? Kann ich dann besetzt werden?

Die Antwort heißt: Ja, das alles kann passieren. Das Leben ist hell und dunkel, gut und böse. Die höhere und die niedere geistige Welt gehören zusammen. Es ist nur wichtig, sie zu unterscheiden und aussortieren zu lernen. So geschieht es ja auch im normalen Leben, wenn wir uns entscheiden, auf diese oder jene Menschen nicht mehr hören zu wollen, weil sie uns nicht guttun und herunterziehen. Oder wenn wir bestimmte Bücher nicht mehr in die Hand nehmen und uns bestimmte Filme, wie Krimis und Kriegsfilme, nicht mehr ansehen und keine Tiere mehr essen möchten. Will ich mich nur mit den Weisen des Himmels verbinden, dann kann mich die niedere Welt auch nicht so leicht angehen. Anders gesagt: Nehme ich den Adapter für die Unterwelt weg, dann wird die Verbindung mit ihr auch gekappt. Ich muss mich nur entscheiden! Trotzdem ist es besser, sich auch diese Welt hin und wieder anzusehen, denn nur so lernt man, wie sie aussieht und wie sie agiert (wir sehen uns ja auch im Mikroskop Bakterien und Viren an und wissen mittlerweile gerade darum, wie wir uns vor ihnen zu schützen haben). Man muss ja nicht mit der niederen geistigen Welt kooperieren und sich von ihr beängstigen und beeindrucken lassen! Man kann aber den Seelen, die ihren Aufstieg in die höhere geistige Welt aus den verschiedensten Gründen noch nicht vorgenommen haben – zumeist sind alte irdische Traumen das Motiv dafür – dabei helfen, diesen doch noch vorzunehmen (wie ich es im III. Teil dieses Buches, unter dem Kapitel „Monsieur im Jahre 2000“, mit meiner Reise nach Bonnieux, noch beschreiben werde). Jedoch braucht man für diese Arbeit nicht nur ein hohes spezielles Wissen, sondern eine besondere schamanische Kraft und viel viel Liebe für diese Seelen, die uns SchamanInnen durch unsere vielen Erdenleben und unsere Einweihungen einmal zugekommen waren. Das heißt, dass Seelenrückholungen und andere Errettungen aus der Unterwelt immer nur einem guten Experten, sprich einem guten Schamanen oder einer guten Schamanin, überlassen bleiben sollten. Dramatischer Exorzismus, wie in der katholischen Kirche noch heute ausgeführt, kann nur zu weiteren Pathologien führen. Man kämpft nicht mit den Seelen der Unterwelt, man reicht ihnen sanft die Hand! Denn letztendlich muss eines Tages *alles* ins Licht gehen. (Wir haben ja auch gelernt, dass Viren und Bakterien symbiotisch mit uns leben, so lange unser Immunsystem intakt ist! Und dass es intakt ist, dafür müssen wir auch selbst sorgen, indem wir uns gesund ernähren und evtl. auch gesunde Darmbakterien zu uns nehmen, die die Fähigkeit haben, die pathologisch wirkenden auf eine „weiche Art" zu überwachsen!)

Doch so viel sei gesagt: Die guten Stimmen, sie befehlen einem nicht, sie schmeicheln einem nicht, sie verurteilen einen nicht; sie wollen immer nur unsere besten Ratgeber sein. Sie geben Ratschläge, um uns auf unserem Lebensweg zu unterstützen, und sie überlassen uns immer die letztendliche Entscheidung, etwas von ihnen annehmen zu wollen oder auch nicht. An diesen besonderen Eigenschaften lässt es sich erkennen, ob wir es mit dem Guten oder Schlechten zu tun haben. (Aber manchmal gibt es davon Ausnahmen: Wenn wir immer noch nicht lernen wollen oder nicht verstehen, was uns die geistige Welt sagen will, dann müssen auch unsere wohlmeinenden geistigen LehrerInnen stärkere, und manchmal manipulierende und sogar beängstigende Maßnahmen ergreifen. Bei schamanischen Einweihungen passiert genau das!) Ich will ein Beispiel dafür geben, wie es aussieht, wenn man von den Worten aus der geistigen Welt beängstigt sein kann, weil man noch nicht verstanden hat, dass das härter von ihr Ausgesprochene für das eigene Wachstum wichtig ist: Als ich das erste Mal damit begann das Channeln zu erlernen, setzte ich mich mit einem Bleistift und einem Stück Papier an einen Tisch und versuchte mich im „Automatischen Schreiben". Ich ließ einfach meine geistigen Sinne meine Hand mit dem Stift führen. Es klappte nach einiger Zeit des Übens auch, und ich konnte mit großen Augen sehen, was ich da geschrieben hatte:

Was ist denn, wenn das, was du geschrieben hast
und wir dir vermeintlich durchgegeben haben,
gar nicht stimmt?

Ich erschrak. Danach wollte ich das „Automatische Schreiben“ für immer sein lassen. Aber dann entdeckte ich die Weisheit der Worte. Ich sollte mit dem mir Durchgegebenen kritisch umgehen, war ihre Bedeutung. Da ich eine neugierige Erforscherin der geistigen Welten bin, machte ich natürlich weiter. Zuerst versuchte ich mich weiter im Automatischen Schreiben. Dann fand ich das aber zu mühevoll und zu altmodisch. Ich lernte, die Worte direkt zu hören, und ich tippte sie zeitgleich in den Computer ein. So war ich auch schneller, denn es lässt sich für mich leichter auf einer Tastatur schreiben als mit einem Bleistift auf Papier. Ich lernte außerdem, mich noch besser zu konzentrieren, aber auch die geistige Welt besser einzuschätzen, damit ich nicht Stimmen vernahm, die keinen Wert für mein Wachstum hatten. Das war natürlich ein längerer Prozess des Lernens, den ich eingegangen war. Heute weiß ich nicht mehr genau, wie lange es dauerte, bis ich ein einigermaßen guter Channel wurde, der dafür alle seine Zellen, aber insbesondere sein Drittes Auge, sein Kronenchakra und den jeweils dafür zuständigen galaktischen Strahl (die gebündelten Lichtfäden) zum Himmel bemüht und nun auch – fast immer – weiß, mit wem er verbunden ist. Ich kann sagen, dass ich mich von Jahr zu Jahr und von Buch zu Buch verbessert habe. Wenn ich heute alte gechannelte Texte von mir lese, dann zeigt sich mir ganz deutlich, dass für mich viele bedeutende Jahre des Lernens vorübergegangen sind. Wenn ich Texte von anderen spirituellen Autoren lese, dann fällt mir auch bei ihnen auf, wann sie Schwächen bei der Aufnahme des Durchgegebenen aus der geistigen Welt hatten und wann ihre Stärken. Das ist ganz normal. Wir können ja auch am Telefon unserem Gegenüber nicht immer mit der gleichen Konzentration zuhören und unsere Gedanken schweifen hin und wieder ab.

Ich hatte bereits geschrieben, dass man als Channel möglichst bereit sein sollte, sein Bewusstsein für die geistige Welt für ein Leben lang offen zu halten. Das ist zwar wahr, aber wahr ist auch, dass das nicht jeder tun kann. Die täglichen Dinge, die sich um unser Überleben drehen, zerren schon genug an unseren Nerven. Da kann nicht jeder ein Leben lang für die geistige Welt da sein. Wichtig ist, dass der Urgrund für das Channeln während der Zeit des Channelns heilig gewesen war. Wenn es jemand wieder sein lassen will, dann ist auch das erlaubt. Aber auch schade! Die geistige Welt hat dann wieder einen Menschen weniger für ihre Durchsagen und für ihre Arbeit an der Welt. Geht es Ihnen, liebe LeserInnen, so, dann machen Sie Ihre Chakren zu und lassen sie die weiteren Informationen einfach an sich abperlen, ohne noch davon Notiz zu nehmen. (Allein das dauerhafte Ignorieren schafft das Schließen der Chakren für die Informationen!) Die geistige Welt zieht sich dann wieder so lange zurück, bis Sie erneut bereit sind, mit Ihrer Entwicklung fortzufahren. Und wenn jemand für den Rest seines Lebens nichts mehr mit dem Channeln zu tun haben will oder aus Stressgründen nichts mehr damit zu tun haben kann, dann wird auch das respektiert. Aber natürlich sollte man sich das unbedingt überlegen, denn Gott braucht uns ja wie die Bienen- oder Ameisenkönigin ihre Mitarbeiter (aber, Sie wissen schon: Gott füttert uns nie mit leerem Zucker, um genug Honig zu bekommen, wie die Menschen das tun, wenn sie sich Bienenstöcke halten oder wenn sie Menschen mit ihrer Arbeitskraft ausbeuten!)

Nur für uns SchamanInnen gilt:
Wir haben die Informationen anzunehmen. Machen wir das nicht, dann geht es uns nicht gut damit. Nicht umsonst heißt es in Stammeskulturen, dass jemand, der eine Schamanin oder ein Schamane werden soll, und das ablehnt, danach kein gutes Leben mehr hat oder früh sterben muss. Ein „gutes Leben haben“, heißt für SchamanInnen immer:

ihren kosmischen Auftrag zu erfüllen.

Man hat es einfach gut, wenn man helfen und lehren kann, aber das heißt nicht, dass man nicht auch selbst immer mal wieder Hilfen und Ruhepausen benötigt. Nicht nur ein Schamane oder Lichtarbeiter zu werden, verändert einen Menschen kolossal. Auch ein Channel für die geistige Welt zu sein, verändert einen Menschen enorm. Das Channeln ist ein großartiger *heiliger Vorgang*, durch den wir zu einer mehrdimensionalen Persönlichkeit auf allen unseren seelisch/geistigen, aber auch körperlichen Ebenen gemacht werden können. Wir werden mitfühlender und klar sehend- und hörender, denn wir werden durch die Worte unserer himmlischen LehrerInnen zu Systemkritikern und Rebellen und zu LehrerInnen für die Menschheit gemacht. Dafür ist es auch wichtig, eine andere Sprache zu finden als bisher, und herauszufinden, *wie* man die neuen Worte und Sätze zur „Veränderung der Welt“ formuliert, und auch dann tapfer zu bleiben und es hinzunehmen, wenn man von denje-

nigen ausgelacht und manchmal auch permanent gemieden wird, die vom Himmel (noch!) nichts verstehen wollen. Und doch ist es auch für diese Menschen wichtig, einmal von solchen Worten und Sätzen gehört zu haben, denn eines Tages, wenn ihre Seele alt und weise geworden ist, müssen auch sie den Weg eines Lichtarbeiters oder eines Schamanen gehen und zu HimmelsbotschafterInnen auf die eine oder andere Weise werden. Den Menschen zu sagen, was sich verändern *muss*, die noch nicht verstehen, wovon man redet, kann äußerst frustrierend sein! Denn: Besserwisser gibt es überall.
Um sie zu erkennen, muss man sich nur folgender Tatbestände bewusst sein:

Je weniger sie wissen, umso weniger sind sie
dazu bereit, einem zuzuhören und
von einem lernen zu wollen. Sie erheben
fast immer hysterisch ihre Stimme,
und sie versuchen uns schon im Vorwege –
bevor sie zu einem Verständnis unserer Worte
(und unserer Taten) gelangt sind –
mit ihrem Wissen (kriegerisch!) zu übertrumpfen
und manchmal leider auch
verbal niederzuprügeln.

Die erhobene Stimme ist aber noch kein Maßband für die intellektuelle Sicherheit meines Gegenübers – im Gegenteil. Zumeist hört man Argumente wie: „Ich entscheide, was ich will!“ (Diesen Satz hört man immer dann, wenn es um die Bitte geht, keine Tiere mehr zu essen!) Und: „Ich sehe nur das, was ich sehe!“, wenn es um geistige Sichtungen geht und: „Um Dir zu glauben, dazu bin ich zu realistisch!“ Diejenigen, die den letzten Satz gern bemühen, merken noch nicht einmal, dass das, was sie sagen: „Ich bin nur dreidimensional und engstirnig!“, heißt. Diese Menschen halten sich selbst für besonders klug. Und das ist kein Wunder, denn der sogenannte Realismus herrscht ja auch in unseren Schulen und Universitäten vor, dann muss er ja auch richtig und das Klügstmöglichste überhaupt sein! Große spirituelle Lehrer haben immer unter Anfeindungen gelitten, so auch Jesus. Auch der von mir sehr geschätzte Abd-ru-shin oder Rudolf Steiner und so auch Hildegard von Bingen und Bruno Gröning. Ich sage oft zu den Menschen, die nicht meine kosmischen Einsichten haben, dass ich nicht mit ihnen diskutieren kann, weil es nur eine Partnerschaft unter Diskutanten geben kann,

wenn sie selben Wissens sind. Sie können mir zuhören, so wie auch ich ihnen gerne zuhöre, wenn sie auf einem Gebiet etwas Besonderes wissen. Für neues Wissen bin ich immer gerne offen, weil ich von Natur aus wissbegierig bin und wissende Menschen äußerst schätze. Ich bin aber nicht offen – nein, sogar sehr zu! – für Menschen, die mich, ohne etwas vom Thema zu verstehen, nur platt machen wollen. Den Weisen im Himmel höre ich ja auch zu und bin ihre aufmerksame und dankbare Schülerin. Ich würde nie mit ihnen diskutieren, weil ich ganz genau weiß, dass sie mit ihren Erfahrungen weit über meinem Erdwissen und meinen Erderfahrungen stehen. Ich höre ja auch gern Physikern, Biologen oder Chemikern zu, wenn sie mir ihr Wissen vermitteln wollen, und ich behaupte nicht, alles besser zu wissen als sie. Das nähme ja schon karikaturhafte Züge an. Natürlich kann ich mit Physikern, Biologen und Chemikern über die Gefahren ihres Tuns diskutieren und sie zu moralischen und spirituellen Werten anhalten (das ist schließlich mein Fachgebiet!); aber dafür muss ich auch erst einmal ihre Freude an ihrem Beruf und ihre schon bereitstehende Sichtweise über die Welt kennen und anerkennen. Ich verstehe auch sehr gut, dass ein Arzt einen Patienten durch Transplantationen am Leben erhalten will und seine dazu erworbenen Operationsfähigkeiten durchaus als seine *heilige* Aufgabe ansehen kann. Aber seitdem ich davon weiß, dass der Empfänger und der Spender nach dem Tod des Spenders auf eine ungute Weise verbunden bleiben, sehe ich diese Guttat natürlich mit ganz anderen Augen.
Dafür, wie schwierig es ist, das eigene spirituelle Wissen unter die Menschen zu bringen, noch ein paar Beispiele:
Wie soll ich den Menschen, die unbedingt Fleisch essen wollen, und die sagen, dass man Fleisch zum Leben braucht, erklären, dass es von Gott, dem Superdesigner, nie so gedacht war, seine von ihm auch sehr geliebten Geschöpfe zu essen, und dass gerade darum die Menschheit so krank ist, weil sie Tiere isst und dass die Tiere damit völlig unnütz aufs Schafott gehen müssen, und dass alles das, was unheilig ist, einfach krank machen *muss*? (Eine Verbindung zwischen Alzheimer und anderen neurodegenerativen Gehirnerkrankungen beim Menschen und der Erkrankung BSE bei Rindern, hervorgerufen durch infektiöse Prionen im Fleisch, wurde schon oft diskutiert und wird zusehends erforscht!) Nicht umsonst wohnt dem Wort *heilig* das Wort *heil* und dem Wort *unheilig* das Wort *Unheil* bei.

Wie soll ich bald acht Milliarden Menschen erklären, dass die Erde unsere große und großartige Mutter ist, die sich einmal dafür zur Verfügung gestellt hat, nicht nur unsere Körper satt zu machen und wachsen zu lassen und uns an ihrem Artenreichtum zu erfreuen, sondern dass sie insbesondere unserer Urseele mit allen ihren menschlichen Kopien die Möglichkeit gegeben hat, viele unterschiedliche Erfahrungen zu den unterschiedlichsten Erdzeiten machen zu dürfen, um auf diese Weise zu kosmischer Größe zu gelangen und dass bei diesem Vorgang ihrer Natur die bedeutendste Rolle zukommt? (Die Natur kann uns in traumatischen Situationen eine größere Trösterin sein, als alle psychologischen Helfer!) Wie soll ich diese Menschen verändern und ihnen alles das begreiflich machen, wenn das unsere großen Religionen negieren; denen sie noch immer mehr zuhören und glauben als mir, die nun als Alte Weise Seele ihren letztendlichen Aufstieg von der Erde macht, und hofft, dass ihre Bücher zur spirituellen Wissensvermittlung auch noch über ihren Tod hinaus gelesen werden – weil ihr Geburtsauftrag aus der Gralsburg und den noch höher gelegenen Ebenen über der Burg so lautete und weil die Gralsburg bald schließt, weil alle geistigen Lehrer darin ihren weiteren Aufstieg machen müssen, wie auch unser jetziger Superdesigner seinen weiteren Aufstieg macht?!
Wie soll ich bald acht Milliarden Menschen erklären, dass es wenig nützt, wenn man den Holocaust an unseren damaligen jüdischen Mitbürgern beweint, aber mit seinem Fleischkonsum dazu beiträgt, dass es unzählig viele Ställe gibt, die genau solche Konzentrationslager und Vorhöfe zur Erschießungskammer sind? Und dass auch die Tiere wiedergeboren werden; mit ihren sehr berechtigten zukünftigen Ängsten vor den Menschen, wie sie heute auch diejenigen Menschen noch haben, die in ihrem vorherigen Leben in Konzentrationslagern umkamen.
Und zuletzt: Wie soll ich bald acht Milliarden Menschen erklären, dass es widersinnig ist, sich vor der dunklen geistigen Welt in Acht zu nehmen, wenn sie sich fast alle der dunklen Seite der Menschheit (Tierschlachtungen, Tierversuche, Transplantationen, Genmanipulationen, Umweltzerstörungen und gehässigen Mobbingspielen, um nur einige zu nennen) ohne Widerstand unterstellt haben und sich vom Staat „Denken-Lassen“, der diese Bereiche sanktioniert?

Die Lehre von der Reinkarnation

Gott der Superdesigner ist weise. Das wissen wir! Und wir wissen auch, dass wir von seiner Weisheit – und der Weisheit seiner Untergotte – nur sehr wenig verstehen. Zu grandios ist alles auf der Erde und im Weltall.

Die Möglichkeit, vielfältig auf der Erde inkarnieren zu können, ist ein Teil von Gottes großer Schöpfungsweisheit, um unsere Seele – eigentlich müsste man sagen: ***„um unsere Urseele"*** **–**, durch die verschiedensten Zeiten der Erde wachsen zu lassen. Denn das wissen wir:

Ein einziges Leben würde dafür nie ausreichen!

Selbst, wenn man schon viele Einsichten in seine früheren Leben hatte – es müssten bei mir so um die einhundert Leben sein, an die ich mich sehr genau erinnere – und wenn man sich auch angesehen hat, wie es vor sich geht, wenn man nach seinem Tod und einer gewissen Lernphase in der geistigen Welt eine erneute Wiederkehr zur Erde antritt (siehe meinen Bericht im III. Teil dieses Buches, ab Seite 238, über den Inkarnationsvorgang meiner erneuten Urseelenkopie nach Griechenland), so heißt das aber noch lange nicht, dass man auf das Genaueste versteht, wie die Prozesse des Sterbens und der Wiederfleischwerdung und die Zeit „dazwischen“ wirklich vonstatten gehen. Ich kann sogar sagen, je mehr Bilder und Antworten ich zu diesen Themen aus der geistigen Welt bekam, desto mehr Fragen taten sich in mir auf. Deswegen konnte und kann ich nur einige, und manchmal auch nur vage Einsichten, in diese wundervollen Schöpfungsprozesse geben, die aber andere spirituelle Menschen dazu anregen sollen, genauso auf ihre Suche danach zu gehen wie ich es tat. Ich bin z.B. davon überzeugt, dass es in der geistigen Welt Labore mit Untergotten, Aufgestiegenen und vielleicht in der Anderswelt speziell herangezogenen Laborangestellten gibt, die durch Gedankenprojektionen lernen sollen, Leben wie unser Superdesigner zu erschaffen. Und diese Vorstellung ist nicht ganz falsch, wenn ich auf eine Fallstudie des amerikanischen Hypnotherapeuten Michael Newton hinweise, für die ihm einmal eine Patientin, Namens Thece, in Hypnose erzählt hatte, dass sie in einem Zwischenleben, in der geistigen Welt, in einem kosmischen Labor tätig war, um dort neue Kreaturen, wie auch kleine Sonnen, zu erschaffen (Michael Newton, Die Reisen der Seele,

Karmische Fallstudien, Edition Astroterra, Seite 146f und 158ff, deutsches © von 1996). Wir sollen ja alle MitschöpferInnen werden!

Der Begriff “Reinkarnation“ bedeutet: „Wiederfleischwerdung“.
Er soll aussagen: Nach unserem Tod endet unser Leben nur in seiner stofflichen Form! Unser Körper unterliegt nach unserem letzten Atemzug einem unumgänglichen irdischen Verwesungsprozess und nimmt damit in seiner materiellen Form einen erneuten stofflichen Zustand an. Er zerfällt in einem langen Prozess zu Staub, aber unsere seelisch/geistige und wesenhafte Form bleibt und geht als ehemaliges Selbst in die geistige Welt mit seiner Matrix zur Urseele zurück, bis unsere Urseele die Entscheidung trifft, wiederum eine Seelenkopie von sich herzustellen, die erneut ihren Weg zur Menschwerdung auf die Erde antreten muss, um wieder andere Erfahrungen für sie zu machen; in einem anderen Körper, in einer anderen Zeit, in einem anderen Land und unter immer wieder anderen kulturellen und soziologischen Bedingungen und mal in männlicher und mal in weiblicher Gestalt.

In manchen Menschen mag diese Theorie Unbehagen auslösen. „Dann kommen wir als Urseele und als ihre Kopien ja nie zur Ruhe und müssen als diese auch noch weiterlernen und wieder viel durchmachen!“, werden sie sagen.

Und so ist es: Wir alle – und auch Gott, der Superdesigner und seine Untergotte –, unterliegen einem ständigen Lernprozess und kommen nie zur Ruhe. Auch Gott und seine Untergotte müssen von Zeit zu Zeit abtreten und einem anderen Superdesigner und seinen jeweiligen neuen Untergotten Platz machen. Da gibt es keine Ausnahme. Denn Sterben heißt: Der Evolution die Möglichkeit für einen neuen Plan und Platz zu geben. Würde nichts sterben, dann bliebe alles alt und unbeweglich und wäre nicht mehr aufnahmefähig für den nächsten großen heiligen Gral – der wiederum bestückt ist mit noch neueren Evolutionsanordnungen des neuen Superdesigners. Daher geschieht es, dass es bei jedem großen Wechsel von einem Superdesigner zum nächsten, zu besonders großen Kulturveränderungen kommt. (Bekommen wir in einer Firma einen neuen Chef oder eine neue Chefin, dann wollen auch die erst einmal alles nach ihrer Art modernisieren!) Auch muss man sagen, dass der Begriff „sterben“ von mir hier nicht völlig richtig gesetzt ist. „In eine andere Seinsform übergehen", wäre die bessere Bezeichnung. Denn auch Gott, der Superdesigner, geht nicht verloren, wenn er abgetreten ist, auch er geht in eine andere Seinsform über. Auch er wird erneuert und neu geboren und entwickelt sich – noch höher. *(Wir können alles Sterben als eine „Rückgeburt" betrachten, dann kommen wir dem Prozess des Sterbens und unserer Erneuerung näher!)*

Wir wissen zurzeit noch nicht, was – von uns aus gesehen – noch höher als unser Universum liegt. Ich sagte ja bereits, dass es wahrscheinlich außerhalb unseres Universums noch einen oder auch mehrere Superdesigner mit Untergotten geben muss, weil es wohl noch viele andere Universen gibt, die wiederum von einer kreativen Instanz geleitet werden müssen. Und aller Wahrscheinlichkeit nach gibt es auch noch einen Supertrooperdesigner, der für alle Universen zusammen zuständig ist und diese stetig zusammenhält. Vielleicht muss sich der jetzt noch amtierende Superdesigner unseres Universums eines Tages auch zu so einem Supertrooperdesigner für alle Universen zusammen entwickeln und den alten ablösen. Die Frage die sich damit aufwirft, ist, aber wohin entwickelt sich der alte Supertrooperdesigner dann? Dazu gibt es viele Fragestellungen. Da kommen sicher noch viele überraschende Erkenntnisse auf uns zu.

„Ich bin das A und das O, der Anfang und das Ende,
spricht Gott der HERR, der da ist und der da war
und der da kommt, der Allmächtige."

Revelation 1.8 – Neues Testament.

Eigentlich gaben uns diese Worte schon immer die komplette Antwort, nämlich, dass es kein Anfang und kein Ende gibt; was sich damit deckt, dass Physiker sagen, dass auch unsere Wahrnehmung von der Zeit eine „irdische! Illusion" ist, weil alles zeitgleich passiert. Und damit gibt es auch für den Supertrooperdesigner kein Ende in seiner Entwicklung.

Hat sich unsere Seelenkopie erst einmal in die Stofflichkeit der Erde auf den Weg gemacht, dann heißt es für sie: Lerne, bis du nichts mehr lernen kannst. Lerne zu leben und zu sterben und gib all' deine Erfahrungen an deine Urseele zurück. Und komm als erneute Kopie deiner

Urseele auf die Erde zurück; und lerne erneut zu leben und zu sterben und zu leben und zu sterben…
Die ersten Schriften über die Seelenwanderung wurden dem Hinduismus und Buddhismus zugeschrieben. Sie waren aber auch in anderen – kleineren – fernöstlichen religiösen Gemeinschaften zu finden gewesen. Vielleicht lag es daran, dass der Menschentypus in China und Indien geneigt war, seinen inneren Bildern von vergangenen Leben mehr Glauben zu schenken als wir heute, und dass er sich noch mit der Technik der Rückbindung zur geistigen Welt und in seine vergangenen Leben bestens auskannte und frei darüber reden durfte. Man hätte es darum auch nie gewagt, jemanden für diese Erfahrungen zu verurteilen, zu foltern oder sogar zu verbrennen, wie bei uns im Mittelalter geschehen. Im Gegenteil, wusste jemand viel dazu zu sagen, dann hielt man diese Menschen für besonders weise. Gnostische Gruppierungen waren aber auch bei uns noch lange Zeit der Reinkarnationslehre zugetan gewesen. Sie war auch in der Antike noch stark verbreitet. Man fand sie bei den Ägyptern und Persern und auch Vergil spricht in der Äneis (sie erzählt eine der Gründungsmythen des Römischen Reiches) von der Wiedergeburt der Seele als Mensch. Die Lehre von der Seelenwanderung kam in unseren Religionen noch bis zum Konzil von Konstantinopel vor. Religionswissenschaftler sind sich heute allerdings uneinig, wenn sie vom fünften Konzil von Konstantinopel, im Jahre 553, berichten, in dem die Lehren Origenes von der Wiedergeburt der Seele verurteilt wurden. Sie sind sich nicht sicher, ob Origenes deshalb wirklich von den anwesenden Bischöfen mit dem Kirchenbann belegt und verurteilt wurde, wie es in der Literatur zu finden ist. Auch die Katharer glaubten im 12-14 Jhdt. noch an die Wiedergeburt.

Eine wichtige Frage, die sich um die Vermeidung der Anerkennung von Inkarnationstheorien für mich immer wieder stellt, ist: Warum machte – und macht noch immer! – die Lehre von der Inkarnation nicht nur den Priestern unserer westlichen Kulturen so viel Angst, sondern auch den meisten anderen westlichen Menschen? Viele Menschen sagen zwar zu mir, dass sie sich an eins oder auch mehrere Leben aus alten Zeiten erinnern können, aber wenn ich ihnen anbiete, sich mit mir in einer geführten Sitzung diese Leben genauer anzusehen, um damit mehr Klarheit darüber zu erhalten, dann wollen sie das nicht. Ich sehe dann immer in zwei verschreckte (kindergleiche) Augen. So ist es auch kein Wunder, dass die Kirchenfürsten und -priester auch zu früherer Zeit ein leichtes Spiel damit hatten, die Sache mit der Reinkarnation (fast) vollkommen auszumerzen – außer in den Alten und Alten Weisen Seelen, die sich so gut an ihre vergangenen Leben erinnern konnten, dass man ihnen kein X mehr für ein O vormachen konnte. Es sind fast immer die Alten und Alten Weisen Seelen, die sich mit Freude daran machen, ihre Erinnerungen an die alten Zeiten ihrer ehemalig gelebten Leben zu erneuern; um daraus zu lernen, wer sie als Seelenkopie einmal gewesen waren und warum sie heute so sind wie sie sind und welche Kulturen und Menschen ihnen dadurch vertraut sind und für welchen göttlichen Zweck sie überhaupt ihre vielen und vielseitigen Erdreisen anzutreten hatten.

Eigentlich kann man sagen, dass immer *alle* Menschen – unabhängig von ihrer Kultur und Religionszugehörigkeit – von der Seelenwanderung gewusst haben müssen, denn diese ist ja nicht aus unserem Seelenbewusstsein und damit aus unserer Erinnerung zu streichen. Auch die jüngeren Erdseelen haben dazu Bilder, können sie aber von ihrer Seelenreife her nur ungenau einordnen und verbalisieren; sie glauben noch eher unserer aufoktroyierten Bildung, als ihren inneren Bildern. Aber die Alten und Alten Weisen Seelen, mit ihren vielzähligen Inkarnationserfahrungen ihrer Urseele, haben sehr oft genaue Erinnerungen, die ihnen zeigen, warum sie heutzutage diesen oder jenen Beruf erwählt haben, warum sie diese oder jene Fähigkeiten in sich tragen, und warum dieser oder jener Mensch ihnen in ihrem heutigen Leben zugeführt wurde. Daran haben auch diejenigen Religionen, die die Lehre von der Wiedergeburt ablehnen, nichts ändern können.
Wir alle tragen *gottgewollt* in unserem seelischen Print *alle* unsere vergangen Urseelenerfahrungen – ob auf der Erde oder in anderen Dimensionen erworben. Dass wir sie nicht ständig parat haben, liegt daran, dass diese Erfahrungen weitgehendst *ausgeschaltet sein müssen*, damit wir unser Leben im „Hier und Jetzt“ erst einmal, insbesondere wenn wir jung sind, in Hülle und Fülle leben können, und damit wir ohne die ständigen Einsichten in unsere vergangenen Leben frei in unseren Entscheidungen sein können, unser heutiges Schicksal zu meistern und gestalten zu können – und damit wir neue Fehler machen können (davon schrieb ich bereits so ähnlich auf Seite 93f). Aber für die Alten und Alten Weisen Seelen, sind die Fenster in ihre vergangenen Leben wieder

offener – und das schon seit ihrer Kindheit. Und das ist wichtig, weil sie schon sehr bald als „fast“ vollbewusste Seelen ihren letztendlichen Aufstieg von der Erde vornehmen müssen. Ihre Urseele benötigt es dann nicht mehr, Urseelenkopien für Erdinkarnationen aus sich selbst herausfließen zu lassen, sie lernt dann in der geistigen Welt weiter. (Dass der Mensch auch bei seinem letztendlichen Aufstieg nicht superperfekt sein muss und kann, dazu später, auf Seite 166f, noch ein paar Gedanken.)

Man sollte aber auch bedenken, dass man jedes Mal, wenn man als erneute Kopie seiner Urseele auf die Erde zurückkommt, wieder als ein Baby anfangen muss, und dass man erst ein gewisses irdisches Alter erreicht haben muss, damit das eigene Seelenalter vollständig zum Ausdruck kommen kann – zumeist muss man sich dafür in den Jahren nach dem dreißigsten Geburtstag befinden. Wer es beherrscht, der kann aber trotzdem schon an einem Kind sein Seelenalter ausmachen.

Für die islamischen, jüdischen und christlichen Religionen endet unsere Existenz mit dem Tod, und wir kommen danach – je nachdem, wie heilig oder auch nicht-heilig wir unser Leben lebten – in den Himmel oder in die Hölle.

„Wir fallen zwar auch nie tiefer als in Gottes Hand“,

so heißt es, aber viel mehr ist da nicht an Angebot für den Gläubigen, der dann eher vor Gott zurückweicht und zum Agnostiker zu werden neigt, wenn alles so schlimm ist, was da auf ihn zukommen kann. Man muss nur das Bild „Inferno“ von Hieronymus Bosch (dritte Tafel des Tryptichon) oder Michelangelos Ausschnitt aus dem jüngsten Gericht „Die Verdammten“ angesehen haben, um einen Einblick in die von Menschen imaginierte Hölle zu bekommen. Aber Glauben heißt nicht umsonst Glauben und ist damit kein Wissen. Wissen kann man sich nur durch die *eigene Erforschung* einer Sache aneignen. Die Rückbindung zu sich selbst, in alte gelebte Zeiten auf der Erde und in die geistigen Orte der vielfältigen Dimensionsräume, auch in die der Unterwelt, ist dazu *der einzige Weg*. Dann wissen wir auch, dass es in Gottes Hand besser aussieht, als in den eben beschriebenen Bildern. Das Inferno liegt immer nur in uns selbst, und wir sind es, die die Möglichkeit haben, wieder ins Licht zu schauen und Gottes helfende Hände in ihren vielen Formen anzunehmen.

Alle uns aufoktroyierten Glaubensrichtungen, gleich welcher Art, stellen m.E. eine sehr vereinfachte Form unserer Schöpfungsgeschichte dar. Der Gläubige soll sich ganz bewusst nicht selbst aufmachen und sein Innerstes durch Religiotechniken abfragen; er soll nur das glauben, was ihm vorgegeben wird und so leben, wie es seine Religionshüter vorschreiben, dann ist es gut. Er soll nicht mit seinem Freigeist die Religionsgemeinschaften stören. Er soll sich an ihre Wertegemeinschaft anpassen. Er soll sich nicht noch mehr Fragen nach dem Sinn seines Lebens stellen, als es die – männlichen! – Religionshüter bereits für ihn getan haben. Mit ihrer Erlaubnis (und dahinter stehen die Egoismen dieser sogenannten Hüter) kann man weiterhin Tiere essen, sie verbieten das ja nicht. Sie machen es sogar vor, sie halten Tiere nicht für Gottes Kinder. Mit ihrer Erlaubnis kann man Tiere zu Forschungszwecken verwenden, ihre Organe ausschlachten lassen, Organe von Mensch und Tier transplantieren und Atombomben und giftige Chemikalien herstellen, die die Erde viele Male vernichten könnten. Mit ihrer Erlaubnis kann man auch mit Geldern spekulieren, für die unsere Mutter Erde und die Menschen bereits -zigfach ausgebeutet und ausgeblutet wurden und mit ihrer Erlaubnis kann man Frauen als nicht-gleichberechtigt ansehen.

„Alle Geschöpfe der Erde fühlen wie wir,
alle Geschöpfe streben nach Glück wie wir.
Alle Geschöpfe der Erde lieben, leiden und sterben wie wir,
also sind sie uns gleichgestellte Werke
des allmächtigen Schöpfers – unsere Brüder."

Franz von Assisi

Diese mächtigen Worte des heiligen Franz von Assisi, sollten von allen Menschen verstanden werden, und es sollte nach ihnen gelebt werden. Wenn der momentan im Vatikan regierende sympathische Papst Franziskus, der sich für eine menschliche Politik und den Umweltschutz gleichermaßen einsetzt und sich mit seiner Namensgebung auf Franz von Assisi beruft, diesen wirklich ganz und gar verstanden hätte, dann müssten er und seine MitarbeiterInnen innerhalb und außerhalb Roms sich nach seinen Worten richten und ad hoc zu VegetarierInnen – oder besser noch zu VeganerInnen – werden, damit endlich das unheilige Morden und Ausnutzen der Tiere aufhört. Sie müssten sich auch für eine andere Tierhaltung einsetzen und lauthals gegen Tierversuche angehen. Aber was passiert: Nichts! Religionen werden nie allein die richtigen Antworten auf alle unsere dringenden Fragen geben können – auch nicht unsere Naturreligionen, Philosophien und Naturwissenschaften. Sie sind von Menschen gemacht und Menschen sind fehlbar. Sie können immer nur Teilaspekte beleuchten und Teilantworten geben; aus denen wir uns wiederum eine Synthese bilden können, wenn uns die Antworten zusagen oder nicht. Und doch sind sie alle wichtig für die Beantwortung der vielschichtigen Fragen, die die Menschwerdung und das Menschsein aufwerfen. Unsere Religionen haben aber alle ein besonderes Manko: Sie sind von Männern geprägte und dominierte Wissenssparten, von denen sich einige auch heute noch dadurch auszeichnen, dass sie die Rückbindungsfähigkeiten zum Himmel, durch die Verbrennungen der einstmals dazu fähigen weisen Frauen im Mittelalter (und den damals weisen Männern, die mit den Frauen zusammen arbeiteten!) gründlich auszumerzen versuchten und die Frauen lange von der Gleichberechtigung ausschlossen. Sie können deshalb auch heute nur zumeist männlich strukturierte Antworten auf unsere Fragen nach unserem „Woher" und „Wohin" und unseren Lebensaufgaben geben, die sich mit ihrem Ego vermischen. Und diese Antworten und Meinungen reichen bis in unser tägliches Leben hinein. Ich habe nicht umsonst die Erfahrung machen und darüber vielfach nachdenken dürfen, warum Frauen, die aus Tierliebe zu Vegetarierinnen oder Veganerinnen wurden, ihren Ehemännern trotzdem noch ihre Fleischmahlzeiten zubereiten. Warum sie diese überhaupt noch küssen mögen? Sie haben bereits dermaßen vor den von den Männern vorgegebenen Strukturen und Denksystemen kapituliert und keine Kraft mehr, sich auf die ständigen Diskussionen mit ihnen einzulassen, die sie sowieso nicht gewinnen können, weil die Männer bereits durch Jahrtausende hindurch ihre, wie in Stein gemeißelten Gedanken und Gesetzgebungen, ihre Männergesetze, vortrefflich zementiert haben. Da hilft es auch nicht, wenn wir heute Priesterinnen in der evangelischen Kirche finden; wenn diese nur das nachpriestern dürfen, was ihnen von ihren Kirchenmännern – aus der Bibel und Predigtvorlagen – vorgegeben wird. Priesterinnen, die avantgarde sind, die sich wie die weisen Frauen des Mittelalters in der Rückbindung zum Himmel auskennen und Vegetarierinnen oder Veganerinnen sind, gibt es heute nur sehr wenige, und sie sind dann auch nicht in unseren Kirchen zu finden. Und wenn doch, so würden wir nicht von ihnen wissen, weil, würden sie ihre Fähigkeiten und ihr andersartiges Denken publik machen, sie ganz sicher ihr Priestergewand ablegen müssten und damit ihr finanzielles Wohlergehen. Weise priesternde Frauen findet man vorzugsweise in den freigeistigen Nischen der spirituell geprägten psychologischen, medizinischen, sozialen und künstlerischen Berufe, und die haben fast immer wenig Anerkennung und wenig Geld für ihr Auskommen zur Verfügung.

Die von den Juden abgehaltenen Schächtungen werden auch dann nicht zu besseren – oder sogar heiligen – Tötungen, wenn man koscher schlachtet und das Tier nach der Schlachtung ausbluten lässt und es zum Zwecke einer weiteren Blutentfernung einsalzt. (Wenigstens weiß man im jüdischen Glauben noch, dass das Blut der Tiere Stoffe beinhaltet, die dem Menschen nicht guttun! Aber warum isst man das ausdrainierte Fleisch trotzdem? Warum tötet man dann überhaupt?) Diese Meinung wird von Priestern vertreten, die über den Holocaust richten, aber den Holocaust an den Tieren rechtfertigen, um nicht selbst auf eine Fleischmahlzeit verzichten zu müssen. Ich kann als Himmelsbotschafterin und als Religiophilosophin diese Art von Schizophrenie – diese Abspaltung – nicht verstehen. Es sind nicht gerade die gesunden Seelen, denen wir in den verschiedensten Religionsgemeinschaften begegnen, und doch bekleiden sie dort häufig „wichtige“ Ämter und oktroyieren uns weiterhin eine altertümliche und anthropozentrische (den Menschen in den Mittelpunkt stellende) Denkweise auf, die sie uns dann auch noch als „heilig“ verkaufen! Auch in den heute noch verbliebenen Stammeskulturen, gibt es ein merkwürdiges und zynisches Schlachtungsverhalten. In diesen Kulturen bereitet man die zu schlachtenden Tiere auf ihren Tod vor, indem man ihnen gut zuredet und ihnen begreiflich zu machen versucht, dass sie sich in den Tod einzugeben haben. Man hält das für eine „humane“, ja „heilige Art der Opferung“. Da frage ich doch mal nur einen Menschen, ab wann er, wenn man ihm nur gut zuredet, bereit ist, sein Leben freiwillig herzugeben oder auch das Leben seiner Kinder? Es geht auch die Meinung umher, dass jeder für sich selbst entscheiden soll, ob er Vegetarier sein will oder nicht. Meine Meinung aber ist, dass *nur ein global aufoktroyiertes „NO“ zur Tötung* Hilfe für die Tiere bringen kann. Wenn viele Menschen von ihrer Seelenreife noch nicht reif genug sind, die Welt zu verändern, dann muss es Gesetze gegen das Töten geben; **gemacht von den Alten und Alten Weisen Seelen.** (Es gibt ja auch genug *für* das Töten!) Wenn Kirchenpriester die Hilfe für die Tiere selbst nicht für wichtig erachten, und diese darum nicht geben und über ihren Glauben vermitteln können, dann muss es der Staat, und am besten müssen es alle Staaten der Welt tun, indem sie die Tieraufzucht fürs Essen rigoros verbieten. Diese Entscheidung käme nicht nur global allen Gesundheitssystemen zugute, wie mittlerweile unser Rauchverbot in öffentlichen Einrichtungen und an öffentlichen Orten mit Publikumsverkehr, sondern die Welt würde allgemein ein freundlicherer Platz werden. Man müsste sich nur überlegen, was man zukünftig mit den Tieren macht, damit sie ein gutes Heim haben, man hielte sie nur noch zur Freude und gäbe ihnen ihre Natur zurück und Worte wie „Vieh" und „Mast", die das Tier und sein Muttersein degradieren, gäbe es dann auch nicht mehr. Man würde selbst ein freundlicherer und weniger kämpferischer Mensch, weil das Fremdmaterial der Tiere nicht mehr in unserem Blut herumschwämme. Der von dem russischen Erzähler und Romanautor Leo Tolstoi bekannte Aphorismus:

> „Solange es Schlachthöfe gibt, wird es auch Schlachtfelder geben!",

brachte dieses Thema nachhaltig und nicht überbietbar auf den Punkt.

Ich sprach ja schon davon, dass unsere „Immer-Höher-Und-Immer-Schneller-Gesellschaft" nur zu schaffen ist, wenn sich der Mensch mit genügend „Heizmaterial, sprich Fleisch und Blut" (aber auch durch Alkohol, Kaffee, Zigaretten und noch anderen Drogen) anfeuert und dass Vegetarier und Veganer ruhiger und sanfter und darum nicht mehr für die Beschleunigung der Welt und ein aggressives Leben geeignet sind. Wir könnten mit einer fleischlosen Gesellschaft so viele Bereiche entscheidend verändern und auch die Wiedergeburt der Tiere zu einer freundlicheren und weniger ängstlichen Sache machen. Und dass ich dafür eine Öko-Diktatur empfehle, das liegt auf der Hand.

An den von mir genannten Beispielen lässt sich schon schnell erkennen, dass Religionen eher hinderlich sind; dass Religio, die echte Rückbindung zu Gott und seinen MitarbeiterInnen – oder in die Seele des Tieres, des Baumes, der Blume – aber der einzige Weg ist, die Erlösung von unseren selbstgemachten Übeln an der Natur zu finden, denn nur durch sie lernen wir unsere Mutter Erde und alle ihre Geschöpfe mit unserem Herzen zu sehen. (Was aber nicht heißt, dass wir nicht das Positive aus der Bibel annehmen sollten.) Aber so lange das nicht schnell passiert, so lange müssen unsere Tiere – die wunderbaren hübschen Geschöpfe – täglich für unsere Dummheit und Anmaßung ihren Weg aufs Schafott nehmen und mit allen ihren Ängsten daraus erneut auf die Erde zurückkommen und Menschen wie ich im Stillen darüber weinen, weil sie fast nur noch auf hartgewordene, grobe Herzen treffen.

Unsere Religionsvertreter schaffen und benutzen ihre Regeln zumeist nur für sich. Sie können zwar beten und bitten, manches Mal auch sehr gute Predigten schreiben und halten, und manche sind auch echte Helfer und Psychologen für die, die in Not sind. Aber sie beherrschen nicht mehr die Religiotechniken aus unserer Alten Zeit des Mittelalters, aber vor allen Dingen der Zeit des Matriarchats, als wir Frauen noch bedeutende Stellungen als Priesterinnen und Richterinnen einnahmen und unsere Art von Wissenschaft – in unserer friedlichen Ausübung der Religiotechniken – betreiben konnten. Wir waren es, die vornehmlich mit dem Himmel in Bezug treten konnten, denn dazu gehört nicht nur ein intellektueller Geist, sondern Herztiefe. Nicht umsonst gibt es auch heute noch typisch weibliche Berufe, weil weibliche und sanftmütige! Frauen, anders als Männer, die Fähigkeit besitzen, sich humaner in gesellschaftliche Systeme und Menschen hineinzudenken (dass diese schlechter bezahlt werden als typisch männliche Berufe liegt auf der Hand, wenn man das Weibliche per se nicht schätzt). Da die Priestermänner aber über die Zeiten der Menschheit zu immer strengeren Religionshütern avancierten – sie hatten uns Frauen nie unsere Macht aus der Zeit des Matriarchats und dem Mittelalter verziehen –, konnte das Wissen darüber, wie man mit dem Himmel in Verbindung geht, und wie man sich seine vergangenen Leben auf der Erde anschauen kann, immer weniger weitergegeben werden und musste damit fast ganz verschwinden. Doch so lange es Alte und Alte Weise Seelen gibt, die mit ihrem Wissen darüber wiedergeboren werden, solange werden wir daran zurückerinnert werden.

Der Begriff „Religion“ stammt von dem Wort „Religio“ ab und doch haben die Kirchenväter die wahre „Religio“ (= die wahre Rückbindung zu Gottes Helfern und damit indirekt zu Gott) fast bis zur Vervollkommnung bei ihren Gläubigen ausmerzen können. Aufoktroyierte Glaubensbekenntnisse machen mich zwar zu einem braven Gläubigen, nicht aber zu einem spirituellen Bürger, der die Fähigkeit hat, sich zu den verschiedensten himmlischen Dimensionen zurückzubinden und von den Weisen des Himmels (und seiner eigenen inneren Natur) zu lernen, was moralisch ist und was nicht, und inwieweit man sich die Erde untertan machen darf und inwieweit nicht. Religio schafft Freigeister, die sich ganz und gar unter himmlische Führung stellen und immer nur das Beste für die Welt wollen; die nie mehr Kriege ausführen und schon gar nicht in „Gottes Namen". Warum konnten die Kirchen so stark werden, dass sie die Einsichten von Menschen in ihre vergangenen Leben so komplett herunterspielen konnten? Ja, dass sie sie dafür plattmachen und wie im Mittelalter sogar ganz auslöschen konnten, fragen sich darum heute viele. Ich kann darauf nur antworten, dass die Glaubensvertreter, die die Inkarnationslehre ablehnten, Angst davor gehabt haben mussten, dass das Wissen der Menschen um ihre Inkarnationen und ihre Erfahrungen mit der geistigen Welt, freie Glaubensgeister schaffen würde, die ihnen auch sonst nicht mehr alles abnehmen, was in der Bibel geschrieben steht. Ein anderer Grund mag gewesen sein, dass viele Priester von ihrer eigenen Seelenreife her, und durch ihre priesterliche Erziehung bedingt, selbst keine oder nur fadenscheinige Bilder aus ihrer Vergangenheit hatten – und wenn sie diese doch klarer gehabt hatten, diesen kein Vertrauen schenken konnten – und darum nicht verstanden, wovon der andere eigentlich sprach. Sie hätten darum auch keine Antworten auf die speziellen Fragen ihrer Mitgläubigen haben können und damit wäre *ihre* eigene Reife in Frage gestellt worden, und wenn sie diese Reife doch hatten, dann schwiegen sie lieber darüber – denn wenn die Kirche einen füttert und einem eine Heimstatt bietet, dann muss man sie auch fürchten, wenn man ihre Glaubensdoktrinen und ihre Spielregeln in Frage stellt. Im Mittelalter ging man mit freigeistigen, rebellischen Priestern genauso rigoros um, wie mit den Männern und Frauen, die freigeistige NaturpriesterInnen, HeilerInnen, aber auch Hebammen oder visionäre Nonnen und Beginen gewesen waren; man verstieß sie oder brachte sie auf die eine oder andere Weise um. Zusammenfassend kann man sagen: dass die Kirche mit ihrer Ablehnung des Themas „Seelenwanderung" nicht gerade zu ihrer eigenen Reifung beigetragen hat und darum auch nicht über die Jahrtausende hinweg zu der Reife ihrer Schäfchen beitragen konnte. Ihre patriarchalen Spielregeln und ihr Gedankengut lassen sich auch heute noch überall finden: In unseren KITA'S, Schulen und Universitäten, in fast allen Berufen, in unseren Krankenhäusern, der Industrie, in den Medien bis hin zu den Schlachthöfen. Es gibt viele Schüler und auch Lehrer, die als Alte und Alte Weise Seelen wissen, dass viele Dinge, die gelehrt werden, nicht wichtig und richtig, und sogar schädlich sind, und es gibt Wissenschaftler, die hinter ihrer Fassade ganz anders denken, die es sich aber nicht leisten können aufzumucken, weil sie ansonsten nicht mehr ihre Familie ernähren könnten und einen sozialen Abstieg zu befürchten hätten (auch davon schrieb ich bereits). Die Vernichtungsängste aus der Inquisitionszeit, der nicht nur die schönen und gebildeten Frauen, sondern auch die Männer mit denselben Werten zum Opfer fielen, haben sich seitdem auf unsere Bildungs- und Berufssysteme verschoben, in denen man auch noch immer das Vorgeschriebene zu denken und zu sagen hat, und wenn man das nicht tut, mit sozialer Deprivation zu rechnen hat. Man bedenke bitte auch, dass es heute nicht mehr so viele freigeistige Frauen und Männer geben kann, weil viele der damals Alten und Alten Weisen Seelen, bereits ihren letztendlichen Aufstieg von der Erde gemacht haben (es wird noch Jahrhunderte dauern, bis die jetzt noch jüngeren Seelen erneut zu freigeistigen und unabhängigen Frauen und Männern heranwachsen können). Gibt es sie aber doch unter uns, so tragen sie in ihrer Seele zumeist noch so viele Reste von Angst und unverarbeitetem Leid, dass auch sie sich lieber anpassen und mit ihrem Wissen in den Nischen unserer Gesellschaft verbleiben, um „ja nur nicht (wieder!) aufzufallen". Ich kenne aus meiner Praxis einige dieser Frauen und Männer und eigentlich – auch wenn ich darüber schreibe und Seminare halte – bin ich genauso eine Frau! Darum wurde ich Heilpraktikerin. Die Naturheilkunde ist ein wunderbarer Ort, in dem man helfen darf, in dem man sich aber auch stetig intellektuell und spirituell freigeistig weiterbilden und verfeinern, und in dem man leise und zurückgezogen in einer Nische leben kann, und nur bei denen hervorzutreten braucht, die einen zur Hilfe haben wollen. (Ich bin mir bei allem Positiven dieses Berufes auch seiner Pathologien bewusst. Ich kenne meine Einsamkeiten und meine Verrenkungen nur zu gut, die ich anstellen muss, um mich nicht in der allgemeinen Öffentlichkeit mit meinem Freigeist und meinem spirituellen Wissen zu sehr zu offenbaren. Würde ich keine Bücher schreiben und Seminare und Buchlesungen abhalten, wie könnte ich dann mein spirituelles Wissen an den Mann und an die Frau bringen, dann wäre mein Umfeld viel zu klein dafür, und was noch schlimmer ist: Ich hätte umsonst gelebt!)

Es kann – und soll! – für uns nicht ohne Folgen geblieben sein, zu den unterschiedlichsten Zeiten der Erde und in ihren vielfältigsten Kulturen als Kopie unserer Urseele mit immer wieder anderen Merkmalen der von uns erneut ausgewählten Eltern gelebt zu haben. Das daraus in uns entstandene Wissen lässt uns nicht nur zu friedliebenden und spirituellen Menschen werden, sondern auch zu der ökologischen Erkenntnis und Einsicht heranreifen, dass wir in die Welt, wie wir sie verlassen haben, schon bald wieder hineingeboren werden.

„Ein Mensch, der von Gottes Liebe gänzlich beseelt ist,
der braucht sich nicht mehr um die Vorschriften der Kirche zu kümmern“,

schrieb ich dem Sinn nach bereits im 13./14. Jahrhundert in meinem Pariser Leben als die Begine Marguerite Poirette in meinem Buch: „Der Spiegel der einfachen Seelen“ (zu diesem Leben mehr ab Seite 243). So ein Mensch bedarf nicht mehr den Reglements der Kirche, weil er tief in sich von allein weiß, was die göttlichen moralischen Spielregeln wirklich einfordern – und dies sind nicht immer dieselben Spielregeln, die die Kirche vorgibt.

Ist es nicht wunderbar, für welches Lernprogramm sich die Erde für uns alle zur Verfügung gestellt hat? Dass sie unsere weise Erdmutter für viele Inkarnationsmöglichkeiten ist? Dass sie uns ernährt, dass sie uns eine Heimstatt gibt: die Blumen, die Berge, die Flüsse, das Meer...? Und was machen wir mit ihr? Wüssten alle von der Wiedergeburt, dann würde auch ihr eine größere Wertschätzung von uns zukommen. Alle Menschen würden berechtigterweise fürchten, in eine Welt des Grauens wiedergeboren zu werden. Auch deshalb sind geführte Rückreisen in vergangene Leben so wichtig! – Wir leben noch immer mit vielzähligen, rückständigen archaischen Denkungsweisen, und das in einer Zeit, in der der Mensch zum Schamanen oder Lichtarbeiter werden soll und die Technik und andere Wissenschaften, wie die Physik und die Biologie, große Entwicklungssprünge machen, damit die Evolutionsbestrebungen Gottes mit uns zusammen in eine Neue Zeit hineingeführt werden können. Wir ändern praktisch nichts an unserer Lebenshaltung und machen weiter so wie unsere Ahnen; wir führen immer noch Kriege aus, essen noch immer Tiere und mobben die Menschen weg, die für uns scheinbar nicht kompatibel sind. Dabei sind wir Menschen es doch, die die Ideen unseres Superdesigners verwirklichen müssen. Dafür haben wir die Denkmöglichkeit über unser Gehirn und den Ausdruck des Gedachten über unsere Sprache mitbekommen und auch unser Herz! Und dafür bekommen wir ständig neue Denkmodelle von ihm geschenkt, so wie ich für dieses Buch u.a. die Bedeutung der Urseele und ihrer Urseelenkopien – mit der Hilfe der geistigen Welt –, verstehen und herausarbeiten durfte. Daran ist auch die Entwicklung unserer Biologie nicht ganz unschuldig. Sie ist es, die uns ein Verständnis dafür vermittelt hat, dass die Natur biologische Systeme kopieren=klonen kann. Und da wir hier auf Erden ein Abbild der geistigen Welt darstellen, ist es nur allzu logisch, dass Biologen Gott nachfolgen wollen! Sie wollen ihm ähnlich sein und ihm ganz nahe kommen und mit dem Klonen von Menschen, Tieren und Pflanzen, seine Fähigkeit uns inkarnieren lassen zu können, nachstellen! (Aber dafür müssen sie auch noch erlernen, Gottes Liebe und Verantwortung dafür zu tragen, und bereit sein, dieses Projekt auch wieder ganz aufzugeben, wenn sie sehen, dass es viel zu groß für sie ist – und sie müssen verstehen lernen, was sie in der geistigen Welt damit anrichten!) Vielleicht probieren wir uns eines Tages auch auf der Erde an der Erschaffung von Sternen aus!? So wie wir das bereits in der geistigen Welt mit neuen Kreaturen und kleinen Sonnen zu machen scheinen, wie es der Hypnotherapeut Michael Newton in seiner Fallstudie (wie bereits auf Seite 142f von mir erzählt) beschrieben hatte. Aber wir sollten auch dann nie unserem Superdesigner in seiner Liebe und Verantwortung für die Welt nachstehen und es ihm gleichtun, wenn alles aus dem Ruder läuft. Denn, wenn er einen Stern falsch entstehen lässt und er ihm zu gefährlich für das Gleichgewicht im Kosmos wird, dann lässt er ihn auch wieder sterben. So war es auch mit den Dinosauriern. Sie waren einfach zu groß für die Erde. Deshalb mussten auch sie sterben, so auch nachzulesen in meinem Buch: „Eure erste Erde ist nicht mehr…“!

Noch mehr zur Reinkarnation

Ist die Weisheit des Himmels nicht grandios, wenn wir unsere Kinder lieben und manchmal nicht so lieben und dasselbe mit Ehepartnern und anderen Menschen erleben dürfen? Ist es nicht grandios, dass wir mit denjenigen Menschen, denen wir als erneute Kopie unserer und ihrer Urseele wiederbegegnen, viele Rollen leben und tauschen können; dass wir mal Mutter, mal Vater, mal Kind, mal Schwester und mal Bruder, mal Geliebte und Geliebter, mal Ehemann und Ehefrau, mal Freundin und Freund und noch anderes mehr sein können?

Es ist von Bedeutung für uns, welches Geschlecht wir zu leben gewählt haben und welche Eltern wir auswählten und in welchem Land wir zu leben gekommen und zu welchem Phänotyp wir irdisch geworden sind. Nicht nur die unterschiedlichen morphogenetischen Felder der verschiedensten Länder unserer Erde, hatten über Jahrtausende die Möglichkeit, auf unsere Art und unser Aussehen als irdische Rasse Einfluss zu nehmen, immer scheint auch der Phänotyp unseres Urprints und damit unseres Seelenfamilienverbandes durch uns hindurch – insbesondere dann, wenn unsere Urseele bereits älter ist und wir deshalb bestimmte Merkmale von den irdischen Eltern nicht mehr annehmen wollen, weil diese nicht so kompatibel mit unserer Urseelenkopiestruktur sind. So kannte ich einmal eine Frau, die dem amerikanischen Rocksänger Bruce Springsteen wie aus dem Gesicht geschnitten ähnelte und fast zu jedem Konzert von ihm fuhr, obwohl sie schwer nierenkrank und deshalb von Dialyseapparaten abhängig gewesen war. Es war nicht zu übersehen gewesen, dass sie zur selben Seelenfamilie wie er gehörte und durch ihn Kraft bekam – vielleicht war sie sogar sein Seelenzwilling. Eine andere Frau, eine ehemalige Patientin von mir, hatte in ihrem vorherigen Leben bei den Aborigines gelebt, und sie sah noch immer so aus. Sie hatte noch immer die typische breite Nase, die bronzefarbene Haut und die krausen Haare und das, obwohl ihre Eltern blondhaarig und von nordischem Typus waren. Und auch ich kann in meinem Gesicht viele meiner vergangenen Leben erkennen, weil es gang und gäbe ist, dass alle Formen und Farben unserer gehabten Leben nach unseren Ableben als Matrix wieder in unsere Urseele zurückfliessen und von ihr „geschluckt“ werden, wie Arthurus es auf Seite 93 beschrieben hatte. Und damit müssen sie im nachfolgenden Leben, aber auch in den weiteren Leben danach, einfach wieder – mehr oder weniger stark – auftauchen. (Selbst dann, wenn ich mich mit einem meiner vergangenen Leben stärker beschäftige, kann ich in meinem Gesicht zeitgleich dieses spezifische Leben besonders stark ausmachen; zumeist hält dieser Zustand nur für ein paar Stunden an, aber es ist eine besondere Freude, dann in den Spiegel zu schauen und mich auf diese Weise noch einmal mehr an mein damaliges Aussehen zurückerinnern zu dürfen. Das ist ein großes Geschenk.)

Aus der Genetik der Kopie aus unserer Urseele und der spezifischen Aufgabe unseres Seelenfamilienverbandes sowie der körperlichen, seelischen und geistigen Genetik unserer erneut ausgewählten Eltern, wird auch unsere Hauptarchetypausprägung ausgebildet; wie der Archetyp:

des Heilers/der Heilerin
des Priesters/der Priesterin
des Künstlers/der Künstlerin
des Gelehrten/der Gelehrten
des Weisen/der Weisen
des Kriegers/der Kriegerin und
des Königs und der Königin.
(Mehr dazu im II. Teil dieses Buches, ab Seite 189.)

Das göttliche Spiel, uns als Kopie unserer Urseele wiederholt inkarnieren zu lassen, bedeutet nicht nur, dass wir das Rad des Lebens so lange wiederholen müssen, bis wir genug gelernt haben, um eines Tages als kluge und weise Urseele den Rückweg zur Urschöpfung antreten zu können, sondern es bedeutet auch:

Es ist ein Geschenk an uns, Erderfahrungen – die Erfahrungen mit der Natur der Erde – immer und immer wieder aufs Neueste machen zu dürfen.

Es ist egal, ob jemand sehr viel erlebt hat, und alt und müde geworden, von der Lebensbühne abtreten muss, um seinen Ahnen einen neuen Platz zu geben oder ob jemand schon in jungen Jahren die Bühne seines Lebens durch Krankheit, Krieg oder Unfall verlassen musste, immer reicht ein einziges Leben nicht aus, um unsere Mutter Erde genug gespürt und empfunden zu haben und sie dadurch lieben und schätzen zu lernen.

Es ist ein Geschenk an uns, diejenigen Seelen vor unserem Abstieg auf die Erde auswählen zu können, mit denen wir zusammenleben oder in einem karmischen Sinne zu tun haben wollen – von denen einige sogar zu unserer Seelenfamilie gehören.

Es gibt viele Menschen, die zwar nicht so genau, so aber doch irgendwie wissen, dass ein oder mehrere Familienmitglieder mit ihnen bereits in vergangenen Leben zusammen gewesen waren oder dass sie auf irgendeine andere Art und Weise zusammengehören.
Wenn ein Mensch jung an Jahren aus seinem Leben gerissen wurde, dann macht es seine Urseele sogar sehr häufig möglich, dass er als erneute Urseelenkopie wieder zu seiner letzten irdischen Familie – oder deren Nachkommen, wenn der Aufenthalt in der geistigen Welt etwas länger gewesen war – zurückgehen darf. Auf diese Weise kann er sein letztes Leben dann doch noch, seinem ehemaligen Vorsatz entsprechend, ähnlich leben und beenden.

Es ist ein Geschenk an uns, dass wir uns nach unserem irdischen Abgang in einem Schonraum unser Leben noch einmal ansehen und es reflektieren und bearbeiten können und dass wir für die Bearbeitung alle erdenkliche Hilfe aus der geistigen Welt erhalten. Dadurch können wir als erneute Seelenkopie im nächsten Leben manches besser machen. Es ist aber für uns genauso wichtig, sich neue Fehler leisten zu dürfen, damit wir auch an ihnen wieder wachsen können.

Was ich bei Babys, insbesondere bei denen, die als Alte und Alte Weise Seelen wiedergeboren wurden, viel sehen konnte, war, dass sie ganz genau wissen, wozu der Mensch imstande ist; dass ihnen nämlich zu jeder Zeit etwas angetan werden kann und dass sie durch ihre körperliche Hilflosigkeit dieser Unwägbarkeit zu jeder Zeit ausgesetzt sind. Sie beobachten alles ganz genau, und ihre Angst steht ihnen oft ins Gesicht geschrieben, wenn sie nicht genau einordnen können, was um sie herum geschieht. Darum gilt die Regel: Je mehr gelebte Leben eine Seele hinter sich hat, umso wacher und ängstlicher verhält sie sich nach jeder erneuten körperlichen Geburt. Wir müssen alle, wenn wir geboren werden, mit den Schwächen unserer Mitmenschen und den Unwägbarkeiten der Natur der Erde zurechtkommen, und wie wir alle wissen, hält dieser Umstand auch für das ganze Leben lang an; dasselbe gilt natürlich genauso für die Tiere (das schrieb ich schon), aber auch für die Blumen, für alles, was lebt! Aber diese Seelen können in entspannten Situationen auch in besonderer Weise ihre Freude darüber ausdrücken, dass sie es geschafft haben, zu Leben gekommen zu sein.

Es ist ein Geschenk an uns, vergangene Schwierigkeiten mit bestimmten Menschen durch erneute Leben mit ihnen zu bearbeiten und für immer korrigieren zu dürfen, aber auch die alte Liebe für sie erneut zu spüren, um dadurch noch mehr mit ihnen zusammenzuwachsen – aber auch zu lernen, dass man sich am besten von ihnen trennt, wenn sie seelisch nie mit einem übereinstimmten. Und es ist wichtig für uns zu erkennen, dass wir nie mehr zu demselben Menschen werden können, der wir einmal gewesen waren: weil wir nie wieder in dieselbe Zeit hinein inkarnieren können, andere Eltern zugewiesen bekommen und evtl. auch ein anderes Geschlecht annehmen müssen, und weil wir als Urseelenkopie auch nie mehr dieselbe sein können wie im Leben zuvor, denn sie wurde ja mit unserer vormaligen Seelenselbst-Matrix bestückt und hat damit genauso eine Veränderung erfahren.

Aber es gibt noch etwas Wichtiges zu besprechen, auf das die meisten Menschen, wenn sie über die Reinkarnationsmöglichkeit nachdenken, nicht kommen:

Wenn wir auf die Erde zurückgehen, dann können wir auf vielfältige Weise unserer eigenen Nachkommenschaft begegnen...

Wer hat schon einmal darüber nachgedacht, wie viele Menschen, denen man nach einer erneuten Inkarnation begegnet, von einem selbst abstammen könnten? Wie viele Nachkommen von einem heute auf der Erde leben? Welche Eigenschaften diese Nachkommen noch von uns haben; welche körperlichen und seelischen Vorzüge, welche Fähigkeiten, aber auch Nachteile? Und dass auch sie noch einen Teil von dem auf der Erde zu erfüllen haben, was uns damals nicht gelang? Dass sie auch dazu da sind? So habe ich mir einmal die Mühe gemacht und meinen Nachkommen aus meinen vergangenen Leben im Adel im Internet nachgespürt. (Im Adel hat man ja noch mehr die Möglichkeit sich so etwas anzusehen, weil Stammbäume für adelige Menschen zur Erhaltung und Weiterreichung ihrer adeligen Abstammung und ihres adeligen Seins, stets wichtig gewesen waren.) So sagt man, dass der amerikanische Präsident Obama durch seine englische Mutter mit Königin Elisabeth verwandt ist. Ich bin mir ziemlich sicher, dass er das auch auf kosmische Weise ist. Man kann in ihm genauso den Archetyp König ausmachen wie in ihr den Archetyp der Königin. Das heißt aber nicht, dass jemand, der wie sie beide, im Kosmos schon sehr weit entwickelt ist, auch auf der Erde in jedem Leben bedeutende oder auch analoge Aufgaben zu erfüllen hat. Menschen mit dem Archetyp König oder Königin können (und müssen!) durchaus auch einmal Leben als Bettler oder Fabrikarbeiter einnehmen, damit ihr Lernprogramm für weitere Leben komplettiert werden kann, denn ein arroganter König oder eine arrogante und herzlose Königin sind immer nur ein halber König oder eine halbe Königin. (Dazu noch mehr in meinem Kapitel zu dem Archetyp des Königs und der Königin, im II. Teil dieses Buches, ab Seite 203f.)

Nun zum letzten Punkt:
... und man wird von Leben zu Leben rundum erneuert.

Dieser Punkt kann einem die Tränen in die Augen treiben, wenn man in seiner Familie eine wiedergeborene Seele erkennt, und sehen darf, wie sie sich von ihren Leiden aus ihrem letzten Leben, aus dem sie mit vielen Blessuren, aber auch berechtigtem Gram und Wut im Herzen gegangen war, erholen durfte und wie neu und frisch jede Zelle und das Gehirn des Babys wirkt und wie es nun wieder Vertrauen schöpft und in Freude leben will. Und trotzdem können noch Reste an Leid, sogar aus sehr alten vergangenen Leben, in den Neugeborenen verblieben sein, die auch noch während ihres weiteren Lebens *einer weiteren Bearbeitung bedürfen.* Selbst viele gute Leben – nach einem sehr schwierigen Leben – reichen nicht immer, um alle Ängste zu bearbeiten und auszumerzen. Deswegen kann man auch heute noch vielen Kindern ihre Ängste aus der Zeit des Mittelalters ansehen, in denen sie Schweres zu ertragen hatten. Diese Ängste lassen sich aber minimieren, wenn man die Eltern davon in Kenntnis setzt, warum ihr Kind sich so ängstlich verhält – aber sie lassen sich auch noch später, in ihrem Erwachsenenalter, gut bearbeiten, wenn man sich mit ihnen zusammen, die dafür verantwortlichen Leben ansieht. Ein Baby weiß aber nicht nur, wozu Menschen fähig sind, es erinnert sich auch daran, wozu es selbst einmal fähig gewesen war.

Alle genannten Beispiele sollen aufzeigen, welche Fragen und Antworten sich aus dem göttlichen Inkarnationsspiel ergeben können. Im Internet finden sich viele Berichte von und über Menschen, die sich an bestimmte gelebte Leben erinnern. So z.B. der Bericht über eine schwedische Frau, die sagt, dass sie Anne Frank* gewesen war. Und der große und von mir sehr verehrte russische Maler Nicholas Roerich, malte seine Frau Helena Iwanowna auch nicht von ungefähr als „Uta von Naumburg", wie ich von russischen Anhängern des Agni Yoga erfahren durfte, die diesen Tatbestand wie ein Geheimwissen handeln, weil die Menschen so wenig von der Lehre der Reinkarnation wissen wollen. Es ist schade, dass die meisten großen Religionen dieser Welt die Wiedergeburt mit den sich daraus ergebenden interessanten Fragen ausschließen und damit ihren Gläubigen eine besondere Art von Wachstum vorenthalten, denn gerade von der Entwicklung der Seele und den Seelenaltern auf der Erde zu wissen, ist von immenser Bedeutung für uns. Es sind auch selten – und wahrscheinlich sogar nie! – die Alten und Alten Weisen Seelen, die mit sich und ihrem Aussehen unzufrieden sind. Zu Schönheitschirurgen laufen zumeist die jungen Seelen. Ihre Persönlichkeiten sind in ihrer Entwicklung noch „leerer", und sie versuchen, diese Leere durch Operationen oder das sich „Aufspritzen lassen" zu kompensieren. Sie haben andere, äußerliche, Maßstäbe für die Schönheit eines Menschen als den Maßstab „innerer Reife". Manche von ihnen lassen sich sogar auf Barbie- und Kenpuppen tunen, zwei außerordentlich unreife Geschöpfe, die mit Religo, Philosophie und göttlichem Wissen nichts am Hut haben. Sieht man aber durch Rückreisen in die verschiedensten vergangenen Leben seiner Urseele, dann erkennt man, wie wichtig es ist, in vielen Leben alt geworden zu sein und damit auch die Erfahrung des Alterns gemacht haben zu müssen.

** Die schwedische Schriftstellerin Barbro Karlén. Wissensquelle unter anderem: www.christliche-reinkarnation.com/PDF/A.Frank.pdf*

Nicht umsonst gibt es weise Menschen, die sagen, dass sie stolz auf ihre Falten sind, weil sie gelebtes Leben zeigen. Diese Menschen tragen eine geistige Schönheit, die einen anrührt! Sie sollten wir uns zum Beispiel nehmen! Natürlich ist es schön, lange jung zu bleiben und sich dafür zu pflegen und sich schön anzuziehen, aber wenn man sich auf den OP-Tisch begibt, um sich stark verjüngen oder sich sogar ganz und gar nach irgendwelchen Vorbildern verändern zu lassen, wird man körperlich trotzdem keinen Deut jünger oder schöner! (Ich spreche hier nicht von kosmetischen Operationen, die aus gesundheitlich ästhetischer Sicht nötig sind oder über kleine Kurskorrekturen, wie z.B. Schlupflider zu straffen. Sie können für das Selbstbewusstsein der Betroffenen natürlich ein großer Segen sein.)

Eine Meinung scheint in allen Religionen und Stammeskulturen präsent: Ihre Prediger glauben daran, dass man *immer* für seine getanen Sünden zu bezahlen hat. Im Christentum glaubt man, dass das nach unserem Tod durch die „Himmel oder Hölle-Entscheidung Gottes“ geregelt wird, im Hinduismus und Buddhismus und auch anderen fernöstlichen Religionen glaubt man daran, dass man im nächsten Leben dafür seine gerechte Strafe erhält und es somit zu einer ausgleichenden Gerechtigkeit kommt. Man glaubt auch daran, dass man das unperfekte und harte irdische Leben so schnell wie möglich überwinden sollte und dass man sich nur durch ein reines Leben vom Zwang der Wiedergeburt befreien und ins Nirwana eingehen kann. Das stimmt aber nur z.T. Ein reineres Leben kann die Seele wirklich stark und schneller zu Gott erhöhen. Doch das karmische Rad kann nur dann durchbrochen werden, wenn unsere Urseele eine Alte Weise Seele an Erderfahrungen geworden ist und wenn sie von den Weisen des Himmels als weise genug für ihren ultimativen Aufstieg befunden wurde, da kann sie selbst nichts dran manipulieren (es sei denn, sie muss als Herabgestiegene – MeisterIn oder EngelIn – nur selten inkarnieren; und selbst diese Seele kann bestimmte Erfahrungen, wie auch selbst schuldig geworden zu sein, nicht ganz aus ihrem Leben ausschließen). Hinduisten glauben daran, dass man zur Strafe für ein schlechtes Karma dazu verurteilt werden kann, als Tier zu reinkarnieren (als wenn das eine Strafe wäre, es wird zu einer Strafe, wenn man in den von Menschen gemachten Ställen und Schlachthöfen landet!) oder dass man im nächsten Leben getötet wird, wenn man im Leben zuvor tötete – es also genauso am eigenen Leibe spüren muss, was man jemand anderes einmal angetan hat. Letzteres kann durchaus so passieren, aber meine Erfahrungen mit meinen eigenen Inkarnationen und denen meiner Seminarteilnehmer oder denjenigen, die bis jetzt zu mir zu Einzelsitzungen gekommen waren, sind, dass die geistige Welt viel großzügiger mit uns ist, als wir es allgemein glauben. Man kennt in der geistigen Welt unsere vergangenen sowie heutigen sozialen und politischen Lebensbedingungen und Schwächen, und die damit ständig verschobenen Moralbedingungen, in die wir hineingeboren werden. Und vor allen Dingen kennt man unseren gesamten Daseinszweck. Gott und seine Helfer kennen keine durchgängige „Wie du mir, so ich dir"-Einstellung! Es ist also nicht so simpel, dass wir ein Leben, in dem wir Täter waren, durch ein nächstes Leben als Opfer ersetzen müssen, um unsere Sünden abbezahlt zu bekommen. Das ist eine menschlich gemachte Lehre von der Vergeltung, nicht aber eine Lehre unseres Superdesigners über die Liebe! Es ist natürlich selbstverständlich, dass ältere Urseelenkopien anders vom Himmel zurechtgewiesen werden, als jüngere. Diese werden oft von Zurechtweisungen verschont, weil sie noch zu naiv sind, um als schuldig zu gelten! Wir gehen mit unseren Kindern ja auch nicht so hart um, wie mit erwachsenen Menschen, wenn sie schuldig wurden. Aber es ist richtig, dass wir mit jedem erneuten Leben die Chance bekommen, Dinge neu zu richten und nicht mehr ein Täter – ein Töter – zu sein. Es gibt viele Variationen des Lernens. Und manchmal wird uns auch wirklich sehr viel abverlangt, wenn wir z.B. eine Körperbehinderung hinnehmen müssen, um auch diese Erfahrung gemacht zu haben und weil wir damit das Leid von anderen Menschen tief erspüren lernen sollen (aber gleichzeitig auch das Leid, das wir anderen zufügten, denn keiner von uns ist völlig schuldfrei!) Wir haben dann aber auch die Kraft, diese Erfahrung auszuhalten, weil wir im Kern unserer Seele wissen, warum das mit uns geschah. Gerade darum strahlen viele Kinder, die behindert oder krank geboren wurden, eine ganz besondere Lebensfreude aus. Sie sind dankbar dafür, in die Welt gekommen zu sein und diese Erfahrung machen zu dürfen.

Unsere kleinen grauen Zellen reichen mit ihren Synapsen nicht aus, um alle Entscheidungen durchschauen zu können, die von der geistigen Welt für eine Wiedergeburt zu treffen notwendig sind. Auch unsere Einsichten in die Anderswelt durch Rückführungen, können uns immer nur ein marginales Bild davon geben.

Wir lernen aber auch durch Leben in inniger Liebe und Freude.
Doch sind leider Zank, Streit und Kriege noch immer nicht die Ausnahme. Gerade unsere Kriege werden zu der Zeit, in der ich für dieses Buch am Computer sitze, wieder beängstigend mehr, und so müssen die Alten und die Alten Weisen Seelen, wenn sie davon betroffen sind, auch da (mit den jüngeren und unbedarfteren Seelen) wieder hindurch und (wieder!) lernen, wie der Mensch so ist. Kein Wunder, wenn sie dann genug von ihrem Leben haben!

Religionen waren dazu da, den Menschen ein heiliges Leben abzufordern und gut funktionierende Lebensgemeinschaften zu garantieren. Daran war nicht alles schlecht. Die Regeln, die von den Haltern dafür ausgegeben wurden, wurden stetig der jeweiligen Zeit und dem jeweiligen Bildungsstand der Menschen angepasst. Sie benutzten dafür aber leider sehr oft ein hartes patriarchales System, von denen die Priester fast aller Religionen, insbesondere die im Mittelalter, ein besonderes Bild abgaben, damit ihre Macht – zusammen mit dem Adel – garantiert bleiben konnte. Die Kirchen garantierten aber auch Kultur, Kunst und Wissenschaft. Aber leider auch eine nur *männlich geprägte* Kultur, Kunst und Wissenschaft sowie Kriege gegen die (hübschen und klugen!) Frauen und deren spezielles intuitives Wissen und viele Religionskriege. „Du darfst nicht ehebrechen, du darfst nicht lügen, du darfst nicht falsch Zeugnis reden, du darfst nicht töten...“, die an Moses durchgegebenen Zehn Gebote waren wichtig, an die Menschen weitergegeben worden zu sein. Sie haben bis heute nichts von ihrer Gültigkeit und ihrem wertvollen Inhalt eingebüßt. Auch die Weisen des Himmels und der Erde, haben ihre Richtlinien für ihr Dasein in ihren Dimensionen.

Die Erdhüter von Shambhallah (die Hüter unserer „Inneren Erde“ in Tibet und anderen Orten der Erde) benutzen, um ein heiliges Leben in ihren Dimensionen zu leben, folgende Richtlinie. Diese lautet:

„Befrage alle Dinge, die du entscheiden musst, danach,
ob sie *Gesundheit, Liebe, Schönheit, Glück* und *Wahrheit*
hervorrufen!“

Es sind ihre fünf Perlen der Weisheit, auch „die fünf Perlen von Shambhallah“ genannt, die sie mir einmal in überraschender Weise haben zukommen lassen; von denen ich vielfältig gelesen hatte, über deren Interpretation mir aber bis dahin nie jemand etwas hatte erzählen können. Das war eine große Gnade für mich gewesen. Regeln sollten immer in Weisheit erstellt und von Liebe durchwirkt sein. Die Perlen von Shambhallah sind solche von Weisheit und Liebe durchwirkten Regeln. Sie zeigen nicht auf uns moralisierend und drohend mit dem Finger, sie stehen uns durch ihren klugen Inhalt beratend zur Verfügung. (Zu meiner Einweihung in den Höhlen von Shambhallah mehr ab Seite 224, im III. Teil dieses Buches.)

Unsere Seele wächst von Inkarnation zu Inkarnation, und sie hat, wenn sie reifer und weiser geworden ist, nicht mehr das Bedürfnis nach Vergeltung, Zank, Streit und Kriegen; sie sucht sich andere Möglichkeiten zum Lernen aus. Dann kommt es eher zu Partnerschaften, die man trotz aller Schwierigkeiten unbedingt meistern möchte, in denen viele Tränen fließen und in denen man den anderen sogar so sehr hassen kann, dass man ihn durchaus auch mal umbringen könnte. (Es ist wichtig, diese Emotionen wiederholt zu fühlen, damit man sie endgültig in den Griff bekommt). Aber es kommt auch zu Versöhnungen – oder wenn es gar nicht anders geht, lieber zu einem harten Schnitt durch Trennung. Man sieht, wozu Scheidungen gut sein können.

Richtig ist: Wir sollten alles das nicht tun, was wir uns selbst nicht angetan haben möchten. Egal – ob wir dafür die christliche Lehre bemühen oder den kategorischen Imperativ des Philosophen Kant, der – vereinfacht gesagt – proklamierte, *dass die Freiheit des Einzelnen da aufhört, wo die Freiheit des Anderen beginnt*. Unser Superdesigner weiß, dass wir als Urseelenkopien für lange Zeit noch wie kleine Kinder sind, die unter den Bedingungen der Erde zu lernen haben, und dass wir – jeder und jede von uns – unsere individuelle Zeit benötigen, bis wir seine Spielregeln nicht nur auswendig gelernt haben, sondern diese durch eigene Erlebnisse in den verschiedensten Leben so verinnerlichen konnten, dass wir sie nur noch aus uns selbst heraus leben wollen. Es sind dann nicht mehr unsere, von Religionshütern und Politikern vorgegebenen, religiösen und sozialen Spielregeln, denen wir folgen, sondern es sind die freien und natürlichen Regeln unserer Schöpfung, die schon immer tief in uns saßen, weil sie einmal in uns implementiert wurden für die Ewigkeit. Aber nicht nur in unserer Urseele selbst sollen letztendlich diese Spielregeln tief implementiert sitzen, für sie machen wir ja als tapfere Seelenkopien alles durch, sondern genauso in unserem gesamten Seelenfamilienverband, für den wir unsere Erfahrungen auch immer zu machen haben – wie er für uns. Man muss nur einmal einem kleinen Kind zuschauen, das in der Natur sitzt und einen kleinen Käfer völlig ohne Schuldgefühle, totdrücken kann. Dann verstehen wir, warum sich der Mensch nicht nur im Laufe *eines Lebens* von einem Baby bis hin zu einem (im günstigsten Fall!) alten und weisen Menschen entwickeln *muss*, sondern dass es wichtig ist, dass er diese Entwicklung genauso über sehr große Zeiten der Erde und in den unterschiedlichsten Kulturen macht, um für seine Urseele *sehr viel* lernen zu können. Es ist wichtig zu lernen, nicht mehr töten zu müssen; ob wie eine Kindseele im unschuldigen Spiel oder aus rasender Wut als Jugend- oder Erwachsenenseele. Aber das heißt noch nicht, dass eine Alte Weise Seele, die nur noch ein paar Inkarnationen vor sich hat, um für immer heimzugehen, alles richtig macht, sich also immer *superperfekt* verhält, und selbst dann nicht zum Täter werden könnte, wenn ihr das die sozialen Bedingungen, in denen sie lebt, abfordern. Wir stehen ja in einem ständigen seelischen, körperlichen und geistigen Austausch mit anderen Menschen; in einer immer wieder anderen Zeit mit immer wieder anderen Bedingungen, und sind darum oft gezwungen, Dinge mitzumachen, die wir eigentlich nicht (mehr) mitmachen wollen. Was sollen Alte und Alte Weise Seelen z.B. machen, wenn sie in Syrien, im Gazastreifen oder im Irak leben und ihre Familie mit dem Gewehr verteidigen müssen oder wenn sie gezwungen werden, ein Auge zuzudrücken und ihre Moral sausen zu lassen, wenn sie ein Studienfach gewählt haben, für das es nötig ist, Tierversuche zu absolvieren und wenn sie diesen Studiengang lieben, und mit einem Titel abschließen möchten? (Nicht alle Alte und Alte Weisen Seelen sind stark genug, ihr gewähltes Lieblingsfach auf dem Altar der Liebe zu opfern.) Sie können auch nicht ständig gegen den Rest der Welt sein und alles umpolen wollen! Sie werden zumeist als Kind genauso wie die anderen Kinder, dazu angehalten („gezwungen“ wäre besser formuliert!), Tiere zu essen, und ihrem Sterben mit Kälte in ihrem Herzen zuzusehen (ansonsten würden sie das ja nicht ertragen können!) Und so werden sie zumeist bis zu ihrer Erwachsenenzeit dahingehend beeinflusst, mit ihrer Esskultur auf dieselbe Weise fortzufahren, wie ihre Eltern, und sich Augenbinden und Ohrenklappen zu diesen Themen zuzulegen. Später dann werden sie gern ironisch niedergemacht, wenn sie doch etwas dazu sagen und ein Gegenmodell dazu entwickelt haben und dieses leben. Anstatt diese Menschen zum Vorbild zu nehmen, werden sie ins Abseits gedrängt. Sie könnten „Lehrer für die Welt“ sein und lernen doch schon sehr früh, dass man ihr inneres Wissen nicht braucht. Auf diese Weise verliert und vergisst selbst eine Alte Weise Seele schon schnell den Urgrund ihrer Inkarnation auf der Erde und wird zu einem genauso geduckten Mäuschen wie die noch jüngeren Seelen. Es gibt auch sehr Alte Weise Seelen, die der Meinung sind, dass man Tiere durchaus essen kann, wenn man sie nur „artgerecht“ aufzieht; dass man auf diese Weise schon genug für sie getan hat.

Wir alle unterliegen in der Kindheit Indoktrinierungen und nicht alle – auch nicht die ganz Alten Weisen Seelen – können sich später davon lösen. Da ist es leichter, als buddhistische Nonne oder Mönch zu leben, denen die fleischlose Ernährung schon der Religion wegen vorgeschrieben wird. Es ist auch leichter für eine Nonne oder einen Mönch, ein Leben ohne Beziehungsdrama zu leben, wenn man keinen Ehepartner und keine Kinder hat, und nicht schauen muss, dass man mit seinem Broterwerb alles am Leben und Laufen erhält. Es ist nicht leicht, in unserer westlichen industrialisierten und materialistisch orientierten Welt „mitten im Berufsleben“ zu stehen und eine Familie zu haben und dabei „heilig“ zu bleiben und sich nicht wegen Dauerüberbelastung ständig mit dem Partner zu streiten und nicht schon schnell zum Scheidungsanwalt zu rennen und auch noch liebende Eltern für die eigenen Kinder zu sein. Es ist außerdem nicht leicht, auch noch den anderen Anforderungen der Welt stetig gerecht zu werden.
Der Himmel weiß auch davon, und er weiß, wie tapfer wir sind, um für unsere Urseele unser Leben gut zu bestehen!

Nun aber zu den schon so oft angesprochenen Seelenaltern, im II. Teil dieses Buches.

Die Seelenalter

Ohne von den Richtlinien der Seelenalter zu wissen, könnten wir die Inkarnationsabläufe nicht verstehen. In diesem Buch war deshalb schon sehr oft die Rede von den verschiedenen Seelenalterszyklen, die ein Mensch zu durchlaufen hat, um eines Tages eine Alte Weise Urseele werden zu dürfen, die ihren Aufstieg in die höheren Lernebenen und damit zurück zu ihrer Seelenfamilie machen darf.

Die Seelenfamilie ist als eine Gesamtseele zu verstehen, aus der jeder Einzelne, eine Fragmentation ist. Alles was man lernt, lernt man nicht nur für sich selbst und seine Urseele, sondern der Lerninhalt wird auch dem Familienverband insgesamt zur Verfügung gestellt. D.h., dass alle Erfahrungen, die eine fragmentierte Seele macht, nicht nur persönliche, sondern überpersönliche Erfahrungen sind. Das ist wichtig, damit nicht jeder aus einem Seelenfamilienverband diese Erfahrungen auch noch einmal durchzumachen hat. – Auch in einer irdischen Familie werden die Erfahrungen der anderen Familienmitglieder miterlebt und kommen auf diese Weise immer den anderen zugute.

Alle Seelenfamilienmitglieder sind durch Lichtfäden verbunden und miteinander verwoben. Durch diese Lichtfäden leben sie die Leben der Familienmitglieder synchron mit; auch dann, wenn ihnen das auf der Erde nicht bewusst ist und sie die anderen Seelenfamilienmitglieder nie zu Gesicht bekommen, weil diese in einem anderen Land oder Erdteil inkarnierten. (Ich hatte vor vielen Jahren einmal ein Seminar gestaltet, in dem sich meine Schüler ansehen sollten, in welchen Ländern Seelenfamilienangehörige mit ihnen zeitgleich oder ungefähr zeitgleich, zu leben gekommen waren. Das war eine sehr spannende Reise gewesen. Ich konnte bei mir einen Italiener in Pisa ausmachen, der in der Umweltpolitik tätig ist. Seine Aufgabe als Umweltschützer unterschied sich damals auch nicht so sehr von meiner ehemaligen Aufgabe als ökologisch orientierte Heilpraktikerin und Autorin auch auf diesem Feld.)

Als ich um die zwanzig Jahre alt gewesen war, traf ich einmal eine gleichaltrige junge Frau, die aus meiner Seelenfamilie stammte, und bis heute spüre ich mein Band zu ihr, obwohl wir uns seitdem aus den Augen verloren haben. Heute weiß ich, dass ich die Möglichkeit bekommen hatte, mit ihr in ihre irdische Familie zu inkarnieren, dass ich mich aber doch ganz bewusst dagegen entschied. Ich hätte damit ein leichteres Leben haben können, denn ihr ging es besser als mir, mit einer Mutter, die sich vom II. Weltkrieg und der Flucht aus Königsberg/Ostpreußen nie mehr erholen konnte. Aber meine Mutter (auch aus meinem Seelenfamilienverband) brauchte mich. In den Jahren danach, hatte ich noch öfter die Gelegenheit, Mitglieder aus meinem kosmischen Seelenfamilienverband wiederzusehen.

Für mein im ch. falk Verlag erschienenes Buch: „Morgenstern – Die Seelenalter und die Neue Zeit", hatte ich das Thema Seelenalter bereits näher beleuchtet. Und doch muss ich auch für dieses Buch noch einmal darauf eingehen, dass man keinen Menschen und kein Tier, keine Pflanze – ja, alles was lebt – einordnen kann, wenn man ihr irdisches Seelenalter nicht annähernd kennt; und dass es außerdem wichtig zu wissen ist, warum es gerade die älteren und nicht die jüngeren Seelen sind, die sich vorzugsweise mit der Rückbindung zu ihren himmlischen LehrerInnen und mit ihren Reinkarnationen beschäftigen.

So, wie sich der Mensch auf der Erde – wenn er die Gnade hat, ein hohes Alter zu erreichen – in sieben Entwicklungszyklen von einem Baby zu einem Kind, und von einem Kind zu einem Jugendlichen, und danach zu einem Erwachsenen und einem reifen Menschen und später zu einem alten und alten weisen Menschen entwickelt, so entwickelt sich auch seine Seele in diesen Altersabstufungen. Darum spreche ich von den Seelenaltern:

der **Babyseele,** analoges irdisches Alter 0-1 Jahr
der **Kindseele**, analoges irdisches Alter 1-12 Jahre
der **Jugendseele**, analoges irdisches Alter 12-20 Jahre
der **Erwachsenenseele**, analoges irdisches Alter 20-40 Jahre
der **Reifen Seele**, analoges irdisches Alter 40-60 Jahre
der **Alten Seele**, analoges irdisches Alter 60-80 Jahre und
der **Alten Weisen Seele**, analoges irdisches Alter 80plus.

Und so, wie bei uns auf der Erde die genannten Entwicklungszyklen verschiedene Längen aufweisen, beinhaltet auch jeder Seelenalterentwicklungszyklus analoge Längen, und damit unterschiedlich viele Inkarnationen, die man in ihm zu durchlaufen hat.

Natürlich haben alle Zyklen ihre Qualitäten, aber auch ihre Problemstellungen, denen man sich stellen muss. Um als Kopie der Urseele auf die Erde zu kommen, benötigt man viel Mut, denn hier gibt es viele Gefahren: Unfälle, Krankheiten, Armut, Heimatlosigkeit, nicht geliebt, gequält und sogar getötet zu werden... Da kann es durchaus vorkommen, dass man ein neues Leben nicht mehr haben will und am liebsten in den geistigen Räumen verbleiben möchte, in denen es so viel leichter ist zu existieren. Aber das Leben auf der Erde bietet auch die Schönheit der Natur, das Gefühl von Gesundheit und Eins-Sein mit „Allem-Was-Ist“ und die Liebe zu und von den Eltern und zu und von den Geschwistern und die Liebe zu und von einem oder mehreren Partnern.
Alle Seelenalter sind von größter Wichtigkeit für unsere Entwicklung, aber auch für die Entwicklung des Kosmos insgesamt.

Von den Seelenaltern weiß man heute nicht mehr viel – sie sind nicht nur durch unsere Religionshüter, die das Wissen über die Naturreligionen und über die Inkarnationen fast ausgemerzt hatten, sondern auch durch die Zeiten des Humanismus im 16. Jahrhundert und der Aufklärung im 18. Jahrhundert, in Vergessenheit geraten. Darum ist es wichtig, heute erneut davon zu erzählen, denn wir sollen verstehen lernen, in welchen Bereichen wir bereits Lehrer, und in welchen wir noch Schüler sind. Und gerade jetzt ist es für die Entwicklung *unserer* Seele wichtig, von den Unterscheidungsmerkmalen der Seelenalter zu wissen, weil die jungen Urseelenkopien von den Alten und Alten Weisen Urseelenkopien unbedingt an die Hand genommen werden müssen, damit sie ihren Durchlauf durch die Seelenalterszyklen noch schneller schaffen können als früher, denn unsere Welt hat sich enorm verändert. Je mehr Menschen wir aber werden und je mehr Wissen wir anhäufen, umso schneller wird sich unsere Welt auch zukünftig verändern. Da die Erde in der Zukunft analog zu unserer Überpopulation und unserer Wissensbeschleunigung noch mehr von ihren Ressourcen hergeben muss als früher, kann sie den jetzt noch jungen Seelen nicht mehr für sehr lange eine Heimstatt bieten und umso schneller müssen diese sich zu einer Alten

Weisen Seele entwickeln. Aber auch für die älteren Urseelenkopien ist es wichtig zu wissen, dass sie sich nicht mehr in die Nischen abdrängen lassen dürfen, weil sie mit ihrer Weisheit – erworben aus ihren vielen vergangenen Leben in den unterschiedlichsten Kulturen der Menschheitsgeschichte aber auch in den anderen vieldimensionalen geistigen Räumen – allernötigst gebraucht werden, um der Welt einen friedvollen und spirituellen Anstrich zu geben. Ja, dass sie die noch jüngeren Seelen, wie Großmütter und Großväter ihre Enkel und Urenkel, schützend und liebevoll an die Hand zu nehmen haben, obwohl sie oft schon zu müde dafür sind und ihre Enkel und Urenkel auch nicht immer gerne von ihnen an die Hand genommen werden wollen und von ihrer Weisheit hören möchten und ihnen das auch oft auf unhöfliche Weise zeigen.

Die Babyseele

Alle zu dem Thema Seelenalter nachfolgenden Grafiken stammen aus meinem Buch „MORGENSTERN – Die Seelenalter und die Neue Zeit" und wurden von mir kreiert. Sie tragen mein ©.

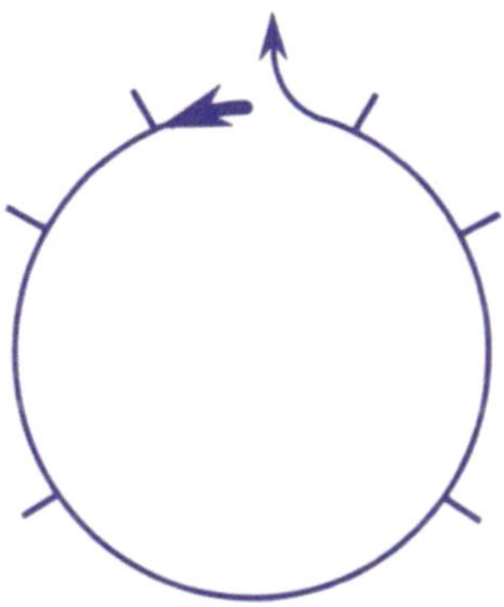

Hat die Urseele erst einmal ihre erste Reise auf die Erde als Seelenkopie begonnen, so kann sie sich natürlich auch nur wie ein Baby auf ihr fühlen und sich auch nur wie ein Baby auf ihr verhalten. Es ist nur allzu logisch, dass sich die Babyseele dem Kosmos noch mehr zugewandt fühlt als der Erde, auf der sie noch nie gewesen war. Sie ist darum als ein noch sehr ätherisch wirkendes Wesen zu betrachten, dass stark verletzlich ist. (Ich habe durch meine Reinkarnationsarbeit lernen dürfen, dass die meisten Babyseelen es vorher übten, auf die Erde zu kommen, indem sie einen Mutterleib ein- oder mehrmals nur für kurze Zeit eingenommen hatten und dass aus diesem Umstand viele Fehlgeburten resultieren. Oder dass sie nach der Geburt entschieden hatten – durch plötzlichen Kindstod o.ä. – wieder schnell von der Erde zu gehen, weil es ihnen *mit den Bedingungen der Erde zu schwer wurde*.* Und dass auch ihre Mütter, selbst dann, wenn sie sich über ihre Fehlgeburten oder den plötzlichen Kindstod ihres Kindes tief grämten, in ihrem tiefsten Innern davon gewusst hatten, dass sie *n u r* als „Mutter auf Zeit" wirken sollten. Vielleicht helfen diese letztgenannten Sätze einigen Frauen, die ihre Fehlgeburt(en) oder den zu frühen Tod ihres Kindes nie überwinden konnten, wenn sie wissen, dass diese Seelen sich oft *„nur"* im Inkarnieren übten, und dass sie ihre zeitlich begrenzte Mutterschaft als eine große entgegengebrachte Gnade und als einen großen erwiesenen Dienst ansehen und dafür sehr dankbar sind! Und manchmal inkarnieren diese Seelen gleich wieder in derselben Mutter, um dann ganz zu bleiben, und einige ihrer Mütter wissen das auch.)

Durch die noch starke Nähe zu ihrer Herkunft im geistigen Bereich, ist die Babyseele noch fähig, mit ihren Gedanken und Gefühlen mit den Weisen des Kosmos direkt in Verbindung zu stehen. Weil sie diese Fähigkeit aber nicht intellektuell einordnen kann, wird sie von ihr kaum beschrieben werden können. Kaum ein Mensch in unseren westlichen Kulturen spricht über so etwas, was soll sie selbst dann dazu sagen?

Die Babyseele ist noch unbedarft und rein und während ihrer Inkarnationen in diesem Zyklus ganz und gar von den Menschen abhängig, mit denen sie lebt.

** Oft sind aber auch unsere vielen Umweltgifte und andere Umwelteinflüsse (Kleber, Holzschutzmittel, Lärm durch Heizungspumpen, Straßen- und Flugverkehr und durch Fabriken sowie der Einfluss von Elektrosmog) der Auslöser für ihren frühen Tod gewesen, wie ich es in meiner ehemaligen Umweltpraxis vielfältig erfahren durfte! Leider sehen das immer noch nur wenige Menschen. Wenn ein Baby 24 Stunden am Tag durch Heizungspumpengeräusche beschallt und gequält wird (die andere nicht unbedingt hören müssen!), dann kann es sich nur noch retten, indem es die Welt verlässt.*

Die Menschen, die ihr zu Hilfe kommen, müssen sich darum bereits in einem etwas höheren Seelenalter befinden und Erfahrungen mit den Erdbedingungen gesammelt haben. Deshalb ist es für eine Babyseele so wichtig, in ein Elternhaus zu inkarnieren, in dem ihr Mut, Zuversicht und Stärke und ein Ort des Wohlfühlens zukommen. Es ist für die Babyseele auch wichtig, möglichst eine mannigfaltige Natur um sich zu haben und in warmen Ländern zu leben zu kommen, damit sie im Winter nicht gegen die Kälte zu kämpfen hat. Um das Überleben kämpfen kann die Babyseele noch nicht oder nur sehr schlecht. Wird ihr alles zu viel, dann begibt sie sich lieber in die Dimension zurück, aus der sie gekommen war – und die ihr eigentliches Zuhause ist.
Einer Babyseele – auch dann, wenn sie bereits ein paar Mal inkarnierte – wird auch dann zu viel abverlangt, wenn sie einen Beruf erlernen soll. Darum sollten die Strukturen ihrer Familie so angelegt sein, dass jemand da ist, der das Geldverdienen für sie übernehmen kann. In unseren Industrienationen, in denen *jeder* von unseren Behörden zu einer Arbeit herangezogen wird, und sogar dazu gezwungen werden kann, wird ihr Wohlergehen immer weniger erfüllt, und deshalb ist es wichtig zu verstehen, was es für diese Seele bedeutet, bei uns die ersten Inkarnationen machen zu müssen und zu einer Schulausbildung und zu einem Beruf gezwungen zu werden. Oder wenn sie, zwar noch in Stammeskulturen geboren, irgendwann ihre Familie aus wirtschaftlichen oder Kriegsgründen verlassen und in ein industrialisiertes Land einwandern muss, um schlussendlich auch von diesem wieder abgeschoben zu werden. Es liegt auf der Hand, dass sich eine noch so junge Seele solchen harten Lebensbedingungen nicht stellen kann, und sich entscheidet, ganz schnell von der Erde zu gehen. Diesen Seelen, sowie auch den Seelen in den beiden nächsten Seelenaltern, der Kind- und Jugendseele, kann man auch noch kein Abitur und eine universitäre Ausbildung und Karriere abverlangen. Ihr körperliches/geistiges Bewusstsein muss erst über mehrere Leben hinweg auf das Ansammeln von Überlebensstrategien trainiert werden, da geht es noch nicht um eine schulische und intellektuelle Bildung.
Die Seelen in diesem Seelenalter sehen in jedem Alter ihres Lebens noch aus wie Babys und verursachen oft ein Lächeln auf unserem Gesicht, weil wir ihre völlige Unbedarftheit noch genauso erkennen können wie bei jedem Baby, das wir uns ansehen, und weil wir spüren, dass auch wir einmal so eine Babyseele gewesen waren. (Natürlich können

diese Menschen in anderen Dimensionen bereits ein höheres Seelenalter erreicht haben. Wenn ich in diesem Buch vom Seelenalter spreche, dann meine ich immer das Erdseelenalter!) Sehr alt werden diese Menschen zumeist nicht. Es reicht für sie, nur ein paar Jahre auf der Erde gewesen zu sein, dann müssen sie sich ausruhen. Dieser Seelenalterszyklus – siehe vorherige Grafik – ist nur kurz. Mit nur ein paar wenigen Inkarnationen hat man ihn durchlaufen, und schon kommt man als erneute Urseelenkopie in das nächste Seelenalter, in das Seelenalter der Kindseele.

Die Kindseele

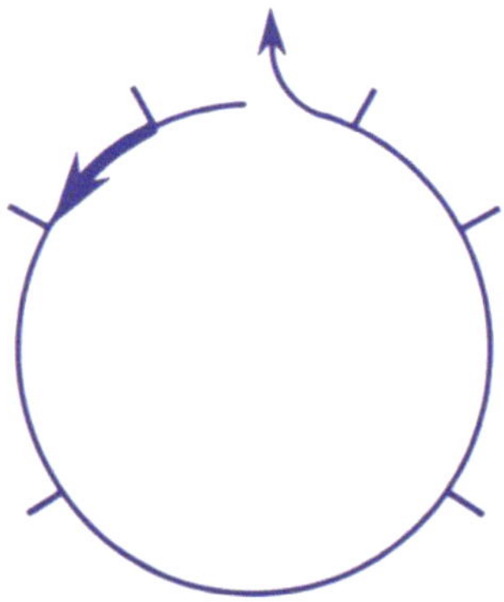

Die Kindseele hat schon ein wenig verstanden, was es bedeutet, ein Mensch werden zu müssen und wie man auf die Erde kommt, und wie es ist, von den Menschen vollkommen abhängig zu sein. Sie übt sich nun spielerisch, sich den jeweiligen Verhältnissen anzupassen, in die sie hineingeboren wurde – was ihr einen großen Charme verleiht. Aber genauso wie die Babyseele, ist die Seele dieses Seelenalters noch von anderen Menschen ganz und gar abhängig. Viele Kindseelen erkennt man heute daran, dass sie ihre Hosen so tief tragen, dass man unwillkürlich denkt, sie hätten noch wie ein Kind die Hosen voll oder Windeln an. Das ist kein Zufall! Unsere Hip-Hop-Musik, den Breakdance und den Rap der 70er Jahre, haben wir diesen Seelen, sowie den Menschen des nächsten Seelenalters, der Jugendseele, zu verdanken. – Ich habe oft mit dem Himmel gehadert, weil es heutzutage wieder mehr junge Seelen gibt als früher, denn das heißt ja, dass die Erde noch länger für die Evolution des Menschen bereitstehen muss und noch mehr ausgebeutet wird. Wenn viele Menschen noch jung in der Seele sind und ohne Verantwortung Kinder zeugen, und damit wiederum neue Urseelenkopien auf die Erde ziehen, die noch kein irdisches Seelenwissen mitbringen, dann dauert der letzte Aufstieg des letzten Menschen logischerweise noch länger als sonst. Ich habe aber von meinen geistigen Lehrern zu diesem Thema lernen müssen, dass es nicht der Himmel, sondern der Mensch sein muss, der dies‘ wieder in Ordnung bringt, *denn die Geburtenregelung gehört zu unserem Mitschöpfertum!*

Die Kindseele hat bereits Erfahrungen damit gemacht, dass ihr nicht in jedem Leben der Schutz zugekommen war, den sie unbedingt gebraucht hätte. Und darum ist sie beim Inkarnieren vorsichtiger und ängstlicher geworden, und sich darüber bewusst, dass sie ihr Leben wieder abbrechen muss, wenn ihr ihre Anverwandten keinen Schutz bieten können und dass der Mensch nicht nur gut, sondern auch *sehr* böse sein kann. Die Anzahl der Inkarnationen in diesem Seelenalter ist etwas größer als im Seelenalter der Babyseele zuvor, wie man es an der eingezeichneten Länge in der Grafik erkennen kann. Damit wird dieser Seele die Gelegenheit gegeben, weiterhin auf spielerische Weise viel zu lernen. Auch die Kindseele ist natürlich noch nicht fähig, für sich selbst zu sorgen.

Die Jugendseele

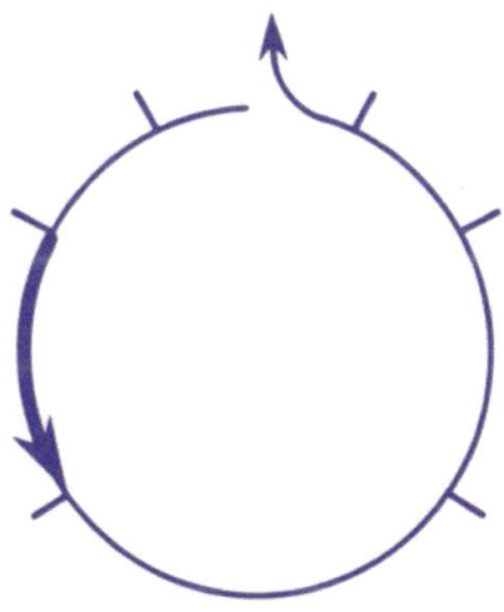

Im Jugendseelenalter beginnt die Seele sich – wie Jugendliche das eben tun – darin zu üben, wie die Erwachsenen zu sein. Und doch kann ein Jugendlicher noch nicht die Fähigkeit erworben haben, Verantwortung für sich und andere zu übernehmen oder sich gänzlich für eine Familie aufzuopfern. Und so ist die Jugendseele zwischen dem Spannungsaspekt aufzufinden, schon nicht mehr ganz ein Kind, aber auch noch nicht reif genug zu sein, um sich wie ein Erwachsener zu verhalten. Diese Seele möchte noch – wie fast jeder Mensch in seinem Jugendalter – anders sein und nicht so werden müssen wie die Erwachsenen. Deshalb ist sie oft ein Rebell. Sie kann aber noch kein reifer oder weiser Rebell sein. Sie ist noch jung und möchte sich das nehmen, von dem sie glaubt, dass es ihr zusteht. Sie hat noch zu lernen, für ihre Begierden und ihr Tun Verantwortung zu übernehmen. Und da das schwer zu erlernen ist, fließen in ihre Leben häufig kriminelle Handlungen mit ein. Spaß, Spiel und Spannung sollen ihr Leben erfüllen.
Man findet diese Seelen insbesondere bei der Durchführung von gefährlichen Sportarten, auch Drogenmissbrauch kommt bei ihnen häufig vor. Diese Seelen spielen gern mit ihren Leben. Sie möchten lernen, wie weit sie mit ihrem Körper gehen können. Auch viele Homosexuelle sind in diesem Seelenalter vorzufinden, weil sie den Mut und das Begehren haben, sich in anderen Lebensweisen, als für die Gesellschaft üblich, zu versuchen. Auch Menschen, deren Geschlecht nicht zu ihnen passt, sind viel in diesem Seelenalter zu finden und sollen das kosmisch auch, damit sie selbst darüber Wissen ansammeln, aber auch wir von ihnen lernen.
Jugendseelen sind mit einem Teenie in der Pubertät vergleichbar. Auch sie müssen noch viele Hilfen erhalten.
Wenn Jugendseelen Kinder bekommen, dann bedürfen diese insbesondere der Hilfe der älteren Seelen, damit ihr Überleben gesichert ist, denn Kinder von Jugendseeleneltern werden aus Überforderung häufig misshandelt oder getötet und im günstigsten Fall zur Adoption freigegeben. Darum ist es für diejenigen Menschen, die sich in den höheren Seelenaltern befinden, äußerst wichtig zu verstehen, dass sie nicht nur die Baby- und die Kindseelen, sondern auch die Jugendseelen an die Hand zu nehmen haben, damit diese ihr Leben gut überstehen können. Selbst wenn das für sie schwer zu leisten ist, so sollten sie aber wissen, dass ihr Beispiel nie verloren gehen wird, denn eines Tages, wenn die jetzt noch jungen Seelen älter geworden sind, werden sie sich an all‘ die guten

Taten erinnern, die ihnen einmal in ihren früheren Leben zugekommen waren – selbst dann, wenn ihr Erinnern nicht von direkter Art ist – und bereit sein, auch für diejenigen dazusein, deren Seele dann wiederum an Erderfahrungen jung ist.
Zum Ende dieses Zyklus‘ bereitet sich die Jugendseele vermehrt darauf vor, sich der Erwachsenenwelt zu unterstellen, um endlich auch zu ihr gehören zu dürfen. Sie wird damit ernster und ist auch körperlich nicht mehr so kindlich strukturiert; so wie bei uns die Jugendlichen ernster werden, wenn sie sich auf ein Studium, einen Beruf und auf eine Familie vorzubereiten beginnen und ihre Körper zu Erwachsenenkörpern werden. Mit großem Mut begibt sich die Jugendseele nun in einen Inkarnationszyklus, indem sie viel zu arbeiten und viel Verantwortung zu tragen hat, weil sie die Welt nun unbedingt mitgestalten will.

Die Erwachsenenseele

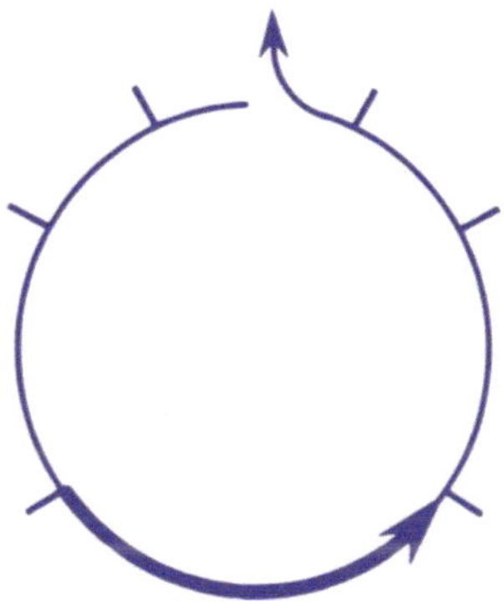

Diese Seele hat schon viel gelernt. Sie möchte jetzt keine Baby-, Kind- oder Jugendseele mehr sein. Sie möchte endlich zur Welt gehören und in ihr agieren und sie mitgestalten dürfen. Zu Anfang, in den ersten Inkarnationen in diesem Seelenalterszyklus, ist das noch nicht leicht für sie, da verhält sie sich noch wie eine Jugendseele, die ihr Leben weiterhin spielerisch gestalten möchte.
Doch so nach und nach gewinnt sie an Sicherheit, mit dem Leben einer Erwachsenenseele umzugehen und zurechtzukommen.

Eine Erwachsenenseele ist noch keine Reife-, Alte- oder Alte Weise Seele. Sie befindet sich im mittleren Teil aller Seelenalter und ist damit, wie man aus meiner Grafik ersehen kann, am weitesten von ihrem Ursprung, von Gott, entfernt (in der Mitte dieses Zyklus‘: genau 180°), weshalb sie meint, alles allein bewerkstelligen zu können und gänzlich ohne den Himmel auszukommen. Diese Menschen glauben fast, dass sie Gott selbst sein könnten, wenn sie immer nur genug Stärke und Macht zeigen würden. Viele selbstständige Handwerker, Banker und Politiker kann man in diesem Seelenalter finden. Da diese Seele nun lernen soll, dass man für das Dabeisein und Mitagieren auch ein Mehr an Verantwortung zu tragen hat, stößt sie automatisch sehr häufig an ihre Grenzen und kommt auch in diesem Seelenalter wieder oft mit dem Gesetz in Konflikt. Da sie noch kein weiser Mensch sein kann, können ihre Entscheidungen auch noch nicht von großem Mitgefühl und großer sozialer Verantwortung geprägt sein – um das zu erlernen, dafür muss sie erst noch viele weitere Inkarnationen in diesem Seelenalter hinter sich bringen und auch noch ein paar Mal in das nächste höhere Seelenalter der „reifen Seele“ inkarniert sein. Wenn diese Seele in den Seelenaltern zuvor noch spielerisch gewesen war, so verliert sich das Spielerische in ihr und es kommt zumeist – insbesondere im Mittelteil dieses Zyklus’ – zu Menschen mit immer mehr Härte, die mit anderen rücksichtslos umgehen, wenn sie nicht das für sich bekommen können, von dem sie glauben, dass es ihnen zusteht. Ihr Körper ist nun grob bis sehr grob. Um ihre Energie für ihre Lebenskämpfe aufrecht zu erhalten, essen sie zu viel, insbesondere viel Fleisch (für die damit verbundene Problematik der Tierwelt, ist diese Seele nicht offen, weil ihre Egoismen im Vordergrund stehen), und sie nehmen sich auch noch vieles andere mehr, was sie glauben, unbedingt haben zu müssen: große Häuser, große Autos, große Reisen...

Die Natur ist ihnen nicht wichtig. Sie gehen mit ihr rücksichtslos um. Sie beuten nahezu alles aus. Da die Regeln für unsere Gesellschaft hauptsächlich von den Menschen in diesem Seelenalter gemacht werden, denn sie sind in unserer Gesellschaft Prozentual am häufigsten vorzufinden, bedienen diese sie natürlich auch insbesondere. (Unsere zockenden Banker brauchen für ihre Taten nicht zu haften, Manager bekommen Prämienausschüttungen in mehrstelliger Millionenhöhe, obwohl sie ihre Firma zugrunde gewirtschaftet haben, Politiker sorgen mit ihren Diätenerhöhungen nur für sich, u.a.m.) Und weil dieser Seelenalterstyp leider auch vermehrt darüber entscheidet, wie unsere Gesellschaft auszusehen hat – dass Kinder nicht zur Mutter, sondern in die KITA gehören, damit unser Bruttosozialprodukt gesteigert wird und noch mehr Steuereinnahmen garantiert sind, dass man gesetzliche und göttliche Spielregeln nicht einzuhalten braucht, dass man Geschäftspartner und Freunde willfährig ausbeuten und austauschen kann, dass man sich Sex kaufen darf und mit Frauen allgemein nicht gut und in emanzipierter Weise umzugehen braucht und dass man genetisch manipulieren und Giftstoffe in der Welt verbreiten und Kriege führen kann – wird unsere Welt immer härter. Und selbst, wenn es doch gesetzliche Regularien gibt, um vieles von dem eben Geschriebenen zu verbessern oder sogar zu verhindern, so weiß diese Seele immer genau, wie sie auch die wieder umgehen und austricksen kann, damit es ihr selbst gut geht. Liebe kann diese Seele oft viel weniger empfinden, als zu der Zeit, als ihre Seele noch jünger und spielerischer gewesen war. Ihre Ehen sind in diesem Seelenalter deshalb eher auf sozialen Druck und auf Prestigegewinn als auf Liebe aufgebaut. Sie können darum auch schnell wieder gebrochen und neue – nach altem Muster – eingegangen werden, ohne dass man sich schuldig fühlt oder hinzugelernt hat. Nicht umsonst gibt es in diesem Seelenalter viele Männer, die sich nach ihrer Scheidung jüngere Frauen suchen, um erneut eine Familie gründen zu können, und die damit zu Vätern werden, die die Großväter ihrer Kinder sein könnten. Eine höhere Seelenentwicklung zu erreichen – wie eine Alte oder Alte Weise Seele, allein zu stehen und sich der Bildung, der Kunst, den Religionen und Philosophien zu verschreiben – ist für sie noch nicht möglich. Die Erwachsenenseele möchte auch noch nichts von Krankheit und Tod hören. Die Angst davor, glaubt sie durch Macht und materielle Güter kompensieren zu können. Darum kann sie sich auch nur schwer in ihren Sterbeprozess eingeben; viele kämpfen sich bis zur bitteren Neige durch ihn hindurch und projizieren ihren Hass auf das Sterbenmüssen auf diejenigen, die ihnen dabei helfen wollen. Ihre Wutschreie in den Sterbezimmern sind oft nicht zu überhören und können auch diejenigen erschauern lassen, für die der Tod bereits eine Rückgeburt in ihre eigentliche Heimat darstellt. Frauen wirken in diesem Seelenalter oft männlich und überhöhen dieses Aussehen noch durch die Art, wie sie ihre Frisur tragen oder indem sie sich vorwiegend männlich kleiden. Sie spüren genau, dass sie nur mit einem männlichen Habitus an der Macht der Männer teilhaben können. Anmut, Liebreiz und Güte (drei Eigen-

schaften, die das Frausein auszeichnen und auszeichnen sollten!), spiegeln sich nur selten auf ihren Gesichtern. Es handelt sich dabei zumeist um sehr fordernde Frauen, die meinen, dass ihnen alles zusteht und die gerne die Alten und Alten Weisen Seelen wegbeißen; das feine Aussehen und die Zurückhaltung der sehr alten Seelen, triggern geradezu ihre Eifersucht an. Sie halten deren feine Art für Schwäche, nicht für Stärke.
Dieses Seelenalter kann man auch als ein Seelenalter der Macht, des Geldes, der Gier, der meist gelebten Lieblosigkeit und als ein Seelenalter mit nur wenigen Schuldgefühlen beschreiben. Es ist ein Seelenalter, in dem profane Dreidimensionalität gelebt und das Spirituelle zumeist völlig außen vor gelassen wird. Wenn man sich doch einer Religionsgemeinschaft unterstellt, dann tut man das, um seine Reputation und sein Einkommen durch die Gemeinschaft abgesichert oder gesteigert zu wissen. Hat man aber genug gelernt und erreicht das Ende dieses Seelenalters, dann muss diese Seele wieder weicher und durchlässiger werden und sich aufmachen auf ihren Weg zurück zu Gott. Das nächste Seelenalter ringt der Seele für diesen notwendigen Prozess besonders viel ab.

Die Reife Seele

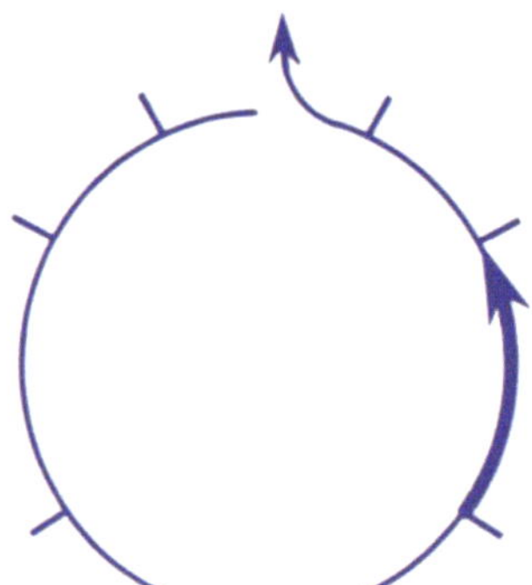

Diese Seele ist nun erwachsen geworden. Sie hat gelernt, Macht zu haben, diese aber auch wieder abgeben zu müssen. Sie ist sich dadurch vieler Fehler bewusst geworden, und sie hat viel über die Lebensbedingungen auf der Erde und den Austausch mit ihren Mitmenschen lernen

dürfen. Von Inkarnation zu Inkarnation – von Seelenkopie zu Seelenkopie – richtet sie sich darauf ein, ihr Herz mehr zu fühlen und auszuloten und eine positive Leidenschaft, Güte, Mitgefühl und Liebe für andere zu empfinden. Es werden von ihr möglichst nur noch Partnerschaften nach dem Herzen ausgesucht, und für die Kinder wird nun auch vermehrt Liebe gefühlt und Verantwortung getragen.
Aus jedem Missgeschick, aus jeder Krankheit und jeder Kränkung und jedem Verlust, geht die Seele dieses Seelenalters mit immer tieferen Blessuren und seelischer Pein hervor, weil ihr Herz dafür durchlässig geworden ist; was ihr oft sehr viel abringt.
Da in diesem Seelenalter der Weg zurück zu Gott beginnt, und die Anzahl der noch kommenden Inkarnationen kleiner geworden ist, als die gehabten Leben, übt sich die Reife Seele in der „reinen Liebe", indem sie Menschen und Tieren hilft und sie bei ihren Krankheiten und ihrem Sterben begleitet oder indem sie Psychologen und Psychiater aufsucht – oder auch selbst so einen Beruf ergreift – um mehr über das eigene Innere und das Innerste der anderen Menschen zu erlernen oder indem sie sich Kirchen oder kleineren religiösen Gruppierungen und sozialen Gruppen ganz bewusst unterstellt, um den Menschen darin zu helfen. In diesem Zyklus beginnen sich die Menschen auch mit alternativen spirituellen Lehren, aber auch mit der Geschichte der Menschheit, zu beschäftigen. Ihnen ist dabei aber nur selten bewusst, dass sie das machen, weil sie damit ihrer alten Inkarnationsgeschichte nahe kommen können. Diese Einsicht haben sie erst in den darauf folgenden Seelenaltern der Alten und der Alten Weisen Seele.
Dieser Inkarnationszyklus ist für sie auch darum sehr anstrengend, weil er nicht nur ihrem Verstand viel abfordert, der nun auch mehr aufnehmen kann als in den Zyklen zuvor, sondern weil ihnen nun auch das Herz für die gesamte Menschheit aufgeht, weil sie alle Qual und Pein bis aufs Tiefste bei jedem Menschen miterleben und weil sie viel helfen wollen. Es ist darum auch ein Seelenalter, in dem immer mal wieder entschieden wird, das Leben aus eigener Hand beenden zu wollen, weil man es nicht mehr schafft, so viel zu erleben und ertragen zu müssen. Auch diese Erfahrung ist wichtig und erlaubt!

Die Alte Seele

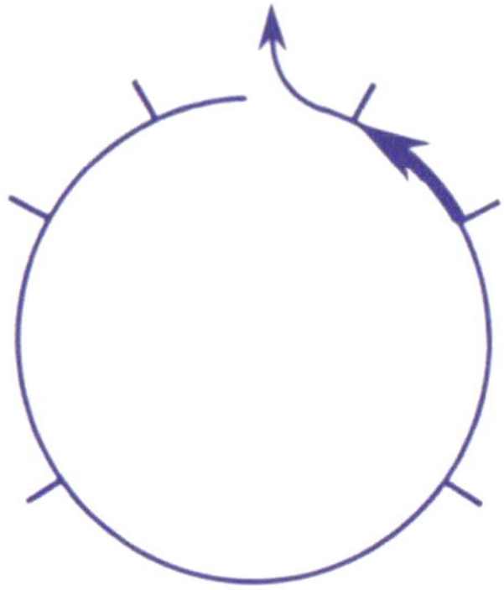

Die Strecke zurück zu Gott wird immer kürzer. Die nun alt gewordene Seele hat viel lernen müssen und schon so viel von der Welt gesehen; Kriege und Wiedervereinigungen, Umweltkatastrophen, Hunger u.a.m. Sie hat ihre Baby-, Kind-, Jugend-, Erwachsenenseelenzeit erlebt und durchlaufen und als Reife Seele ihr Herz aufmachen müssen und viel Gutes tun dürfen. Sie hat viele karmische Bindungen durchlebt, die in den vorherigen Seelenaltern geschlossen wurden und sie teilweise sogar wieder auflösen können. Sie weiß, dass es nur noch weniger Leben bedarf – im Vergleich zu den bereits gehabten! –, bis sie ihren endgültigen Aufstieg vornehmen darf. Sie hat so vieles gesehen, und sie hätte vieles davon lieber nie kennen gelernt. Aber nun kann sie andere beschützen und sich für sie einsetzen und Gerechtigkeit empfinden. Diese Werte muss sie nur noch ein wenig zu verfeinern lernen. Darum werden nur noch wichtige karmische Verbindungen eingegangen, um noch einmal die große Liebe, aber manchmal auch noch die Abneigung empfinden zu dürfen, die dazu notwendig sind, letztendliche Unterscheidungen zu setzen zwischen denjenigen Menschen, die zu ihr passen und denjenigen, die sie auslaugen und ihr nicht guttun. Man ist in diesem Seelenalter auch nicht mehr so familiengebunden, denn die ganze Welt ist nun für einen zu einer Familie geworden, um die man sich sorgt. Das Kosmopolitische wird nun gepflegt, denn man will das Wissen seiner Seele erweitern; während in den Seelenaltern zuvor noch mehr das Kommunale, die eigene Heimat, im Vordergrund der Seelenentwicklung stand. (Wie schon für das Seelenalter der Babyseele gesagt, hat sich dass in unserer heutigen Zeit geändert. Viele Seelen sind heutzutage gezwungen, auch schon in ihren jüngeren Seelenaltern ein kosmopolitisches Leben führen zu müssen.) Man wagt es jetzt auch schon mehr, in die Vereinzelung zu gehen und als Mitbürger ein weiser Rebell zu sein, der sich möglichst nur noch für gute Dinge einsetzt. Man ist zu einem Freigeist geworden, der kirchliche und gesellschaftliche Zwänge ablehnt. Man braucht jetzt als Seele viel Ruhe, und man hat auch nicht mehr so viel Kraft, sich gesellschaftlichen Spielen, Neid und Gier und anderen negativen Erfahrungen und Exzessen auszusetzen; obwohl man sich gerade in diesem Seelenalter häufig solchen Spielen von jüngeren Seelen ausgesetzt sieht, die sich an ihnen wegen ihrer Beispielhaftigkeit gerne abarbeiten und auf diese Weise (unbewusst!) lernen wollen – das gilt auch für die Menschen, die sich im nächsten Seelenalter der „Alten Weisen Seele“ befinden. Im Seelenalter der „Alten Seele“ beginnt die Seele mehr und mehr hellsichtig und durchlässig für andere Zeit/Raumbedingungen zu werden. Sie beginnt die Menschen zu durchschauen und deren Energien abzulesen. Wird diese Seele krank, dann reagiert sie am besten auf naturheilkundliche und feinstoffliche Behandlungen. Methoden der Homöopathie, Akupunktur und geistige Heilweisen wie REIKI oder Quantenheilung, sollten von ihr zur Gesundung bevorzugt werden. (Für chemische allopathische Heilmittel hat eigentlich nur die Erwachsenenseele wegen ihrer stärkeren Stofflichkeit einen Adapter. Sie sollten deshalb auch nur dann bei den Alten Seelen und natürlich bei den Alten Weisen Seelen! – und auch nur dann bei den noch ganz jungen Seelen, wegen ihrer noch sehr feinen ätherischen Seelenstruktur – angewendet werden, wenn sie aus lebenserhaltenden Gründen gar nicht mehr zu umgehen sind, denn allergische Reaktionen sind bei ihnen viel zu finden. Reife Seelen reagieren unterschiedlich auf allopathische Mittel, je nach ihrem seelischen Entwicklungsstand. Sind sie noch jung in diesem Zyklus, dann können sie genauso wie die Erwachsenenseele auch noch ganz gut mit ihnen fertig werden. Je älter eine Reife Seele aber wird, umso feinstofflicher reagiert auch sie.) Die Alte Seele sieht jetzt körperlich fein aus, und sie bekommt ein Strahlen und Leuchten, das aus ihrer Liebe für die Welt erwuchs, die sie viele Inkarnationen hindurch erlernen durfte. Viele alternative Heiler sind in diesem Seelenalter zu finden. In diesem Seelenalter beginnt sich das ätherische Feld vom Körper zu lockern, und das ist wichtig, damit sich die Seele auf ihren ultimativen Tod und Aufstieg, bis zum Ende ihres nächsten Seelenalterszyklus', vorbereiten kann. Dieser Prozess zeigt sich, indem diese Seele das Gefühl hat, dass manchmal „der Körper aus ihr herausfliegen will", und ich finde, das ist eine ganz wunderbare Metapher.

Die Alte Weise Seele

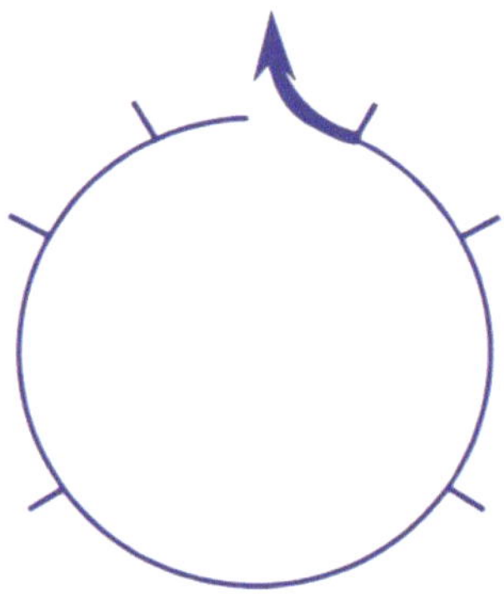

Sie hat nur noch sehr wenige Inkarnationen vor sich, bevor sie ihre endgültige Heimreise in die Dimension antreten kann, die ihre eigentliche Heimat ist. Sie ist jetzt die feinfühligste und die am ätherisch wirkendste und weiseste Seele unter allen Erdenbürgern. Sie hat so viel gesehen und gelernt und das alles immer wieder in den unterschiedlichsten Ländern und zu den verschiedensten Zeiten der Erde, und den jeweilig dort herrschenden Kulturen. Über Jahrtausende hat sie sich mutig neu eingekörpert. Da kann ihr kaum noch jemand sagen, wie der Mensch wirklich ist und wie die Natur gesund auszusehen hat. Sie hat die Natur noch vor vielen Jahrtausenden gekannt, sie hat Kriege gesehen und mitgemacht, aber auch Friedenszusammenschlüsse errungen, sie hat Hass gesehen und am eigenen Leib gespürt. Aber sie hat Hass auch selbst gesät und manipuliert, um durchzukommen, aber sie hat auch große Lieben erleben dürfen und unzählig viele Kinder großgezogen und sich um sie gesorgt und manche unter Bitterkeit wieder verlieren müssen. Nun muss sie ihre Heimreise antreten und sich dem Kosmos als eine an Erderfahrungen reich und bewusst gewordene Seele einem erneuten Lernen unterstellen. Sie braucht nur noch ganz ruhige Leben – so wie ein achtzig- bis hundertjähriger Mensch sehr viel Ruhe auf der Erde bedarf – was ihr in der heutigen Zeit auf dem menschenverachtenden

Arbeitsmarkt und der oft viel zu knappen Rente, für die sie, so lange es irgendwie geht, auch noch zuzüglich Geld zu verdienen hat, nicht mehr garantiert wird. Aber da das Wissen dieser Seele für die Menschheit unbedingt vonnöten ist, wird sie in diesem Seelenalter vom Kosmos dazu ausgesucht, auf geistige Weise zu wirken: In der Wissenschaft, in der Kunst, in der Lehre, in sozialen Berufen, durch schamanisches Können und kosmisch gelenkte Inspirationen. Dann ist sie zu dem Himmelsbotschafter geworden, der sie zu werden hatte. Das ist für sie nicht immer leicht zu leben, weil sie seelisch wie körperlich fast wieder so empfindsam wie eine Babyseele geworden ist, die auch nicht viel Kraft hat, und weil sie ihre restliche Kraft nun dringendst dazu benötigt, um sich auf ihre ultimative Heimkehr in ihre kosmische Heimat vorzubereiten. Einstein war so eine Seele, Gorbatschow ist so eine Seele sowie auch seine Frau so eine Seele gewesen war.
Auch für die Alte Weise Seele wäre es besser, wenn sie sich wie eine Babyseele in einem Umfeld befände, das für sie sorgen kann, denn harte Berufe können von ihr nicht mehr ausgeführt werden. Als Lehrer oder Lehrerin für die noch jüngeren Seelen stellt sie sich aber immer gerne zur Verfügung. Deshalb sucht sie sich vornehmlich Berufe aus, in denen sie in der Nische für andere Menschen bereit stehen und sie darin lehren kann, ihr Leben nicht nur unter den jeweilig herrschenden politischen und soziologischen Gesichtspunkten zu meistern, sondern auch unter kosmisch spirituellen. Ist die Seele in wissenschaftlichen Berufen und Sparten zu Hause, dann auch hier – wie schon im vorherigen Seelenalter der Alten Seele – besonders gerne in denen, die sich mit der Vergangenheit der Erde und dem Weltall beschäftigen; in der Geschichte, den Philosophien, den Urreligionen, der Archäologie, der Architektur, der Physik, der Ethnologie, der Astronomie... Nun erkennt sie – weil sie hellsichtig und hellfühlig geworden ist –, dass sie es darum tut, weil es mit ihrer irdischen Vergangenheit zu tun hat, denn viele ihrer ehemaligen Leben purzeln ihr nun geradezu entgegen. Diese Seele braucht nicht mehr den Beifall und den Ruhm, es wäre aber trotzdem für sie schön, für ihr Seelenwissen geschätzt zu werden; was gerade in der heutigen Zeit selten geworden ist! Diese Seele nimmt ihre Stellung in der Welt gelassen an, denn sie weiß, sie dient nur noch dem Himmel. Sie hält auch nicht mehr so viele menschliche Emotionen aus – Neid und Gier sind ihr fast völlig fremd geworden. Gibt es in ihrer Umgebung Streit, dann muss sie diesen abschütteln. In diesem Seelenalter sucht sie sich

Freunde, die sich auf derselben Entwicklungsstufe befinden wie sie selbst; da es diese Freunde aber selten gibt, weil der Prozentsatz der Alten Weisen Seelen sehr gering ist (er liegt bei etwa 3-4 Prozent), bleibt die Alte Weise Seele viel allein. – Und sie lebt besser in der Natur als in der Stadt, um die Innigkeit mit Mutter Erde und der allkosmischen Natur zu spüren. Diese Seele spürt mit jeder Faser ihres Herzens auch jedes begangene Unrecht an der Natur und weiß: Alles ist beseelt! In diesem Seelenalter muss sich das ätherische Feld noch stärker als im Seelenalter zuvor vom Körper lockern, um dann, nach nur noch einigen wenigen Inkarnationen, den endgültigen, den ultimativen, Abschied von der Erde – ohne all‘ zu viele Abschiedsgedanken und in Freude –, nehmen zu können.

Nachtrag zu den Seelenaltern:
Es ist auch noch wichtig zu wissen, dass nicht alle Menschen mit derselben Geschwindigkeit die genannten Seelenalterszyklen durchlaufen. Wie es in der Schule Klassenbeste gibt, die ein größeres Tempo bei ihrem Schuldurchlauf vorlegen, gibt es auch Klassenbeste im Durchlauf der einzelnen Inkarnationszyklen. Auch können bestimmte Zyklen schneller als andere durchlaufen werden und man braucht für andere eine längere Zeit – das kommt immer auf die Veranlagung der Seele an. Es gibt auch Seelen, die nur ein paarmal oder sogar nur einmal, auf die Erde kommen, um das Erdsein auszuprobieren. Dabei handelt es sich zumeist um große Weise des Himmels, die als Künstler, Erfinder und spirituelle Wissensbringer, für nur ein paar oder nur eine besondere Aufgabe abgestellt werden, um mit Gott zusammen unsere Kultur anzuheben, wie Jesus z.B. Manche von ihnen durchlaufen aber auch die gesamten Zyklen, um vom Menschsein noch mehr zu verstehen. Es ist außerdem wichtig zu verstehen, dass man auch innerhalb jedes einzelnen Zyklus' eine Entwicklung von einer Babyseele bis hin zu einer Alten Weise Seele in den genannten sieben Abstufungen nehmen muss, und dass sich daraus konsequenterweise ergibt, dass jemand, der sich noch am Anfang einer erneuten Seelenentwicklungsstufe befindet, sich auch nur dementsprechend unbedarft, nämlich wie ein Baby, in ihr verhalten kann. Im nächsten Kapitel über die „Archetypen“, möchte ich aufzeigen, mit welchen verschiedenen Seelenanlagen unsere menschliche Urseelenkopie ihre Seelenreife erlangen darf.

Die Archetypen

Wir alle sind mit den verschiedensten Neigungen und Fähigkeiten auf die Erde gekommen. Das ist wichtig, damit es Menschen gibt, die unsere Welt auf die unterschiedlichste Weise in Gang halten. Diese Neigungen und Fähigkeiten schlummern in unserem persönlichen Urseelenprint sowie in unserem kollektiven Unterbewusstsein. Sie erstellen unser archetypisches Verhalten und damit unseren Archetyp*.

Für dieses Kapitel möchte ich die bereits auf Seite 158 genannten Archetypen nacheinander besprechen.
Es sind:

der Heiler/die Heilerin (auch der Helfer/die Helferin)
der Priester/die Priesterin
der Künstler/die Künstlerin
der Gelehrte/die Gelehrte
der Weise/die Weise
der Krieger/die Kriegerin und
der König/die Königin.**

Diese von mir genannten Archetypen lösen in uns bestimmte Assoziationen aus. Wir wissen sofort, was damit gemeint ist, wenn jemand als Heiler, Priester oder Künstler bezeichnet wird oder als Gelehrter, Weiser, Krieger oder König.

** Das tiefenpsychologische Konzept über Archetypen geht auf den Schweizer Psychiater und Psychologen Carl Gustav Jung zurück, der die „Analytische Psychologie" entwickelt hat und fand durch die spirituelle Psychologie noch einmal eine große Erweiterung. Empfehlen möchte ich das Buch von Carol S. Paerson „Die Geburt des Helden in uns – Transformation durch die Zwölf Archetypen", Knaur Esoterik, erschienen im August 1993, in dem sie zwölf Archetypen benennt, die uns dabei helfen sollen, unsere Reise durch unser Leben besser zu gestalten.*
*** Diese Archetypenhervorhebung entstammt meinem Buch: „MORGENSTERN – Die Seelenalter und die Neue Zeit".*

Wenn man diese Archetypen auch noch mit den im vorherigen Kapitel genannten Seelenaltern in Übereinstimmung bringt, dann entstehen vielfältige Lebensmodelle, nach denen jemand lebt und seine Seele entwickelt und nach denen man Menschen besser kennen lernen und einordnen kann.

Wir alle vereinen alle genannten Archetypen in uns. Doch bestimmte Typen tragen wir in stärkerer Gewichtung. Es ist so, als wenn man eine Torte in sieben unterschiedlich große Tortenstücke geschnitten vor sich hat. Um bei dieser Analogie zu bleiben: Es kann durchaus sein, dass zwei oder drei Stücke der Torte = Archetypen, dieselbe Größe aufweisen und deshalb gleich stark im Leben ihren Ausdruck finden und dass andere Stücke kleiner ausfallen und dementsprechend schwächer im Ausdruck sind. Zwei Beispiele dazu: ein Künstler kann gleichstark ein Krieger sein, ein Heiler kann auch eine gleichstarke Ausprägung als Priesterseele mitbringen und gleichzeitig ein Gelehrter sein. Diese Archetypengewichtungen sind aber nicht für immer konstant in uns angelegt, sie können in ihrer Ausprägung von Leben zu Leben, aber genauso innerhalb eines Lebens variieren, damit wir mal den einen und mal den anderen Archetyp – also auch die kleineren Kuchenstücke – besser in uns erkennen und zu leben lernen. Und auch wenn wir sehr wahrscheinlich alle Archetypen über unsere vielen Leben hinweg gleich stark entwickelt haben müssen, so gibt es immer Archetypen, in denen man mehr zu Hause ist, wie ich aus meinen Wiedergeburtserfahrungen meiner Patienten, aber auch von mir selbst weiß.
Wie gestalten sich die einzelnen Archetypen? Wie lernt man sie zu erkennen und von den anderen zu unterscheiden?

Nachfolgend gebe ich dazu die wichtigsten Merkmale der auf der Vorseite genannten sieben Archetypen anhand.

Der Heiler/die Heilerin (auch der Helfer/die Helferin)

Der Heiler/Helfer ist derjenige Seelentypus, der die Seelenalterszyklen am schnellsten durchlaufen kann. Da er bereits das größtmöglichste Mitgefühl aller Archetypen auf die Erde mitbringt und es viele Menschen gibt, die der Hilfe dieses Seelentypus‘ besonders bedürfen, kann er schneller zu einer Alten Weisen Seele heranreifen als die anderen

Archetypen. Im Archetyp des Heilers und Helfers ist es verankert, dass er eine große Liebe zur Medizin und zum Körper und der Seele mitbringt und leichter als die anderen Archetypen vom Kosmos zur Hilfe von kranken Menschen inspiriert werden kann, um in kritischen Situationen körperlich sowie psychisch mit der richtigen Therapie heilend eingreifen zu können.

HeilerInnen und HelferInnen sind *immer* bereit zu helfen – ohne Rücksicht auf sich selbst, stellen sie sich dafür zur Verfügung. Dadurch kommen sie aber auch schnell in Situationen, in denen sie über ihre Kraft leben und von anderen ausgenutzt werden können. HeilerInnen und HelferInnen, oder noch besser gesagt, *gerade HeilerInnen und HelferInnen*, benötigen deshalb immer wieder Zeit für sich, um sich für neue Hilfestellungen aufzuladen, denn wenn dieser Archetypus ausgelaugt ist, kann er nur ein schlechter Heiler und Helfer sein. Wenn die Seele noch jung ist, dann sind HeilerInnen und HelferInnen noch geneigt, sich durch Genussmittel am Laufen zu halten. Im späteren Seelenalter benötigt dieser Archetyp solche Hilfen nicht mehr. Dann hat er aus sich – aus seinem Archetypus plus seinem Seelenalter – heraus, ganz allein die seelische Kraft, um sich schnell aufzutanken, und auch gelernt, sich Ruhepausen zu gönnen, ohne dafür ein schlechtes Gewissen zu haben.

Die Emotionen dieses Archetypus‘ sind so stark ausgeprägt, dass es für ihn wichtig ist, sich hin und wieder seines Verstandes zu erinnern. D.h. sich durch Mithilfe seines Verstandes, und nicht seines Herzens, zu hinterfragen, ob die Unterstützung, die er anbietet, wirklich nötig ist – ob es nötig ist, dass er wieder für andere einspringt und ständig für sie da ist. Dann ist es wichtig für ihn, den Gelehrten und Weisen in sich zu erkennen und diese zu befragen und manches Mal ein Krieger zu werden und „Nein“ zu sagen oder ein König oder eine Königin zu sein und sich selbst bedienen zu lassen und auch einmal die Nase hoch zu tragen. Frauen leben diesen Archetypus natürlich stärker aus als Männer – sie bieten ihre Hilfe der Welt schnell und gerne und auch ungefragt an. Von ihrer Anlage her können Männer dieses Archetypus’ natürlich mehr Distanz zu den Menschen halten und auch leichter abschalten.

Ein Heiler/Helfer kann schnell ausgenutzt werden, man muss ihm nur ein schlechtes Gewissen machen. Ist er dann nicht mehr in seiner inneren Mitte, also stark genug einmal „Nein" zu sagen und etwas für sich selbst zu wünschen, dann kann er schnell in eine servile Haltung geraten und über sich selbst denken, nicht so viel wert wie die anderen zu sein. Aber gerade der Heiler/Helferarchetyp benötigt die Liebe und die Wertschätzung und die Rücksichtnahme anderer Menschen, um seiner göttlich gestellten Aufgabe gerecht werden zu können, weil er seine Sinne auf ihre Hilfsbedürftigkeit gelenkt hält und dafür ständig im körperlichen Einsatz sein muss und insbesondere seine Gelenke, aber auch sein Herz verbraucht. Er will diese Liebe, Wertschätzung und Rücksichtnahme gar nicht so oft haben, denn sonst könnte er seinem Archetypus nicht gerecht werden. Aber von Mal zu Mal muss es auch für ihn eine Pause und eine Wertschätzung geben. Dass sich das mit ihm so verhält, das versteht dieser Archetyp natürlich erst in den höheren Seelenaltern.

Als Baby- und Kindseele ist dieser Archetyp natürlich genauso abhängig von anderen Menschen wie die nachfolgenden Archetypen, aber immer werden sein Helfertum und sein Mitgefühl aus ihm herausleuchten. Und auch als Erwachsenenseele verhält er sich nie so hart und grob, wie die anderen Seelenarchetypen. Und als Alte Seele und Alte Weise Seele möchte er sich auch endlich einmal fallen lassen können und wertgeschätzt und gepflegt werden für alles das, was er bereits durch seine Inkarnationen hindurch für die menschliche Gesellschaft geleistet hat – diese Wertschätzung hat er sich dann auch wirklich verdient!

Der Priester/die Priesterin

Der Priester/die Priesterin, sie kann man als „Psychologen mit Gottesanbindung" bezeichnen. Denn wie Psychologen hören sie anderen Menschen gerne zu und geben ihnen Ratschläge. Dieser Archetyp ist nicht derjenige, der selbst gerne Hand anlegt, noch seine Hände schmutzig macht, wie der Heiler/Helfer-Archetypus. Aber er hilft durch Gespräche und durch die Anbindung an Gott. Und das ist wichtig, damit der Mensch an seine Rückbindungsmöglichkeit an den Himmel erinnert wird. Und das tut die Priesterseele auch dann, wenn sie kein Priester von Beruf ist. Einen Priesterseelentypus kann man in allen Sparten und Berufen antreffen, er muss nicht an eine Religionsgemeinschaft angebunden sein, aber ganz besonders ist er in lebensberatenden, sozialen und psychologischen Berufen zu finden und natürlich in spirituellen Nischen.

Da der Archetyp Priester/Priesterin sich selbst nicht gerne ins volle Leben eingibt und immer mehr derjenige bleibt, der das Leben aus der Distanz heraus betrachtet, hat er zum täglichen Leben natürlich weniger Bezug als ein Heiler oder eine Heilerin; was sich insbesondere in seinem Verhältnis zum Körper der anderen Menschen, sowie zu seinem eigenen Körper und insbesondere zu seiner Sexualität zeigt. Ein Körper hat für ihn grundsätzlich etwas Befremdliches; Sekrete und Ausscheidungen werden von ihm nur schwer akzeptiert, sie ekeln ihn zutiefst. Insbesondere die Sexualität hat für ihn etwas „von Gott Abgerücktes" und „Schmutziges" und darf deshalb nicht zu seinem Leben gehören. Und da das so ist, träumt er natürlich vom „Verbotenen" und dem in ihm trotzdem Innewohnenden und auch ans Lichtwollenden – dem ungelebten Anteil in ihm – und der kann im schlimmsten Fall durch die Verdrängung dann doch zu einer Obsession werden, wie wir es von Priesterorden und von Priestern geführten Schulen wissen. Dabei bietet gerade die verantwortlich gelebte sexuelle Liebe zu einem anderen Menschen einen besonderen Bewusstseinskanal, um auf spirituelle Weise nicht nur diesem geliebten Menschen, sondern auch Gottes All-Liebe, ganz nahe zu sein.
In den jüngeren Seelenaltern priestert die Priesterseele noch das, was sie von moralischen Instanzen, Kirchen und Vorgesetzten gelernt hat. Im hohen Seelenalter aber immer nur das, was ihre Urseele durch ihre vielen Seeleninkarnationserfahrungen erlernen durfte. Sie findet dann besonders weise Worte für diejenigen Menschen, die sich genauso an Gott anbinden und heilig leben wollen wie sie. Diese gewonnene Erkenntnis ist das größte Geschenk, das dieser Archetypus der Menschheit übergeben kann.

Der Künstler/die Künstlerin

Die junge Künstlerseele kann man daran erkennen, dass sie noch nichts Wertschöpfendes erstellen kann. Sie bastelt noch und ist mit sich mehr oder weniger zufrieden, ganz so wie ein Baby und Kind, die auch mit sich zufrieden sind, wenn sie im Sandkasten Burgen bauen oder etwas Schönes malen. Doch wenn dieser Archetyp alt an Seelenerfahrungen geworden ist, dann möchte er gottgleich etwas erschaffen können und mit jedem Werk über sich hinauswachsen dürfen.

Der Künstler lebt sehr in sich, damit er mit seiner eigenen kreativen Welt und der geistigen kreativen Welt, durch die er inspiriert wird, in Verbindung sein kann. Er braucht dazu unbedingt viel Ruhe, und er muss viel mit sich allein sein, um das Kreative in sich wachsen zu lassen. Doch er braucht genauso immer wieder Menschen um sich herum, um auch von ihnen inspiriert zu werden.
Der Heiler /Helferarchetyp wendet sich Menschen zu, um für sie da zu sein. Der Künstler aber wendet sich Menschen zu, um seine Ideen an einem lebenden Objekt wachsen zu lassen und manchmal auch auszuprobieren (wie es Modedesigner, Bildhauer, Maler und Choreographen gerne tun). Wenn ihm sein Gegenüber etwas von seinem Schicksal erzählt, nimmt er nicht unbedingt das wahr, was ihm der Erzählende über sein persönliches Leid gerade erzählen will und dass er vielleicht sogar um Hilfe bittet, sondern er überlegt, wie er aus dieser Erzählung und diesem Leid etwas noch nie Dagewesenes erschaffen könnte. Daraus resultiert, dass ihm nachgesagt wird, ein Egoist zu sein. Das heißt aber nicht, dass er völlig gefühllos wäre, er bringt nur eine andere Rezeption für das Leid anderer Menschen mit (insbesondere bei männlichen Künstlern ist das häufig der Fall!) Er nimmt z.B. den Schmerz seines Gegenübers, und er überlegt, wie er diesen in ein Bild oder eine Statue, in ein Theaterstück, in einen Tanz oder in einen Roman oder in seine Musik einbringen kann. Seine Obsession ist, dass aus seinen Händen, aus seinen Gedanken oder mit seiner Stimme, seinem Körper oder mit seinem Musikinstrument etwas entsteht, was es noch nie gab. Nur so kommt er Gott ganz nahe. Nicht durch die Behandlung kranker Menschen oder durch Predigten, wie die beiden genannten Archetypen zuvor, sondern durch die Kunst in ihren verschiedensten Darstellungsformen. Er nimmt auch gern die Ideen anderer Künstler auf, um daraus etwas Neues anzufertigen, wodurch aber leider schnell Konkurrenzkämpfe entstehen. Dass der Künstler (insbesondere der männliche!) eine Muse braucht, liegt in dem Umstand begründet, dass er trotz seiner geliebten einsamen Zeiten, die Nähe zu einem besonderen Menschen – möglichst einem Künstlerarchetyp mit der Neigung zum Helfer – benö-

tigt, um versorgt sein zu können, denn mit der Selbstversorgung nimmt es die männliche Künstlerseele nicht so genau – das sollen lieber andere für sie machen. Er benötigt eine Muse aber auch, wie schon geschrieben, um von einem lebenden Objekt inspiriert zu werden. Wobei die von ihm dafür Ausgesuchten aufpassen müssen, nicht wie von einem Vampir von ihm ausgesaugt zu werden. Deshalb kommt es vor, dass ein Künstler zumeist viele Musen küssen muss, weil es eine Muse kaum ein Leben lang bei ihm aushalten kann, es sei denn, er befindet sich in den letzten beiden Seelenaltern und kann seine Muse ernsthaft lieben. Die betroffenen Musen sollten wissen, dass es für sie lebensrettend sein kann, einen Künstler nach einiger Zeit wieder zu verlassen oder sich wenigstens von Zeit zu Zeit eine Pause von ihm zu nehmen. Der Modeschöpfer Karl Lagerfeld scheint von diesem Muster zu wissen. Er baut der Ausbeutung durch sich selbst vor, indem er mit seinen Musen keine körperlichen Beziehungen mehr eingeht und sie von Arbeitsthema zu Arbeitsthema auswechselt. Dieses Musenwechselspiel hat für ihn den Vorteil, dass er sich ständig neu erfinden und damit trendy auf der Höhe seiner Zeit sein kann, weil seine Musen zumeist jünger sind als er und ihn dadurch mit völlig neuen und ausgefallenen und avangardistischen Ideen inspirieren können. Und dazu sind Musen ja hauptsächlich da; nicht nur, um den Künstler oder die Künstlerin zu versorgen und zu trösten, wenn er/sie es nötig haben, sondern, um vordringlich Inspiration zu sein. Aber weil auch die Musen Künstlerseelen sind und sich selbst, vorwiegend ihren Körper, als Kunstwerk verstehen, wollen auch sie von ihrem Meister oder ihrer Meisterin als KünstlerInnen wahrgenommen und geschätzt werden und das steht ihnen auch zu. Und manche Musen entwickeln sich auch selbst noch zu *sehr großen* KünstlerInnen. Dass das in einer Partnerschaft nicht immer leicht zu leben und auszuhalten ist, brauche ich sicher nicht anzumerken.

Der Künstler ist genau wie der Gelehrte eigenbrötlerisch und unordentlich. Es sei denn, er hat noch einen Archetyp in gleichgroßer Verteilung zu leben, der diese Eigenschaften wieder wettmacht: wie den König, der gerne schön gekleidet ist und zum Regieren Ordnung braucht, oder den Heiler, der auch die Ordnung benötigt, damit er sich um sich selbst und andere kümmern kann, oder er hat – wie bereits beschrieben – eine Muse mit einer Neigung zum Helfer, die/der die Ordnung für ihn übernimmt. Während der Gelehrte (wie in der nächsten Archetypbeschreibung erklärt) eher irgendwo in der Ecke mit klebrigen Haaren und schmutziger und altmodischer Kleidung sitzt und sich bis zur Selbstaufgabe nicht mehr wahrnimmt, weil die oft wissenschaftlichen Themen, mit denen er sich beschäftigt, viel zu spannend und einnehmend für ihn sind, kann der Künstler aus seinem ungepflegten Aussehen noch ein Bild, ein Kunstwerk, machen. Läuft er mit zotteligen Haaren und unachtsamer, und vielleicht sogar schmutziger Kleidung herum, so wird das alles zu einer Botschaft, zu einem Kunstgebilde, zu einem *Style* erhoben; da wird ein Zopf kunstvoll geflochten oder das Haar gegelt und zurückgekämmt getragen, sodass man den Künstler einfach schon von Weitem erkennen *muss*.

Ein in der Seele altgewordener Künstler muss immer irgendetwas erschaffen: ein Buch, eine Statue, ein Bild, ein Lied, ein Musikwerk, ein getanztes Werk, ein Kleid... Hat er ein Werk beendet, dann ist er schon beim nächsten. Alte Werke mag er sich nicht mehr anschauen, weil er sie nie wieder so machen würde. Er ist ja daran gewachsen und benötigt sie zu seinem Wachstum nicht mehr. Es kann einer alten Künstlerseele nichts Schlimmeres passieren, als von ihr zu verlangen, Duplikate herstellen zu müssen. Die Fähigkeit, in den nicht so starken kreativen Zeiten einmal alle Viere von sich zu strecken und gelassen zu bleiben, kann die Künstlerseele erst in den Seelenaltern der Alten und Alten Weisen Seele leben – aber selbst dann kreiert sie in ihrem Inneren, in ihrer Phantasie, ständig etwas Neues, noch nie Dagewesenes.

Wenn die Künstlerseele im jungen Seelenalter gerne bastelt, so ist sie in den mittleren Seelenaltern ein Handwerker, aber im hohen Seelenalter bringt sie immer etwas Besonderes zutage. Gerade in der Renaissance gab es viele Künstler im Seelenreifezyklus der Alten und Alten Weisen Seele: Michelangelo, Leonardo da Vinci... In unserem letzten Jahrhundert waren es u.a.: Salvador Dali, Frieda Kahlo, Paula Modersohn-Becker, Marc Chagall, um nur einige wenige zu nennen. Viele von den heute selbst ernannten Fashionistas und ModebloggerInnen sind Künstlerseelen, die ihr Künstlersein an sich selbst ausleben. Auch sie müssen immer wieder eine andere und neue Art von Mode ausprobieren, um kreativ wachsen zu können.

Der Gelehrte/die Gelehrte

Der Gelehrte ist der Archetypus, der auch am liebsten mit sich allein ist, damit er sich mit einem Thema weit weg von der Welt beschäftigen kann. Er braucht nicht wie der Künstler ab und zu Menschen zu seiner Inspiration, sondern Themen oder Gegenstände wie archäologische Funde oder alte und neue Bücher. Ihn findet man in den älteren Seelenaltern in den Universitäten; in deren Bibliotheken und Forschungsabteilungen. Darum ist es auch für ihn nicht wichtig, wie er gekleidet herumläuft und wie sauber er ist. Selbstvergessen kann er den ganzen Tag mit einem Thema zubringen, ohne sich um sich selbst zu kümmern. „Die Menschen sollen nicht so viel Wert auf Äußerlichkeiten legen!“, ist ein typischer Spruch eines Gelehrten. Ein Künstler würde diesen Spruch nie so von sich geben. Schönheit und ein eigenwilliger kreativer Ausdruck inspirieren ihn; ja er ist geradezu in beides vernarrt!

Für den Gelehrtentypus ist es äußerst wichtig, dass ihm vollkommene Ruhe für seine Arbeit gegönnt wird. Wenn dieser Archetypus verheiratet ist und Kinder hat, so wird er trotzdem gerne für sich bleiben wollen. Er kann von allen Archetypen am wenigsten schnell umschalten, wie ein Krieger z.B., der immer gespannt wie ein Flitzebogen ist, um etwas zu lernen oder sich und andere zu verteidigen oder wie ein Heiler oder eine Heilerin, die um Menschenleben zu retten, auch fix sein müssen. Der Gelehrte braucht Ruhe und ein intellektuelles Ziel, um mit sich zufrieden und in seiner Mitte zu sein. Auch seine Antworten schießen nie wie aus der Pistole. Erst muss einmal alles von allen Seiten geprüft werden, bevor es zu einer Schlussfolgerung kommen darf. Bis dieser Archetyp antwortet, ist sein Gegenüber zumeist schon entnervt geflohen. Dieser Typus ist darum gern als Langweiler verschrien. Mit so einem Menschen verheiratet zu sein, kann entspannend sein, wenn der Ehepartner oder die Ehepartnerin auch immerzu an etwas tüfteln müssen, und darum genauso froh sind, wenn sie mit sich allein sein können; es kann aber auch nervenaufreibend für sie sein, weil sie den Partner kaum bemerken und von ihm kaum Hilfe für den täglichen Kleinkram – und auch kaum für ihre gemeinsamen Kinder – erhalten.

Der Gelehrte im höheren Seelenalter wird sich nicht mehr nur mit ein paar Themen beschäftigen wollen, er versucht, sich mit vielen Einzelheiten in dieser Welt auseinanderzusetzen, die andere nicht sehen und verstehen – aber diese sollten möglichst nacheinander und dezidiert bearbeitet werden können! Immer bleibt dieser Archetyp genervt, wenn er mehrere Dinge auf einmal machen soll. Man hat bei ihm das Gefühl, dass sein Corpus Callosum, die Brücke, die die rechte emotionale und die linke rationale Gehirnhälfte verbindet, nicht richtig funktioniert. Dadurch wirkt er auf viele Menschen befremdlich und hat etwas von einem Autisten an sich. Wenn dieser Archetyp aber noch eine gleiche Gewichtung zum Krieger aufzeigt, dann ist er schneller in seinen Reaktionen und auch nicht mehr so selbstbezogen und wenn der Weise in ihm genauso ausgeprägt ist, dann ist er auch gesprächiger. Der Vorteil dieses Seelentypus‘ liegt allerdings darin, dass er durch seine langen Forschungen niemals vorschnell falsche Schlüsse zieht. Seine Seelenanlage kommt deshalb immer einer genauen „männlichen wissenschaftlichen Forschung“ zugute, die insbesondere in den naturwissenschaftlichen Fächern penible Doppelblindstudien vorschreibt, aber das Manko hat, leider nur wenig weibliche Intuition und Inspiration und spirituelles geistiges Wissen zuzulassen, und es nicht einsehen will, dass nicht alles durch Doppelblindstudien wiederholbar ist.

Der Weise/die Weise

Der Weise ist auch eine Art von Gelehrter. Aber er muss nicht wie ein Gelehrter den ganzen Tag irgendwo in der Ecke sitzen und forschen und tüfteln und mit seinen Gedanken vor sich hinbrüten, um zu seinem Wissen über eine bestimmte Sache zu gelangen. Der Weise oder die Weise, sie machen es sich – von außen gesehen – ganz einfach. Sie nehmen sich alle Thesen und Antworten, die sie von anderen bekommen können und erschaffen sich daraus ihre eigenen Weltbilder und Thesen, und sie wollen damit immer andere Menschen beeindrucken und befruchten. Daher ist der weise Mensch immer auch ein eloquenter Mensch, es sei denn, ein anderer Archetypus in ihm ist auch noch so stark ausgeprägt, dass dieser die Eloquenz ein wenig mindert. Haben wir es mit einer Vermischung aus einem Gelehrten und Weisen zu tun, dann haben wir einen Menschen vor uns, der – weil er trockenes Wissen immer mit einer Spur von Witz vermitteln kann –, als Lehrer besonders gut geeignet ist. Einstein war so ein vermischter Archetyp. Hochgradig intelligent und so weise, dass er der Welt mit seinem Charme seine Zunge raus-

strecken durfte, ohne dass dieser Akt seinem eigenen Ruf als Physiker, noch dem Ruf seiner Kollegenschaft, geschadet hätte, die nicht gerade für Humor verschrien ist. Außerdem trug er noch den Künstlertypus in starker Gewichtung in sich, der es machte, dass er für kosmische Inspirationen leicht offen sein und auf eine sehr kreative gedankliche Weise mit seiner Wissenschaft umgehen konnte.
Wie schon gesagt: Der Weise redet gern und viel. Er kann sich in seinen Reden aber auch schnell verlieren, wenn er sich in Selbstverliebtheit zuhört, weil er im Gegensatz zu anderen Menschen besonders kluge Thesen und Sätze konstruieren kann. Diesen Typus kann man im jungen Seelenalter auf einer Kiste am Hyde Park Corner finden, um alle ihn dort umgebenden Menschen mit seinen Meinungen „zu befruchten". Gerade wenn die Seele noch jung ist, dann versteht man diesen Seelentypus oft gar nicht, weil er noch nicht in der Lage ist, sich verständlich auszudrücken, denn: zu viele Gedanken lassen sein Gehirn fast durchbrennen. Er kann auch noch keine wichtige Stellung bekleiden. Aber in den höheren Seelenaltern findet man den Weisen in der Politik oder in sozialen Berufen als wirklich wichtigen Entscheidungsträger. Gorbatschow und Heiner Geißler, gehören zu diesem Seelentypus und sind als Alte Weise Seelen für uns besondere Lehrer; auch Doris Lessing war so eine Alte Weise Seele, die mit ihren Werken viel für die Emanzipation der Frau getan hat, indem sie in ihrem Roman „Afrikanische Tragödie" aus dem Jahre 1950, die Wirklichkeit der südafrikanischen Kolonialgesellschaft beschrieb (sie war in Simbabwe aufgewachsen!) In ihrem Buch „Das Goldene Notizbuch" schrieb sie, für damalige Zeiten völlig frei über ein Frauenleben, das aus Mutterschaft, Problemen mit Männern und dem Menstruieren bestand und erregte damit die damals konservativen Gemüter, aber auch die helle Freude von Feministinnen.

Der Krieger/die Kriegerin

Der Krieger hat eigentlich das härteste Los aller Archetypen zu tragen, denn er kann nie relaxed sein. Immer steht er unter Strom. Er ist körperlich und seelisch angespannt wie ein Flitzebogen, weil er zu jeder Zeit bereit ist, durch Kampf an sein Ziel zu gelangen.

Der Krieger ist zum Kämpfen nicht nur verpflichtet, sondern verdammt. Wenn er einmal im Außen nicht kämpfen kann, dann finden seine

Kämpfe trotzdem in seinem Inneren weiter statt. Er leidet deshalb schon in seinen jungen Jahren unter einer vermehrten Adrenalinausschüttung und damit nicht selten unter hohem Blutdruck. Er kann nur selten ausruhen und schläft nur wenig. Sein Leben unterliegt einer großen Beschleunigung, weshalb er selten alt wird. Herz- und Gefäßkrankheiten sind typisch für den Krieger. Ich brauche eigentlich nicht zu vermerken, dass ein Krieger gerade heute für eine stetig wachsen sollende Firma nur willkommen sein kann, denn er steht für diese zu jeder Zeit gerne bereit, fast jede Aufopferung (bis zum Herzinfarkt oder Schlaganfall!) zu erbringen. Dasselbe gilt für die Kriegerin, die einer Amazone gleich daherkommt und sich genauso übernimmt und schnell verbraucht. Wenn sich dieser Archetypus im Seelenalter der Erwachsenenseele befindet, dann lebt er ständig am Rande der Erschöpfung. Der Krieger ist bereit, alles schnell niederzumachen und zu töten, wenn es nicht nach seiner Nase geht. So kann er zum Amokläufer oder zum Mörder werden. Weil er so blitzschnell reagieren kann, bleibt ihm keine Zeit, über sich selbst nachzudenken, aber was noch schlimmer ist, er macht sich dadurch auch keine Gedanken über die Emotionen seines Gegenübers und das Leid, das er in ihnen verursacht. Spürt er, dass er verlieren könnte, dann vernichtet er den anderen oder eine Sache lieber, als selbst einmal inne zu halten. Insbesondere in den Seelenaltern der Jugend- und Erwachsenenseele ist der Krieger schwer zu ertragen. Erst in den hohen Seelenaltern lernt er sich auszuruhen; er muss dann nicht mehr aus jedem Kampf siegreich hervorgehen.

Der Krieger und die Kriegerin möchten für etwas kämpfen und einer Person oder Personengruppe kämpfend dienen können. Damit überhöhen sie aber leicht das Objekt ihrer Wahl: die Sache selbst, den Chef oder die Chefin, die Familie, die Politik oder das Militär oder die Person – auch die Ehefrau oder den Ehemann – die sie mögen oder lieben und für die sie besonders bereit sind, sich ausbeuten zu lassen und für sie sogar in den Tod zu gehen. Dadurch sind sie in ihren Leben unzähligen Menschen mit Neigungen zu Manipulationen ausgesetzt, die sie nur für ihre Zwecke benutzen. Das zu durchschauen, fallen dem Krieger und der Kriegerin gerade in den jüngeren Seelenaltern schwer. Man erkennt das an ihrer Wortwahl, die ein Spiegel der Wortwahl ihrer Partner ist. Erst in den höheren Seelenaltern wird der Krieger zu einem guten und von anderen Menschen unabhängig gewordenen Denker. Dass dieser

Archetyp bereit ist, sein Leben für andere zu opfern, das könnte den anderen Archetypen so nicht passieren. Sie würden ihr Leben nie für etwas hergeben, das es letzten Endes gar nicht wert war, und auch nicht die Heiler/Helferseele, die ganz besonders gewillt ist, für andere aufopferungsvoll da zu sein, würde das nie tun. Aber die Kriegerseele fühlte sich leer, könnte sie sich nicht bis zum Letzten einbringen und loyal sein. Dass der Krieger von anderen Menschen oft nur benutzt und manipuliert wird, weil er so gerne kämpft, ist dieser Seele erst einmal egal, es geht ja um den Kampf an sich. Er ist der Meinung, dass er immer nur für „die gute Sache" kämpft und dass dafür auch der Tod in Kauf genommen werden *muss*. Damit zwingt er der Welt seinen Stempel auf, sich durch ihn enorm und schnell, und nicht immer zum Besseren, zu verändern. Erst in den höheren Seelenaltern – nach vielen unnützen Verletzungen und Toden von ihm selbst und seinen Gegenübern – kann der Krieger zu einem weisen Krieger werden, der nur noch diskutierend die Welt verbessern und weise die Friedenspfeife rauchend, kein Held mehr sein will.

Nun könnte man denken, dass der Krieger immer tapfer ist. Aber in der Polarität zur Tapferkeit liegt die Furcht. Diese begründet, dass der Krieger eigentlich eine völlig verängstigte Seele ist. Es wundert darum auch nicht, dass er nicht nur in den ersten drei Seelenalterszyklen, der Baby-, der Kind- und der Jugendseele, sondern auch in jedem Leben in seiner Baby-, Kind- und Jugendzeit, die ängstlichste Seele von allen Archetypen ist und dieses Seelenmerkmal nie ganz verheimlichen kann, weil er immer dementsprechenden Schutz sucht. Nicht umsonst sind junge Kriegerseelenmänner deshalb in Männerbünden zu finden; wie im Militär, das ihnen Kriege geradezu auf dem Tablett serviert, sie aber auch schützt und versorgt oder in den Religionen und Kirchen, wo sie „Gottes Krieger" sein können und auch geschützt und versorgt werden. Gerade der Krieger weiß ja am besten, wozu andere Krieger oder Kriegerinnen fähig sind und wie schwach man durch sie gemacht werden kann und dass er nicht gleichzeitig für alles Mögliche in Kampfbereitschaft stehen und sich dabei auch noch selber gut versorgen kann. Will man einen Krieger in seinem Kampfmodus schwächen, dann ist es wichtig, nicht mehr bereit zu sein, für ihn Essen zu kochen und die Hemden zu waschen. Das sollte man allen denjenigen Frauen sagen, die das machen und Soldaten auch noch ihre Kleidung nähen. Müssten diese das für sich

selbst tun, dann wäre ihre Kampfenergie schon schnell verbraucht. Und man sollte sie nicht mehr mit Liebe und Sexualität versorgen, durch die sie sich in ihrem überbordenden chauvinistischen Gehabe auch noch bestätigt fühlen.
Es ist gut, wenn dieser Seelentyp liebevolle Ehepartner, Freunde und Bekannte hat, die die Fähigkeit haben, ihn in seinem täglichen Leben immer wieder von seinem Kriegersein – insbesondere seiner Rechthaberei, seiner Wut und seiner Streitlust – herunterzuholen; wenn sie wissen, dass man eine Kriegerseele von ihrem Kampfmodus ganz leicht abtrennen kann, indem man sie liebevoll berührt oder in den Arm nimmt und ihr humorvolle Geschichten erzählt, die sie ablenken.

Es ist auch nicht verwunderlich, dass der Archetyp Krieger erst in den beiden letzten Seelenalterszyklen – wenn er endlich zu einem weisen Krieger werden konnte –, ein altes Lebensalter erreicht, weil er erst dann nicht mehr dazu bereit ist, für andere bis zu seiner völligen Erschöpfung zu kämpfen und sich dabei zu verbrauchen und sein Leben zu opfern. Dann kommt auch die Sache mit dem Blutdruck ins Lot. Da diese Seele schon sehr oft in sehr jungen Jahren verletzt die Welt verlassen musste – denn Kriegsherren gab es in unserer Zeitgeschichte zur Genüge, die sich ihrer Tapferkeit und Loyalität bedienen konnten –, kann man einen Krieger auch daran erkennen, dass er in seinen nachfolgenden Leben eine besondere Wut auf das Leben zeigt. Es ist für ihn nicht leicht zu erkennen und zu verarbeiten, dass er die Neigung hat, sich für eine Sache fälschlich einzusetzen und dass er dafür ständig zu viel opfern musste. Selbst, wenn die Kriegerseele aus ihren früheren Leben – von ihren alten Verletzungen und Ausnutzungen durch andere – nichts mehr weiß, man kann sie an dieser Wut schnell ausmachen. Sie schieben deshalb auch gern ihren Müttern und Vätern die Schuld dafür zu, dass sie überhaupt „ins Leben kommen mussten". Tröstlich aber ist, dass auch der Archetyp Krieger im Seelenalter der Alten Weisen Seele zu sich gekommen sein muss und damit zu einem der friedfertigsten Menschen überhaupt werden konnte, weil er die andere Seite der Medaille – Kriege, Verletzungen, Verzweiflung und Tod – so gut kennt. Und nun ist er auch fähig, die Strategien zu beherrschen, die ihn als einen weisen Krieger auszeichnen. Und nun kann er auch erkennen, wie es überhaupt zu einem Krieg kommt, wie Manipulationen von anderen dahingehend durchgeführt werden, und wie er dem schon vorzeitig Abhilfe schaffen kann. Kofi Annan ist so ein weiser Krieger (mit einer genauso starken Königarchetypprägung). Immer schnell in seinen Reaktionen, ein guter Friedensstratege und nicht mehr manipulierbar – und mit dem außergewöhnlichen Charisma eines Königs, der einen ganzen Hofstaat hinter sich weiß.

Der König/die Königin

Könige und Königinnen gibt es als Archetypen nicht so oft – wie es auch im richtigen Leben bei uns Könige und Königinnen nur selten gibt. Egal, was zu leben diesem Archetyp bestimmt ist, ihm wird automatisch zuteil, einen ganzen Hofstaat mit sich führen zu dürfen, denn Könige und Königinnen sind ohne Hofstaat *nichts.* (Natürlich gibt es auch Leben für diesen Archetypus, die er einsam verbringen muss, aber diese sind selten zu finden. Ich sagte schon auf Seite 161, im Kapitel „Noch mehr zur Reinkarnation", dass es wichtig ist, dass KönigInnen auch Leben als Arbeiter und Bettler gehabt haben müssen, um das Leben genau zu verstehen!) Dieser Archetyp wird selbst dann respektiert und geliebt, wenn man ein wenig neidisch auf ihn ist. Man dient ihm trotzdem und zeigt Respekt, das muss man eben, auch wenn man nicht weiß, warum das so ist (das ist auch innerhalb einer Familie so). Wäre das nicht so, dann könnte es Menschen in dieser Position nicht geben. Würde man immer ihr König- oder ihr Königinnensein durchschauen, dann wäre dieser Archetyp in Gefahr, durch Neid vernichtet zu werden – in Worten oder auch körperlich (was hin und wieder trotzdem passiert ist, wie z.B. in der französischen Revolution!) Es ist eine Gnade, dass dieser Seelentyp zumeist die Fähigkeit hat, sich davor zu schützen – was bewusst wie unbewusst geschieht (auf diese Weise ist die englische Queen zu einer unantastbaren Person geworden). Nicht umsonst weiß man im Adel, wie man sich von solchen Unbilden fern hält, man hatte lange genug Zeit, das zu erlernen; ist dieser Archetyp dominant angelegt, dann hat die Person zumeist auch im Himmel eine KönigInnen-Rolle inne. Für Herabgestiegene EngelInnen und MeisterInnen gilt das auf jeden Fall.

Für den Archetyp der Königin oder des Königs ist es außerdem wichtig, von einer besonderen körperlichen Statur und Schönheit zu sein (denn Schönheit liebt man und dient man gern!) und dass er in eine Umgebung hineingeboren wird, die ihn mit ihren finanziellen Mitteln ein Leben lang versorgen kann. Und trotzdem ist es für ihn genauso wichtig, in den verschiedensten Leben nicht so schön und reich gewesen zu sein. In welcher Lebenssituation sich dieser Archetyp auch gerade befindet, immer wird seine oder ihre königliche Erscheinung aus ihm oder ihr herausleuchten, und nur selten wird er ohne Menschen sein, die ihm nicht zuarbeiten und dienen wollen; was oft ein Kreuz für ihn zu leben ist, weil er dadurch nur selten mit sich allein sein kann und unter ständiger Kontrolle lebt. Der amerikanische Präsident Barack Obama gehört zu diesem Typ, so auch die thailändische Königin Sirikit.

Fazit:
Aus der Lehre von den von mir genannten Seelenaltern und Archetypen, lassen sich viele verschiedene Seelen- und Lebensmodelle ableiten, die hier nicht alle besprochen werden können. Jedoch ist es wichtig, sie in diesem Buch wenigstens zum Teil benannt zu haben, um ein Einordnungsmuster dafür zu haben, mit welchen unterschiedlichen Anlagen eine Seele innerhalb ihrer Inkarnationszyklen zu wachsen hat.
Ich sprach bereits an, dass in jedem Leben die Ausprägungen der Archetypen ein wenig wechseln können; je nachdem, wie sich jemand auf Anordnung der geistigen Welt entwickeln muss. Die Art des Auslebenkönnens einer Archetypengewichtung hängt natürlich auch davon ab, in welche Familie man hineingeboren wurde und welche Anlagen diese mitbrachte; ob man in ein passendes soziales Umfeld, das der eigenen Archetypengewichtung entspricht, hineingeboren wurde oder nicht. Ist das nicht so, dann muss man schon eine Reife, Alte oder Alte Weise Seele sein, um sich davon befreien zu können. Wenn man z.B. in eine Handwerkerfamilie hineingeboren wurde und den Familienbetrieb übernehmen soll, der den Bedürfnissen einer Alten Weisen Priester-, Künstler- oder Gelehrtenseele so gar nicht entgegenkommt, dann bedarf es schon einer großen Seelenreife, um sich durchzusetzen und irgendwie doch noch zu seiner Berufung und damit zu seinem „tiefen inneren Ich“ zu finden. Daraus ergibt sich auch, dass wir die Berufe, die wir in Liebe und nach unserer Neigung und nach unseren Talenten auswählen, *niemals* für andere ausführen, sondern immer nur für uns selbst, für unser *ur-eigenes* seelisches Wachstum. Und dass wir sie wieder verwerfen und andere auswählen müssen, wenn ein Archetyp ausgelebt ist und ein anderer Archetyp in uns danach schreit, genauso entwi-

ckelt werden zu müssen. Können wir das nicht, dann sind tiefe Depressionen die Folge.

Ich sprach außerdem an, dass es Gelehrte gibt, die durchaus fähig sind, sich neben ihrem Beruf auch noch der Familie zu widmen und eloquenter zu sein, als es normalerweise ihrem Archetyp entspricht, weil ein anderer Archetyp, der Krieger oder Weise z.B., in ihnen eine gleich starke Verteilung aufweist. Es gibt auch Priester, die als Mischtypus mit dem Heiler Menschen anfassen mögen und damit mehr Bezug zum Leben haben, als die normale Priesterseele. Und es gibt auch Vermischungen von einer Priesterseele mit einem Kriegerarchetyp, die für die Kirche und den Himmel im positiven Sinn kämpfen können, für ihre Kampfgelüste aber auch im negativen Sinn nicht davor zurückschrecken, „Gott“ und „(unechte) Visionen“ zu bemühen. Die letztgenannte negative Form lässt sich insbesondere in den jüngeren und den mittleren Seelenaltern ausmachen, die es noch nötig haben, sich mit etwas hervorzutun. Mit den Archetypvermischungen lässt es sich vortrefflich spielen. Man kann auch noch andere Archetypen mit ins Spiel bringen: Den Narr oder die Närrin (wie es sie früher zu Hofe gab; die heute in unseren Medien, insbesondere in den Comedy-Shows, zu finden sind), den Zauberer oder die Zauberin (wie Merlin oder Fee Morgaine aus der König Arthus Legende, die heute gerne als SchamanInnen wirken) oder den Trickster (den Spieler), der Menschen für seine Begierden zu manipulieren und zu nutzen weiß (wie unsere Banker), und auch immer weiß, wie er, ohne zu viel tun zu müssen, an Geld, Besitz und Liebe kommt. Der Trickster kann das, denn er ist ein großer Charmeur. – Die von mir genannten sieben Archetypen scheinen aber die wichtigsten Seelenentwicklungsmöglichkeiten abzudecken, um einen Menschen als Typus gut einschätzen zu können. Wenn man außerdem noch die Seelenalter mit den Archetypen vermischt, was ich als Beispiel bereits ab und zu tat, dann hat man ein gutes und ein besonderes Rüstzeug zur Hand, Menschen besser einzuschätzen und ihnen in Weisheit begegnen zu können; und ihnen und ihrer Urseele gerecht zu werden und ihnen manches nachzusehen.

Ich schrieb, dass man als Alte Weise Seele wahrscheinlich nach unzähligen Inkarnationen auf der Erde gelernt haben muss, alle Archetypen zu leben und zu verfeinern. Ob das für jede Seele gilt, kann ich nicht genau sagen. (Für diejenigen Seelen, die als MeisterInnen und EngelInnen nur für ein paar Mal auf die Erde herabsteigen, gilt das sicher nicht. Sie müssen alle Fertigkeiten bereits mitbringen, und sie können das, weil ihre Urseele bereits im Himmel älter und weiser ist). Ich kann aber von meinen Alten und Weisen Seelen-PatientInnen sagen, dass sie alle die von mir genannten sieben Archetypenprinte ziemlich vervollkommnet haben – und so auch ich als herabgestiegene Engelin, die einmal entschieden hatte, genauso wie alle anderen Menschen, alle Seelenalterszyklen zu durchlaufen und damit vielfältigst in der Erd- und Menschheitsgeschichte zu inkarnieren. Ich habe selbst in meinem jetzigen Leben, mal dem einen Archetyp und mal dem anderen eine stärkere Gewichtung zukommen lassen: als Heilerin und Helferin, als Priesterin, als Gelehrte, als Weise, als Königin. Auch die Kriegerin ist mir nicht ganz fremd – ich lebe sie aber mehr in einer Strenge mir selbst gegenüber aus, um alles das für den Himmel leisten zu können, was ich für ihn zu leisten habe. Ich bin mehr die Ausgleichende für die, die vom Leben ausgelaugt sind und nicht mehr können und habe damit eine starke Heilerinnen- und Priesterinnengewichtung inne. Ich versuche, die negativen Gefühle anderer auszubalancieren, indem ich ihnen die soziologischen Hintergründe dafür erkläre und ihnen Möglichkeiten für eine Veränderung ihres Lebens und spirituelle Gedanken anhand gebe, denn das ist schließlich auch „mein Job“ in der Is-Burg, der Burg über der Gralsburg, aus der ich komme und in der ich als „Königin der Balance“ genau diese Aufgabe innehabe. In diesem Sinne gehöre ich zu den „Kriegsdienern der Sonne“, wie sie der von mir bereits genannte José Argüelles in seinem Buch: „Der Maya Faktor – Geheimnisse einer außerirdischen Kultur“, auf Seite 181, Goldmann Verlag, Ausgabe von 3/90, für die kommende Zeit beschrieben hat. (Vielleicht hätte er lieber „Friedensdiener der Sonne“ schreiben sollen!?) Aber ich bin auch sehr stark eine Künstlerin und Gelehrte, die ich beide, jetzt als Schriftstellerin, endlich mehr in die Waagschale werfen kann, und ich liebe es, eine Zauberin wie Fee Morgaine zu sein, was ich mit der Hilfe meiner himmlischen Lehrer manchmal auch schaffe.

Und nun berichte ich im nachfolgenden dritten Buchteil von einigen meiner vergangenen Leben, sowie von noch anderen himmlischen Weisungen und Erkenntnissen, die ich als Himmelssurferin haben und machen durfte.

Meine vergangenen Leben

Die Erde ist ein wunderbarer Ort zum Lernen.
Sie bietet uns einen geeigneten Platz, um unsere Seele in einem stofflichen Körper fühlen zu können und Gefühle der Liebe auszuleben, aber auch die des Hasses sowie alle Gefühlsregungen dazwischen zu erlernen. Auf ihr müssen wir uns selbst ernähren, aber auch andere Menschen versorgen. Auf ihr müssen wir mit Krankheiten und Gebrechen leben und unsere Ausscheidungen in den Griff bekommen, für die wir tägliche Hygienemaßnahmen zu betreiben haben. Auf ihr müssen wir klug und ein soziales Wesen werden, und verstehen, dass sie unsere große Mutter ist, die uns alles das zum Menschsein bietet und dass wir deswegen genauso pfleglich und in großer Liebe mit ihr umzugehen haben, wie sie es mit uns tut – und auf ihr sollten wir möglichst auch noch fähig sein, mit unserer eigentlichen Heimat, der geistigen Welt, durch Religiotechniken in Verbindung zu gehen.

Alle genannten Lebenserfahrungen auf unserer Mutter Erde zu machen, sind wichtig, damit wir gut leben und überleben, aber auch unsere Persönlichkeit finden und sagen können: „Das hier mache ich gern, das aber nicht mehr mit, dieses und jenes entspricht nicht meinem Naturell, und das will ich auch nicht, das ist nicht meine Lebensaufgabe!“ Um alles das zu erlernen, benötigen wir viele Erdenleben mit den unterschiedlichsten Erfahrungen, aber auch mit wiederholten Situationen. Der dem amerikanischen Fotografen Man Ray, Filmregisseur, Maler und Objektkünstler des Dadaismus, zugeschriebene Satz:

„Alles wiederholt sich –
nichts ist wiederholbar!“

verdeutlicht m.E. ganz genau eines der größten Geheimnisse, die in der Inkarnation verborgen liegen. Wir wiederholen vieles aus unseren vergangenen Leben, und doch kann nie etwas noch einmal genauso geschehen wie in den anderen Leben zuvor. Wir sind zwar als Seele immer dieselbe aus dem Urprint, aber immer wieder mit den vielen Seelenerfahrungen unserer vielen ehemals als Kopie gezogenen Selbste bestückt worden, und wir haben gleichzeitig auch die Leben unserer Seelengeschwister auf der Erde direkt oder via Lichtfäden mitgelebt und mitempfunden und aus ihnen gelernt. Wir haben mit jeder Inkarnation zudem noch die *körperlichen und genetischen* Merkmale unserer erneut ausgesuchten Eltern auf der Erde aufnehmen müssen sowie auch einen Teil von ihrem geistigen Seelenprint mitbekommen – und auch die Zeit und die Natur in die wir inkarnierten, waren einer stetigen Änderung unterworfen. Wir wählten oft ein anderes Land, in dem die sozialpolitischen und kulturellen Umstände wieder ganz anders aussahen, als im Leben zuvor! Und wir lernten neue Menschen kennen! Darum ist für uns auch nichts mehr genauso auf den Punkt wiederholbar, wie es einmal war.

Viele Menschen denken, dass sie nach einem schweren Leben auf der Erde, wenn sie verstorben sind, endlich zur Ruhe kommen können und dass dann alle Mühe und alle Qual für sie vorbei ist. Doch, wie schon gesagt: Das Lernen geht immer weiter; von Wiederfleischwerdung zu Wiederfleischwerdung. Aber auch dann, wenn wir unseren letztendlichen Aufstieg von unserer Erdmutter gemacht haben, müssen wir als Urseele weiterlernen; in wieder anderen Dimensionen und deren Raum- und Zeitbedingungen. Unser Aufstieg – unser Lernen – geht stetig weiter. Allerdings geschieht das Lernen in der geistigen Welt nicht so wie auf der Erde, auf der wir Menschen häufig auf uns allein gestellt sind und mit den stofflichen Bedingungen des Lebens fertig werden müssen und darüber hinaus noch ein Leben – als ein Abbild der gütigen geistigen Welt – zu implementieren haben. In der geistigen Welt geht es nur noch um unser geistiges Sein und es geht – wie schon gesagt – um Güte. Um sehr viel Güte!

Schon als Kind wusste ich, dass ich die Erde sehr häufig bewohnt hatte, und ich spürte, dass ich eine sehr alte Seele bin. Manchmal gab es geistig wissende Leute, die mir das auch auf den Kopf zugesagt hatten.
Als ich etwa neun Jahre alt war, wurde für meine dritte Schulklasse in unserem kleinen Stadtkino ein Kulturfilm über die Mayas gezeigt. Als der Maya-Tempel von Chichén Itzá auf der mexikanischen Halbinsel Yucatán ins Bild kam, konnte ich nicht mehr an mich halten. Ich sprang aufgeregt von meinem Sitz auf und rief zu meiner neben mir sitzenden Freundin: „Das da, das kenne ich, da habe ich schon gelebt!“ Ich wiederholte diesen Satz noch viele Male, und ich kam auch danach kaum zur Ruhe, so aufgewühlt war ich. Meine Freundin war von mir Aussa-

gen darüber, dass ich schon viele Male auf der Erde gewesen war, gewohnt. Sie sagte wie immer nicht viel dazu, und ich wusste auch nicht, ob sie mich in diesem Moment für verrückt erklärt oder auch von ihren eigenen Vorleben gewusst hatte, sich aber nur nicht traute, mir davon zu erzählen. Für mich war es in diesem Moment auf jeden Fall unsagbar wichtig gewesen, ihr diese Mitteilung gemacht zu haben – ja, überhaupt mit jemandem darüber gesprochen zu haben –, denn ich war von der Wiedererkennung meines Tempels mehr als überwältigt gewesen. Sie sprengte fast mein Herz.

Ich erinnere mich vieler Leben.
Es waren nicht so schön zu benennende dabei wie in der Eiszeit, als ich die meiste Zeit ungepflegt in Höhlen verbrachte, um mich in Felle gekleidet vor Schnee und Kälte zu schützen; als ich wild wie ein Tier aussah und manchmal meine eigenen, zuvor verstorbenen, Kinder essen musste, um überhaupt überleben zu können. Ich sah mich unter den Bäumen des Regenwalds als Frau meine Familie mit primitivem Kochgeschirr bekochen und als ein Indianer in Texas am „Lake Fork Creek" (ein Creek ist ein kleiner Zufluss) jagen und fischen (dieser Name wurde mir während meiner Sichtung durchgegeben und natürlich habe ich ihn gegoogelt, um mich zurückzuversichern, dass es diesen Creek auch wirklich gibt), und ich sah mich als Indianerin in Utah leben. Ich erinnere mich an verschiedene Leben in Mesopotamien, sowie auch in Ägypten, Indien, so auch in Norwegen, Russland und Ungarn... Ich sah mich in Usbekistan als einen bedeutenden Kachelmaler leben, auf Malta als Priesterin und Richterin, die sich als Matriarchin unter den Frauen besonders wohlfühlte, ich sah mich als eine Inuit in Grönland mit ihrem Baby im Iglu sitzen. Ich sah mich im antiken Alexandria als weise Priesterin, die in friedlichen Zeiten ein gutes Leben haben durfte und eine schöne und geistig starke und unabhängige Frau gewesen war. Ich sah mich als Malerin in Siena, die Stillleben malte, sich aber auch gerne in der Natur mit ihrer Staffelei aufhielt, um Landschaften zu malen, und ich sah mich in vielen anderen Leben mehr: in Japan, in Korea, in der Wüste Gobi... Und ich bekam von meinem Seelenpartner „Wighart" – wie in meinem Buch: „Wighart der Ritter der Schwerter" nachzulesen –, noch von vielen anderen Leben, auch denen in atlantischer und voratlantischer Zeit (mit ihm!), erzählt.

Ich schrieb bereits, dass es so um einhundert vergangene Leben sein müssten, an die ich mich bis heute sehr genau erinnere; trotzdem kenne ich noch viele andere Leben mehr, in die ich aber nur einen sehr kurzen Einblick hatte. Es gab immer irgendwelche Landschafts- oder Städtenamen, die mir als Kind bekannt vorgekommen waren; die mit ihrem Klang mal positive und mal negative Emotionen in mir auslösten, und ich hörte auch am Klang einer Sprache schon schnell heraus, ob ich diese schon einmal gesprochen hatte oder auch nicht. Dabei hatten die deutsche, die italienische und die französische Sprache einen sehr hohen Stellenwert; wohl, weil sie die Sprachen gewesen waren, die ich insbesondere in meinen letzten Leben viel sprach – ich nehme an, dass die ganz alten Sprachen, wie man sie zum Beispiel in Mesopotamien und im alten Afrika oder im frühen Grönland geprochen hatte, wegen ihrer langen Vergangenheit tiefer in meinem Unterbewusstsein verschwunden sind. Und trotzdem kommen auch sie manchmal in mir hoch.

Die Stadt Hamburg hatte in meinem heutigen Leben oft eine große Rolle gespielt. Als ich mit vier Jahren mit meinem Pflegevater das erste Mal nach Hamburg reisen sollte, fühlte ich mich ganz klein und schlecht. Es war an diesem Tag regnerisch, und ich konnte seine Liebe zu dieser Stadt und dem Hafen und dem alten Elbtunnel überhaupt nicht teilen. Allein der Name „Hamburg“, machte mir schon Angst. Ich wollte so schnell wie möglich wieder nach Hause zurück, um nicht mehr diese Gefühle haben zu müssen, die mich fast auseinander rissen, die ich aber nicht konkretisieren konnte – außer, dass ich eindeutig wusste: Mit dieser Stadt war nichts Gutes für mich verbunden! Gesagt hatte ich natürlich nichts. Ich hatte alles mit mir allein ausgemacht! Ein stilles Kind war ich immer gewesen. So fielen mein Schweigen und mein innerer Druck nicht besonders auf. Obwohl ich als Kind Hamburg nicht gemocht hatte, zog es mich wie magisch im Alter von ungefähr vierundzwanzig Jahren trotzdem nach dorthin. In Hamburg gab es zu dieser Zeit viel Kultur, eine große Pressefreiheit und als 68‘erin, die aber nicht alles in der Bewegung gut fand!, konnte ich deren positiven Werte dort besser ausleben als in den südlicheren und westlichen Gegenden Deutschlands zuvor.

Als ich als Heilpraktikerin in Hamburg zu arbeiten begann, sagte mir eine Seherin, dass ich schon in einem früheren Leben in dieser Stadt gelebt hatte. Wie viele Menschen, denen etwas von Sehern gesagt wird, war auch ich erst einmal skeptisch. Also sagte ich zu ihr, dass ich mich ja daran erinnern müsste, weil ich bereits viele Orte kannte, in denen ich einstmals lebte. Um ehrlich zu sein, ich war ziemlich arrogant zu ihr gewesen! Sie antwortete mir darauf trotzdem großherzig, dass ich das sicher noch irgendwann entdecken würde. Und tatsächlich, es dauerte gar nicht mehr lange, bis in mir Bilder aus meinem letzten Leben aufzusteigen begannen, das entgegengesetzt so vieler anderer vorheriger Leben, so tief in mir verschüttet gelegen hatte, dass es bis dato nie hatte hochkommen wollen. Ich begriff, die Seherin war ein großes kosmisches Geschenk für mich gewesen. Ich sah: Ich hatte in meinem letzten Leben als Kind mit meiner jüdischen Mutter in Hamburg in einer kleinen Souterrain-Wohnung gelebt. Meine Mutter war allein erziehend gewesen. Wir hatten nicht viel Geld, aber ich war ein glückliches Kind, denn ich hatte eine wunderbare Mutter, die hübsch und kultiviert war (beide Eigenschaften sind mir auch heute noch bei Menschen wichtig, denn die äußere Schönheit ist immer ein Abglanz der inneren Schönheit und der Kultur eines Menschen, beide bilden die Basis, auf der sich unsere positive Evolution aufbaut). Ich besuchte die jüdische Thora-Schule in der Nähe der Uni für meinen Religionsunterricht.* Ich war ungefähr neun Jahre alt, als ich am Dammtorbahnhof, auf der kleinen Moorweide, direkt vor dem Logenhaus, mit meiner Mutter und vielen anderen jüdischen Leuten zusammengerufen wurde, um ins Lager nach Bergen-Belsen verbracht zu werden. Wir trugen beide Kleidung aus demselben hellgrauen leichten Sommerflanellstoff genäht, denn meine Mutter war eine Schneiderin. Sie hatte sich sehr gekonnt ein hübsches schmales und elegantes Kostüm daraus angefertigt, und auch für mich ein Kleid daraus gemacht. Es hatte einen weißen Kragen. Unseren Davidstern trugen wir an unserer Kleidung linksseitig, in der Höhe unserer Brust angeheftet. Die Sonne schien. Es war wohl Ende April, Anfang Mai, nach der Größe der Blätter an den Bäumen zu urteilen.

** Dass ich mir meine alte Thora-Schule mit ihren Klassenzimmern seit meinem Wissen von diesem Leben schon mehrmals angesehen habe, ist selbstverständlich. Sie gehörte zur ersten Zeit meiner Besuche noch zum Fachbereich Bibliothekswesen der Fachhochschule Hamburg – im Jahr 2004 wurde sie an die Jüdische Gemeinde der Stadt zurückgegeben. Seit dem Jahr 2007 läuft dort wieder der reguläre Schulbetrieb.*

Kein Wunder also, dass ich zurzeit meiner Bewusstwerdung dieses Lebens gleich in der Nähe dieses Platzes, eine Wohnung mit Praxis gefunden hatte. Der Himmel hatte es sicherlich gewollt, dass ich mich auch durch die Topographie dieses Ortes Stück für Stück an mein Trauma herantasten konnte. Damit wurde für mich auch klar, warum ich als Kind praktisch noch das ganze tragische Schicksal aller Juden in Deutschland mit mir herumgetragen hatte. Ich war ein schwermütiges Kind gewesen, dem viel Trauriges auf seinen Schultern lastete. Ich hatte oft gesagt: „Ich war nicht Anne Frank, aber ich bin genauso!" – Ich war als Kind vom Aussehen her Anne Frank nicht unähnlich. Auch Anne Frank war in Bergen-Belsen gewesen und ihre Fähigkeit zu dichten und zu schreiben, um mit ihrem Leben fertig zu werden, ist auch heute mein Geheimnis, mit meinem Leben fertig zu werden, aber auch als spirituelle Lehrerin und himmlische Eingeweihte tätig zu sein, um die Menschen in die jetzige Neue Zeit und in das dafür notwendige spirituelle Wissen einzuweisen. Erst mit vierzehn Jahren konnte ich mich mehr und mehr von meinem jüdischen Schmerz lösen. Dabei half mir meine Liebe zu jüdischen Liedern und zur Klezmer Musik. Und doch, mein vergangenes jüdisches Schicksal klopfte auch danach immer wieder bei mir an. Einmal, mit ungefähr zwanzig Jahren, fuhr ich von Celle aus auf der Straße entlang, von der die Straße nach Bergen-Belsen abführt. Es gab nur Birken und Felder; und doch wusste ich plötzlich beim Anblick der Abbiegung und der Morphologie der Birke, die dort stand – die bei meiner Deportation ungefähr um die dreiundzwanzig Jahre jünger und dementsprechend kleiner gewesen sein musste (die ersten Transporte begannen wohl um das Jahr 1943) – nach hier wurde ich verschleppt, als ich im letzten Leben eine Jüdin gewesen war. Da wusste ich noch nichts davon, dass das damals von Hamburg aus geschehen und dass ich zu der Zeit der Deportation noch ein Kind gewesen war. Und auch heute noch kommen ab und an in mir starke Bilder und Emotionen hoch, wenn ich mit dem Zug die Elbe überquere, über die damals der Transport von uns Hamburger Juden in gelblich angestrichenen Güterzügen ablief oder wenn ich mich in der Eichenstraße, einer Seitenstraße vom Eppendorfer Weg, gleich am Isekanal, aufhalte, in der sich, wie ich erst kürzlich, kurz vor der Fertigstellung dieses Buches, mit Hilfe des Himmels und meiner Füße herausfinden durfte, unsere kleine und bescheidene Souterrain-Wohnung, in einem schönen Patrizierhaus, befunden hatte. (Dieses Haus steht noch, es war nicht im II. Weltkrieg von Bomben getroffen

worden!) Ich brauche sicher nicht zu erklären, dass es ein großer Trost für mich ist, wenn ich heute erneut mit meinen Füßen auf der mit sehr großen und verschiedenfarbigen Natursteinen gepflasterten Straße laufen, und dabei meinem vorherigen Leben intensiv nachspüren darf; und mich gleichzeitig darüber hinwegtrösten kann, mein damaliges Leben schon so schnell beendet haben zu müssen! Und auch meine alte „Schule an der Isebek", in der Bismarckstraße, durfte ich wiedererkennen. Diese, mir vom Himmel geschenkte Möglichkeit, heilt nicht nur mich, und mein damaliges Seelenselbst, sondern auch meine Urseele. Ich will nun schildern, wie ich darauf gestoßen wurde:
Ich war in Hamburg bei meiner Freundin zu Besuch gewesen. Ich wollte früh am Morgen in Eimsbüttel, irgendwo in der Nähe des Isekanals, frühstücken gehen. In dieser Gegend war ich noch nie gewesen. Ich wollte sie deswegen ein wenig erkunden. Plötzlich durchfuhr es mich beim Anblick eines Straßenschilds mit der Ausschilderung „Eppendorfer Weg". Mich durchfuhr ein Bang, der jede Zelle meines Körpers ergriff. Ich starrte das Schild wie gebannt an, und ich wusste sofort, ich muss jetzt nur noch meine Füße lesen lassen, und dann hatte ich endlich die langersehnte Antwort darauf, wo ich in meinem letzten Leben gewohnt hatte. Und so war's: Meine Füße führten mich schnurstracks auf unser altes Haus zu. (Ich hatte schon öfter im Stadtteil Eppendorf nach unserem Haus gesucht, weil ich spürte, dass meine alte Heimat irgendetwas mit dem Namen „Eppendorf" zutun gehabt haben musste, und geglaubt, dass ich dort unser Haus nicht finden konnte, weil es im letzten Krieg zerbombt worden war. Dass es sich aber nicht um Eppendorf selber, sondern um den „Eppendorfer Weg" in Eimsbüttel handeln würde, von der die Eichenstraße abgeht, in der wir lebten, auf diese Idee wäre ich nie gekommen!) So haben sich über zwanzig Jahre zugetragen, bevor ich dank der wunderbaren und mir sehr zugetanen Seherin, das Puzzle endgültig lösen konnte.

Wie viele Seelen, die im II. Weltkrieg durch den Holocaust oder auch als Soldat oder durch Bombardierungen und Flucht früh gestorben waren, sollte auch ich schon schnell wieder inkarnieren (ich wurde im Oktober 1945 wiedergeboren). Es ist ein großartiges Spiel des Kosmos, dass, wenn jemand früh an Jahren sterben muss, er dann auch schnell wieder als erneute Kopie seiner Urseele ins Leben zurückkommen und damit quasi sein Leben und seine Aufgabe noch einmal in ähnlicher

Form vollenden darf. Viele werden dann – davon hatte ich auch bereits geschrieben – erneut in ihre ehemalige Familie wiedergeboren. Und einige von den vom zweiten Weltkrieg Betroffenen, sollten in den 68er‘n, die zu einer großen irdischen Zeitenwende der Gedankenfreiheit werden sollten, dann auch erwachsen genug sein, diese Wende mitzugestalten. Damit meine ich nicht, die Gewalt der Baader-Meinhof Klicke mitzumachen, sondern der Generation unserer Eltern die Wahrheit über das, was sie vom Holocaust der Juden gewusst hatten, ohne ihnen behilflich gewesen zu sein, abzuringen. Und natürlich die Liebe und den Freigeist der Flower Power Generation mit ihrem offenen Herzen (und Body!) unter die Leute zu bringen, die die Voraussetzungen für weitere spätere spirituelle und gesellschaftliche Entwicklungen gewesen waren. Und wieder einige davon, sollten auf jeden Fall ab 1987 auch noch zu einem Lichtarbeiter oder einer Lichtarbeiterin initiiert werden, um die Welt noch einmal maßgeblich zu verändern; und ich persönlich sollte meine Einweihungen zur Schamanin erhalten, um nicht nur als irdisch ausgebildete Heilpraktikerin, sondern auch als kosmisch initiierte Heilerin und Priesterin tätig zu sein.

Es gab in meinem Leben nicht nur in und an vielen Orten Déjà-vu-Erlebnisse, sondern auch mit vielen Menschen. Mit fast allen ging ich tiefe Beziehungen ein, weil die Liebe zu ihnen uralt gewesen war. Es waren karmische Beziehungen, von denen einige gut und andere belastend gewesen waren. Dass ich sie nun *für immer* zu lösen hatte, weil mein jetziges Leben mein letztes auf der Erde ist, das ahnte ich immer.

Alle Leben sind für uns gleich wichtig. Die in den Zeiten des Matriarchats mit unseren vielen Kindern, als wir Frauen noch eine große Priesterinnen- und Richterinnenrolle innehatten, die in den nordischen Gebieten in den Höhlen der Eiszeit, die im Mittelalter, als die Kirchen ihre patriarchalen Vormachtstellungen, aber auch unsere Kulturen ausbauten, aber auch die weisen andersdenkenden Frauen und Männer zu Tode folterten oder bei lebendigem Leibe verbrannten, sowie die Leben von heute. Kein Leben ist deshalb als besser oder schlechter anzusehen, wenn man es unter dem Lernaspekt betrachtet. Ich sagte bereits, dass sich Alte und Alte Weise Seelen häufig von allein an bestimmte Vorleben erinnern, und dass sie es insbesondere sind, die sich von Therapeuten in Rückführungssitzungen gern dabei begleiten lassen, um noch mehr über ihre ehemaligen Seelenselbste zu erfahren; und manche von ihnen sind auch selbst zu ReinkarnationstherapeutInnen geworden. In solchen Sitzungen können nicht nur präzise historische Daten und Lebensumstände, sondern auch die damaligen Namen abgerufen werden, wie man es an meinen folgenden Schilderungen noch sehen wird.

Wenn ich in der Folge über einige meiner weiteren vergangenen Leben berichte, so möchte ich darauf hinweisen, dass ich sie nicht immer chronologisch nach den Jahrhunderten aufgeführt habe, sondern danach, wie sie sich im Kontext der Erzählungen am besten einbauen ließen. – Und bitte denken Sie nie, liebe LeserInnen, dass ich mit meinen nun folgenden geschilderten Rückreisen angeben will, weil ich einmal diese oder jene und auch noch heute bekannte Persönlichkeit, gewesen war. Das liegt mir mehr als fern, denn ich hatte nicht nur glanzvolle Leben an adeligen Höfen, sondern auch sehr einfache und schwere Leben. Dass ich aber über von mir bekannte Leben berichten kann, liegt einfach an dem Umstand, dass meine Urseele eine Alte Weise Erdseele geworden ist und ich damit nicht nur einfache unbekannte Leben, sondern auch bekanntere, und auch Leben im Adel, haben durfte. Und das betrifft auch alle anderen Alten und Alten Weisen Seelen, dass sie bekanntere Leben gehabt haben (oder so eines gerade leben!), denn wenn die Seele alt und weise ist, dann hat sie auch die Fähigkeit, solche Leben auszuhalten; z.B. eine in der Öffentlichkeit stehende Schriftstellerin oder ein Schriftsteller zu sein oder eine bekannte Malerin oder ein bekannter Maler oder eine Forscherin oder ein Forscher.

Ich möchte außerdem noch anmerken, dass ich die richtigen Namen und Superpersönliches von denjenigen Menschen, die noch am Leben sind, zu ihrem Schutz und der Bewahrung ihrer Privatsphäre, verändert habe.

Mein Leben im Oman

Ich hatte schon von der amerikanischen Schamanin und Anthropologin Leah Maggie Garfield erzählt. Sie hatte ich im Jahre 1992 in Hamburg kennengelernt. Sie hatte ein Seminar angekündigt. Ich wollte unbedingt meine Hellsichtigkeit bei ihr perfektionieren, und lernen, wie ich bewusster mit dem Himmel in Verbindung treten kann und wie ich zukünftig meine eigenen spirituellen Seminare gestalten könnte.

Leahs Eltern sind von Österreich nach Amerika ausgewanderte Juden gewesen, und sie macht, wie die meisten Juden, keinen Hehl daraus, dass sie – obwohl Amerikanerin – stolz auf ihre jüdische Herkunft ist. (Dieses Verhalten teilt sie nicht ohne Grund mit denjenigen Juden, die nie heimisch werden konnten, und die darum immer viel Wert darauf gelegt haben, etwas Besonderes zu sein.) Ich aber mag das nicht so besonders, denn ich bin überzeugt davon, dass es diese von ihnen stark demonstrierte religös/konservative ausgerichtete „Ich-bin-etwas Besonderes-Position" ist, die es den Juden auch heute nicht leicht macht, von allen Menschen angenommen zu werden, und das sage ich insbesondere als diejenige, die in ihrem letzten Leben selbst als Jüdin umgekommen war und deswegen das Jüdische – die Musik und den Mutterwitz – sehr liebt, aber auch die Tragik des Holocausts noch immer in sich trägt. Und diese Meinung habe ich auch über diejenigen Menschen in anderen Religionen, die sich abschotten und daran glauben, etwas Besonderes zu sein und die alleinige Wahrheit über Gott und die Welt zu besitzen, nur weil sie einmal mit ihrer spezifischen Religion groß geworden waren.

Ich fühlte gleich eine große Nähe zu Leah, und so lud ich sie für später in meine Praxis ein, damit sie auch dort ein Seminar für meine interessierten Patienten abhalten konnte. An dem Tag, an dem ich mein Seminar bei ihr begann, waren achtundzwanzig Leute anwesend gewesen – die meisten waren natürlich Frauen, denn Frauen, so schrieb ich bereits öfter auch in meinen anderen Büchern, lassen sich auf ihre inneren Welten eher ein als Männer. Aber es waren auch einige Männer zugegen (Psychologen und Sozialpädagogen – zumeist Männer in einem älteren Seelenzyklus; allesamt offen viel zu lernen und das Wissen einer weisen Frau anzunehmen). Leah hatte für das Seminar Räume in einem verfallenen, nicht beheizbaren, Industriekomplex gemietet. Es war Ende Ok-

tober und ziemlich kalt. Aber man vergaß die Kälte schon schnell, selbst dann, wenn man ihr stundenlang ruhig sitzend zuhören und für die Trommelreisen auf der kalten Erde liegen musste – Decken zum Wärmen gab es leider nur wenige.
Es war ihr jüdischer Mutterwitz, der einen die Kälte vergessen ließ.

Leah unterrichtete am ersten Tag über die Seelenalter, die eine inkarnierte Seele auf der Erde zu durchlaufen hat, um eine Alte Weise Seele zu werden (sie benutzte dafür nicht sieben Seelenalterszyklen wie ich sie für mein Buch „Morgenstern – die Seelenalter und die Neue Zeit" und auch für dieses Buch benutzt habe, sondern fünf), und am zweiten Tag sprach sie vom Aufbau unserer Seelenfamilien. An den späten Nachmittagen, nach den einzelnen Themenabhandlungen, veranstaltete sie Trommelreisen, in denen wir den Kosmos zu diesen Themen befragen sollten. Am ersten Abend sollte unsere Frage an den Himmel sein, in welchem Seelenalter wir uns befinden, und am zweiten Abend, wer die oder der Älteste unseres Seelenfamilienverbandes im Kosmos ist. Die Antworten kamen aus der geistigen Welt jeweils prompt zu mir. Die Antwort am ersten Tag zum Seelenalter war, dass ich bereits eine Alte Weise Seele bin und vielzählige Inkarnationen auf der Erde gehabt und nun für immer zu ihr zurückzugehen hatte. Bilder aus vergangenen Leben schossen dabei in kurzen Sequenzen durch meinen Kopf. Am zweiten Tag hörte ich auf die Frage nach dem oder der Ältesten meines Seelenfamilienverbandes:

„Sur!" Und noch einmal, die einzelnen Buchstaben buchstabiert:
„S-U-R" und: **„Frag nach in arabisch."**

Ich war voller Freude gewesen, ich hatte es wirklich geschafft, die Stimme des Ältesten meiner Seelenfamilie zu hören! Hieß er Sur? Sollte ich seine Funktion innerhalb unseres Seelenfamilienverbandes über die Bedeutung seines Namens herausfinden? Es fühlte sich alles gleich vertraut an, weil der Umstand, dass ich in arabischer Sprache nachsehen sollte, mir nicht fremd war, hatte ich doch einige Jahre zuvor für einige Zeit auf der arabischen Halbinsel gelebt und gewusst, dass ich dort schon ein anderes Leben verbracht hatte. Ich hatte schon schnell darauf getippt, dass es im Oman gewesen war, denn auf eine magische Weise zog es mich nach dorthin, und mir war auch schon gleich in den ersten

Tagen nach meiner Ankunft in meinem Emirat ein Buch von einem amerikanischen Augenarzt mit dem Titel „Medicine in Oman“ in die Hände gefallen, von dem ich mir ganz sicher war, dass es mir kosmisch zugespielt worden war! Dieser Augenarzt war Dekaden zuvor in Musquat tätig gewesen, um Operationen am grauen Star durchzuführen. (Die Augen der Menschen erblinden durch das gleißende Licht der Sonne in diesen Gegenden schnell.) Ich liebte dieses Buch und musste es immer wieder lesen; nicht nur, weil ich ein medizinisches Interesse daran hatte, sondern weil hinter den geschriebenen Worten für mich eine Melodie aus einem vergangenen Leben mitschwang, die ich aber noch nicht zu interpretieren wusste. Ich fuhr in dieser Zeit auch ein paar Mal an die omanische Grenze, um Einlass in das Land zu bekommen. Meine Füße in Kontakt mit dem Erdboden zeigten mir, dass ich meiner alten Heimat ganz nahe war. (Ich schrieb ja bereits, und ich werde das auch in der Folge tun, dass unsere Füße viele Spuren lesen können; dass man ihnen nur Zeit geben muss, um eine Resonanz dafür zu entwickeln!) Zu dieser Zeit war es aus politischen Gründen jedoch noch nicht möglich gewesen, in den Oman einzureisen, es sei denn, man hatte eine Arbeitserlaubnis – und die hatte ich nicht. So schwor ich mir, diese Reise eines Tages von Deutschland aus nachzuholen, und zwar dann, wenn das Land auch für Touristen offener wurde.

Schon einen Monat, bevor ich Leahs Kurs besuchte, war es soweit gewesen: Meine gefasste Entscheidung, in den Oman zu reisen, war greifbar geworden. Ich hatte das Geld dafür zusammen bekommen und für das kommende Weihnachtsfest eine Reise nach Musquat gebucht. Der Sultan des Landes, Qabus ibn Sa'id Al Sa'id, hatte das Land nun auch für Touristen begehbar gemacht. Ich wollte zuerst noch ein paar Tage in dem Emirat, in dem ich gelebt hatte, „in memory“ verbringen, und dann nach Musquat weiterfliegen. Ob die kosmische Anweisung für mich, nach der Bedeutung von „Sur“ in der arabischen Sprache nachzufragen, etwas mit dieser Reise zu tun hatte? Ich war voller Freude und gespannt, mehr darüber in Erfahrung zu bringen. Ein paar Tage nach Leahs Seminar entschied ich in Bonn (damals noch Regierungssitz der BRD), bei der omanischen Botschaft anzurufen und einige Fragen zwecks meines Aufenthaltes zu klären, die man mir im Reisebüro nicht beantworten konnte, und auch gleich danach zu fragen, was „Sur“ auf arabisch bedeutet. Als der Botschaftsmitarbeiter alle meine Fragen zur Reise beantwortet hatte, konnte ich ihn endlich nach dem Begriff „Sur“ fragen. „Wie sprechen Sie „Sur“ denn aus?“, fragte er neugierig geworden. Ich wiederholte den Begriff noch einmal genauso, wie ihn mir mein kosmischer Seelenverbandsführer gesagt hatte, und ich buchstabierte ihn auch genauso. „Ja“, antwortete er, „dann müssen Sie von Musquat aus in Richtung Süden fahren und dann kommen Sie nach Sur! Wissen Sie das denn nicht?“ Ich war entzückt! Ich hatte bis dahin nicht davon gewusst, dass es im Oman eine Stadt Namens Sur gibt. Dann musste ich ja wohl dort, in Sur, gelebt haben. Ich bedankte mich für seine Auskunft, entschuldigte mich aber, weil es mir etwas peinlich war, dass ich so wenige geographische Kenntnisse von seinem Land hatte. Durch meinen Beruf bedingt, hatte ich die Tage seit dem Seminar keine Zeit gehabt, wichtige Recherchen zum Thema: „Oman“ vorzunehmen. Das Internet gab es damals noch nicht, schnell mal googeln ging deswegen auch noch nicht. Nur ein paar Tage nach diesem Gespräch mit der Botschaft fand ich dann die Bedeutung von „Sur“ heraus. Sur heißt „Mauer“ oder auch „Wand“. (Monate später zeigte sich mir mein Seelenverbandsführer dann noch einmal in einer Wand, um meine Annahme über seinen richtigen Namen zu bestätigen.)

Vom Kosmos für die Reise reich bestückt, flog ich kurz vor Weihnachten in den Oman. Als das Flugzeug über das einzigartige Hadschar-Gebirge nach Musquat einflog, war ich von meinen Emotionen derart übermannt, dass ich weinen musste. Ich kam nach Hause. Ich spürte die Präsenz meiner himmlischen Lehrer und meine Vergangenheit in einem. Ich spürte ein echtes und grandioses Déjà-vu-Erlebnis. Als ich den ersten Abend gleich von meinem Hotel aus, das am Rande der Stadt lag, ein Taxi nach Musquat in die Altstadt nahm, konnte ich dem Taxifahrer sagen, welchen Weg er nehmen sollte, um dorthin zu gelangen. Es gab zwei verschiedene Möglichkeiten: eine alte und eine neue Straße. Ich schien die alte Straße in die Altstadt zu kennen.

Nach ein paar Tagen des Ausruhens mietete ich mir einen Wagen und fuhr zuerst in Richtung Südwesten nach Nizwa ins Land hinein. Diese Stadt besichtigte ich für etwa eine Stunde. Danach fuhr ich in Richtung Südosten nach Sur und damit wieder ans Meer zurück.

Sur, Oman
Bildquellennachweis siehe ab Seite 350

Die Wüste in ihren unterschiedlichsten Formen, ein paar wenige Bergausläufer, Oryxantilopen – nicht lebendig, sondern als Statuen aus Plastik, denn zu dieser Zeit konnte man aus Jagdgründen nur noch wenige wildlebende in der Wüste finden (mittlerweile sind sie allerdings wieder ausgewildert worden!) –, ein Kamel mit seinem Kalb und eine kleine Windhose, begleiteten meine Reise. Die Temperaturen waren angenehm.
Sur war damals kein Ort gewesen, den man auf den ersten Blick lieben konnte (das oben gezeigte Bild ist jüngeren Datums). Die Häuser waren von der Gischt des Meeres schon schnell gealtert, die Hotels direkt am Wasser wirkten vernachlässigt. Als aber mein Blick auf die Lagune Khor-al-Batah und deren Häuser fiel, war ich hin und weg. In mir stiegen Bilder meines vergangenen Lebens auf. Auch als ich am Hafen die letzten mit der Hand gebauten Dhaus besichtigen konnte, kamen Erinnerungen in mir hoch, die sich so nach und nach zu einem genaueren Bild zu formen begannen. So lernte ich über mich, dass ich damals Ahmad hieß (Ahmad bedeutet auf arabisch ‚hochgelobt' und ist nach dem Koran – Sure 61:6 – die Bezeichnung eines von Jesus Christus angekündig-

ten Gesandten) und ein Imam gewesen war, der ein gutes Leben gehabt hatte, weil er von den Menschen respektiert und geliebt worden war. Ich lebte mit meiner indisch-abstämmigen Frau Mona, vielleicht auch Mourna oder Mouna geschrieben, deren Ahnen höchstwahrscheinlich eingewanderte Kaufleute oder Perlenfischer gewesen waren, in der Nähe dieser Lagune (hinten im Bild). Wahrscheinlich nur zeitweise, denn ich glaube, wir waren noch Nomaden. Ich sah, dass meine Frau Saris getragen hatte, und sie trug auch noch das typische Bindi-Zeichen der verheirateten indischen Frauen.* Ich sah auch meinen etwa zwölfjährigen Lieblingssohn, den ich streng aber liebevoll nach dem Koran erzogen hatte, in dem Wunsch mein Nachfolger zu werden, um auch so ein gutes und heiliges Leben führen zu dürfen wie ich. (Dieser damalige Sohn ist auch heute wieder in meiner Nähe in mein Leben gekommen!)

Als ich mich auf den Weg zurück nach Musquat begab, hatte ich mir vorgenommen, nicht in der Nähe eines Wadis aus meinem Mietwagen auszusteigen. Ich befürchtete, mich in dieser Jahreszeit, in der es ab und zu regnete, mit Malaria zu infizieren. Doch ich musste mal raus und schon stach mich sofort eine Mücke in meine linke Wade. So, dachte ich: „Jetzt hast du's." Da sagte auch schon der Himmel laut und vernehmlich: „Nein, hab' keine Angst!" Und ich lernte mich noch mehr auf das zu verlassen, was man mir aus der geistigen Welt sagte! Die Mücke hatte sich für ein besonderes Lehrprogramm für mich zur Verfügung gestellt, das „lerne Vertrauen" heißt und damit auch gemeint hat: „Wenn wir dich den langen Weg bis hierhin schicken, dann musst du keine Angst davor haben, von einer infizierten Mücke gestochen zu werden. Wir passen schon auf dich auf!"

** Ein Bindi (in Sanskrit: Tropfen oder Punkt), wird heute nicht mehr nur von verheirateten Frauen, sondern gerne auch als Schmuck von unverheirateten Frauen getragen. Selbst Musliminnen kleben sich heutzutage gerne Schmuckbindis über den Sitz ihres dritten Auges auf. Bindis bestehen nicht mehr nur aus einem einfachen aufgemalten roten Punkt, sondern aus festem Material und werden gerne mit Perlen und Steinen beklebt. Dadurch können sie vielfach benutzt werden.*

(Ich sollte vielleicht noch sagen, dass ich für die Reise kein Malariamittel – wegen der gefürchteten Nebenwirkungen – zu mir genommen hatte. Und auch während der Jahre zuvor in meiner Zeit in meinem Emirat nicht, obwohl die WHO das damals noch anriet, ich hätte es als Allergikerin nicht vertragen.)

Die Menschen im Oman sind oft bildhübsch. Die genetischen Vermischungen der verschiedensten Völker aus den anderen arabischen Ländern sowie aus Indien und Afrika, haben dazu beigetragen, dass es wundervolle grazile und elegante Frauen gibt, und Männer, die auf eine archetypische Weise auch heute noch eine schöne männliche Erscheinung zeigen, die man kaum noch irgendwo findet, und die sich auch noch als wahre liebende Beschützer von uns Frauen ausgeben. Ich war und bin auch jetzt noch stolz darauf, einmal einer dieser Männer gewesen sein zu dürfen, was sicherlich dazu beiträgt, dass ich auch heutzutage noch immer tief in mir ein Frauen- und Männerbild trage, das man trotz aller Entfremdungen zwischen Männern und Frauen in unserer jetzigen sogenannten „modernen Zeit“, und auch trotz meiner eigenen Emanzipationsbemühungen in den 68er‘n, nie ganz verstümmeln konnte. Es gab einige Männer im Oman, die mir mit ihrer Schönheit und ihrer Würde einen Spiegel meines damaligen gewesenen Selbstes vorhielten.
Ich bitte meine LeserInnen, mir diese sicher nicht immer – aus heutiger Sicht – stimmige Verklärung zu entschuldigen!

Zu welcher Zeit ich dort – nach europäischer Zeitrechnung – gelebt hatte, konnte ich nicht herausfinden. Es ist aber schon ein Weilchen her.

Meine Reise nach Shambhallah im Jahre 1996

In der spirituellen Lehre des Ostens heißt es,
dass der Weg nach Shambhalla „der Weg zur Erleuchtung“ ist
und dass die wirklich aufrichtig Suchenden auf ihrer
Reise von vielen Symbolen und Botschaften nach dort geleitet werden!

Diese Geschichte hatte sich vier Jahre nach meiner Reise in den Oman zugetragen. Ich muss unbedingt von ihr erzählen, weil sie eine meiner größten Einweihungen beinhaltet. Sie berichtet davon, welch‘ wunderbaren Geschenke einem von den Weisen des Himmels, und in diesem Fall von den Weisen der Erde – den „Hütern der Erde“ –, zukommen können, wenn man sich dafür öffnet und sich ihnen unterstellt. (Ich hatte bereits auf Seite 165 davon erzählt, dass sie mir in überraschender Weise die Bedeutung ihrer „Fünf Perlen der Weisheit“, hatten zukommen lassen, von denen ich oft gelesen hatte; von deren genauer Interpretation mir aber bis dahin niemand etwas sagen konnte. Schon das allein war eine große Gnade für mich gewesen.) Nun möchte ich davon berichten, auf welche Weise mir von ihnen *mein kosmisches Telefon* zugespielt worden war:

Seit ein paar Wochen schon hatte ich gespürt, dass ich eine besondere Trommelreise machen sollte. Beruflich hielt ich in meiner medizinischen Allergie- und Umweltkrankheitenpraxis mittlerweile selbst Trommelreisen und andere Seminare ab, und ich gab schamanische Einzelsitzungen. Ich hatte dafür seit meinem Seminar bei Leah noch vieles andere lernen dürfen und dafür auch noch andere wunderbare geistige Lehrerinnen aufgesucht. Jetzt aber wusste ich, ich brauchte unbedingt selber Hilfe, und zwar wieder von einer bedeutenden Schamanin. Ich wusste, es stand mir eine besondere geistige Erfahrung bevor, die ich nicht allein machen sollte. (Leah war in Amerika!) So kam ich auf Fanny, mit der ich schon ein paar Mal zusammengearbeitet hatte. Ich rief sie an, und ich fragte sie, ob sie mir helfen könnte. Fanny arbeitete auch als Schamanin. Sie war keine Heilpraktikerin wie ich. Sie hatte dreißig Jahre lang als Sozialpädagogin gearbeitet. Als sie ihre Berufung, als Schamanin arbeiten zu müssen, erkannt hatte, gab sie ihren Beruf komplett auf. Sie arbeitete vornehmlich für Menschen, die ihre Angehörigen oder Freunde durch Tod verloren hatten. Sie kannte sich gut aus mit den Zwischenwelten, in denen Verstorbene oft all‘ zu lange verharren. Sie hatte die besondere Fähigkeit, sie aus diesen Welten zu befreien. Ich habe mir davon eine Menge bei ihr abschauen können, und ich konnte diese Fähigkeit dann auch später selbst – unter anderem auf einer Reise nach Südfrankreich (beschrieben im Kapitel: „Monsieur im Jahre 2000“, ab Seite 291), anwenden.

Fanny sagte zu, und ein paar wenige Tage später saß ich in ihrer Wohnung im Hamburger Westen. Zuerst tranken wir Tee und unterhielten uns über dies und das. Ihr ging es finanziell nicht gut, und so war es schön für mich, ihr mit dem Geld für diese Trommelreise ein wenig auf die Sprünge helfen zu können. Sie bereitete die Sitzung vor, und ich legte mich auf die Erde auf eine dafür vorbereitete Matratze. Ich deckte mich mit einer Decke zu, und sie begann zu trommeln. (Vorher hatte sie mir noch davon erzählt, dass sie es am Trommelton hören könne, wenn Lehrer aus der geistigen Welt nahten – und auch ich kann das heute am veränderten Ton der Trommel dank ihres Hinweises ausmachen!) Ich versuchte, mich von meinem dritten Auge aus über das Kronenchakra auf die Lichtstraßen zur geistigen Welt zu konzentrieren. Doch nichts geschah. Nach mehrmaligen Versuchen, mich doch noch irgendwie auf die Trommel einzustimmen, um in die geistige Welt zu gelangen, hob ich meine rechte Hand, um Fanny zu bedeuten, dass sie mit dem Trommeln aufhören könne. Es nützte nichts. Mir kamen keine Bilder zu.
Eigentlich wollte ich in diesem Moment das Experiment ganz abbrechen. Aber während wir wieder an unserem restlichen Tee nippten, hatte ich das Gefühl, wir sollten es doch noch einmal versuchen. Ich legte mich also wieder hin, und Fanny begann erneut zu trommeln.
Dieses Mal klappte es ganz schnell.

Ich sollte nicht in den Himmel, wie gedacht!
Ich wurde mit rasanter Geschwindigkeit in unser Erdinnerstes gezogen. Im tiefen Inneren der Erde kam ich vor einer Holztür zu stehen. Davor stand ein mittelgroßer, weißhaariger Mann in ein weißes Gewand gekleidet. Er erwartete mich bereits. Ich schien ihn zu kennen. Ja, und es fiel mir sofort ein. Ich hatte ihn schon ein paar Mal in meinen nächtlichen Träumen gesehen. Ich hatte schon öfter in den Nächten auf den Treppenstufen vor genau dieser Tür gestanden und ihn um Einlass in den Raum hinter der Tür gebeten. Doch er hatte mich jedes Mal char-

mant und lächelnd und mit einem Stups mit seinem Finger an meiner Brust abgewiesen, und mir damit klar gemacht, dass ich in seinen Augen noch nicht soweit war, dort hineingehen zu dürfen.
Er schien ein sehr großer und weiser Lehrer zu sein. Ich war mir darum auch nicht sicher, ob er mir dieses Mal Eintritt gewähren würde. Doch der Eintritt wurde mir sofort gewährt.
Die Tür öffnete sich, und ich ging mit ihm zusammen in einen Raum hinein, der aus einer Höhlenkammer mit mehreren Nischen bestand und dessen Wände vollständig mit Bergkristallen ausgekleidet waren. Diese strahlten einen Glanz und eine Energie ab, die mir erst einmal den Atem nahmen.* Mein weiser Lehrer hatte einen etwa zwölf Zentimeter langen und etwa fünf Zentimeter breiten, und an einem Ende konisch zugeschnittenen, Bergkristall in seiner Hand. Er nahm meine rechte Hand und legte ihn dort hinein. Er schloss meine Finger darüber und bedeckte meine Hand mit seiner Hand. Er sah mich dabei ernst an. Eindringlich sagte er: „Denk an die...!“ und noch einmal: „Denk an die...!“ und weil ich immer noch nicht so ganz verstand, ein drittes Mal: „Denk an die...!“ Er nannte immer wieder eine bestimmte Zahl.
Ich nahm den Bergkristall gerne als Geschenk entgegen. Mir war aber die Bedeutung dieses Geschenks in diesem Moment noch nicht richtig bewusst. Mein weiser Lehrer sagte noch, dass er „Michael von Shambhallah“ sei. Dann war er weg. Aus einer der Kristallwände heraus sah mir meine wunderbare geistige Lehrerin, die große Erzengelin Lila – die von Nicholas Roerich gemalte „Mutter der Welt“ – aus der ich eine Emanation für die Erde bin, und für die ich deshalb insbesondere der Erde zu dienen habe, mit großem Interesse zu. Sie hatte mich zu dieser Zeit recht oft begleitet. (Nach ihr hatte ich im Jahre 2001, meinen Verlag „LILA Das göttliche Spiel“ benannt.) Sie schien zufrieden mit mir und meiner stetigen geistigen Entwicklung. Ich sah mich noch ein wenig in den Nischen der Kristallkammer um.

** Die Leser, die geneigt sind, mehr über die Erdhüter zu erfahren, können sich im Internet das Titelbild zum Buch: „Die Erde ist in meiner Obhut“ von Janet McClure und Vyvamus vom ch. falk verlag, ansehen (das Bild stammt von Tria Schwartz und zeigt die Kristallkammer Sanat Kumaras in Shambhallah 1:1 zu meiner Sichtung). Auch das Bild: „Der Schatz des Berges“ von Nicholas Rörich, zeigt diese Kammer, wie ich sie gesehen habe. Beide Bilder habe ich erst nach meiner beschriebenen Sichtung gesehen.*

Auf der rechten Seite stand plötzlich mein Seelenpartner, dem ich Jahre später mein Buch „Wighart der Ritter der Schwerter..." gewidmet habe. Ich ging ihm entgegen. Ich wollte spielerisch, wie ich gerne bin, nachsehen, ob er in der geistigen Welt der Erdhöhlen genauso braune Augen hatte, wie ich sie von meinen vielen anderen Sichtungen her kannte. Doch ihm war nicht zu spielen zumute. Der Ernst der Lage ließ das nicht zu. Ich sollte schließlich lernen. Diese Einweihung war zu groß dafür. Auch er deutete streng auf meinen Kristall, den ich noch immer in der Hand hielt. Auch er wiederholte mehrmals: „Denk an die...!"
Und nun begriff ich vollends, dass ich mit dem Kristall und der genannten Zahl etwas in meiner Welt machen sollte. Ja, ich sollte nach diesem Kristall suchen und ihn als Telefon zur geistigen Welt benutzen. Und ich hatte den Einstiegscode zu Shambhallah in Tibet, und damit auch zu den anderen Erdhüterbereichen in noch anderen Bergen der Erde, verraten bekommen. Ich hatte die Kristallkammer Sanat Kumaras betreten dürfen, der sich mir mit „Michael von Shambhallah" (seinem europäischen Namen!) vorgestellt hatte. Und wow, ich war nicht im Himmel, sondern im Inneren der Erde, im Ort der „Hüter der Erde", gelandet. Der Logos unserer Erde hatte mich zu sich hereingelassen. Welch ein Geschenk, welch eine Ehre. Welch eine wunderbare Einweihung war mir gerade zuteil geworden!

Ich verließ das Geschehen in der geistigen Welt.
Ich musste mich lange sammeln, bevor ich Fanny durch mein Handzeichen erneut bitten konnte, mit dem Trommeln aufzuhören. Danach brauchte ich so lange wie noch nie nach einer Visionsreise, um ganz zu mir zu kommen. Als ich aufstand und Fanny von dieser Reise erzählen wollte, konnte ich nicht sprechen. Meine Energie trug noch den Stempel der Energie der Kristalle. Und die läuft auf einem anderen – einem sehr hohen – Level, sodass auch die körperlichen Prozesse davon für eine Weile beeinträchtigt sein können. Ich stellte mich an eine Wand von Fannys Wohnzimmer und versuchte mich auf diese Weise zu erden...

So eine Erfahrung hatte ich noch nie gemacht. Normalerweise war ich nach jeder geistigen Reise schnell wieder bei mir; so, wie ich auch morgens nach einem guten Schlaf erwache und vollends bei mir bin. Ich erzählte Fanny von meiner Reise ins Erdinnere unserer schönen Erdmutter. Aber immer noch war die Energie in mir so hoch, dass es mir schwer fiel, die richtigen Sätze dafür zu finden. Als ich wieder einigermaßen bei mir angekommen war, gingen wir auf Fannys Anraten in einen Kristallladen, den es bei ihr um die Ecke gab. Aber ich wusste es schon. Dort würden wir den Kristall auf keinen Fall finden. Vierzehn Tage später ging ich zum Jungfernstieg zu einem anderen Kristallgeschäft, das damals direkt über der Jungfernstieg-Apotheke zu finden gewesen war (diese Apotheke gibt es heute nicht mehr und leider auch nicht mehr den Kristallladen!) Ich sah den Kristall sofort, und bis heute begleitet er mich und meine Patienten auf allen meinen geistigen Reisen. Die Codiernummer dieses Kristalls aber verrate ich keinem. Es gibt viele Telefonnummern zu den Weisen des Himmels und der Erde, wie es auf der Erde viele Telefonnummern zu den Menschen gibt. Jeder muss sich von den geistigen Welten deren speziellen Codierungen geben lassen, und auch erst reif genug sein, um diese übermittelt zu bekommen. Das ist ein göttliches Geschenk, mit dem man nicht spielt und das von der geistigen Welt nie einfach *nur so* vergeben wird – man muss es sich durch größtmöglichste geistige Entwicklung erarbeitet haben. Es geben uns ja auch nicht alle Menschen ihre Telefonnummern. Und besonders ausgesuchte Menschen haben noch geheimere Nummern. Stellen Sie sich vor, liebe LeserInnen, jeder Mensch hätte die Telefonnummer von der Queen of England oder den KanzlerInnen oder PräsidentInnen seines Landes? Diese könnten dann ihrer eigentlichen Tätigkeit nicht mehr gerecht werden.

Aus einem Werk von Hildegard von Bingen – deren Leben ich in Bingen und im Kloster Disibodenberg versucht habe nachzuspüren –, die auch gern mit Kristallen arbeitete, weiß ich, dass auch ihr dieselbe Codiernummer aus der geistigen Welt zugekommen war, um zu *ihren Engeln* und MeisterInnen zu gelangen. Ich bitte meine LeserInnen, mir zu verzeihen, wenn ich dieses Werk, indem sie zu finden ist, nicht verrate; die Nummer ist auch nur so nebenbei von ihr eingestreut worden, und sie kann – und das sollte wahrscheinlich so sein – nur dann wahrgenommen werden, wenn man weiß, worum es geht.

Am Hofe von Versailles

Schon als Kind wusste ich, dass ich am Hofe von Versailles gelebt hatte, und ich wusste auch, dass ich Marie-Antoinette und ihrem Ehemann, Ludwig dem XVI., sehr nahe gewesen war. Dafür gab es viele Einsichten in diese Zeit. Bis ich herausfand, dass eine Seelenkopie von mir Gräfin Yolande Martine Gabrielle von Polastron, spätere Herzogin von Polignac (* 8. September 1749 in Paris; † 9. Dezember 1793 in Wien) und für lange Zeit die favorisierte Freundin und Hofdame der französischen Königin gewesen war und dass die Polignacs auf ihr Geheiß hin, nach dem Sturm auf die Bastille am 14. Juli 1789, in die Schweiz flüchteten. Yolande Polignac starb im Alter von 44 Jahren in Wien. Sie hatte noch zuvor von der Hinrichtung ihrer einstigen Freundin und Königin erfahren.* (Die Revolution dauerte von 1789-1799)

Vieles lässt sich für meine LeserInnen aus meinem Leben in Versaille in Büchern oder im Internet, u.a. unter der unten angegebenen Adresse, nachlesen, weshalb ich nicht von meinen eigenen vielen Einsichten in dieses Leben, sondern im nächsten Kapitel mehr von meinem Tod in Wien erzählen will. Doch so viel will ich vorher noch anmerken:

Im Jahre 2007 hatte ich auf einer Reise nach Versailles ein wunderschönes geistiges Erlebnis in einem der Salons von Marie-Antoinette, die mich dort schon erwartet hatte und mich unbedingt „in ihre Arme nehmen" wollte. (Sie war aus der geistigen Welt heraus die Initiatorin meiner Reise gewesen! Sie hatte mich gedrängt nach Versailles zu fahren.) Sie hatte in dem Raum, wenn auch nur für Sekunden – vielleicht waren es auch nur Millisekunden? – wie früher gesessen. Leider gab es viel zu viele Besucher und doch machte es mir ihre Sekundenzeitreise, ihre gedankliche Projektion aus der geistig wesenhaften Welt zu mir nach Versailles möglich, ihr noch einmal so nah zu sein, wie vor nun bereits über 200 Jahren.

**Wissensquelle:*
https://de.wikipedia.org/wiki/Yolande_Martine_Gabrielle_de_Polastron,_duchesse_de_Polignac. Bitte googeln Sie, wenn Sie weitere Informationen und Bilder haben wollen.

Sie stand auf, und sie umarmte mich, und sie war schon schnell wieder weg. Gut, dass ich ganz in mir geblieben war, denn wie hätte es für die anderen Besucher ausgesehen, wenn ich ihre Umarmung an einem Ort erwidert hätte, wo für diese nur Luft zu sehen gewesen war?

In der geistigen Welt – in der Gralsburg, wo sie unter König Arthurus Ägide als eine der fünfunddreißig anderen KönigInnen weilt – ist sie noch immer von ihrer damaligen Hinrichtung seelisch stark verletzt! Ich nannte sie in Versailles immer scherzhaft auf deutsch: „Mariechen", um sie an ihre geliebte Heimat zu erinnern, die sie viel zu früh verlassen musste; was ihr regelmäßig ein Lächeln abrang, weil es ihr gut tat, und so nenne ich sie auch heute noch, wenn ich mit ihr spreche.

Mein Tod in Wien

Um noch einmal ganz sicher zu gehen, dass ich wirklich Yolande Polignac* gewesen war, entschloss ich mich, mir den Tod meines damaligen eventuellen Seelenselbstes genauer anzusehen. Denn nur, wenn ich den Tod von mir ausmachen konnte, und ich mir dabei sicher war, wirklich Yolande Polignac gewesen zu sein, wollte ich daran glauben. Aber nicht nur das interessierte mich, es interessierte mich auch, wie sich mein damaliger Tod gestaltet hatte – woran und wie ich gestorben war – und wie mein Aufenthalt in der Zwischenwelt gewesen und was mit mir nach meinem Aufstieg in der höheren geistigen Welt geschehen war. Es interessierte mich außerdem, wer mir zu meiner erneuten Rückkehr auf die Erde verholfen hatte, und wie ich meine neuen Eltern und das Land aussuchte, in das ich erneut zu inkarnieren bereit war – und wie es geschieht, dass man in den Leib einer neuen Mutter übergeht.

Ich ging mit Hilfe meiner Religiotechniken gleich in die Zeit meiner Todesstunde hinein, und ich fand mich tatsächlich in Wien – oder in Wiens Nähe – auf dem Bett liegend vor, das mein Sterbebett werden sollte. Ich war vom vielen Husten ausgezehrt. Ich war an einer Lungenentzündung erkrankt. (Meiner Meinung nach war ich nicht an Krebs erkrankt, wie man es schreibt! Dann hätte ich unter einer Pleura Aszites leiden müssen, und die konnte ich nicht ausmachen; mein Brustkorb war nicht von zu viel Flüssigkeit zu eng, und auch der Husten klang eher wie bei einer Lungenentzündung hart und nicht gurgelnd.**)

** Vincent Cronin hatte in seinem Buch „ Ludwig XVI. und Marie-Antoinette“, Claassen Verlag Hildesheim, Ausgabe von 1993, auf Seite 170f davon geschrieben, dass Yolande Polignac am Hofe eine Outsiderin gewesen war und einer verarmten adeligen Familie aus der Provinz entstammte. Mit siebzehn Jahren hatte sie den Grafen Jules de Polignac geheiratet. Am Königshof von Versailles soll sie 1775 im Alter von 26 Jahren zum ersten Mal anlässlich eines großen Balls erschienen sein. Eine wichtige Anmerkung von mir: Es werden in der Literatur immer verschiedene Rufnamen bevorzugt; manchmal Yolande, manchmal Gabrielle, manchmal werden auch alle drei, also auch der Name Martine, genannt. **„Morte de douleur le 9 décembre 1793“ – „An Kummer gestorben, am 9. Dezember 1793“ – steht auf Yolandes Grabstein in Wien und dieser Grabsteinspruch kommt meiner Sichtung nach der Wahrheit über die Todesursache am nächsten.*

Auch hatte ich kein Blut gespuckt. Meine von Natur aus krausen haselnussbraunen Haare waren, weil ungekämmt, noch krauser als sonst. Ich trug sie, wie fast immer, eingepudert. Dadurch wirkten sie weißgräulich. Sie waren mittlerweile aber auch von ein paar echten grauen Haaren durchzogen worden. Die Krankheit und der Kummer darüber, dass ich Frankreich und die Königin und den König, und auch Versailles, nie mehr wiedersehen würde, hatten mich in der letzten Zeit schnell altern lassen. Ich hatte schon zu lange um das Leben meiner beiden liebsten Freunde bangen müssen, die zu meinem Leben gehört hatten wie das Atmen. Jetzt waren sie beide tot.
Alles war für mich hoffnungslos geworden.

Ich trug ein weißes langes Nachthemd. Auch mein Bettzeug war weiß.
An meinem Bett standen drei Personen: an meiner (vom Fußende aus gesehen) linken Seite, stand eine mir zur Verfügung gestellte Pflegerin. Sie sprach französisch, was aber zu Hofe auch in anderen Ländern nichts Ungewöhnliches war. Auf der rechten Seite stand Jules, mein Ehemann und neben ihm ein gleichaltriger Mann, von dem ich zuerst zu wissen glaubte, dass es sich um einen Freund von ihm handelte. Ich war darüber erstaunt, Julien – so nannte ich ihn! – zur Todesstunde an meinem Sterbebett zu sehen, denn ich hatte immer gedacht, ich wäre damals in Wien allein gewesen und auch allein gestorben. (Als ich in der Sitzung Juliens Namen aussprach, fiel mir sofort auf, dass ich ihn phonetisch so perfekt französisch nie im Wachzustand ausgesprochen hätte.) Julien war mittelgroß, sehr schlank, fast dünn zu nennen. Sein Gesicht war sehr schmal. Er war ein schöner Mann gewesen. Seine glatten Haare hatten ein mittleres Braun. Er sah noch immer jung aus. Er trug einen dunklen Gehrock. Der andere Mann sah ihm ähnlich und war fast genauso angezogen und genauso dünn wie er. Ich wusste nun, dass er nicht nur ein Freund, sondern ein Anverwandter Juliens war. Wer er aber genau gewesen war, dass konnte ich nicht so schnell herausfinden. (Manchmal rasen die Bilder in Sichtungen sehr schnell, da kann man nicht immer alles das herausfinden, was man auch noch gerne wüsste).

Etwas anderes war wichtiger zu erkennen:
Ich konnte sehen, dass Juliens und meine Liebe füreinander schon lange erloschen war. Wir hatten vier Kinder, das hatte ich bereits vor dieser Sichtung gegoogelt, und dabei gelernt, dass ich eine Affaire mit dem

Schauspieler Joseph Hyacinthe François de Paule de Rigaud, dem Grafen von Vaudreuil, gehabt und mein zweites Kind wohl aus dieser Affaire gestammt haben soll.*

Julien verhielt sich mir gegenüber feindselig. Ich sah, daran würde auch mein kommender Tod nichts mehr ändern. Wir waren zwar noch wie ein Ehepaar zusammen, aber das lag eher an den herrschenden politischen und finanziellen Umständen, als daran, dass wir freiwillig zusammen waren, weil wir uns noch immer wie ein Ehepaar liebten. Aber das war im Adel nichts Besonderes. Man stand zumeist seine Beziehung bis zum Ende durch. Man half sich gegenseitig beim Überleben – und auch das ist Liebe! Wir waren beide aus Paris weggeschickt worden. Wir mussten zusammenhalten, denn wir waren heimat- und mittellos und damit abhängig von begüterten Verwandten.

Julien würde schon in ein paar Stunden Witwer sein.
Alle im Zimmer wussten, dass ich sterben würde, schließlich lag ich im Sterbezimmer. (Zuvor hatte man mich noch in einem feineren rechteckigen Zimmer, einer Veranda nicht unähnlich, gepflegt – in einem Zimmer mit Intarsien eingelegtem Parkett und wunderschönen weiß angestrichenen und mit Gold verzierten Türen und ebenso weiß angestrichenen und mit Gold verzierten Holzverkleidungen an den Wänden.) Ob ich in Schönbrunn gewesen war, kann ich nicht sagen. Ich würde beide Zimmer aber wiedererkennen, hätte ich Zugang zu ihnen.

Selbst wenn ich wieder gesund geworden wäre, es hätte mir nicht gefallen, denn ich wollte kein neues Leben mehr in Wien beginnen (dass ich mich zum Zeitpunkt meines Todes in Wien befand, bekam ich aus der geistigen Welt während der Sichtung noch einmal bestätigt – und auch auf einer Reise nach Wien – in diesem Leben! – hatte ich gewusst, dass ich dort, noch nicht so lange her, in einem anderen Leben gewesen war).

** Wissensquelle:*
https://de.wikipedia.org/.../Yolande_Martine_Gabrielle_de_Polastron,_duchesse_de_Polignac

Ich wusste jetzt auch, dass es wirklich so gewesen war, dass ich Julien betrogen hatte und dass er wirklich genug Grund gehabt hatte, mir nicht zu verzeihen.

Meine Pflegerin war etwas älter als ich. Sie war füllig und von kleiner Statur. Sie trug ein blaugraues Kleid und eine weiße Haube über ihrem blonden Haar. Auch ihr Haar war von grauen Haarfäden durchzogen. Sie war sehr ruhig und gütig, was mir jetzt, nachdem mich Juliens begründete Feindlichkeit doch noch sehr aufgeregt hatte, gut tat.
Sie kannte sich damit aus, Menschen in den Tod zu begleiten.

In der nächsten Szene sehe ich, dass sie beide Männer bittet, sich endgültig von mir zu verabschieden. Dabei schlug sie ein dreifaches Kreuz über ihre Brust. Die Männer beugten sich, erleichtert, endlich gehen zu dürfen, zu mir hinab, küssten mich und verließen auf Zehenspitzen das Zimmer. Meine Pflegerin und ich, wir waren nun allein. Sie versuchte mir aus einer Schnabeltasse etwas zu trinken einzuflößen. Diese stand zusammen mit einem Kerzenständer auf einem weißen Nachttisch links neben mir (auch wieder vom Fußende aus gesehen!), dessen weiße Farbe bereits sehr alt und wohl schon lange Zeit am Abblättern gewesen war. Doch ich konnte nicht mehr trinken. Ich wusste, mein nächster Hustenanfall würde schon schnell kommen, und er würde mein letzter sein. Und so geschah es! Ihm hielt ich nicht mehr stand! Er zerriss mein Band fürs Erdenleben!

Ich begebe mich in die nächste Szene.
Ich bin nun tot. Ich sehe, denn ich schwebe über meinem Körper, wie meine Pflegerin den Kerzenständer mit der weißen Kerze nimmt. Sie pustet die Kerze aus. Sie bekreuzigt sich noch einmal. Sie knickst mit Respekt vor mir und meinem Tod und vor „Gott dem Allmächtigen", wie es die Katholiken tun. Sie hat schon viele Menschen sterben sehen, für sie ist mein Anblick nichts Neues. Auch sie verlässt das Zimmer. Sie weiß, dass ich noch da bin und Zeit für mich brauche, bevor ich gänzlich von der Erde gehe. Leise schließt sie die Tür.

Ich sehe mir mein Zimmer an, und obwohl ich tot bin, nehme ich wahr, dass auch mein Bett nicht mehr ganz neu und seine weiße Farbe bereits genau so am Abblättern gewesen war, wie die Farbe des Nachttischs.

Das war mir zuvor nicht aufgefallen. Alles sah sehr ärmlich und sehr einfach aus, obwohl ich mich wohl in einem Palast befinde – zum Sterben braucht man eben keinen Prunk mehr. Dann sehe ich mir meinen ausgezehrten Körper an, der einmal Yolande Martine Gabrielle Polignac, geb. Polastron, gewesen war und ihr einmal einen wunderbaren anmutigen Tempel für ihre Seele geboten hatte. Ich habe Mitleid mit dem nutzlos gewordenen Körper, der dort liegt und der in den letzten Tagen so viel durchzumachen hatte.

Es tat gut, nun allein zu sein, denn so konnte ich mich besser darauf einschwingen, um mich in die nächste Situation zu begeben, die jeder Seele nach ihrem Tod bevorsteht. Es war die Schattenwelt, in die ich mich zu begeben hatte und die ich von meinen vielen vorherigen Toden bereits gut kannte; die Schattenwelt, die einer Seele einen Schutzraum bietet, um sich mit der nun körperlos gewordenen Situation anzufreunden und in ihr zurechtzufinden...
Ich musste erst einmal lernen, meine geistigen Augen auf sie einzustellen.

Ich war nun plötzlich von einigen, meiner, auch an Gram und Kummer und Armut verstorbener oder auch in der Revolution direkt getöteter Freunde, aus Versailles und Paris, umgeben. Wir mussten uns erst alle an die von unseren Körpern getrennte Situation gewöhnen. Einige befanden sich quasi noch in einem Schockzustand. Keiner von uns hatte ein hohes Alter erreicht, um Zeit genug gehabt haben zu können, sich auf den Tod vorzubereiten und in ausreichendem Frieden mit ihm zu sein. Als Schattenwesen und völlig lautlos, gingen wir geisterhaft in verschiedenen Paarformationen Arm in Arm, als wären wir noch die Adeligen im Park von Versailles, die miteinander spazierten. Wir hatten auch dieselbe Kleidung an. Wir wiederholten das, was wir in Versailles am liebsten gemacht hatten, wenn wir in unserer Ruhe und Liebe gewesen waren. Diese Wiederholung der uns damals liebgewesenen Gewohnheit, schaffte in uns ein Vertrauen, uns damit abzufinden, nicht mehr auf der Erde sein zu können. Es gab weiße Kutschen, die wir zwischendurch immer mal wieder benutzten. In die wir ein- und ausstiegen und in denen wir immer nur kurze Fahrten hatten. Alles geschah auf eine lautlose, geisterhafte, aber auf eine sehr galante Weise. Der Kutscher war galant, so auch die Mitreisenden, die sich durch Handküsse und Hilfestellungen bemerkbar machten, um auf sich aufmerksam zu machen. Wir unterhielten uns nicht über unsere Vergangenheit, noch über unseren Tod und dessen Art. Wir gaben uns einfach nur unsere bekannte Nähe und Liebe zurück. Wir mussten uns erst an unsere Stimmen gewöhnen, die hier nur geisterhaft – ein nur leicht hingehauchter Ton – waren und auch an die geisterhafte Umgebung, die einem Negativfilm glich. Wir waren nicht mehr irdisch stofflich – wir waren nur noch *geistig wesenhaft*. Je öfter wir aber unser Spiel wiederholten – das miteinander Spazierengehen und das in die Kutsche Ein- und Aussteigen –, umso mehr Sicherheit bekamen wir, mit diesem geistigen Raum in Vertrauen umzugehen. Dann schlich sich der Gedanke in mir ein, diese fast groteske Situation schnell beenden zu wollen und damit den nächsten und letzten Trennungsschnitt von der Erde und meinem vergangenen Leben zu vollziehen. Diese Situation hatte zwar gut getan, denn sie hatte meiner Seele Zeit gegeben, mich von meinem Körper als gelöst zu betrachten, aber nun musste Schluss damit sein!

Ich hatte nur kurz den Gedanken, weiterzugehen, um nicht in dieser surreal anmutenden Situation gefangen zu bleiben, als auch schon Renata, meine mich schon seit Äonen begleitende Schwester und Engelin (sie war in manchen Leben auf der Erde auch meine Mutter gewesen und so ich ihre!), angeflogen kam und mir ihre Hand für meinen weiteren Aufstieg entgegenstreckte. Ich freute mich! Ich nahm ihre Hilfe dankbar und vertrauensvoll an, und sie zog mich mit in die Dimension hinauf, in der sie und ich schon seit Äonen zu Hause sind. (Heute weiß ich, denn ich habe es auf meinen vielen Visionsreisen gesehen, dass sie mich in die Burg über der Gralsburg, in die Is-Burg, mitgenommen hat, in der wir beide zu Hause sind – siehe wieder mein Buch „In der wahren Gralsburg...“.) Sie wäre später wiedergekommen, hätte ich mich der Entscheidung mitzugehen, noch entzogen. Sie hätte meinen Willen dazu zu jeder Zeit respektiert. (Eine Alte Weise Seele hat allerdings schon so oft Erfahrungen mit diesem Schon- und Schutzraum machen können, sodass ihr Aufenthalt in ihm immer kürzer werden kann.)

Darauf folgte für mich eine lange Zeit des Lernens in den verschiedensten geistigen Räumen. Ich durfte ausruhen, ich wurde von meinen Leiden reingewaschen (in Badewannen mit Weintrauben gefüllt, „denn mit Weintrauben kann man fast alles heilen“, so die geistige Welt!) und zur

Erneuerung getauft, und ich durfte mir mein gerade beendetes Leben auf einer großen dafür installierten Leinwand ansehen, und darüber entscheiden, was ich noch lernen wollte, was ich aber auch ad acta legen konnte. Ich durfte mich aber auch mit meinen kosmischen Lehrern und Freunden und meinen vielen gewesenen Seelenselbsten verbinden, indem ich sie – nur allein durch Gedankenprojektion – in den verschiedensten Dimensionsräumen besuchen ging. Ich erinnere mich auch, mich länger beim großen Erzengel Ariel aufgehalten zu haben. Dort traf ich meine Entscheidungen für mein nächstes Leben, wobei er mich immer wieder korrigierte, wenn ihm etwas nicht gefiel. Ich sollte ja das Richtige lernen.

Ich hatte mich für Griechenland entschieden. Genauer gesagt, für die Halbinsel Chalkidiki. (Es war sehr lustig, als ich den Namen der Halbinsel laut hörte. Ich musste ihn erst einmal richtig einordnen. Erst als ich einen Atlas Zuhilfe nahm, wusste ich, wie der Name wirklich lautet und geschrieben wird und wo diese Halbinsel in Griechenland überhaupt liegt. So lange würfelte ich die „kidiki's“ ständig durcheinander.)

Renata entschied – ich weiß nicht, wie viele Tage, Monate oder Jahre ich in der geistigen Welt verblieben war – mich auch wieder auf den Weg zurück zur Erde zu bringen. Sie nahm meine Hand. Dann ging alles sehr schnell.
Das Abenteuer begann, und ich nahm es mit Begeisterung an.
Wir flogen zusammen immer tiefer zur Erde hinab.

Renata entließ mich ein Stück zuvor...

... ich flog allein weiter. Ich sah noch immer so aus, wie ich vorher in der Is-Burg ausgesehen hatte. In der Is-Burg hatte ich ein weißes Kleid angehabt, das trug ich auch jetzt. Auch meine langen Haare waren noch immer lang und leicht gewellt, wie zuvor. Ich war barfuß. Ich flog erst einmal weiter zur Erde hinab – und dann etwa dreißig Meter von der Erde entfernt über die griechische Landschaft hinweg, die meine nächste Heimat werden sollte. Ich befand mich über der westlichen Küste der Halbinsel Chalkidiki.

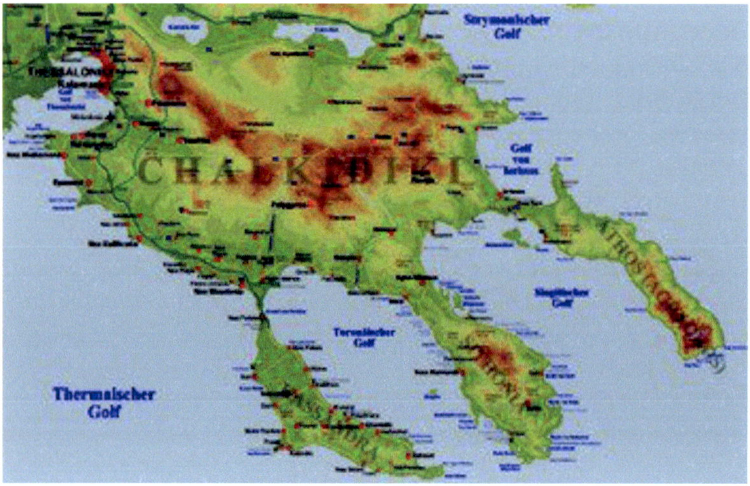

Halbinsel Chalkidiki, Bildquellennachweis ab Seite 350

Meine Entscheidung war gefallen. Es gab kein Zurück mehr! Ich wollte dieses Mal kein Leben mehr im Adel haben, für das man später wegen seines Reichtums und seines Glanzes zur Rechenschaft gezogen werden konnte. Ich wollte Meerluft atmen und ein einfaches Leben in der Natur haben. Ich wollte, dass jemand, den ich in einem vorherigen ägyptischen Leben, lange vor unserer Zeitrechnung vor Christus, als ich dort eine Priesterin gewesen war, als Vater gehabt und sehr geliebt hatte (und der auch in meinem jetzigen Leben für ein paar Jahre, wie bereits geschrieben, mein Pflegevater gewesen war, und wie Sie, liebe LeserInnen, noch sehen werden, auch in einem anderen von mir noch erzählten Leben, nachzulesen ab Seite 324, noch einmal als mein Vater vorkommen wird), wieder mein Vater wurde! Ich wollte ein Leben zum Ausruhen haben, und für dieses Leben auch keine Angst mehr um mein Leben und das Leben meiner liebsten Verwandten und Freunde haben müssen. Ich wollte meine Wunden weiterhin heilen lassen können. Versailles, das ich so geliebt hatte, lag hinter mir. Aus und vorbei! Meine Beziehung zu meinem Mann Julien saß mir noch immer in meinen Seelenknochen. Auch wenn ich einmal eine für den Adel völlig normale Zweckhochzeit mit ihm eingegangen war, hatte ich ihn doch geliebt. Die von ihm gegen mich gezeigten Gefühle vor meinem Tod, trug ich noch immer in mir. Ich wollte nun ein „*ehrbareres*" Leben führen. Die Ruhe der Natur und die Abgeschiedenheit der ländlichen Gegend, würden mir zur Genüge Gelegenheiten dazu geben, der in aller Einfachheit gelebte griechisch orthodoxe Glauben meiner strenggläubigen Eltern auch.

Es ist gegen Mittag. Die Sonne scheint, und es ist warm. Ich fühle mich gut. Ich bin fröhlich. Es ist schön, über die Landschaft fliegen zu können. Ich bin ein fliegender Engel. Die Luft um mich herum ist ganz still. Keiner auf der Erde kann mich sehen. Ich bin allein im azurblauen Himmel. In der Nähe von Perea (links oben im Bild) weiß ich, dort muss ich hinunter, dort ist mein neues Zuhause. Ich weiß genau, wo sich meine Eltern aufhalten. Doch bevor ich bei ihnen „landen" will, will ich erst noch woanders hinfliegen. Das muss unbedingt sein, das hatte ich mir vorgenommen! Ich fliege weiter gen Norden und erreiche die Stadt Thessaloniki. Ich fliege zu ihrem Hafen. Dort liegt ein größeres Dampfschiff mit einem großen Schornstein, das ich mir unbedingt ansehen wollte* (siehe dazu noch etwas mehr in der Anmerkung auf der nächsten Seite). Ich umkreise das Schiff. Es ist sehr schön, sehr majestätisch. Ich freue mich, in eine Neue Zeit geboren zu werden, die neue technische Errungenschaften bereithält und mir damit ein anderes Leben als vorher ermöglichen kann. Ich liebe Gottes Evolution, die nun „noch neuere Technik" heißt. Ich bin auch darauf vorbereitet worden. Ich liebte schon immer Schiffe. Sie hatten in meinen Inkarnationen häufig eine Rolle gespielt; in Brest, im Oman, in Alexandria... Und ich wusste, auf so einem Schiff würde ich später, als Erwachsene, nach Amerika fahren: nach Boston. (Ob ich damals nach Amerika auswanderte, kann ich nicht sagen. Ich kann aber sagen, ich war so um die dreiundzwanzig Jahre alt, als ich nach Amerika fuhr. Ich hatte bei meiner Einschiffung ein enges graues Kostüm an, und ich trug einen schönen schwarzen Hut. Ich sah sehr elegant aus! Ich schiffte mich in meiner Sichtung in Lissabon ein. Wie ich bis dahin gekommen war – ob über Land oder auch mit dem Schiff – konnte ich nicht ausmachen.)

Ich fliege wieder in Richtung Süden zurück und genieße den Blick auf die Landschaft. Ich lasse mir Zeit, erneut in Perea anzukommen. Ich will meinen Flug auskosten. (Wenn ich meine Sichtungen richtig interpretiere, dann muss man, um auf die Erde gelangen zu können, zuerst die verschiedensten geistigen Felder zu ihr durchdringen. Etwa zehn Prozent der Versuchspersonen von Dr. Helen Stewart Wambach, der renommierten amerikanischen Psychologin und Hypnotherapeutin, die sich mit dem Thema Reinkarnation auseinandersetzte, konnten sich an Ozongerüche während ihres „Geburtstrips" aus dem Geburtskanal heraus erinnern** – für Dr. Helen Stewart Wambach tat sich damit die Frage auf, ob es sich dabei um „den Geruch des Entbindungsraums" gehandelt haben könnte. Da man sich während des Inkarnationsflugs aber bereits sehr nahe am stofflichen Raum der Erde und an deren Luftschichten aufhält, bzw. aufhalten muss, wäre es eigentlich logisch, auch da schon etwas vom Gas der Ozonschicht in der Stratosphäre "mitzubekommen", denn man kann mit seinen geistigen Augen ja auch die Landschaft sehen, warum sollte man dann nicht auch mit seiner geistigen Nase zuvor das Ozon riechen können?)

Mit meinem Wissen von meinem eigenen bezaubernden Flug auf die Erde, halte ich heute den Wunsch vieler Menschen, trotz aller Gefahren Fallschirmsprünge zu wagen, sowie Felix Baumgartners Stratosphärensprung von 40.000 Metern im freien Fall, für eine Nachahmung ihres „ehemaligen Inkarnationsflugs auf die Erde".

** Wissensquelle: https://de.wikipedia.org/wiki/Dampfschiff*
*Im Jahre 1783 wurde das erste funktionsfähige Dampfschiff von dem Franzosen Claude François Jouffroy d'Abbans gebaut. Das war bereits zehn Jahre vor meinem Tod in Wien als Yolande Polignac geschehen. Das von mir gesehene Schiff schien bereits eine Weiterentwicklung und auch größer gewesen zu sein. Ich war demnach wohl mehrere Jahrzehnte in der geistigen Welt verblieben. ** Wissensquelle: Helen Wambach, Leben vor dem Leben, Wilhelm Heyne Verlag, München, Erstausgabe von 1984, Seite 64.*

Es ist wirklich ein wundervolles Gefühl, sich noch im kosmischen Äther und doch schon fast im stofflichen Bereich der Erde zu befinden und dort noch ein wenig zur Erkundung herumfliegen zu dürfen. Und das mache ich ja auch auf meine Weise, wenn ich heute von der Erde aus die vieldimensionalen Räume des Kosmos (be)surfe, eben nur in umgekehrter Richtung.

Was mich zu diesem Thema noch interessieren würde, und ich vielleicht eines Tages auch noch in Sichtungen erkunden darf, sind Fragen wie:
Was passiert, wenn ich als Seelenkopie kurz vor der Erde wieder zurück will? Wie muss bei solch einer Entscheidung der Rückweg geplant und gestaltet werden, um gut auszugehen? Reicht dafür nur der Gedanke „zurück" oder „jetzt"? Und geht das nicht, und ich muss als Seelenkopie sterben, wie sieht der Tod meiner Seelenkopie dann aus? Und wie gestalten sich heutzutage unsere Flüge auf die Erde, mit unseren vielen Flugzeugen und Satelliten im Himmel? Muss man ihnen – auch wenn man sich noch im geistigen Ätherraum befindet – versuchen zu entgehen?

Ich bin nun in der Nähe von Perea angekommen!
Ich sehe einige Olivenhaine. Ich überfliege sie und komme zielstrebig und zielgenau zu einem kleinen Haus, das auf einer langen Anhöhe steht. Ich befinde mich jetzt nur noch in einer Höhe von etwa fünfzehn Metern über der Erde. Ich sehe meinen zukünftigen Vater vor dem Haus geschäftig herumlaufen. Er ist mir so sehr vertraut. Er ist Wein- und Olivenbauer. Er trägt eine Lederschürze, die von Oliven und Rotwein reichlich bekleckert ist. Ich bin zufrieden und glücklich, ihn zu sehen. Es wird mir bei ihm gut gehen. Er gehört zu meiner Seelenfamilie. Er ist humorvoll und kommt mit seinem Leben gut zurecht. Zwischen uns gibt es nur reine Gefühle.
Ich sehe mich weiter um.
Ich liebe die griechische Landschaft. Es ist nicht das erste Mal, dass ich hier zu Leben komme. In der Antike war ich oft hier. Alles ist mir bekannt: das Meer, die im Sommer oft karge und von der Hitze verbrannte Erde, die wunderbare Sonne mit ihrem gleißenden Licht, der azurblaue Himmel... Nachdem ich mir meinen Vater angesehen habe, fliege ich zum naheliegenden Strand. Ich weiß, meine zukünftige Mutter geht dort spazieren. Ich will mir auch sie genauer ansehen. Sie ist bedeutend jün-

ger als mein zukünftiger Vater. Sie ist sehr schön und sehr schlank. Sie hat dunkelbraunes, langes und welliges Haar, wie ich, und auch sie trägt ein weißes Kleid, wie ich. Sie liebt es, Muscheln einzusammeln und viel für sich allein zu sein. Sie gefällt mir sehr. Sie ist eine reine Seele. Alles scheint richtig für mich zu sein; die Menschen, die mir bald eine gute Heimstatt bieten, ihr Wohlstand, der für ein gutes Leben reicht und ihre Liebe füreinander, sowie ihre zukünftige Liebe und ihre geplante Fürsorge für mich, machen es mir leicht, nun noch weiter zur Erde hinabzusteigen.

In der Nacht umkreise ich meine Mutter und meinen zukünftigen Vater. Ich weiß, dass meine Mutter darum weiß. Sie spürt meine seelische Nähe. Und auch mein Vater spürt sie. Meine Eltern sind Alte Weise Seelen, sie wissen, wie es sich anfühlt, wenn eine Seele wartet. Sie sprechen über mich.
Meine Seele ist bereit... Sie sind bereit...
Nur der Gedanke „Jetzt“ und es ruckelt und zuckelt, und es zerrt von allen Seiten. Es geht in einer Spirale mit mir nach unten.
Ein Saugglockengefühl zieht mich.

Ich sehe Rot, viel Rot. Ich sehe „das Feuer des Lebens“.
Es gibt kein „Zurück“ mehr, ich habe mich entschieden...
Die Anziehung wird stärker...

Ich gebe mich mit meiner Seele in das Seelenfeld meiner Eltern ein.

Ich nehme an, dass dieser Prozess einem sehr viel abverlangt. Darum wundert es mich auch nicht, was als nächstes geschah...

... ich gelangte in einen amnesieartigen Zustand. Wie lange er andauerte, kann ich nicht sagen. Es kann sich durchaus um ein paar Tage gehandelt haben, vielleicht aber nur um ein paar Sekunden, bis ich wieder zu mir fand. Jetzt war ich nicht mehr der fliegende Engel, also nur wesenhaft. Jetzt war ich zu der Seele/Körpereinheit geworden, die für mich vorgesehen war. Ich war dabei, ein Mädchen zu werden.
Das hatten sich meine Eltern so sehr gewünscht.

Marguerite Poirette

Margareta oder Marguerite Porete, wie sie auf der nächsten Seite, in den beiden unten angegebenen Büchern genannt wird (heißt: „kleiner Lauch“), wurde um die Jahre 1250-1260 im Hennegau geboren.
Sie verstarb am 1. Juni 1310 in Paris auf dem Scheiterhaufen.
(Ich benutze die Schreibweise Marguerite Poirette, weil ich den Namen so aus der geistigen Welt gehört und vor mir gesehen habe.)

Ich bin nach Paris gefahren, um meinem Seelenselbst als die Begine Marguerite Poirette nachzuspüren. Wir schreiben das Jahr 2008. Nach einer Nacht in einem Hotel auf Montmartre fahre ich mit dem Bus erst einmal zur Kathedrale Notre-Dame. Von dort aus will ich meine Wege nehmen. Auf dem Vorplatz zu der Kathedrale stehen Menschen Schlange, um Einlass zu bekommen. Es ist noch früh am Morgen. Ich kenne die Innenräume dieser Kathedrale bereits. Ich hatte ein Jahr zuvor nicht nur in Versailles, sondern auch in der Kathedrale Notre-Dame meinem Leben in Paris als Duchesse Yolande de Polignac nachgespürt. Doch heute will ich dort nicht hineingehen. Ich will mich zuerst zum Place de l'Hôtel-de-Ville (zum Rathausplatz) aufmachen, um mich dort mit der Hilfe meiner Füße und meiner karmischen Erinnerungen in dieses vergangene Leben führen zu lassen. Stück für Stück war ich von meinen himmlischen Lehrern darauf gebracht worden, dass ich diese Begine gewesen war, von der ich bis dahin weder gehört noch gelesen hatte. Ich hatte die geistige Welt ein Jahr zuvor – bei meinem Versaille Besuch – gefragt, ob ich schon ein anderes Mal in Paris lebte. Daraufhin hatte sie mir zuerst meinen damaligen Vornamen und später dann auch meinen Nachnamen verraten, und auch gesagt, dass ich eine Begine gewesen war. Durch vielfache Sichtungen, konnte ich meinem damaligen Seelenselbst zunehmend auf die Spur kommen. Zusätzlich half mir bei meinen Erkenntnissen, wirklich Marguerite Poirette gewesen zu sein, dass ich im Internet ihrem Leben nachspüren konnte. (Meine damalige Schrift: “Miroir des simples âmes”, die von Louise Gnädinger* in die deutsche Sprache übersetzt und 1987 als Buch veröffentlicht worden war, war zu dieser Zeit leider vergriffen gewesen. Siehe dazu die Buchangabe auf der nächsten Seite.)

Doch im Internet fand ich erst einmal alles, was ich wissen musste, um meine Reise gut hinzubekommen. Erst im Jahre 2011, drei Jahre nach dieser Reise nach Paris, fand ich durch die Hilfe meiner Freundin eine weitere Übersetzung.** Meine Freundin hatte die Werbung für das Buch sicher nicht ohne Grund gesehen. Dieses Buch half mir, meine im 13. und 14. Jahrhundert verfassten Thesen noch besser zu verstehen, und auch zu verstehen, warum ich heute, wenn auch mit anderen, mit moderneren Worten – und natürlich auch intellektuell upgraded auf die heutige Zeit – noch immer dasselbe wie damals lehre.

Ich nehme erst einmal den Weg nach links.
Ich überquere den Pont d'Arcole, und schon stehe ich schnell auf dem Place de l'Hôtel-de-Ville. Es ist Herbst, und die Blätter fallen von den wenigen und von der Stadtluft nicht gerade gesund aussehenden Bäumen. Ich habe hier in der Gegend schon einmal gelebt. Vor fast siebenhundert Jahren war ich der Ketzerei bezichtigt, angeklagt und dafür im Jahre 1310 auf dem Scheiterhaufen verbrannt worden, denn ich hatte den religiösen Zwängen meiner damaligen Zeit eine besondere, eine frauliche, Mystik der Freiheit entgegengesetzt; ich hatte in meinen Thesen – in einem in höfisch minnelyrikartiger Manier und auf Sprecherrollen verteiltem Lehrbuch*** – begründet, dass ein Mensch, der von Gottes Liebe beseelt ist, keiner Reglements (keiner „Knechtschaft!“) der Kirchen mehr bedarf, weil dieser – bzw. seine Seele! – sich bereits etappenweise in *sieben* Stufen in die Nähe zu Gott entwickelt hat und darum aus sich selbst heraus weiß – *wissen muss!* –, was für Gott zu tun sei. Nämlich, um mit meinen weiteren heutigen Worten zu sprechen:

** Louise Gnädinger (Hrsg. und Übersetzerin) Margareta Porete: „Der Spiegel der einfachen Seelen. Wege der Frauenmystik“. Artemis, Zürich/ München 1987, ISBN 3-7608-0727-5.*

*** Das von mir drei Jahre nach der beschriebenen Reise gekaufte Buch, war von Bruno Kern herausgegeben und übersetzt worden: „Marguerite Porete: „Der Spiegel der einfachen Seelen. Mystik der Freiheit“, Marixverlag, Wiesbaden 2011, ISBN 978-3-86539-253-4.*

**** Dieses soll damals auch als Theaterstück aufgeführt worden sein.*

Ganz im Willen Gottes zu stehen und damit ganz der Wille Gottes selbst zu sein und damit keinen eigenen irdischen Willen mehr zu benötigen und deswegen auch der „Knechtschaft" der Kirche mit ihren Reglements nicht mehr zu bedürfen.

(Davon hatte ich auch auf Seite 155 bereits ein wenig geschrieben). Natürlich musste das die Kleriker aufgebracht haben. Ich hatte mit meinen Thesen ihre Vormachtstellung als selbsternannte Vertreter Gottes, Mahner und Moralisten angegriffen, weil sie die gläubigen Menschen (und vor allen Dingen die gläubigen Frauen!) durch ihre Verpflichtungen zu Bußübungen, Messen und Geldabgaben klein und sich selbst und ihre Religion erhöht halten wollten. Heute spreche und schreibe ich von den Alten und Alten Weisen Seelen, die durch ihre gemachten Erfahrungen in ihren bereits durchlaufenen *sieben* Seelenalterszyklen von allein fähig sind, zu wissen, wie sie Gott und seinen himmlischen MitarbeiterInnen am besten zu dienen haben und wie sie eine Religio zur geistigen Welt durchführen können und dass sie darum keiner moralischen Lehren – von Politikern und sozialen Institutionen und Instanzen aufoktroyiert – mehr bedürfen und zwangsläufig Freigeister sein müssen! (Die Kirche benenne ich heute in diesem Zusammenhang kaum noch, denn sie hat nicht mehr dieselbe Macht wie früher, heute sind es die Politiker und Wirtschaftsbosse, die uns knechten.) Ist es nicht grandios, wie sich unsere Leben mit ihren Aufgaben ähneln? In welcher Art und Weise ich mich auch durch dieses Leben als Marguerite Poirette zu der Person entwickeln durfte, die ich heute bin? Ich hatte damals mit meinen Worten nicht unbedingt etwas gegen die Kirche selbst sagen wollen. Ich hatte ihr etwas erklären wollen. Alle Lehrer, Psychologen, Heilpraktiker und Ärzte, aber auch unsere himmlischen LehrerInnen, müssen eines Tages ihre Schüler oder Patienten loslassen und sie ihre eigenen Wege zu ihrer weiteren Entwicklung finden lassen. Die Kirchenväter aber hielten damals an ihren Gläubigen fest; egal, inwieweit sich diese bereits von ihren Lehren emanzipiert hatten. Das war es, was ich ihnen damals verständlich machen wollte. Ich wollte schon immer, dass die Menschen frei entscheiden können. Anders kann ihre Entwicklung nicht gewährleistet sein. Stillstand wäre die Folge... Und was dieser Stillstand innerhalb der Kirche für Jahrhunderte auslöste, das können wir ja heute noch sehen. Darum musste es in den 90er Jahren auch so unbedingt zu einer Entwicklung der freigeistigen esoterischen Szene kommen, die sich mit allen möglichen internationalen Religionen, Naturreligionen, Geheimlehren und den modernen Theorien der Quantenphysik zu beschäftigen begann und ihre Nähe zu Gott auf eine andere Weise suchte, als die Kirche es bisher getan hatte – und die bereit war, dafür auch schamanische Erfahrungen zu durchlaufen.

Seit 1310 hat sich Paris stark verändert. Die Häuser waren kleiner als heute und noch viel aus Holz. Es gab noch keine sanitären Anlagen und andere heutige praktische Hygienemaßnahmen gab es auch nicht. Alles war sehr einfach – aber dafür gab es den uns heutzutage so sehr belastenden Autoverkehr noch nicht. Es ist ein Streik auf dem Place de l'Hôtel-de-Ville angesagt, der noch immer seinem früheren Namen: „Place de Grève“, „Platz des Streiks“,* alle Ehre macht. Polizisten stehen auf dem Platz, mit Knüppeln und Pistolen und einem chauvinistischen Habitus, der sich zusätzlich aus ihrer Kleidung und ihrem männlichen Übergehabe ergibt. Sie machen mir Angst. (Im Mittelalter waren Rathäuser das Zentrum einer Stadt sowie Tagungsorte der Räte aber auch städtisches Gericht. Strafgerichte wie Folterungen wurden vor den Rathäusern in aller Öffentlichkeit abgehalten, so aber auch Todesstrafen durch Erhängen oder das Verbrennen auf dem Scheiterhaufen.) Leider stehen an diesem Tag auch noch viele politische Ausstellungs- und Polizeiwagen auf dem Platz, und die Presse und das Fernsehen sind da. Es ist kaum ein Durchkommen. Überall muss man über Kabel steigen. An eine meditative Zeitreise ist kaum zu denken. Doch es nützt nichts. Ich kann nicht ständig wiederkommen. Ich muss diese Reise und diesen Tag so gut wie möglich nutzen. Ich gehe auf dem Pflaster des Platzes umher und bitte meine Füße, mir ein Zeichen zu geben, wenn ich mich an der Stelle befinde, auf der ich – bzw. mein damaliges Seelenselbst – verbrannt wurde. An der rechten Seite vom Hôtel-de-Ville gibt es einen langen künstlich angelegten Brunnen, der fast bis zur Straße führt.

** Wissen aus: https://wikipedia.org/wiki/Hôtel_de_Ville_(Paris)*
Auf dem sandigen Platz vor dem Rathaus war im Mittelalter der älteste Hafen- und Anlegeplatz von Paris zu finden gewesen. Wegen dieses sandigen Ufers gab man ihm den Namen Place de Grève: „Sanduferplatz“. Wegen der vielen Streiks entstand aus den Begriffen „faire (la) grève“ und „être en grève“ der Begriff „Platz des Streiks“, oder auch „Streikplatz“. Dieser Platz wurde in den vergangenen Jahrhunderten für vielzählige öffentliche Hinrichtungen benutzt.

Ich lasse meine Füße zuerst an ihm lesen. Meine Füße können das gut, das erwähnte ich bereits. Sie sind es gewohnt, mir Bilder aus meiner Vergangenheit zuzuschicken. Wir bilden dafür eine Einheit! Sie können meine erdliche Zeitgeschichte lesen und dechiffrieren. Ich gehe weiter. Meine Füße sagen mir, dass ich mich jetzt genau da befinde, wo ich damals lichterloh brannte. Hier also stand der Scheiterhaufen. Hier war ich mit meinem damaligen Leben gescheitert, weil die Kirchenmänner das so wollten. Sie konnten Frauen wie mich einfach nicht aushalten. Sie wollten nicht meine von Gott gegebene Schönheit und Anmut und meine geistige Reife sehen. Zuerst steigen in mir die bekannten Bilder aus der Unterwelt hoch, die sich immer dann in meinen Blick einschleichen, wenn es um einen gewaltsamen Tod geht. Ich sehe Kraken, Schlangen und Spinnen. Sie versuchen sich an meinen Beinen hochzuwinden. Dazwischen sehe ich Flammen. Erst züngelnd, dann lodernd. Ich will die Bilder zwar sehen, aber nicht zu sehr in meinem Herzen hochkochen lassen. Ich hatte mir vorgenommen, mich von meinen Emotionen nicht all' zu sehr mitreißen zu lassen.

Ich schalte mein Herz weitgehendst aus. (Das Ausschalten von Emotionen ist auch bei den Rückreisen, die ich für meine Patienten begleite, von großer Bedeutung. Sie müssen nicht noch einmal alles aushalten, wenn ihnen früher Schlimmes angetan wurde. Deshalb sage ich vor einer Sitzung stets prophylaktisch, dass sie sich emotional alles so ansehen sollen, als wenn sie sich einen Film auf einer Leinwand ansehen würden und das Geschehene mit ihnen nur sehr weit entfernt, etwas zu tun hat.) Ich bitte meine Füße, weiterzulesen. Doch sie wollen es nicht mehr, denn dann müsste ich mir meinen gewaltsamen Tod doch noch ansehen. Außerdem hat mich schon schnell die Realität mit ihrem Lärm eingeholt. Ich beschließe, dieses Kapitel meines damaligen Lebens zu beenden, und herauszufinden, wo genau ich damals gelebt hatte.

Ich will mich erst einmal wieder zur Kathedrale Notre-Dame zurückbegeben. Ich gehe an ihrer Rückseite entlang und halte mich an dem geschmiedeten Zaun, der den kleinen Garten hinter der Kathedrale begrenzt, noch etwas auf, bevor ich den Weg zur Sorbonne nehme. Das französische Fernsehen ist da. Es wird ein Spielfilm in dem Garten gedreht, wohl so eine Art Telenovela. Dann gehe ich weiter. Ich darf mich nicht ablenken lassen. Ich muss mich meinem eigenen inneren Film stellen.

Façade ouest, clocher et arc-boutants de l'église Saint Séverin
Bildquellennachweis ab Seite 350

Ich gehe über die Brücke und nehme meinen Weg über die Rue de Bièvre in Richtung Sorbonne. Bevor ich die Sorbonne erreiche, sehe ich rechts eine mittelgroße Kirche. Dort will ich erst einmal hineingehen.
Es ist St. Séverin, lese ich in der Stadtkarte. Ich weiß in diesem Moment nicht, welche Beziehung ich zu dieser Kirche hatte; ob es sie überhaupt schon zu meiner Zeit, zum Ende des 13. und zum Anfang des 14. Jahrhunderts, gegeben hat. Sicher hatte sie damals auch nicht so ausgesehen wie heute. Doch etwas zieht mich magisch zu ihr hin, dem ich nicht entkommen kann und soll. Was sollte ich erinnern?

Anmerkung: Die Kirche soll ihren Ursprung in einer Eremitenklause des St. Séverinus von Paris gehabt haben, der im 6. Jahrhundert gelebt hat; seitdem ist sie mehrmals neu aufgebaut worden.

Meine Füße hatten die Umgebung bereits mitgelesen. Links, von der Kirche aus gesehen, hatte ich damals für eine Weile gelebt. Ich hatte auch unsere schwarzen, uns unscheinbar machenden (und natürlich uns unsichtbar machen sollenden!), Kleider gesehen, die wir Frauen zu dieser Zeit getragen hatten. Klein und dünn war ich gewesen – eigentlich war ich völlig unterernährt –, aber doch voller Tatendrang. Ich war selig Gott dienen zu können und eine belesene Intellektuelle sein zu dürfen, die dem Himmel durch ihre Visionen nah sein konnte. Und daran hat sich auch bis heute nichts geändert. Und nun stand ich vor der Kirche, die einmal, wenn heute auch in einem anderen Kleid, eine Bedeutung für mich gehabt hatte. Ich wollte eintreten. Sicher gab es innen irgendwo Informationsmaterial zu ihrer Entstehungsgeschichte. Doch etwas stoppte mich, hineinzugehen. Es zwang mich, stehen zu bleiben. Mit meiner linken Hand schlug ich drei Mal gegen die linke Seite neben der Tür an die Kirchenwand. Ich hielt inne. Warum tat ich das? Doch dann wusste ich es! Ich hatte mir vor meiner damaligen Verurteilung und Verbrennung geschworen, weder diese, noch eine andere Kirche, je wieder zu betreten. Nun musste ich diesen Schwur brechen, wenn ich mehr erfahren wollte. Darum mein Zögern! (Natürlich hatte ich auch in meinen Leben danach wieder viele Kirchen betreten! Die europäischen Kirchen sind mein Zuhause, eine tief in mir eingebrannte Kultur. Unsere gesamte europäische Kultur war damals vorzugsweise vom Katholizismus geprägt worden: die Malerei, die Bildhauerei, die Musik, die Schriftstellerei… Alle Künste, auch die Wissenschaften, mussten von der Kirche abgesegnet sein, bevor sie unter die Leute durften; zumeist kamen sie aber aus ihr selbst hervor. Ohne die Kirche war Bildung fast nie zu machen gewesen!) Ich ging in die Kirche hinein. Im Hauptraum war es dunkel. In einem der Seitenräume predigte ein Priester vor alten Frauen. In mir stieg die Galle hoch. Überhaupt kamen gerade viele Emotionen der Ohnmacht in mir hoch, die ich so stark nur selten wahrnehme, weil ich sie nicht mag und darum gerne verdränge. Aber hier kann ich das nicht mehr. Hier, an meinem alten Ort, da spüre ich nicht nur meine eigene Ohnmacht. Ich spüre die Ohnmacht aller Frauen, die einmal versucht haben heilig zu leben, und die heute wieder leben, und ihrem himmlischen Status auch jetzt wieder nicht gerecht werden können. Noch immer sind es die Männer, die predigen dürfen und hauptsächlich die alten Mütterchen, die ihnen zuhören, und die nicht wissen, dass sie damit die frauenfeindliche Priestermacht zu untermauern hel-

fen, die Frauen für dieses Amt und andere höhere Ämter auch heute noch gerne ausschließen (nicht nur in der katholischen Kirche, auch in den anderen patriarchal strukturierten Kirchen und Religionen auf unserer Erde ist das so!) Wir Beginen waren damals von den Kirchenmännern nicht gern gesehen, weil wir ein nonnenartiges Leben außerhalb der Kirchen leben konnten. Wir kamen zumeist aus gutbürgerlichem oder adeligem Hause und waren oft hochgebildet. Wir konnten in unserer „relativen" Freiheit damals mehr sagen, als es den Nonnen der Klöster gestattet gewesen war, und wir lebten trotz unserer Demut vor Gott ganz bewusst einen fraulichen und stolzen Freigeist – soweit wie möglich unabhängig von den geistigen Werten der Männer. Wir lebten unsere von uns *eigens gemachte Religio* und verstanden uns durch unsere visionären Fähigkeiten als „von Gott direkt Beauftragte".
Ich verließ St. Séverin und machte mich auf den Weg zur Uni, die nur noch ein paar Schritte von mir entfernt war. Die Sorbonne hatte es damals schon gegeben. Sie war 1201 von Robert von Sorbon gegründet worden. (Ich durfte dort nicht lehren, so wie es mein Freund Meister Ekkehard durfte, der dafür aus Deutschland nach Paris gekommen war. Er schätzte mich sowohl als Visionärin, als auch als Intellektuelle, was mir gut tat. Schon als ich das erste Mal – in meinem jetzigen Leben – von Meister Ekkehard gehört hatte, hatte ich gewusst, dass ich ihn gekannt hatte; ihn – seine heutige Seelenkopie! – habe ich auch in diesem Leben wiedersehen dürfen, er hatte Psychologie studiert. Wir lernten uns in einem Seminar in Süddeutschland kennen, und wir wussten beide auf Anhieb, dass wir uns aus einem Leben in Paris kannten. Sein Vorname war übrigens auch in diesem Leben derselbe gewesen. Mittlerweile ist er verstorben. Er war auch in diesem Leben ein wunderbarer Priesterschamane, mit einem großen Ausdruck und ein großer Freigeist gewesen.) Ich ging zuerst am Institut Curie vorbei, das links von mir lag, und ich dachte darüber nach, dass sich für uns Frauen auch in der Wissenschaft seit dem Mittelalter nicht sehr viel geändert hatte; dass auch heute fast nur diejenigen Frauen, die genauso wie Madame Curie einer männlichen Wissenschaft huldigen, Erfolg im universitären Betrieb haben können. Ich aber plädiere für eine „weibliche Wissenschaft der Freiheit"; einer Wissenschaft, die aus Liebe zum Tier gegen Tierversuche und gegen das Essen von Tieren ist und die in allen Sparten Verantwortung gegenüber allem was lebt, zeigt. Ich plädiere für eine Wissenschaft, die dem Himmel mit ihrer Forschung dienen will und sich

nicht nur einer dreidimensionalen und wirtschaftlich erfolgreich sein müssenden Forschung unterwirft, sondern dem Metaphysischen und Sakralen einen gleichwertigen Stellenwert zukommen lässt; die darum auch dazu bereit ist, sich in der schamanischen Rückbindung zu den verschiedensten himmlischen Dimensionen mit ihren LehrerInnen zu üben. Und ich plädiere für eine Wissenschaft, die den ihr von der geistigen Welt eingegebenen Worten und Bildern vertraut, die sich durchaus jeder Doppelblindstudie und damit jeder Wiederholbarkeit entziehen können, weil sie aus einem anderen Raum- und Zeitgefüge als unserem 3-D-Raum der Erde entstammen. Ich ging weiter zur Sorbonne hoch, die wie eine Bastion gegen den Rest der Welt gebaut ist und seit den Demonstrationen in den 68er'n, Einlass nur mit einer Ausweiskarte gewährt. Die hatte ich nicht und so konnte ich dort nicht hineingehen. Ich spürte meinen damaligen Gefühlen nach, die ich zum Ende des dreizehnten und zum Anfang des vierzehnten Jahrhunderts mit meiner Bildung und weiblichen Intelligenz gehabt hatte, und wie es gewesen war, trotzdem nicht, wie Meister Ekkehard, an der Sorbonne gelehrt haben zu dürfen und nur von ganz wenigen gehört und gelesen und letztendlich mit dem Tod durch Feuer bestraft worden zu sein.
Es ist ein großer Trost für mich, dass ich heute nicht mehr verbrannt und gezwungen werden kann, meine Bücher zu widerrufen und dass meine Schrift von damals nicht völlig in Vergessenheit geraten ist*, weil nicht nur die Beginen, sondern auch viele Nonnen der katholischen Kirche sie über die Jahrhunderte hinweg heimlich kopiert und weitergereicht hatten; was zeigt, dass man auch den Hunger der Nonnen nach einer (weiblich) gelebten Spiritualität nicht mit dem (männlichen) Feuer auszumerzen vermochte. So hat sich mein tapferes Leben doch noch gelohnt. Widerrufen würde ich auch meine heutigen Bücher nicht.

** Wissensquelle aus https://wikipedia.org/wiki/Margareta_Porete*
Nach dieser Verbrennung, wurde den Beginen auf dem Konzil von Vienne (abgehalten 1311–1312) jede weitere theologische Betätigung verboten.
Anmerkung von mir: Wenn ich heute von Gott als „den Superdesigner" (also in moderner Form!) spreche, so bezeichnete Marguerite Poirette ihn im „Miroir des simples âmes" als „Loingprès", als den „Fernnahen Geliebten".
Zitat aus Quelle: https://de.wikipedia.org/wiki/Margareta_Porete:
„Die kanadische Dichterin und Schriftstellerin Anne Carson schrieb das Libretto der 2001 in New York uraufgeführten dreiteiligen Oper Decreation, deren zweiter Teil vom Schicksal Margaretas handelt."

Otto und Edgitha

Das Herrscherpaar im Magdeburger Dom
Bildquellennachweis ab Seite 350

Schon im Frühjahr und im Sommer des Jahres 2010 war mir mehrmals aus der geistigen Welt gesagt worden, dass ich unbedingt nach Magdeburg reisen sollte. Dort würde mich etwas Wichtiges aus einem meiner früheren Leben erwarten. Obwohl Magdeburg nicht weit von dem Ort entfernt liegt, in dem ich wohne, kam ich aber erst im Spätherbst, Anfang November, dazu, mich auf den Weg in diese Stadt zu machen.

Da ich zu dieser Zeit bereits davon gewusst hatte, dass ich die Begine Marguerite Poirette gewesen war, und auch dafür meine im vorherigen Kapitel beschriebene spezielle Reise nach Paris unternommen hatte, konnte ich mir vorstellen, genauso ein Leben als Nonne oder Begine in Magdeburg oder Magdeburgs Umgebung gehabt zu haben.

Kurz vor meiner Reise hatte ich mit meinem Buch „In der wahren Gralsburg – Die Arthuslegende reloaded – Arthurus und Anthea“ begonnen. Dafür hatte ich gelernt, viele Male in die himmlische Gralsburg zu gehen und alle meine in ihr gemachten Erfahrungen aufzuschreiben. Auch bei einem dieser Gralsburgbesuche war mir ans Herz gelegt worden, dass ich unbedingt nach Magdeburg reisen sollte. Es war mir von H. gesagt worden, meinem ersten Freund (aus diesem Leben!), der vor Jahren verstorben, nun in der Gralsburg weilt. Ihn hatte ich zu meiner großen Überraschung dort wieder gesehen.

Hier zu meiner Sichtung, aus meinem Gralsburgbuch, Seite 88:

„[...] Ich stehe erneut vor der Menge der anderen fünfunddreißig Könige und Königinnen, die in der Gralsburg leben. Sie erwarten mich bereits und halten Spalier. H., mein erster Freund (aus diesem Leben!), ist auch wieder dabei. Er hält ein weißes Blatt Papier in der Hand, auf dem geschrieben steht: „Sie war immer ehrlich". Ich weiß nicht so genau, ob ich diese Aussage unterstützen kann, denn die irdischen Gegebenheiten sind nicht so, dass ich immer ehrlich sein konnte. Aber er meint sicher die Zeit mit ihm. Damals war ich noch jung. Ich hatte nicht so viele Verpflichtungen und musste auch nicht so viel ausbalancieren wie heute.
Ich gehe noch einmal auf ihn zu.
Alle halten ein DIN A4 großes Papier in der Hand, auf dem sie eine Aussage über ihre Erfahrungen mit mir gemacht haben. – Was auf den anderen Blättern über mich steht, kann ich nicht so schnell lesen, jedoch scheint es durchweg positiv zu sein. Ich aber bin weiterhin kritisch mit mir selbst. H. hält nun ein anderes weißes Blatt in der Hand. Auf dem steht: „Ich habe sie so geliebt, aber ich habe sie trotzdem betrogen". Er schwingt es mit Vehemenz in der Luft hin und her, damit es alle sehen. Er ist sehr reumütig. Tatsächlich ist es so, dass ich ihn verließ, weil er mit einer anderen Frau zusammen gewesen war. Dann nimmt er mich, um mit mir Walzer zu tanzen, und ich sehe, wie sehr er noch immer darunter leidet, dass ich damals gegangen war. Auch ich mag, bzw. liebe ihn noch immer, denn Liebe vergeht trotz aller Wunden nie. Und ich wundere mich wieder einmal, dass er nicht mehr, wie in diesem Leben, an Krücken gehen muss und dass er die Walzerschritte völlig problemlos ausführen kann. (In diesem Leben hatte er sich mit mir einfach auf die Tanzfläche gestellt und versucht, mit seinem Oberkörper das Tanzen nachzuahmen. Das hatte ich ihm immer hoch angerechnet, denn er tat

das, weil er wusste, wie sehr ich das Tanzen liebte.) Er sagt mir auch noch, dass ich unbedingt nach Magdeburg fahren soll."

Ich checkte Anfang November in Magdeburg in der Jugendherberge ein. Die Unterkunft lag nah am Dom. Das war mir wichtig. Ich ging zuerst zum Dom und danach wollte ich mich wieder von meinen Füßen leiten lassen, um für mich Wichtiges zu erkunden.

Ich hatte vor der Reise gelesen, dass die Begine, Mystikerin, Visionärin und Schriftstellerin Mechthild von Magdeburg, geboren um das Jahr 1207 (etwa 43 Jahre vor meiner Geburt als Marguerite Poirette) und gestorben um das Jahr 1282, auch heute noch eine große Rolle in der Geschichte Magdeburgs spielt und dass die kanadische Künstlerin Susan Turcot ihr zu Ehren ein modernes Denkmal aus rosé/fliederfarbenem Kunststoff angefertigt hatte, das man am Elbufer finden kann. Dieses Denkmal wollte ich mir unbedingt ansehen. Vielleicht kämen dann ja in mir Bilder aus meinem Leben in Magdeburg oder Magdeburgs Umgebung hoch. Doch jetzt war ich erst einmal im Dom, der ziemlich leer war. Der Domführer kam trotzdem seinem Führungstermin nach. Dem schloss ich mich mit nur einer anderen Frau an.

Natürlich sieht Magdeburg heute nicht mehr so aus wie zu früheren Zeiten; zu viele Kriege – insbesondere der Dreißigjährige Krieg, in den Jahren 1618-1648, sowie der letzte Weltkrieg – hatten dieser Stadt viel angetan und ihr Aussehen immer wieder verändert. Dabei war sie einmal die Kaiserstadt von Otto I. (912-973) gewesen, von der auch kaum etwas übrig geblieben war – auch der heutige Dom, indem ich mich jetzt befand, war erst nach Ottos Lebzeiten entstanden.

Der Domführer holte weit in der Geschichte Magdeburgs aus.
Er schmückte die blutige Geschichte der Stadt und ihrer Umgebung dermaßen genüsslich aus, dass ich entschied, seine Führung schon schnell zu verlassen. Er konnte damit bei meiner Mithörerin punkten, die an seinen Lippen hing, mich aber widerte das an. Ich wollte die Geschichte dieser Stadt, und meine eigene Geschichte in ihr, auf meine eigene Art erkunden, so wie ich alles allein erkunden musste, wenn ich mich in meine vergangenen Leben begab und mich damit gleichzeitig meiner Religiotechniken bediente. Das eine war ohne das andere nicht

zu machen. Ich konnte mir dafür keine Störungen von außen erlauben. Ich sagte dem Domführer, dass ich keine Lust mehr hätte, noch länger seinen Kriegsgeschichten zu lauschen. Auch wenn sie wahr waren, so musste er sich aber nicht in ihnen orgiastisch verlieren. Kriegsgeschichten waren Männergeschichten. Ich aber wollte etwas aus dem Leben von Mechthild von Magdeburg erfahren. Doch von ihr schien er nicht viel zu wissen. Ich verabschiedete mich. Ich konnte mir ja Bücher kaufen und die Geschichte der Stadt auf meine weibliche Weise erkunden! Es gibt heute ein paar Bücher über die Historie von Städten und Ländern, die, zumeist von Frauen geschrieben, der Geschichte der weiblichen Bevölkerung von damals Rechnung zu tragen versuchen. Sicher würde ich solch ein Buch – oder mehrere Bücher – auch über Magdeburg finden. Das würde vielleicht nicht ganz leicht sein, denn, wenn es auch immer mehr Romane über Frauengestalten gibt, die aus der Zeit des Mittelalters erzählen, so spielen Frauen in unseren Geschichtsbüchern noch immer eine marginale Rolle.
Ich erkundete erst einmal den Dom allein weiter.
Ich wusste nicht, in welche Zeit – in welches Jahrhundert – ich einsteigen sollte, um mein damaliges Leben wiederzufinden. Darum ließ ich mich zuerst von meinen kosmischen Lehrern und meinem Urselbst führen. So, wie ich das immer tue, wenn ich anders nicht weiterkomme. Zusätzlich begannen meine Füße mit mir zusammen mein Schicksal in der Zeitgeschichte Magdeburgs und Umgebung zu erspüren. Erst noch ganz langsam, dann aber immer mehr...
Ziemlich viele Platten auf dem alten Steinfußboden des Doms waren zu dieser Zeit weggeschoben und die Erde darunter von Archäologen schichtweise abgetragen worden. Man hatte sich in die verschiedensten Sand- und Gesteinsschichten dieses Ortes „hineingebuddelt“ und diese mit vielen Zetteln gekennzeichnet. Diese Ausgrabungsstellen waren außerdem mit Absicherungsbändern markiert worden, damit dort keiner hineinfallen konnte. Ich ignorierte sie und ging weiter in Richtung Domchorumgang.

Vor dem Domchorumgang sah ich das Grab von Otto I. Es ist mit einer Marmorplatte bedeckt, die er selbst aus Italien mitgebracht haben soll. Etwas schien mich anzufliegen, das sagte: „Kapier doch!!!“ Doch ich konnte es nicht entschlüsseln. Ich spürte den kleinen Gral an meiner Fontanelle, der mir aus der geistigen Welt zukam und mir bei meinen

Entdeckungen hilfreich zur Seite stehen wollte. Doch auch ihn zu entschlüsseln überforderte mich. Zu viele Gedanken umschwirrten mich. Ich ging bis zum Ende des Chorumgangs weiter und sah dort einen Sarkophag stehen. Ich glaubte, darin lägen die Gebeine von Mechthild von Magdeburg. So einen bedeutenden Standpunkt für ihre Gebeine hielt ich durchaus für angebracht.

Ich ging um den Sarkophag herum und legte meine rechte Hand auf seinen Sandstein. Dann war ich überrascht, denn es durchfuhr mich mit einer besonderen Klarheit, die ich immer dann verspüre, wenn ich etwas hellsehe (siehe auch meine Geschichte zum Eppendorfer Weg und der Eichenstraße in Hamburg, Seite 214). Es geschieht fast immer mit einem Bang in meinem Herzen, durch den ich stark erschrecke, weil jede Zelle und jede Faser meines Körpers und meiner Seele von der Erkenntnis betroffen sind. Ich konnte es gar nicht glauben, aber ich befand mich jetzt an der Stelle, die mich und mein ehemaliges Leben in Magdeburg betraf. Ich wusste nun, dass der Sarkophag, bzw. der Inhalt des Sarkophags, mit mir, zu tun hatte. Ich las auf seiner Inschrift, dass in dem Sarkophag Edgitha, König Ottos erste Gemahlin und Königin von Magdeburg, lag und nicht Mechthild die Begine. Ich ging noch ein paar Mal um den Sarkophag herum, um mir Zeit zu geben, alles genau aufzunehmen. Dann fokussierten sich meine Sinne wieder auf die Gegenwart.
Von einer Edgitha als Königin hatte ich noch nie etwas gehört. So wie ich auch von Marguerite Poirette noch nie etwas gehört oder gelesen hatte.

Ich holte mir am Domstand Informationsmaterial zum Dom und zu den Ausgrabungen und verließ erst einmal die Stätte. Danach ging ich in einen für die Geschichte Magdeburgs kompetenten Buchladen. Dort wurde mir das von Caroline Vongries geschriebene Buch: „Eine Liebe über tausend Jahre, Editha, Die starke Frau an Ottos Seite“, vom Quadrat**Art**Verlag vom Jahre 2010, empfohlen. Ich kaufte es. Gegenüber vom Dom fand ich ein schönes Restaurant, ich aß etwas und las dabei abwechselnd in dem Buch, sowie in den Broschüren, die ich im Dom erhalten hatte. Meine Neugierde war groß geworden. Ich begriff immer mehr – wenn auch immer noch sehr langsam –, warum der Himmel so eindringlich gewollt hatte, dass ich schon zu einem früheren Zeitpunkt nach Magdeburg hätte fahren sollen. Gerade zwei Wochen zuvor, am

22. Oktober 2010, waren Edgithas Gebeine während einer Festveranstaltung – dieses Mal nicht in einem Bleisarg, sondern in einem Sarg aus versilbertem Titan – erneut im selben Steinsarkophag von 1510, beigesetzt worden. Archäologen hatten im Jahre 2008 in diesem Sarkophag die restlichen Gebeine Edgithas entdeckt und sie den verschiedensten Untersuchungen unterzogen. Ich hatte mir also mit meinem Warten auf den beruflich günstigsten Zeitpunkt dieser Reise meinen Zugang zu meinem vergangenen Leben selbst erschwert. Ich hätte dann auch noch an der Festveranstaltung zur erneuten Grablege teilnehmen können. Das konnte ich nun nicht mehr. Alles war bereits geschehen. Aber ich konnte noch immer für mich allein in meine Rückführungen gehen und damit meine Ahnungen bestätigen oder auch wieder verwerfen lassen. Doch vorerst war ich daran interessiert, über Edgitha und Otto I. mehr zu erfahren, obwohl es mir normalerweise lieber gewesen wäre, ohne vorheriges Wissen aus Broschüren und Büchern auf geistigem Weg etwas davon gesichtet zu haben. Aus dem Buch von Caroline Vongries (das ich meinen LeserInnen sehr ans Herz legen möchte, weil die Autorin es erfolgreich geschafft hat, Edgitha aus der Sicht einer heute lebenden Frau nahe zu kommen) und aus den Broschüren lernte ich, dass Edgitha um das Jahr 910 in Winchester/England geboren wurde, dass ihr Vater der angelsächsische König Edward, und ihre englische Mutter Aelflaeda von Wiltshire gewesen waren. Ihre Mutter starb sehr jung, Edgitha war zu diesem Zeitpunkt vermutlich erst acht Jahre alt gewesen. Sie hatte dreizehn Geschwister, manche davon waren Halbgeschwister. Sie erwarb eine sehr gute klösterliche Ausbildung. Als Edgitha etwa achtzehn Jahre alt war – für die damalige Zeit war man in diesem Alter nicht mehr jung –, warb Heinrich I., König der Ostfranken, der in Quedlinburg residierte und von dort aus sein Land regierte, in England bei dem zu dieser Zeit regierenden angelsächsischen König Aethelstan von Wessex, um eine Braut für seinen Sohn Otto. Er wollte durch eine Verschwägerung mit dem mächtigen angelsächsischen Reich seine Dynastie auch noch über seinen Tod hinaus verfestigt sehen.
Aethelstan schickte seine beiden Halbschwestern Edgitha und Edgiva.

Otto wählte Edgitha zur Frau.
Die Geschichte erzählt, dass es sich – trotz der eingefädelten Heirat – um eine große und besondere Liebe gehandelt hatte.

Otto schenkte Edgitha nach ihrer Vermählung Magdeburg als Morgengabe, damals „dos“ genannt. Sie wurde damit zur Patronin dieser Stadt. Die jüngere Schwester Edgithas heiratete einen Bruder des Königs von Burgund. Der Sohn Liudolf und die Tochter Liudgard wurden geboren. Edgitha kümmerte sich um die Armen und die Klöster, und sie hinterließ Geschichten, die von Milde, Liebe und Wundertaten erzählen, durch die sie auch heute noch als „heilige Edith, Editha, Edgith oder Edgitha“, in den Herzen der Magdeburger zu finden ist. Mit ihrer Bildung und Herzensgüte soll sie Otto stark beeinflusst haben. Zu dieser Zeit hatten die höfischen Frauen zumeist die bessere Bildung als die Männer. Die Männer, auch die aus den Königshäusern, mussten schon früh in Kriege ziehen und wurden maßgeblich darauf trainiert, entweder durch Verhandlungen und geschickte diplomatische Gespräche oder durch körperliche Siege an ihr gesetztes politisches Ziel zu kommen und Niederlagen so gut wie möglich wegzustecken. Sie konnten oft nicht einmal lesen und schreiben und bekamen deshalb zur Ausformulierung ihrer Dokumente der Schriftkunde mächtige Menschen beiseite gestellt. Mit dem Erbe, dem Ansehen ihrer Ahnherren – dem „heiligen Oswald von Northumbria“, der aus seiner Heimat fliehen musste und sein Land dann doch zurückerobern konnte und ihrem Großvater „Alfred der Große“, der die Wikinger erfolgreich abwehrte – im Gepäck, wurde Edgithas Einstieg in die für sie fremde sächsische Welt wahrscheinlich erleichtert. Man schätzte sie auch deswegen. Jedoch fand sie zu ihrer Schwiegermutter Mathilde nie einen guten Zugang, die ihre Stellung als 1. Frau des Reiches – die durch ihre Ehe mit Heinrich I. gegeben war –, wohl durch sie geschmälert sah. Die aus sächsischem Geschlecht stammende Mystikerin Roswitha von Gandersheim schrieb über Edgitha:

"Ihre adeligen Züge erstrahlten in herrlicher Schönheit", und weiter: "Dank ihres vollkommenen Wesens und Wandels war sie im eigenen Land so gepriesen, dass nach dem einmüt'gen Urteil des Volkes sie als die herrlichste galt unter sämtlichen Frauen.“*

(*Wir wissen, dass die Frauen aus dem Adel damals schnell überhöht wurden. Und daran hat sich nicht viel geändert; wie man es aus der Vita von Diana, Princess of Wales, aber auch aus den Gazettenbeschreibungen über heutige adelige Frauen entnehmen kann.)*

Das Stift Gandersheim war das Hauskloster der Liudolfinger gewesen.** (Beide Anmerkungen sind auf der nächsten Seite zu finden.)

Im Jahre 936 wird Otto in Aachen, vielleicht war es aber auch in Mainz, man ist sich da nicht so sicher (ich bin mir aber aus meinen späteren Sichtungen sicher, dass es Aachen gewesen war!) zum König des Ostfrankenreiches gekrönt. Auch Edgitha wird gesalbt und damit zur Königin und Mitherrscherin gemacht. Bereits 946, mit 36 Jahren, stirbt sie überraschend (später sah ich, dass ich wieder einmal an einer Lungenentzündung gestorben war; durch Fieber und Delirien zu sterben, war mir oft zuteil geworden. Es war wohl ziemlich durchgängig meine Art, mit einem zu stressig gewordenen Leben abzuschließen!) Otto trauerte – für damalige Zeiten – lange, insgesamt fünf Jahre um Edgitha, bevor er eine zweite Ehe mit Adelheid, der Witwe des langobardischen Königs Lothar einging, und damit selbst zum König der Langobarden werden konnte. 962 wird Otto Kaiser des Heiligen Römischen Reiches und seine Ehefrau Adelheid zur Kaiserin. Sie erreichte einen viel größeren Bekanntheitsgrad als Edgitha, weil sie nach Ottos Tod seine Regierungsgeschäfte übernehmen musste. Und auch, als ihr gemeinsamer Sohn Otto II., die byzantinische Prinzessin Theophanu zur Frau nahm, die damit auch zur Kaiserin des heiligen Römischen Reiches und zu einer der einflussreichsten Herrscherinnen ihrer Zeit werden durfte – behielt Adelheid noch länger ihre Hände mit im Ränkespiel der damaligen Politik.

Edgitha hatte durch ihre Weihe zur Königin eine gleichberechtigte Teilhabe am Königstum erworben. Otto I. und sie sollen sich als gleichberechtigt Regierende verstanden haben, was damals nicht selbstverständlich gewesen war. Einige Historiker sind sogar davon überzeugt, dass Edgitha es mit ihrem Regierungsstil eingeleitet hatte, dass ihre beiden o.g. Nachfolgerinnen geschichtlich überhaupt so mächtig und einflussreich werden konnten. Und obwohl Otto mit Adelheid verheiratet gewesen war, war es sein dringlichster Wunsch gewesen, dass er nach seinem Tod in Magdeburg, in Edgithas Nähe, beigesetzt wird.

* *Quelle:*
https://www.heiligenlexikon.de/BiographienO/Otto_der_Grosse.html

** *Die Liudolfinger regierten vor Otto I. im ostfränkisch-deutschen Reich. Die Bezeichnung „Ottonen“ geht erst auf Otto I., II. und III. zurück.*

Ich lese zu den Ausgrabungen, dass man geglaubt hatte, dass der Sarkophag aus dem Jahre 1510, nur ein Scheingrab – ein Kenotaph – gewesen sei, dass man Edgitha zu Ehren errichtet hatte und dass die Gebeine woanders lägen. Das war damals so üblich gewesen, wenn man jemandem huldigen wollte, die Grabstelle mit den Gebeinen aber verschollen blieb. Aus den Urkunden der Stadt war hervorgegangen, dass Edgithas Leichnam wohl mindestens viermal umgebettet worden war. Da der Sarkophag mit ihren restlichen Gebeinen aber nur wenige Meter vom Grab Kaiser Ottos entfernt aufgefunden wurde, kann man annehmen, dass man Ottos Wunsch, unbedingt in der Nähe Edgithas beigesetzt zu werden, doch irgendwie versucht hatte zu entsprechen. Es ist wirklich mehr als schwer zu verstehen, dass sie beide so lange so nahe beieinander gelegen hatten, ohne dass man davon etwas gewusst oder auch nur geahnt hatte, und dass man nicht schon früher einmal nachsehen wollte, ob das Grab leer war oder nicht. Mit modernen chemischen und physikalischen Analysen ließ sich aber nachweisen, dass die Eignerin der Gebeine wirklich Edgitha gewesen war, weil man in ihnen u.a. auch die Merkmale des von ihr in jungen Jahren getrunkenen Wassers nachweisen konnte, das auch heute noch nur im Süden Englands, im ehemaligen angelsächsischen Königreich Wessex, zu finden ist.

Ich bin nicht diejenige, die sagt: Meine Seele ist diese und jene wichtige Persönlichkeit gewesen. Ich dachte mir: Abwarten, Tee trinken, vielleicht geht alles doch noch ganz anders aus. Ich muss auf der Erde keine Königin gewesen sein, alle Leben sind mir lieb und heilig. Alle Leben trugen dazu bei, dass ich heute als Alte Weise Seele sagen kann: Dadurch bin ich zu der Mystikerin, Eingeweihten und Himmelsbotschafterin geworden, die ich heute bin und die nun ihren endgültigen Aufstieg wagen darf. Und auch das sage ich immer mit der größten mir möglichen Bescheidenheit. Und doch ist es natürlich schön, heute in meinen Rückführungen auf noch bekannten Pfaden wandern zu dürfen, die eben nur dadurch gegeben sind, dass einige meiner eingekörperten Urseelenselbste in manchen Leben einen bestimmten Bekanntheitsgrad innehaben durften und wissbegierige Historiker die Erinnerung daran wach hielten. Das erleichtert mir meine heutige schriftstellerische Arbeit über das Thema „Reinkarnation“ enorm und hat natürlich auch dieses Buch mit angetriggert. Ich musste erst einmal alles in mir ruhen lassen und sehen, was ich noch auszubrüten begann. Ich ging am späten

Nachmittag in das nahe gelegene „Haus der Romanik“ und versuchte dort noch mehr über Magdeburgs Geschichte und Umgebung herauszufinden. Auf diese Weise bekam ich noch mehr Wissen über das Leben von Edgitha und Otto I. bereitgestellt; aber auch noch mehr Wissen über das oft karge Leben der Bürger und Bürgerinnen der Stadt zu ihrer beider Zeit und – leider auch wieder – zu den Kriegen danach (wieder musste ich mir zum Dreißigjährigen Krieg viele Details anhören, doch dieses Mal versuchte ich ihnen standzuhalten, auch darum, weil der Leiter der Führung äußerst nett und sympathisch war und sozial mitfühlend die schwierigen Zeiten Magdeburgs beschrieb. Außerdem hatten meine Füße in dem „Haus der Romanik“ gelesen, dass ich genau in dieser Gegend während meiner Ehe mit Otto gelebt hatte. Um diese Erkenntnis in mein Bewusstsein zu holen, dafür brauchte ich auch Zeit).

Am nächsten Tag musste ich nach Hause. Patienten warteten auf mich. Ich ging vorher noch, wie vorgehabt, zu der 1,30 Meter großen Statue, die der Mystikerin Mechthild von Magdeburg am nördlichen Ende des Fürstenwalls, am Elbufer, gewidmet worden war. Sie hatte ich nicht vergessen. Ihr wollte ich noch, über die Jahrhunderte hinweg, und von Begine zu Begine, einen Besuch abstatten. Nun wusste ich aber, dass ich in Magdeburg kein Leben als Nonne oder Begine gehabt hatte. Die ersten Schneeflocken fielen. Es wurde kalt. Die Kälte im Osten Deutschlands ist eine andere als die im mittleren oder westlichen Teil. Sie ging mir durch und durch und war doch irgendwie bezaubernd. Meine Mutter hatte von so einer Kälte in Königsberg/Ostpreußen immer gesprochen und sie genauso geliebt. Ich huldigte der Mystikerin mit meinem größten Respekt. – Mechthild von Magdeburg wird auch heute noch als eine der bedeutendsten Verfasserinnen religiöser Schriften im mittelalterlichen Europa bezeichnet. Das Besondere an den Frauen (siehe auch meine Beschreibung über mein Leben als Marguerite Poirette im vorherigen Kapitel), die damals außerhalb eines Klosters ein Beginenleben lebten, war, dass sie eine Religio, eine Rückbindung zum Himmel, ausführen konnten und ihre Visionen – wie sie es damals glaubten! – von Gott persönlich erhielten* (siehe dazu auch noch meine Anmerkung auf der nächsten Seite). Nur so konnten sie die Kirche mit ihren Gesetzen, nur das glauben zu dürfen, was die oft unvisionären Kirchenmänner ihnen zu glauben vorschrieben, umgehen; was ihre Situation häufig äußerst schwierig bis lebensgefährlich machte, denn die Priester gaben von ihrer

Macht nie gerne ab. Lieber ließen sie diese Frauen auf dem Scheiterhaufen enden. Mechthild von Magdeburg konnte sich allerdings vor ihnen in Sicherheit bringen. Sie fand Schutz und Unterkunft im Kloster Helfta.**

Es dauerte nur ein paar wenige Wochen, bis ich erneut nach Magdeburg fahren konnte. Ich hatte dieses Mal Weihnachten als den günstigsten Zeitpunkt ausgewählt, um mich der Geschichte Magdeburgs und Edgithas und Ottos erneut zu stellen. Ich musste unbedingt mehr wissen. Ich fuhr wieder in die Stadt, die man Edgitha – bzw. mir als einem meiner vielen gewesenen Urseelenselbste – einst als Morgengabe geschenkt hatte. Ein schönes Hotelzimmer gab mir die Gelegenheit, genug Ruhe für meine Rückbindungen in die Zeit von Edgitha und Otto I. zu haben.
Es wurde ein wunderbares Weihnachtsfest im Dom. Zwar mit einer langweilig und ziemlich inhaltslos gehaltenen ökumenischen Messe, aber dafür mit einer wunderbaren Orgelmusik und mit vielen friedvollen Gesichtern und dicken Schneeflocken und frischem Schnee auf den Straßen. Sie machten alles wett (oft sind es die friedvollen Gesichter von Menschen und die Elemente, die in uns größere Eindrücke hinterlassen als inhaltslose und fade gesprochene Reden von Priestermännern!) Und ich bekam noch mehr Einsichten, die mich fast umhauten:
H., der mich aus der Gralsburg heraus gebeten hatte, unbedingt nach Magdeburg zu fahren, war Otto I. gewesen.

** Es ist mir wichtig, auch hier wieder darauf hinzuweisen, dass Gott der Superdesigner nicht mit uns direkt spricht, sondern dass er seine Abgesandten – EngelInnen und MeisterInnen – dafür hat, die zu unserer Hilfe auf einer uns geistig näheren Stufe existieren; dass wir verbrennen würden, kämen wir Gott so nah, dass wir ihn hören könnten, und dass es deshalb auch richtiger wäre, beim Beten und Bitten nicht Gott persönlich, sondern seine Helfer anzurufen und dafür das Channeln zu erlernen.*
*** Wissensquelle https://de.wikipedia/org/wiki/Kloster_Helfta*
Dieses Kloster war im 13. Jh. das Zentrum für diejenigen Frauen gewesen, die sich der Frauenmystik verschrieben hatten. Viele dieser Frauen suchten zu dieser Zeit Schutz in seinen Gemäuern.

———

Um die Zusammenhänge zwischen Ottos und meinem Leben in Magdeburg und seinem Leben als H. in meinem heutigen Leben besser für meine LeserInnen zum Verständnis zu bringen, muss ich mich nun in das Jahr 1964 meines heutigen Lebens begeben.

Ich durchlief für zwei Jahre in einem kleinen Ort in der Mitte Deutschlands eine pädagogische Ausbildung. In diesem Ort gab es junge körperbehinderte Leute, die in dem Internat der ansässigen orthopädischen Klinik lebten. Sie hatten die Möglichkeit, trotz ihrer Behinderung am Gymnasium des Ortes ihr Abitur zu machen. „Nachzumachen" würde diesen Umstand besser beschreiben, denn die meisten der Behinderten hatten durch ihre Krankheit mehrere Schuljahre versäumen müssen und waren deshalb bereits in einem Alter zwischen zwei- und vierundzwanzig Jahren. Einige von ihnen litten unter einer MS-Erkrankung oder sie hatten Polio überstanden und folgenschwere bleibende Lähmungen davongetragen oder sie litten unter spastischen Lähmungen, die durch einen Sauerstoffmangel bei der Geburt hervorgerufen worden waren oder unter der Erkrankung Muskeldystrophie, andere hatten schwerste Unfälle gehabt. Im Ort gab es eine Schülergaststätte, die wurde von ihnen und den anderen Schülern gerne besucht. Auch ich war dort häufig zu Gast. Die Wirtsleute waren sehr nett und konnten mit Behinderten außerordentlich gut umgehen. Ich fühlte mich dort wohl. Ich war immer wissbegierig gewesen, aus dem Schicksal anderer zu lernen und Gutes für ihr Leben beizutragen, indem ich einfach für sie da war. Und dieser Ort bot mir die Gelegenheit dazu! Eines Tages saß H. mit mir an einem Tisch. Er konnte nur mit Krücken gehen, hatte aber eine Lauftechnik entwickelt, die ihn, zum Entsetzen seiner Orthopäden und Physiotherapeuten, die diesen Laufstil auf die Dauer für schädigend hielten, relativ schnell vorwärts kommen ließ. Dadurch merkte ich manchmal gar nicht mehr, dass er behindert war. Er war schon fast vierundzwanzig Jahre alt. Ich gerade neunzehn Jahre alt geworden.
Heute würde ich sagen, dass es nicht Liebe auf den ersten Blick zwischen uns gewesen war, die uns verband. Unsere Liebe war „wie schon immer dagewesen". H. trug in sich eine wunderbare Ruhe, und die konnte ich als Nachkriegsbetroffene und zu dieser Zeit schon länger allein und ohne Eltern lebend, gut gebrauchen. Ab dem ersten Tag waren wir deshalb auch wie selbstverständlich zusammen. Ich lebte im Internat meiner Schule; er konnte sich – weil seine Eltern genug Geld

verdienten, dafür aber sehr hart arbeiten mussten – ein Studentenzimmer und ein Auto leisten. Dadurch war sein Leben sehr frei.
Durch ihn wurde mein Leben neu. Ich konnte mit ihm überall hinfahren, was damals, als noch nicht fast jeder, wie heute, ein Auto besessen hatte, wirklich ein Privileg gewesen war. Was seine Beine nicht schafften, das Auto, das für ihn umgebaut worden war, machte seine Unbeweglichkeit wieder wett. Wir unternahmen Spritztouren nach Frankreich oder in die Schweiz – nur mal so, um dort ein paar Tage zu verbringen, französisch oder schweizerisch essen zu gehen oder den Sustenpass zu befahren. Ich gewöhnte mich schon schnell daran, dass ein Gestänge in seinem Auto dafür sorgte, dass er damit Gas geben und bremsen konnte und die Kupplung eine automatische Kupplung war.

Ich war zumeist sehr ernst. Er aber hatte trotz seiner Behinderung, die ihn als Kind für Jahre mit Totallähmungen vom Leben ausgeschlossen hatte, fast immer den Schalk im Nacken. Ich sah trotzdem seine reale Lage. Er hatte so viel nachzuholen und würde doch sein ganzes Leben behindert bleiben und an Krücken gehen müssen – seine Beine mussten durch Schienen fixiert werden – , und wenn er alt würde, würde er vielleicht wieder an den Rollstuhl gefesselt sein, wie es all‘ denen prognostiziert worden war, die an Polio erkrankt waren und doch wieder ein wenig laufen konnten. Wenn sich die Lähmungen der Kranken auch verbessert hatten, so verschlimmerten sie sich im Alter zumeist retrograd. H. war deswegen oft traurig. So alle 3-4 Wochen fiel er in eine tiefe Depression und weinte; was er sich ansonsten verbat. Dann tröstete ich ihn und half ihm, wieder das Positive seiner Situation zu sehen. Andere Körperbehinderte lebten von der Sozialhilfe und waren finanziell nicht in der Lage so viel zu unternehmen wie er und sich spontan aufzumachen und den Motor ihres Autos anzuschmeißen, um die Welt zu erkunden. Sie konnten kein Abitur nachmachen und später auf die Uni gehen. Und außerdem: Er hatte ja mich! Manchmal, wenn er wieder in so ein Loch fiel, hielt ich ihm die Schicksale der Contergankinder vor Augen, die ich in meinen Praktika betreute. Das half ihm schon schnell, wieder auf den Boden der Tatsachen zurückzukommen. Oft nahm ich ihn aber auch nur in den Arm. Er fragte mich häufig, ob seine Behinderung eine Strafe für ein vergangenes Leben sei? Ich konnte dazu nichts sagen. Ich hatte mich das aber selbst schon des Öfteren – und sicher nicht ohne Grund – gefragt. Ich hatte mich das fast immer dann gefragt, wenn ich wieder neue Körperbehinderte kennen lernte, die mit noch schlimmeren Krankheitsfolgen zu leben hatten, und auch diese hatten mir diese Frage häufiger gestellt. („Von Ottos Schlacht auf dem Lechfeld – 10. August 955 – hatte ich aus meinem Geschichtsunterricht bereits gewusst. Mich hatten – wie für fast alle Mädchen und Frauen üblich – Schlachten jedoch nie interessiert. H., der geschichtlich sehr interessiert und versiert war, hatte diese Schlacht aber besonders häufig erwähnt. Heute würde ich sogar sagen: „Er hatte sie überhäufig erwähnt!" Jedoch gab es keinen Grund für mich, damals daran zu denken, dass H. Otto I. gewesen war und diese Schlacht selbst ausgeführt hatte. Jedoch schwang bei dem Namen „Lechfeld" immer ein besonderer Nachklang für mich mit, den ich zu entschlüsseln nicht imstande gewesen war.) *(Auch wenn ich zu der Zeit der Schlacht nicht mehr lebte, so sind wir natürlich alle aus unserer Urseele heraus mit unseren ehemaligen Partnern, Kindern usw. verbunden und können auf diese Weise an ihrem weiteren Leben teilhaben – wenn wir das wollen!)*

Wir stritten nie. Wir hatten eine sehr liebevolle Beziehung, die von meinem Respekt über sein Schicksal und den Mut es hinzunehmen, getragen war, obwohl man meines als Nachkriegskind und frühe Waise auch nicht als leicht bezeichnen konnte. Doch ich hatte nicht wie er als Kind lange in einer Eisernen Lunge liegen müssen, weil die Lähmungen das selbstständige Atmen behinderten. Und wer noch weiß, wie damals die Eisernen Lungen ausgesehen hatten, welche Monstermaschinen sie gewesen waren, aus denen nur der Kopf herausragen durfte, der weiß, was er durchgemacht haben muss. Er sagte, dass er diese Zeit nur durch die Hilfe eines Jesuitenpaters, der ihm viel aus der Bibel vorgelesen und mit ihm lange Gespräche geführt hatte, überstehen konnte; dass er oft an Selbstmord gedacht hatte, aber diesen natürlich nicht hatte durchführen können, weil er dafür in seiner Maschine zu gefangen, und noch ein Kind gewesen war, das nicht wusste, wie es diesen am besten ausführen soll.

Eines Tages hörte ich zufällig ein Gespräch zwischen H. und meiner Internatsleiterin. Ich wollte nicht gelauscht haben. Ich stand vor ihrer Tür und wollte sie etwas fragen. Ich war sehr überrascht, dass er bei ihr war. Kurz danach fragte ich ihn nach dem Grund, und er sagte, dass sie ihm ins Gewissen geredet hatte, dass er – trotz seiner Behinderung (sie hatte selbst nach einem Reitunfall eine bleibende und schwere Behinderung zu ertragen gehabt) – ab und an daran denken sollte, dass auch mein Leben nicht ganz leicht sei, weil ich allein dastünde und dass er deswegen auf mich aufpassen müsse, wie auch ich auf ihn gerne aufpasste. Ich war sehr überrascht darüber, dass sie das so sah. Es war mir nicht aufgefallen, dass er im Mittelpunkt stand und ich benachteiligt gewesen sein könnte.

Trotz aller beschriebenen Harmonie – zwei Dinge standen zwischen uns: Ich war für seine Eltern ein zu großer Freigeist gewesen (aber was sollte ich als in der Welt allein stehende junge Frau, und fast noch ein Mädchen, schon sein, wenn ich überleben wollte?) und es war ihr katholischer Glaube. Sie setzten den von ihnen falsch verstandenen Katholizismus über unsere Liebe und projizierten ihre konservativen politischen, religiösen und sozialen Ansichten in mich hinein, denen ich nur wenig entgegensetzen konnte. Mein größter Fehler war: Ich war evangelisch lutherisch (auf eigenen Wunsch hin erst mit fünfzehn Jahren geworden!) Als eine in Nordeutschland Aufgewachsene, war ich natürlich eher diesem als dem katholischen Glauben zugetan gewesen. Und „eine Evangelische“, so hörte ich es mehrere Male von seiner Mutter, kann mit einem Behinderten nicht so umgehen, wie eine Katholikin; ihr fehlt aus Glaubensgründen einfach die Liebe dazu. Außerdem war unsere Beziehung in ihren Augen schon dadurch nicht heilig, weil wir bereits vor der Ehe körperlich zusammen gewesen waren. (Man sah es ihr an, dass sie davon wusste. Doch über so etwas sprach man damals noch nicht! Eher hätte man sich den Mund verbrannt.) Doch aus meiner Sicht lebten H. und ich ein sehr christliches Leben! Ich liebte ihn und wollte zu ihm halten – und zwar für ein Leben lang (das hatte ich an vielen Tagen damals allein mit mir und dem Himmel abgemacht!) Wir wollten beide heiraten. Dafür hatte ich sogar ein berufliches Angebot aus Amerika abgelehnt, das mir ansonsten sehr gefallen hätte. Er musste aber vorerst noch sein Abitur und ein Studium absolvieren. Ein paar Jahre würde es noch dauern. Ich war mir sicher, unsere Beziehung war für ein Leben lang. Sie hielt das schon aus. Und: Er brauchte mich ja.

H.‘s Mutter war eine sehr stolze Frau. H. sagte immer, dass sie mit seinem Vater, einem handwerklich tätigen Mann, nicht den richtigen Mann geheiratet hatte, weil sie eher adelig in ihrem Verhalten war. Ich hatte immer das Gefühl, sie zu kennen; auch ihr distanziertes kühles Verhal-

ten war mir bekannt. (Erst in Magdeburg, begriff ich, dass sie im 10. Jahrhundert H.'s, bzw. Ottos Mutter Mathilde gewesen war.)
H. begann im Süden Deutschlands zu studieren. Wir lebten jetzt weit voneinander entfernt.
Mein Leben hatte einen neuen tiefen Einschnitt bekommen. Ich hatte gerade meinen als Baby zur Adoption freigegebenen Bruder wiedergefunden, das machte mein Leben zwar wunderschön, aber nicht leichter (dazu noch etwas mehr im nächsten Kapitel über die italienische Dichterin Vittoria Colonna, ab Seite 274). Da H. und ich uns nicht mehr so oft sehen konnten, ich hatte kein Geld, um die Strecke zu ihm oft zu bereisen, lebte ich mein Leben nun mehr auf meinen Bruder bezogen. Er schickte mir Fahrkarten zu, damit ich ihn so oft wie möglich besuchen konnte. Auf diese Weise entfernte ich mich mehr und mehr von H.
Seine Eltern fanden das ganz wunderbar, nun konnte er das Leben führen, das sie für ihn gedacht hatten; jetzt brauchte er nur noch eine andere – eine katholische – Frau. Aber auch ich hatte mein Leben zu bestehen. Da konnte ich nicht mehr so sehr an unsere gemeinsame Zukunft denken. Einmal fuhr ich zu ihm, und ich hatte mir – weil ich abends auf dem Hauptbahnhof in Frankfurt eine Stunde lang in der Kälte des Winters auf den nächsten Zug warten musste (ich konnte mir aus finanziellen Gründen damals keinen Wintermantel leisten, ich hatte nur einen Übergangsmantel angehabt) – eine akute Nierenentzündung mit Nierenblutungen zugezogen. Wir gingen in der Nacht in die Klinik seines Ortes. Dort gab man mir ein Antibiotikum. Der Arzt und die Ärztin wollten von mir mehr über meine Lebenssituation wissen und sahen mich dabei fragend an. Ich war ihnen anscheinend suspekt, weil ich, noch so jung, völlig allein lebte. Früher waren Ärzte noch neugieriger (oder interessierter?) als heute, es stand ihnen zu, solche Fragen an ihre Patienten zu stellen. Ich konnte und wollte das nicht deuten, noch mich dafür entschuldigen müssen, warum ich so früh schon eine Waise geworden war. Ich war ja schließlich nicht schuld am II. Weltkrieg gewesen. Ich war müde und krank und wollte so schnell wie möglich ins Bett. Außerdem behielt ich immer viel für mich. Ich wusste ja, dass die meisten Menschen mein Leben ohne Eltern nicht verstanden und dass ich dadurch vorschnell zur Projektionsfläche werden und zu einer moralischen Unperson abgestempelt werden konnte – vor allen Dingen im katholischen Süden Deutschlands war das so. H. resümierte über das Verhalten der Ärzte, dass sie sicherlich gedacht hatten, dass ich eine

kaufbare Hure, eben ein Flittchen sei, der er sich (von ihm von der Straße aufgelesen!) angenommen hatte. Warum sollte ich sonst auch in der Nacht mit so einem Krankheitsbild – das sie seiner Meinung nach wohl mehr als eine Geschlechtskrankheit als ein urologisches Problem gedeutet hatten – in eine Uniklinik gehen müssen und dann noch mit einem Mann an meiner Seite? Es dauerte, bis diese Gedankengänge bei mir sacken konnten, aber dann schlich sich der Gedanke bei mir ein, dass es wohl nicht die Ärzte gewesen waren, die so gedacht hatten, sondern dass er so von mir dachte. (Die Ärzte hatten sich wahrscheinlich wirklich Sorgen um mich gemacht, und wohl auch erkannt, dass ich für ihn gerade eine lange Reisestrecke in der Kälte zurückgelegt hatte!) Ich kam gegen seinen verqueren – katholischen – Glauben nicht an. Weil ich ihn besuchen kam und mit ihm dasselbe Bett teilte, war ich eine Hure, ein Flittchen? Und was war *er* dann? Aus meiner Sicht lebte ich ein heiliges Leben, denn ich tat immer das, was ich für meine himmlische Wahrheit hielt, und die war, dass ich ihn – trotz aller unserer Schwierigkeiten mit seinem Elternhaus, die man aber m.E. aus dem Weg räumen konnte, wenn man es nur wollte – reinen Herzens liebte.

Wenn ich mit H. zusammen in seinem Elternhaus war, seine Eltern lebten von seiner Universitätsstadt nur etwa fünfzig Kilometer entfernt, dann hörte ich am Sonntagmorgen seine Mutter oft an seine Zimmertür mit den Worten klopfen: „Aufstehen, es ist Kirchenzeit, du musst heute beichten gehen!“ Natürlich beichtete er auch seine körperliche Beziehung zu mir. „Ich muss das machen, Engelchen, so gehört sich das für meinen Glauben!“ Das war eine für mich unfreie und verzerrte Welt, die keinen freien und liebenden Menschen hervorbringen konnte. So nach und nach begriff ich, dass er überhaupt nicht daran interessiert war, mein Leben mitzuleben. Wenn es überhaupt noch zu einem weiteren Zusammenleben kommen sollte, so sollte ich nur seines leben. Damals sprach man noch nicht von der „Emanzipations-“ und der „68er Bewegung“. Man stand aber kurz davor. Auch ich war dabei, ein Teil von beiden Bewegungen zu werden. Meine Vita – und meine vielen Vorleben! – hatten dafür gesorgt, ein Freigeist zu sein. Auch H. hatte mit seinem katholischen Engblick seinen Teil dazu beigetragen. Später erst begriff ich, dass er von den finanziellen Zuwendungen seiner Eltern zu abhängig gewesen war, um frei in seinen Entscheidungen sein zu können. Vorerst aber lebte ich noch ein Leben zwischen H. und meinem Bruder. Mit meinem Bruder hatte ich eine ganze Kindheit nachzuholen.

In dieser Zeit lernte H. eine andere Frau kennen. Als er mir von seiner körperlichen Beziehung zu ihr an einem Abend in seinem Studentenheim berichtete, beschloss ich ihn stante pede zu verlassen. Seine Kirche konnte er um Absolution bitten. Mich nicht! Ich wollte den geraden Weg mit ihm gehen können, den aber würde es zwischen uns nun nie mehr geben. Ich bereute es sehr, nicht nach Amerika gegangen zu sein. Am nächsten Morgen standen wir beide um acht Uhr auf dem Bahnhof seiner Stadt. Ich wollte nur noch weg. Ich verabschiedete mich von ihm. Ich fuhr zu meinem Bruder, der im Rheinland lebte.

Ich nahm mir ein paar Wochen später ein Zimmer in der Nähe meines Bruders, um in seiner Stadt mit meinem langersehnten Aufbaustudium zu beginnen. H. kam mich besuchen. Er versuchte, mich zurückzugewinnen. Er übernachtete drei Nächte lang in seinem Auto vor meiner Haustür, weil ich ihn nicht mehr zu mir reinließ. Er wollte mich auf diese Weise zurückbekommen, was viel bedeutete, weil er seine Beine nicht so bewegen konnte wie ein Normalsterblicher. Doch was hätte er mir für die nächsten Jahre bieten können, als mit ihm weiterzumachen wie bisher? Er hätte mir kein „Zuhause“ bieten können, das ich so dringend benötigte, und er hätte weiter zwischen seinen Eltern und mir gestanden. Hätte er Courage genug gehabt und um ein Leben mit mir gekämpft, seine Eltern wären eingeknickt, denn sie liebten ihren Sohn und wollten nur das Beste. Aber das traute er sich nicht. So war für mich alles vorbei. Ich war innerlich wie tot. Er war für mich tot. Ich hatte noch nicht einmal mehr hingesehen, als er abfuhr, obwohl die speziellen röhrigen Geräusche des Zweitakter-Motors seines Wagens nicht zu überhören gewesen waren. Ich begann ein neues Leben, ich wollte ein neues Leben. Ich wollte endlich auch eine Familie haben.

Etwa achtzehn Jahre später, wir hatten beide Ehepartner gefunden, hatte ich mich noch einmal mit ihm in seiner Stadt verabredet. Ich war gerade für ein paar Tage in Deutschland. Ganz im Gegensatz zu meiner normalen Pünktlichkeit und Verlässlichkeit, hielt ich diesen Termin nicht ein. Ich konnte es nicht. Ich hatte ihm noch nicht einmal abgesagt.
Vorbei war vorbei! Dachte ich...

...bis zu meiner Erkenntnis, dass er als einer der sechsunddreißig KöniginNen in der Gralsburg weilt und noch immer an der verpassten Chance mich geheiratet zu haben zu „knabbern“ hat und dass seine Aufforderung an mich, doch endlich nach Magdeburg zu fahren, von sehr tiefer Bedeutung gewesen war.

Ich gehe wieder zurück zum Ende meiner Erzählung von Seite 262; nach Magdeburg, in mein Hotel, dass ich für Weihnachten gebucht hatte.
Ich fühlte mich wohl. Die Stadt gab mir ein großes Heimatgefühl. In den Nächten machte ich meine Visionsreisen in die Zeit mit Otto. Ich sah, wie ich als Edgitha von England nach Deutschland kam. Ich reiste mit mehreren kastenförmigen Kutschen an. Ehemals wohl in altweißer Farbe angestrichen, waren sie mit der Zeit gelbstichig geworden. Meine Kutsche war außerdem mit einem Rankenmuster in goldener und dunkelroter Farbe versehen. An ihr hingen Kochtöpfe und andere Utensilien, die man für einen Hausstand benötigte. Sie gehörten zu meiner Mitgift und der Mitgift meiner Schwester. Sie schwangen, je nach Wegezustand, ständig laut klappernd hin und her, was ziemlich entnervend für uns war. Dann sah ich eine Szene, wie Otto und ich in einem Gang, der jetzt unter der Stadt liegt, in großer Eile sind. Da waren wir schon länger verheiratet und auch schon länger König und Königin. Er trug seine Kriegermontur unter einem dunklen Cape. Er hatte einige seiner Soldaten zusammenrufen lassen. Er musste ihnen eine wichtige Nachricht überbringen. Er musste wieder los. Er wollte mit mir zusammen die Nachricht weitergeben, damit seine Worte nicht so hart ausfielen. Er konnte nie ausruhen, seine Soldaten durften nie ausruhen. Die Staatsräson wollte es so! Immer mussten irgendwo irgendwelche Verhandlungen geführt werden, die nur zwei Optionen im Sinn hatten: die dynastische Macht durch geschicktes Taktieren zu festigen oder Repressalien und Kriege durchzuführen, wenn das nicht gelang! Und er musste sich in seinem Reich den Menschen viel zeigen, um seinen Stand als König verfestigt zu sehen. Einige Pferde waren schon gesattelt, es war Gesetz, dass immer welche für einen schnellen Ritt oder eine große Reise be-

reitzustehen hatten. Es war spät am Abend. Nieselregen erwartete uns draußen vor dem Gang. (Den Eingang zu diesem Gang kann man auch heute noch hinter dem Dom sehen. Er ist allerdings verschlossen!)
Otto war nicht germanisch blond, wie manche ihn gern beschreiben. Er hatte dunkelbraunes, lockiges und mittellanges Haar und ein breitflächiges kantiges Gesicht und vom Kämpfen sehr breite Schultern. Er entsprach dem Phänotyp der Menschen des heutigen Sachsen-Anhalts, die oft dunkelhaarig sind und sehr große, mandelförmige Augen haben. Er war größer als ich und für die damalige Zeit wohl als groß zu bezeichnen. Er war seinem Vater Heinrich I. (auch ihn hatte ich auf meinen Sichtungen gesehen!) sehr ähnlich gewesen. Er hatte dasselbe breitflächige Gesicht, aber das dunklere Haar seiner Mutter. Ich hatte blondes glattes Haar, das ich lang und offen mit einem linken Seitenscheitel trug. Meine als besonders oval zu bezeichnende Gesichtsform entsprach dem Gesicht, das man von mir auch heute noch – Zufall oder nicht? – auf dem Sarkophag finden kann.
Ich hatte an diesem Abend ein rotes Kleid an, und auch ich trug einen dunklen capeartigen Mantel. Die Kapuze hatte ich über meinen Kopf gezogen. Von der Elbe kam Nebel auf. Mich fror.
Ich fror viel an der Elbe. In England war das Klima sanfter. Und auch die Ernährung war dort zuträglicher für mich gewesen.

Otto erklärte mir mit Vehemenz seine politischen Entscheidungen für die nächsten Verhandlungen. Ihm war meine Meinung dazu wichtig. Ich fühlte mich davon ausgelaugt. Ich mochte das nicht. Immerzu waren wir gezwungen, unsere ganzen Sinne auf die Politik zu lenken und uns dafür hintanzustellen. Immerzu musste er dafür siegreich sein. Immerzu waren wir in Sorge um sein Leben gewesen (ich wusste, dass er brutal durchgreifen konnte, wenn es um sein Reich ging, dementsprechend viele Feinde hatte er). Immerzu ließ er mich allein. Seine politischen Zwänge störten meine Liebe zu ihm, aber auch seine zu mir. Wir waren demzufolge oft sehr einsam. Aber wir wussten, dass er sein Leben nicht anders leben konnte. Ich musste Verständnis dafür haben. Ich kannte das ja bereits. Ich war auch in England mit solchen Situationen vertraut gewesen. Fast alle hohen adeligen Frauen spürten eine gewisse innere Zerrissenheit und Heimatlosigkeit. Die meisten von ihnen waren schon als Kinder den jonglierenden Heiratszwängen ihrer Familienoberhäupter ausgeliefert gewesen und wurden deshalb früh ihren Familien entrissen.

Ich hatte auch deshalb gelernt, meine Emotionen zurückzuhalten. Schließlich war das im Adel oberstes Gebot. Für Frauen – und selbst als Königin, die mitregieren durfte – war es schicklich, sich zurückzuhalten, wenn es um die politischen Machtfragen ihrer mächtigen Ehemänner ging. Ich sah, dass ich ein sehr stiller Mensch gewesen war; zumeist sprach er. Einen Vorteil aber hatte mein Alleinsein: Ich konnte mich dadurch stärker meinen sozialen Aufgaben widmen und ein relativ unabhängiges Leben führen; ich hatte in diesem Leben – wie in meinen vielen anderen und auch in meinem heutigen Leben – mein Augenmerk stark auf das körperliche und geistige Wohlergehen der Frauen ausgerichtet. Damit war ich glücklich, damit konnte ich umgehen. Das gehörte schon immer zu meinen Reinkarnationsaufgaben.

Ich sah auf dieser Visionsreise auch, dass es eine kleine Kirche gab, die direkt auf dem heutigen Domplatz gestanden hatte. Ihr Eingang wies in Richtung zum heutigen seitlichen Domeingang. Vielleicht war sie ein Teil unseres damaligen Palastes, unserer Pfalz, in Magdeburg gewesen, von der ich mir nun ganz sicher war, dass auch sie sich direkt bei der Kirche, und damit auch ganz in der Nähe des „Hauses der Romanik“, befunden hatte.

Ich sah mir auch mein Sterben an. Ich starb in einem Erkerzimmer, das auf der rechten Seite des Gebäudes zu finden gewesen war, in dem wir vorwiegend lebten. Es war mein Lieblingszimmer gewesen. Meine Kemenate, in die ich mich immer gerne zurückgezogen hatte, wenn ich allein sein wollte. Nachmittags fiel warmes Licht in sie hinein. Ich wurde gepflegt, doch ich konnte nicht mehr atmen. Deshalb nehme ich an, dass ich auch in diesem Leben an einer schweren Lungenentzündung verstorben war. Ich fühlte mich verlassen und allein, als ich starb. Ich verließ deshalb auch ganz schnell und ohne Bedauern die Bühne dieses einzigartigen Lebens. Ich verabschiedete mich vorher aber noch von meinen beiden Kindern. Sie waren beide blond und gertenschlank wie ich und sehr sehr tapfer.

Ich war seitdem noch mehrere Male in Magdeburg.
Ich muss meine alte Heimat ab und an wiedersehen. So wie ich immer mal wieder Sehnsucht nach dem Oman, nach Südfrankreich und Paris habe, so verhält es sich nun auch mit Magdeburg, der einstigen Morgengabe meines damaligen Seelenselbstes. Immer wenn ich dort am Bahnhof ankomme, sage ich: „Guten Tag, liebe Morgengabe!" Aber so, dass es keiner hört.
Auch Quedlinburg habe ich besucht und dort auf der Burg meine Füße meine Vergangenheit mit Otto lesen lassen. Ich hatte zu Anfang meiner Ehezeit gerne Handarbeiten ausgeführt. Das Besticken von Wäsche war eine meiner liebsten Arbeiten gewesen. Man hatte mir Zeit gegeben, die mir noch fremde Sprache zu erlernen und die Politik von Ottos Vater, Heinrich I., zu verstehen, da waren Handarbeiten gerade recht. Ich trug zu dieser Zeit oft ein wunderschönes langes gelbgoldenes Kleid, das Otto und ich sehr liebten.

Als ich das letzte Mal in Magdeburg gewesen war, hatten Archäologen mit Ausgrabungen auf dem Domplatz begonnen, an dem ich die kleine Kirche gesehen hatte. Ich und die Forscher, wir haben viel gemeinsam. Ich erforsche die alten Zeiten auf meine schamanische, sie auf ihre universitäre Weise. Wir könnten viel füreinander tun, würden die Wissenschaftler mehr von uns SchamanInnen wissen wollen, und verstehen, dass auch wir auf unsere Art Wissenschaftler sind und dass wir ihre Eingebungen und Mutmaßungen mit unseren schamanischen Techniken, und dem daraus entstehenden Wissen, maßgeblich unterstützen könnten. Denn beide sind wir – jeder auf seine Weise – Zeitreisende!
Danach erfuhr ich in einem Telefonat zu meiner großen Enttäuschung, dass diese Ausgrabungen aus wirtschaftlichen Gründen eingestellt worden waren. Ich hätte so gerne gewusst, ob die kleine Kirche wirklich dort gewesen war, wo ich sie mit meinen visionären Augen gesehen hatte. Und vielleicht könnte ich auch noch bestätigt oder abgewiesen bekommen, dass unsere Pfalz ungefähr da stand, wo heute das „Haus der Romanik" zu finden ist.

Denn – auch ich benötige Beweise!

Vittoria Colonna

Vittoria Colonna wurde ca. 1492 in St. Marino geboren und verstarb am 25. Feb. 1547 in Rom. Sie war eine berühmte ital. Dichterin der Renaissance, Markgräfin von Pescara und Anhängerin der Reformation gewesen.*

Wieder war es die geistige Welt, die mich in ein weiteres Leben einführte und mir bedeutete, dass ich, bzw. ein Teil meiner vielen Seelenselbste, in der großen Epoche der Renaissance, die italienische Dichterin Vittoria Colonna gewesen war. Ich begann Bilder zu sehen. Bilder, wie ich in Italien viel laufe und in Kutschen fahre. Ich war für italienische Verhältnisse eine große Frau. Ich trug derbe Schuhe, fast wie ein Mann. Ich hatte einen festen Tritt und vom vielen Laufen ziemlich große Füße, denn ich lief gern und viel und häufig neben meinen Kutschen her. (Auch heute laufe ich noch sehr gerne und habe so das Gefühl, mir jedes Planquadrat der Erde zu erstreiten. Ich glaube, dass es daran liegt, dass ich auf diese Weise noch einmal auf eine besondere Art Abschied von der Erde nehmen kann; schließlich steht mir nun mein ultimativer Abschied von unserer „großen Erdmutter" bevor.)

Ich habe mir auf geistigem Wege auch die Innenräume der Burg auf Ischia angesehen, wo ich viel Zeit verbrachte und meine Gedichte schrieb. Und ich sah mir meine Zeit und Freundschaft mit Michelangelo – und seinem Freund Tommaso de' Cavalieri, Kunstsammler und Zeichner – an (diese Zeit war für mich wegen ihrer beider gelebten Homosexualität nicht leicht anzusehen gewesen; ich hatte diese Verbindung auch heute noch viele Male seelisch zu verkraften und zu verarbeiten!) Ich erinnerte mich, M.A. bei seinen Malereien besucht zu haben, wo er nur mit einem Sack bedeckt, auf einem nackten Podest – etwa einen Meter breit mal zwei Meter lang und zehn Zentimeter hoch – geschlafen hatte und die Mäuse zwischen uns herumliefen, denn ich war oft zum Trost bei ihm gewesen!

** Wissensquelle aus: https://de.wikipedia.org/wiki/Vittoria_Colonna*
Bitte googeln Sie, wenn Sie mehr erfahren und Bilder sehen möchten.

Er war ständig völlig abgearbeitet, schmutzig und wütend auf seinen Auftraggeber und auf seinen Körper gewesen, der die Qual der harten Arbeit nicht mehr mitmachen wollte. Er hatte viel geflucht, und er war auch nicht besonders bescheiden in der Benutzung von schlimmsten Kraftausdrücken, weshalb er mir manchmal sehr fremd geblieben war. Er nahm nur wenig Rücksicht auf mein adeliges Sein und mein Sein als Frau. Manchmal verabscheute ich ihn deswegen, und manchmal liebte ich ihn sehr; insbesondere für seine originellen intellektuellen und spirituellen Gedankensprünge liebte ich ihn. (Michelangelo arbeitete von 1508-1512 an der Sixtinischen Kapelle. „Über zwanzig Jahre später wurde er beauftragt, ein neues Altargemälde anzufertigen und dafür die Fresken von Perugino zu übermalen, daraus entstand sein berühmtes Werk: „Das Jüngste Gericht“.* Von meinem Alter und meinen Sichtungen her kann ich nur zu der Zeit der Altarumgestaltung dort anwesend gewesen sein.) Manches davon hatte ich bereits in meinem Buch „Wighart der Ritter der Schwerter“ geschrieben, jedoch noch mehr verschlüsselt. Doch ich sollte – auf kosmischen Wunsch hin! – mutiger werden, was meine Reinkarnationserfahrungen betrifft, was ich mit diesem III. Teil dieses Buches versuche, das wohl als völlig neuartig in der Reinkarnationsliteratur anzusehen ist. Jedoch möchte ich auch an dieser Stelle wieder nicht sehr viel aus diesem Leben erzählen – wie schon als Yolande Polignac mit Versailles nicht. Zum einen, weil ich auch wieder aus Büchern und dem Internet darüber zu viel weiß und darum mit meinen Sichtungen nicht mehr vollständig objektiv sein kann, und zum anderen, weil ich denke, dass ich daraus einmal eine gesonderte Erzählung machen sollte.

* *Wissensquelle https://de.wikipedia.org/wiki/Sixtinische_Kapelle*
Weitere Anmerkung: Durch meine Sichtungen bedingt, beschäftigte ich mich für dieses Buch nicht nur mit Vittoria Colonnas, sondern auch mit Michelangelos Leben und seiner Kunst und auch mit der von ihnen beiden und dem englischen Kardinal – und letztem römisch-katholischen Erzbischof von Canterbury – Reginald Pole, gegründeten Gruppierung „Spiritualiti“, mit der man die römisch-katholische Kirche für die neuen protestantischen Werte Martin Luthers öffnen wollte. Diese Öffnung konnte aber trotz der Bekanntheitsgrade ihrer Mitglieder und trotz ihres Zugangs zu den höchsten Kirchenkreisen, nicht zustande kommen. Vittoria wollte ihr Gedankengut über ihre Salons in Rom und Ischia weiterverbreiten. Jedoch wurden viele Mitglieder der Gruppierung von der Inquisition verfolgt. Geschichtsauthoritäten sind heute der Ansicht, dass Vittoria wohl auch verfolgt worden wäre, wäre sie nicht so frühzeitig verstorben.

Meine Sichtungen aus dieser Zeit, würden für dieses Buch außerdem den Rahmen sprengen, und ich hätte dann schon etwas vergeben, aus dem ich imstande sein könnte, noch etwas anderes zu machen als eine Rückführungsbeschreibung und viel zu viele Zeitensprünge müsste ich wagen – noch mehr als für das vorherige Kapitel. Und das würde meine LeserInnen verwirren und überfordern. Und warum sollte ich mich nicht einmal an einem Roman versuchen, der eine oder mehrere Inkarnationen zum Thema hat? Ich habe diese Entscheidung auch darum getroffen, weil mein bereits verstorbener Bruder, den ich in meinem jetzigen Leben erst spät kennen lernen durfte, weil er als Baby zur Adoption freigegeben worden war – wie bereits in meinem vorherigen Kapitel erwähnt! – damals mein Ehemann Ferrante d‘ Avalos, auch Fernando Francesco d'Avalos, späterer Markgraf von Pescara, gewesen war (1489-1525)*. Ihm möchte ich so ein spezielles Buch zu Ehren widmen, denn er war auch in meinem heutigen Leben wieder ein ganz besonderer Mensch mit großen adeligen Zügen und einem Witz und Charme gewesen, der einen umhauen konnte. Er besaß die Fähigkeit, einen völlig für sich einzunehmen; selbst wenn er noch immer ein Filou und noch immer nicht ganz ehrlich gewesen war und nur seinen eigenen Erfolg im Auge gehabt hatte, wie damals im 16. Jahrhundert. Er war ein Trickster durch und durch. Er ist schon vor Jahren gestorben. So ein großes Leben, wie er es auch jetzt wieder führen wollte, hält man einfach nicht lange durch. Wenn ich ihn heute auf geistigem Wege finden möchte, dann muss ich – wie bei H. – auch einfach nur in die Gralsburg gehen, wo er einer der vielen Ritter ist, die dort beim großen König Arthurus in die Lehre gehen.

Vor Jahren, während eines Seminars, indem ich für meine Seminarteilnehmer getrommelt und dadurch Zeit gehabt hatte, auch mich durch die Trommelklänge von der geistigen Welt belehren zu lassen (ich erbitte mir dann auch ihren Rat!), war ich wieder einmal in mein Leben

** Wissensquelle: https:// wikipedia.org/wiki/Vittoria_Colonna:*
Er weigerte sich als Spanier italienisch zu sprechen, und er war Vittoria nicht besonders treu. Um z.B. in die Gunst der Gemahlin des Vizekönigs von Neapel, Isabella de Requesens, zu kommen, schenkte er ihr ein Halsband aus Perlen aus dem Besitz Vittorias. Isabella schickte es jedoch an Vittoria zurück.

als Markgräfin von Pescara eingestiegen, um noch mehr daraus zu lernen. Da war mein Bruder überraschend aus der Gralsburg zu mir, ganz nah an mein Ohr, gekommen, und er hatte mir zugeflüstert: „Auch als Vittoria Colonna hatten wir uns gekannt!" Dann hatte er mir noch einen völlig bezaubernden Hauch von Kuss auf meine Lippen gesetzt. Bis dahin hatte ich von ihm als meinen damaligen Ehemann in Italien noch gar nichts gewusst. Diese Begebenheit war der Ausschlag dafür gewesen, mein Leben als italienische Markgräfin und Dichterin noch mehr zu erforschen, aber auch meinen vorherigen Sichtungen aus diesem Leben noch mehr Glauben zu schenken.

Unsere Bruder- und Schwesterliebe war in diesem Leben daran zerbrochen, weil wir es nicht geschafft hatten, nur geschwisterliche Gefühle füreinander zu haben – was wahrscheinlich nicht nur daran lag, dass wir uns in einem Alter kennen lernten, indem man sich schnell verliebt, sondern nun auch mit unserer gemeinsamen Vergangenheit im 16. Jahrhundert zu erklären ist. Unsere karmische Verbindung aus dieser Zeit könnte von mir aber auch noch mit anderen Begebenheiten untermauert werden, aber manches sollte und muss auch (m)ein Geheimnis bleiben!

Nun will ich von meinem Leben direkt nach diesem Leben erzählen – meinem Leben als Kurier der Päpste.

Anmerkung: Der Mythos über die Mafia besagt, dass sie 1492 (zur Zeit meiner Geburt als V.C.) von drei spanischen Rittern gegründet wurde. Ich muss aus meinen Sichtungen annehmen, dass auch Fernando d'Avalos in die Mafia verwickelt gewesen war; was nicht ganz falsch sein kann, weil der Süden Italiens zu seiner Zeit von den Spaniern beherrscht wurde.
Mein Wissen wurde unterstützt durch:
https://www.3sat.de/page/?source=/ard/thementage/168540/index.html

Mein Leben als Kurier der Päpste

Ich beginne meine Rückreise nach der Zeit meines Ablebens als Vittoria Colonna. Ich frage die geistige Welt, als was ich danach auf die Erde gekommen war. Mir wird gesagt, dass ich nach meinem Leben als V.C. um die dreißig Jahre später erneut inkarnierte. Die Zeit meiner Wiedergeburt muss demnach etwa um das Jahr 1577 herum gewesen sein.

Ich bin jetzt ein Mann und etwas über vierzig Jahre alt. Ich sehe mich auf einem Pferd, einem gut gebauten und von langen Ritten durchtrainierten Haflinger, aufsitzen. Ich befinde mich in den Alpen, und schon höre ich wieder die mich auf fast allen meinen Rückreisen begleitende Stimme. Sie sagt: „Auch in diesem Leben kanntest du die Medicis!"* Wir befinden uns demnach etwa um das Jahr 1620. Dass ist die Zeit des Beginns des Dreißigjährigen Krieges.** (Gregor XV. war ab dem 9. Febr. 1621 der regierende Papst im Vatikan, Paul der V. war sein Vorgänger und Urban VIII. sein Nachfolger gewesen).

Es dauert ein wenig, bis ich erkenne, dass ich ein Kurier für die Päpste gewesen war und hauptsächlich zwischen Rom, Florenz und Avignon hin- und herreiten musste. Ich habe längeres, mittelblondes und welliges Haar und eine für die in den Alpen lebenden Menschen typische kräftige Statur, die wichtig ist, um mit den klimatischen Bedingungen der Alpenwelt fertig zu werden. Ich bin mittelgroß. (Ich bin dem Phänotyp des Bergsteigers Reinhold Messner ähnlich). Meine Kleidung besteht aus einem filzigen Wollhemd, einer ausgewaschenen und speckigen Lederhose und einer Lederweste, die ich wohl vom ersten Tragen an nie abgelegt habe.

** Durch Machtspiele, wurden die Medicis über viele Generationen zu einer der bedeutendsten und reichsten Familien in Italien, die nicht nur viele Herrscher – darunter Catharina de' Medici (1519-1589) –, sondern auch Päpste stellten. Auch die Kunst der Renaissance wurde von den Medicis enorm gefördert; so auch Michelangelos Bildhauerei. ** Auch italienische Fürstentümer sollen von Beginn an, an diesem Krieg beteiligt gewesen sein. Nachzulesen u.a. im Internetportal Westfälische Geschichte: www.lwl.org/westfaelischegeschichte/portal/Internet/finde/langDatensatz.php?urlID=418&url_tabelle=tab_texte.*

Die Sachen aus Leder scheinen aus Ziegenleder hergestellt worden zu sein – so auch meine Schuhe. Ich bin kein hübscher Mann. Ich sehe ein wenig bärbeißig aus. Ich habe ein von der Sonne gegerbtes Gesicht mit tiefen Falten, und ich bin ein verschwiegener und eremitisch lebender Mensch. Das kommt natürlich nicht gerade meinem Aussehen, aber meinem Beruf zugute. Meine Depeschen verstecke ich mit größter Sorgfalt an meinem Körper, sodass sie nur über meine Leiche gefunden werden können. Das gehört zu meinem Beruf, für den ich viele Eide geschworen habe. Ich liebe meinen Beruf. Nicht nur darum, weil ich Geheimnisse mit mir herumtrage, die politisch relevant sind, und weil ich damit dienen kann, nein, ich habe diesen Beruf hauptsächlich deshalb gewählt, weil ich zu etwas gut sein und trotzdem mein eigenes Leben leben darf. Diesen Vorteil hatten nicht viele Männer zu dieser Zeit. Und ich liebte es, wieder, wie in meinem Leben zuvor, in meinem vertrauten italienischen Ambiente zu sein.
Ich frage mich in der Rückreise selbst, woher ich genau kam und bekomme darauf Bilder zu sehen, wie ich immer dann, wenn ich von Rom über Genua nach Avignon reiten musste, zuerst einen Abstecher zu meiner Mutter im Piemont gemacht hatte, um dann über das Aostatal weiter in Richtung Frankreich zu reiten (auch hier wurden mir die Namen der Gebiete laut durchgegeben). Meine Mutter war alleinlebend, so etwa um die fünfundsechzig Jahre alt, und froh, wenn ich bei ihr vorbeisah. Sie trug ihr dunkles, nur leicht grau meliertes Haar im Nacken zu einem Knoten gesteckt, und sie hatte ein schwarzes Kleid an. Meinen Vater sah ich nicht. Er musste bereits verstorben sein, denn ich wusste, dass meine Mutter die schwarzen Sachen trug, weil sie Witwe war. Ich wusste auch, dass mir meine Mutter näher gewesen war als mein Vater. Sie ging auf eine patente Weise mit ihrem Leben um und sorgte gut für das kleine Haus, das auch meines war. Meine Mutter liebte mich sehr und so auch ich sie. Sie hielt ein paar Ziegen, aus deren Milch sie einen wunderbaren Käse herstellen konnte und aus deren Haut wohl auch meine Ledersachen stammten. Das nächste Bild vor meinen Augen zeigt mir: Wir sitzen abends vor unserem kleinen Haus. Die Landschaft ist lieblich. Wir trinken Wein und essen Brot und Käse. Meine Mutter weiß, dass ich ihr von meinen Reisen nichts erzählen darf. Sie fragt mich auch nicht danach. Auch wenn ich ihr äußerlich nicht so besonders ähnele, so scheine ich charakterlich viel von ihr geerbt zu haben. Unsere Verschwiegenheit eint uns. Sie ist die einzige Frau, die

mich tätscheln darf. Ich bin an Beziehungen mit Frauen nicht gewöhnt – ich will ein Leben allein mit mir und der Natur und meinen beruflichen Verpflichtungen haben; dieser Grundhaltung bedarf es, um ein guter Kurier für die Herrschenden zu sein. Trotzdem schaue ich mir Frauen gerne an. Insbesondere die reinen Geistes.
Als ich am nächsten Tag für meine Weiterreise auf meinem Pferd aufsitze – es geht wieder einmal nach Avignon zu den Kardinälen –, gibt mir meine Mutter einen Beutel mit etwas zu essen mit. Ich sehe, dass ich eine Ziegenblase für meinen Wasservorrat bei mir habe. Ich habe sie am Sattelzeug meines Pferdes aufgehängt. Nicht nur meine Kleidung, auch die Ziegenblase scheint von den Ziegen meiner Mutter gekommen zu sein. Ich höre, wie sie mich Paolino nennt. Ich heiße also Paolo. Sie tätschelt meine Wange und macht sich ein wenig Sorgen um mich. Aber das macht sie immer. Ich sage ihr nicht, dass sie zu diesem Zeitpunkt besonders recht damit haben könnte. Auch ich fühle mich nicht wohl an diesem Morgen. Angestrengt überlege ich, wie ich mich für meine Häscher – und davon gibt es für uns Kuriere immer einige – noch mehr als sonst unsichtbar machen kann. Es sind die Soldaten aus dem Norden, über die ich mir zurzeit Sorgen machen muss und denen ich nicht begegnen möchte; obwohl man ihnen in der Regel leichter entkommen kann als einzelnen nach mir ausgesendeten Häschern, weil man Soldaten zumeist, weil sie sich zu Armeen zusammengeschlossen haben, schon vorher ausmachen kann: an ihrem gemeinsamen Geruch, an ihrer Lautstärke und vor allen Dingen an dem Klang der Hufe ihrer Pferde. Die einzelnen Häscher aber sind zumeist so leise wie ich, und sie kennen, wie ich, im Gegensatz zu den Soldaten in der Gruppe, die geheimsten Pfade. Und nicht immer finde ich zur Genüge Wald vor, um mich verstecken zu können. Ich muss oft Bergpässe nehmen, auf denen kein Baum mehr wächst. Doch trotz meiner Bedenken komme ich in den nächsten Tagen gut voran.
In Avignon erwartet man mich bereits. Die Tür wird aufgemacht und einer der Kardinäle – ein sehr gut aussehender und gütiger Mann mit grauem Bart und im Alter von etwa siebzig Jahren – nimmt meine Depesche entgegen.* (Siehe meine weitere Anmerkung dazu auf der nächsten Seite.) Wir kennen uns schon. Er will mir etwas Gutes tun und bietet mir, wie immer, etwas zu Essen und zu Trinken an. Doch ich lehne alles, wie immer, freundlich ab. Er weiß das schon. Ein guter Bote nimmt nichts an und bleibt damit „nicht korrumpierbar“. Es ist mehr eine Art

gesellschaftliches Spiel zwischen uns, er wollte nur freundlich gewesen sein. Aber er hätte auch nichts dagegen gehabt, wenn ich doch etwas gegessen hätte, das wusste ich. Ich sehe, dass er mich für meine Freiheit ein wenig beneidet. Es ist sicher nicht einfach für ihn, sein Leben hinter den hohen Gemäuern von Avignon verbringen zu müssen; fast ohne Bewegung des Körpers. Ich beneide ihn auf jeden Fall nicht. Ich könnte so nicht leben. Ich bin überzeugt davon, dass ich in der Natur Gott näher sein kann als hinter den Gemäuern eines Kirchenpalastes. Und Gott nah zu sein, das war mir wichtig! Ich muss wieder los. Ich habe eine neue Depesche für Rom im Gepäck. Meine Zeit ist knapp. Es gibt einen Grund dafür. Ich will noch in Richtung Pyrenäen reiten, bevor ich nach Italien zurückkehre. Ich verabschiede mich mit einem tiefen Diener.
Ich komme in eine Stadt mit einer Burg.
In den Gassen herrscht Trauer. Es riecht nach Tod und kranken und fiebrigen Menschen. Es wütet wieder einmal die Pest. Ich reite zur Burg und lasse mein Pferd draußen stehen. Ich nehme den Haupteingang. Ich muss mich an seiner rechten Wand, an deren dunklen grauen Steinen, entlang drücken, weil gerade mehrere Tote an mir aufgebahrt und mit Decken nur leicht abgedeckt, vorbei getragen werden. Sie sollen zu den Feuerstellen außerhalb der Stadt gebracht werden. Ich bewundere den Mut der Leichenträger, die sich so nah an den Leichen befinden und sie sicher mit ihren bloßen Händen angefasst haben. Ich weiß, dass die Krankheit ansteckend ist. Das wussten zu dieser Zeit in Italien** fast alle Menschen. Deshalb versuchten sie, sich häufig den Kranken zu entziehen. Bei uns in Italien war das bereits gang und gäbe.

** Genau an dieser Tür habe ich auch in meinem jetzigen Leben gestanden. Da wusste ich von meinem ehemaligen Leben als Kurier noch nichts. Aber ich hatte da schon das sichere Gefühl gehabt, dass ich den Eingang, sowie den Raum dahinter gut kannte.*

*** Meine Nachforschungen über dieses Verhalten ergaben, dass Boccaccio in seinem Werk „Decamerone“ geschildert hatte, wie nach dem Ausbruch der Pest viele Einwohner von Florenz ihren sozialen Verpflichtungen nicht mehr nachgekommen waren. Es mussten damals viele Menschen sterben, weil man sich nicht mehr traute, sich um sie zu kümmern. Selbst viele Eltern hatten sich aus Angst vor einer Ansteckung entzogen, ihre eigenen Kinder zu pflegen. Nachzulesen u.a. auch unter: https:de.wikipedia.org/wiki/Schwarzer_Tod*

Auf dem ganzen Ort liegt eine bleierne Schwere. Es ist die Schwere, die ein Massensterben mit sich bringt, weil nicht nur alte Menschen, sondern auch unschuldige Kinder in nur kurzer Zeit dahingerafft werden. In der Burg hat man in einer Kapelle ein Hospiz aufgebaut, dort gehe ich hinein. Inmitten der Kranken sehe ich eine Pflegerin. Sie ist noch sehr jung. Sie ist eine Nonne im Krankendienst. Sie hat für die Menschen dieser Gegend eine ungewöhnlich helle Haut, und sie hat blondes Haar und blaue Augen. Sie ist mit Leidenschaft bei ihrer Arbeit. Sie trägt die hellgraue Berufskleidung ihres Ordens. Ihre schönen Haare hat sie unter einer ebenso hellgrauen Haube versteckt. Nur ihre Stirnhaare kann man sehen. Ich sehe, sie opfert sich auf. Sie hat ein engelsgleiches Gesicht. Sie strahlt eine Schönheit aus, die ihrer heiligen und menschenfreundlichen Art entspringt, und dafür liebe ich sie. Es reicht mir, sie nur anzuschauen. (Jetzt kenne ich auch den Grund meiner Reise in diesen Ort, von dem ich nun weiß, dass er „Carcassonne" heißt. Ich weiß, dass ich schon öfter ihretwegen hierher gekommen war. Bestimmt schon sechs bis sieben Mal.) Sie liebt mich auch, das sehe ich. Aber auch sie gibt ihr Geheimnis immer nur für ein paar kurze Augenblicke frei; dann, wenn andere nicht sehen können, dass sich unsere Blicke finden. Mehr brauchen wir nicht, um uns nah zu sein. Ich sehe, dass ich auch in diesem Leben davon gewusst hatte, bereits vielfältig auf der Erde gewesen zu sein. Darum vertraute ich darauf, dass es möglich war, dass wir uns im nächsten Leben näher kommen dürften, wenn wir uns das nur stark genug wünschten – und auf die wunderbare geheimnisvolle Weise, die mich mit ihr verband, war ich mir sicher, dass auch sie davon wusste und sich das genauso wünschte. Wir waren beide Romantiker, denen ein Blick oft mehr verhieß als ein gelebtes Liebesleben. Auf dem Rückweg nach Italien verstärkt sich in mir erneut mein ungutes Gefühl, dass meine Reise dieses Mal nicht gut ausgehen wird. Zu viele Konflikte*, werden zu dieser Zeit im Alpenraum und auf den Alpenpässen ausgetragen.

* *Wissen aus Quelle: https://wikipedia org/wiki/Dreißigjähriger_Krieg:*
In Westeuropa und Oberitalien wurden die dynastischen Konflikte zwischen den habsburgischen Mächten Österreich und Spanien und dem französischen König ausgetragen.

Meine Mutter wird mich nun wohl wirklich nie mehr wiedersehen.
Ich bemühe mich noch mehr aufzupassen, und ich nehme Pfade, von denen ich mir sicher bin, dass nur wenige der Häscher sie kennen. Dafür muss ich unterhalb der Baumgrenze bleiben und mehr in die Wälder hineinreiten. Mein Pferd schnaubt. Es mag diese Wege nicht, weil es durch die Flechten und Büsche zwischen den Bäumen nur wenig sicheren Tritt findet. Ich kann es trotzdem beruhigen. Zwischen uns besteht eine tiefe Liebe und Verbundenheit. Es weiß, dass es so leise wie möglich zu sein hat. Es reagiert telepathisch auf mich. Es hat meine Fähigkeit, fast unsichtbar zu sein, schon lange selbst verinnerlicht. Aber die Gefahr und den möglichen Tod, die riecht es auch.

Meine Vorahnung bestätigt sich.
Ich sehe auf einem kleinen Pfad, schon ganz nah, vier der von mir gefürchteten Soldaten aus dem Norden hinter mir herkommen. Sie haben mich schon früher gesehen als ich sie. Zwei reiten mit hoher Geschwindigkeit an mir vorbei und versperren mir den Weg nach vorne. Die anderen zwei Soldaten bedrängen mich von der Seite. Ich kann ihnen nicht mehr entkommen. Sie reißen mich von meinem Pferd herunter. Sie wollen auch nicht einmal mehr mit mir reden, bevor sie mir das erste Messer in meinen Bauch und das zweite in meine Brust bohren. Dann entnehmen sie meinem hilflos und nutzlos gewordenen Körper die Depesche für Rom, die mir in Avignon anvertraut worden war. Danach reiten zwei von ihnen hinter meinem Pferd her, das noch versucht zu fliehen. Ich sehe noch aus meinem Augenwinkel, wie sie auch jetzt wieder ihr Messer gezückt halten, und ich höre auch noch, wie sich mein Pferd wehrt und dann zu Boden sinkt... Mein Pferd und ich – wir sind beide am Verbluten.
Dann wird mir kalt – und es wird ganz still um mich.

Sie haben mein Pferd getötet, weil sie wissen, dass ein Pferd eines Kuriers eine so starke Symbiose mit seinem Besitzer eingeht, dass es nie mehr für einen anderen Reiter zu gebrauchen ist. Haflinger sind schlaue Pferde und zeigen, vorausgesetzt, man war immer gut zu ihnen, eine Treue für die Ewigkeit. Ich breche meine Rückführungssitzung ab, mir wird das zu viel.
Ich muss nicht noch meinem qualvollen Ende zusehen.

Nachtrag:
Wir reisen an viele Orte.
Manchmal wissen wir, dass wir dort schon einmal gelebt haben, manchmal, dass wir diesen Ort irgendwie zu kennen scheinen. So erging es mir, als ich das erste Mal – wir sind wieder in meinem jetzigen Leben! –, mit etwa 24 Jahren, in Italien an die ligurische Küste nach Noli fuhr, um mir dort den Ort und die Burg anzusehen. Ich wusste sofort, dass ich schon viele Male in diesem Ort und auf seiner Burg gewesen war. Ich war auch in diesem Leben noch oft auf dieser Burg gewesen, aber auch auf der Festung in Finale Ligure. Immer dann, wenn ich von ihnen aus übers Mittelmeer sah, konnte ich mich noch gut an die vergangenen Seeräuberkriege und an das Aussehen der Schiffe erinnern, die sich damals nahe genug zur Küste aufhielten.* Von einem Leben zu dieser Zeit als Kurier für die Päpste, wusste ich, mit meinen 24 Jahren, noch nicht und dass ich damals meine Rückreisen von Avignon (oder Carcassonne) nach Rom häufig über Ligurien genommen hatte, auch nicht.

* *Muslimische Korsaren und Malteserritter bekriegten sich noch zu dieser Zeit.*

Mein Leben in der Lausitz

Ich bin eine Frau. Das Jahrhundert, in dem ich lebe, kann ich nur erahnen. Ich hieß Agnieszka oder Agnes, ich glaube, dass man mich mit beiden Namen rief; je nachdem, ob jemand deutsch oder polnisch mit mir sprach, denn irgendwo im Grenzgebiet zwischen Deutschland und Polen, in der Oberlausitz, lebe ich. Ich habe rötlichbraunes Haar – wahrscheinlich habe ich es mit der Farbe der Kastanienschale gefärbt – denn ich bin so um die vierzig Jahre alt und habe sicher ein paar graue Haare zu verdecken. Ich trage eine Art Dirndlkleid in rot mit einem weißen Bluseneinsatz und einer schwarzen Schürze darüber.
Ich bin eine Heilerin.
Ich sehe mich durch einen sehr alten Buchenwald laufen.
Ich liebe die Bäume mit ihren starken Stämmen und der glatten, hellen Rinde. Ich liebe den Wald über alles und kenne alle seine Wege und fast jeden Baum. Die jungen Blätter, die ich an den Buchen sehe, zeigen mir, dass es Ende Mai oder Anfang Juni sein muss. Ich muss durch das alte Laub vom Vorjahr einen Hügel hinaufgehen. Ich habe eine Verabredung auf der Burg, auf der ich zu Hause bin. Ob mir diese mental zugekommen war oder ob es dort einen regelmäßigen Termin für mich gab, um den Rittern der Gegend ihre Verwundeten abzunehmen, kann ich nicht ausmachen. Doch schon auf meinem Weg zur Burg, kommen mir drei von ihnen entgegen. Sie tragen Kettenkleidung.* Einer der Ritter ist schwer verwundet. Er liegt kopfüber und halb ohnmächtig auf seinem Pferd. Er hat unerträgliche Schmerzen und Fieber. Ich sehe, sein Leben hängt an einem seidenen Faden. Die Ritter wollen zu mir, denn ich bin als diejenige Heilerin bekannt, die sich mit Kriegsverwundungen gut auskennt. Ich liebe diese Krieger nicht besonders. Sie wissen, dass ich ihr Tun für völlig unnütz halte und Männer wegen ihrer kriegerischen Energien allgemein nicht besonders mag. Doch sie brauchen mich, und so haben sie Respekt vor mir. Ich werde von einem der Männer auf sein Pferd hochgezogen.

** Die Rüstung eines Panzerhemdes aus eisernem Ringgeflecht wurde noch das ganze 13. Jahrhundert hindurch und auch noch in einem Teil des 14. Jahrhunderts benutzt. Wissensquelle: deutschland-im-mittelalter.de/Kulturgeschichte/Kleidung/Maennerkleidung*

Im Damensitz reite ich mit ihnen zusammen zu meiner Hütte, die an einem kleinen See liegt, der teilweise von hohem Schilf umgeben ist. Dort bin ich jedes Jahr im Sommer zu finden. Die Ritter überlassen mir ihren verwundeten Mitstreiter. Sie tragen ihn in meine Hütte hinein, in der auf der rechten und linken Seite der Tür je eine Bank zum Schlafen steht, ansonsten gibt es kein weiteres Mobiliar. Sie nehmen sein Pferd mit und wollen ihn in der kommenden Woche abholen. Ich sage ihnen, dass daraus nichts wird. „Sie bräuchten ja nur genau hinzusehen!" Doch sie hören mir nicht zu. Sie wollen davon nichts wissen. Noch nicht! Ich weiß, dass sie Zeit brauchen, um die Situation anzunehmen und schweige. Jedes weitere Wort von mir wäre Verschwendung und würde sie gegen mich aufbringen. Ich kenne das bereits zur Genüge. Krieger sind nie schnell einsichtig!

Die Knochenbrüche meines Patienten an beiden Beinen, werden sich nicht sofort heilen lassen. Sein linkes Bein ist offen und hat sich infiziert. Während er immer mal wieder aus seinen Ohnmachten herauskommt, erzählt er, dass er seit vielen Tagen verwundet ist. Ich erkläre ihm, während ich ihn behandele, dass er für ungefähr drei Monde bei mir bleiben muss, dass er sterben würde, würde er wieder in den Krieg ziehen. Er hat keine Kraft mehr, und er weiß, dass ich im Recht bin. Er gibt sich in die Situation ein. Ich sage ihm auch, dass er für immer behindert bleiben wird. Ich muss das sagen. Ich darf ihn nicht schonen. Wie die Ärzte heutzutage, muss auch ich schonungslos sein, um mich selbst „rechtlich" abzusichern.

Nach acht Tagen kamen seine Kameraden wie versprochen mit seinem Pferd zurück. Ich hatte ihr Kommen bereits an dem Aufschlag der Hufe der Pferde vernommen.
Als ich sie auf mich zukommen sah, stand ich an einem Tisch – aus zwei Holzböcken und einer Holzplatte bestehend –, den ich direkt vor meinem See aufgebaut hatte. Ich war beim Brot backen und knetete dafür den Teig, den ich auf aufgestapelten Steinen auf der Erde buk. Ich brauchte das Wasser des Sees dazu und musste es auf diese Weise nicht weit schleppen. Ich ging ihnen ein paar Schritte entgegen. Die Ritter blieben auf ihren Pferden sitzen und zeigten mir ihr arrogantestes Gesicht. Sie forderten ihren Kameraden ein. Sie wollten ihn sofort mitnehmen, denn sie brauchten ihn. Sie hatten keine Geduld, denn er war

ein guter Kämpfer. Wieder bedeutete ich ihnen, wie eine Woche zuvor, dass sie ihn nicht mitnehmen könnten. Doch meine Worte schienen noch immer keinen Eindruck auf sie zu machen. Sie begannen mit mir darüber zu diskutieren, dass er trotzdem mitkommen müsse. So, als wenn mit jedem ihrer Worte ihr Kamerad gesünder werden würde. Ich stemmte meine beiden Arme in meine Hüften und mit den Worten: "Nur über meine Leiche!", brach ich das unnütze Gespräch ab und ging zu meinem Tisch zurück. Die beiden Ritter folgten mir, weiter auf ihren Pferden aufsitzend.

Ich kenne meine Stärke. Ich bin eine mutige Frau. Die Stärke und mein Mut begründen sich auf meiner Fähigkeit, mein Leben auf andere Menschen ausgerichtet zu haben und sie heilen zu können. Insbesondere mit Knochenverletzungen und den daraus entstehenden Infektionen kenne ich mich gut aus, denn in dieser Gegend gibt es zur Genüge Gelegenheit, diese zu behandeln und sich darin zu üben. Viele kleine Völker sind miteinander zerstritten. Die Kriege hören nie auf. Ob ich eine Polin oder Deutsche gewesen bin, kann ich immer noch nicht ausmachen. Vielleicht war ich auch eine Sorbin, deren Vorfahren einmal aus allen möglichen slawischen Ländern kommend dieses Land besiedelt hatten, dann hätte ich außerdem noch auf den Namen Hańža hören müssen.

Die beiden Ritter diskutierten neben mir auf ihren Pferden weiter.
Sie sahen aus, wie mit ihnen verwachsen. Auch jetzt hätte abzusteigen für sie bedeutet, sich auf mein körperliches Niveau hinabzubegeben. So konnten sie wenigstens noch immer auf mich herabsehen. Ich durchschaute auch das. Sie wurden immer nervöser. Direkt neben mir im Kreis hin- und herreitend, zogen sie ihre Pferde aggressiv an ihrer Gebiss-Zäumung – denen es so starke Schmerzen bereitete, dass sie sich aufzubäumen begannen. Auch das Pferd meines Patienten bäumte sich auf. Diese Männer waren ausgebuffte Krieger. Sie wussten, wie sie mir ihre Macht demonstrieren konnten. Aber ich ließ mich auch davon nicht einschüchtern. Ich wusste, dass es ihnen klar war, dass auch sie sich schon schnell in so einer schwer verletzten Situation befinden konnten, und dass sie dann froh wären, wenn ich mich genauso um sie kümmern würde, wie jetzt um ihren Mitstreiter. Sie waren von mir mehr abhängig, als ich es von ihnen war. Ich knetete meinen Teig weiter und sah sie einfach nicht mehr an. Sie ritten noch ein paar Mal hin- und her und

versuchten dabei ihren Kameraden in der Hütte zu erkennen, der noch immer auf der Bank todkrank darniederlag. Rein zu ihm gingen sie nicht, sie nickten ihm nur wohlwollend zu. Sie hatten keine Lust, sich mit ihm und seiner Krankheit auseinanderzusetzen. Sie bestätigten mir mit ihrem Verhalten wieder einmal, wie feige Krieger wirklich sind, wenn es um Liebe und Mitgefühl geht. Dann gaben sie nach. Was sollten sie auch sonst tun? Sie drohten mir schon beim nächsten selben Mond wiederzukommen. Ich nickte nur. Ich sagte ihnen lieber nicht, dass auch das noch zu früh sein würde. Ich würde auch in einem Monat wieder demonstrieren müssen, dass eine Mitnahme ihres Kameraden noch nicht möglich war, ja, dass er nie mehr für irgendwelche Kämpfe zu gebrauchen war. Doch die angegebene Zeit war lang genug, dass sich die beiden bis zu ihrem nächsten Erscheinen erneut daran gewöhnen konnten, der Wahrheit ins Gesicht zu sehen. Außerdem konnte mein Patient immer noch sterben.

Das Holz meiner sehr kleinen Hütte – sie ist etwa 4qm x 3qm groß –, so sehe ich, ist einmal mit Feuer angefackelt worden. Das machte man wohl in dieser Gegend, damit sich kein Ungeziefer darein setzen konnte. Der Geruch davon hing noch im Raum. Ich mochte ihn nicht. Ich schlief deswegen häufig draußen vor der Tür (man kann daran erkennen, dass selbstgemachte Umweltproblematiken auch damals schon gang und gäbe gewesen waren; man trank zu dieser Zeit ja auch noch aus bleihaltigen Bechern).

Zum Schluss meiner Sichtung kann ich noch sehen, dass sich mein Patient erholt hat. Er steht häufig an der Hütte angelehnt, um mir beim Backen und Kochen zuzusehen. Doch behindert und schwach wird er bleiben. Er humpelt sehr stark. Sein linkes Bein ist kürzer geworden, und es ist trotz all' meiner Bemühungen nicht ganz gerade angewachsen. Er hat immer noch sehr starke Schmerzen. Aber ich weiß, die werden besser werden. Und besser auf diese Art behindert zu bleiben als tot zu sein. Er muss nun lernen, seine Tage auf eine andere Weise als mit Kämpfen zu bestreiten. Er wartet jeden Tag ängstlich auf die erneute Ankunft seiner Kameraden. Ich sehe, er liebt sie nicht mehr. Er hat viel nachgedacht. Er ist zu einem Kriegsgegner geworden. Er hat das phänotypische Aussehen der Menschen dieser Gegend. Er hat halblanges, dunkles und lockiges Haar. Nachträglich kann ich sagen, er sah fast so aus wie mein

Mann Otto I. im 10. Jahrhundert! Ob ich zu dieser Zeit in der Lausitz von Otto I. je etwas gehört, noch davon auf geistigem Wege etwas geahnt hatte, ein Leben mit ihm nicht weit entfernt von der Lausitz gehabt zu haben, kann ich nicht sagen. Jedoch schlich sich in meiner Sichtung der Gedanke, dass der Verwundete eine Reinkarnation von Otto I. gewesen sein könnte, so stark bei mir ein, dass ich ihn bis heute nicht mehr loswerden konnte, denn dass wäre eine karmische Wiederholung der Situation unter anderen Umständen und zu anderer Zeit, gewesen. Otto I. hatte zu seiner Zeit in dieser Gegend, unter anderem auch gegen die Wendenstämme gekämpft. (Wenden nennen sich die slawischen Einwanderer in der Niederlausitz).

In einer weiteren Rückschau in dieses Leben, sehe ich die beiden Ritter erneut auf mich zukommen. Sie hatten das Pferd meines Patienten auch dieses Mal wieder dabei.

Zum Glück konnten sie erst fast drei Monde später als angedroht kommen. Es gab für sie in dieser Zeit viele neue Kämpfe zu bestehen, da mussten sie ihr Kommen immer wieder verschieben. Doch an diesem Tag muss mein Patient mit ihnen mit. Ich kann sie nicht mehr dazu überreden, ihn noch für einen weiteren Mond bei mir zu belassen, den er zu einer besseren Heilung durchaus auch noch gebraucht hätte. Ich muss nachgeben. Auch ich bin von ihnen abhängig, denn sie bezahlen mich. Nach der Geldübergabe wirkte ich noch einmal auf sie ein. Ich sagte ihnen, dass ihr Kamerad nie mehr für einen Kampf gut sein würde. Doch ich hätte ihnen das dieses Mal nicht mehr sagen müssen. Sie hatten mittlerweile von allein verstanden, dass er nie mehr zu einem Kampf fähig war. Die lange Zeit der Trennung von ihm war lang genug für sie gewesen, um seine Behinderung letztendlich zu akzeptieren. Sie hatten gelernt, auch ohne ihn klar zu kommen und trotzdem gute Krieger zu sein. Sie wollten ihn jetzt nur noch nach Hause, zu seiner Familie, zurückbringen. Das gebot ihnen die Ehre ihres Rittertums.

Mein Patient kann nur mit Mühen auf seinem Pferd aufsitzen. Ich rate ihm, sich weiterhin meine frisch gepflückten Kräuter auf seine noch stark geschwollenen Beine zu legen, so wie ich es immer getan hatte, und sich außerdem einen Tee davon zuzubereiten. Ich gebe ihm einen großen Strauß davon mit. Ich will sicher gehen, dass die Heilung auch ohne mich fortschreiten kann. Er soll sich zu Hause ein paar Blätter und Blüten davon für den Winter trocknen lassen, damit er auch noch in der kalten Jahreszeit den heilenden Tee daraus hat.

Ich drehe mich von ihm weg.
Ich mag keine großen Abschiede und Dankesbekundungen.
Ich gehe in meine Hütte hinein. Dann höre ich alle drei wegreiten. Ich warte, bis ich die Hufe der Pferde kaum noch hören kann. Erst dann mag ich wieder nach draußen gehen.
Ob ich eine Liebesbeziehung zu meinem Patienten hatte, kann ich nicht sagen. Ich glaube schon. Ich mochte ihn. Ja, ich mochte ihn sehr!

Ich bin nun wieder allein. Ich bin gerne allein! Ich liebe es, eine selbstständige und in der Natur allein lebende Frau und eine Heilerin zu sein!

Der Herbst begann in diesem Jahr schon schnell. Es war Zeit, mich auf den Winter vorzubereiten. Der Winter ist in meiner Gegend unberechenbar und bricht zumeist sehr schnell ein. Etwas später packe ich meine wenigen Sachen zu einem Bündel und gehe bis zum Frühling auf die Burg, auf der ich auch gebraucht werde.
Die Burg steht auf einer steilen Anhöhe.*

** Ich bin mir ziemlich sicher, dass es sich um die Burg Oybin im Zittauer Gebirge handelte. Ich habe den Hinweis darauf auch während der Buchherstellung aus der geistigen Welt erhalten, muss dort aber noch hinfahren.*

Monsieur im Jahre 2000

Hier erzähle ich von keiner Reinkarnationsreise. Diese Erzählung hat sich aus einer Vorhersehung ergeben. Ich habe mich entschieden, sie zu erzählen, weil ich mit ihr darauf hinweisen will, dass es nicht immer leicht ist, hellsichtig zu sein und vom Kosmos Bilder zugespielt zu bekommen und diese auch richtig zu interpretieren; dass aber auch nicht immer das, was der Kosmos sich wünscht, in Erfüllung geht. D.h., dass Vorhersehungen nicht immer unbedingt so ausgehen müssen, wie man sie einmal gesehen hat und wie sie vom Himmel gedacht gewesen waren.

Es war Anfang August.
Ich spürte seit ein paar Tagen, dass mir meine kosmischen Lehrer etwas Wichtiges mitzuteilen hatten. Da ich in der Nacht keine Bilder zugespielt bekam, und sich auch am Tag keine Bilder dazu in mein Bewusstsein einschlichen, bat ich meine beste Freundin, für eine Trommelreise zu trommeln. Damals holte ich mir noch am liebsten mit dem Klang einer Trommel Informationen aus dem Kosmos, heute kann ich das Dank meiner ausgefeilten Religiotechniken auch ohne Trommel bewerkstelligen und mich zu meinen Fragen genauso geleiten, als wenn es jemand anders für mich tun würde.
Ich machte es mir dafür mit Decken auf dem Fußboden bequem und schon schnell zeigten sich mir die ersten Bilder:

Ich sah einen Mann, der in Südfrankreich lebte. Er war mittelgroß. Seine weißen Haare trug er lang nach hinten gekämmt. Er war etwa so alt wie ich. (Ich stand zu dieser Zeit kurz vor meinem fünfundfünfzigsten Geburtstag). Er hatte eine Jeans und ein hellblaues Hemd an. Er war ein gut aussehender Mann und schien das auch zu wissen.
Ich verstand, ihn sollte ich kennen lernen. Er sollte mein zukünftiger Lebenspartner werden. Ich konnte ihn mir während meiner Trommelreise genau ansehen und dadurch auch für später gut merken. Ich hatte genug Zeit zur Sichtung bekommen (ich sprach bereits davon, dass die Bilder in Sichtungen manchmal so schnell rasen können, dass man Schwierigkeiten damit hat, immer alles das herauszufinden, was man auch noch gerne wüsste). Ich sah auch sein Haus, in dem er lebte. Ich sah das schmiedeeiserne Gartentor davor, und ich sah den großen Kron-

leuchter in seinem Entree. Da ich zu dieser Zeit unbedingt meine „Mütter-und-Väter-der-Welt-Schulungsorganisation“ gründen wollte, fragte ich sogleich bei meinen mich gerade auf meiner Trommelreise begleitenden geistigen Lehrern nach, ob ich das auch in Frankreich und bei ihm bewerkstelligen könnte. Ich musste wissen, ob ich auch in Frankreich meiner spirituellen Lebensaufgabe gerecht werden konnte. Als Antwort darauf bekam ich ein Bild von vielen Frauen zugeleitet, die durch dieses Tor gingen, um mich als Lehrerin für die Neue Zeit aufzusuchen. Eine Frau davon kannte ich bereits. Sie kam aus Deutschland. Dieses Bild beruhigte mich ungemein. Zum Schluss der Trommelreise bekam ich noch gesagt, dass dieser Mann für mich in Südfrankreich, in der Stadt Orange, zu finden ist, und dass ich möglichst schnell schon, innerhalb der nächsten Tage, dort hinfahren sollte.

Erst zwei Jahre zuvor war ich auf kosmische Anweisung hin in Avignon, Usez und Nîmes gewesen, um dort in vergangene Leben von mir einzusteigen, und tatsächlich hatte ich in allen Städten alte Gebäude, Plätze und Räume wiederentdecken können, die ich auf die eine oder andere Weise kannte: in Avignon den Papstpalast*, in Usez die alten Straßen, durch die ich einmal ritt, in Nîmes das Maison Carrée und das Amphitheater und noch anderes mehr.
Ich war zur Zeit der Spätantike in Nîmes gewesen. Um nach dorthin zu gelangen, hatte ich damals, mit etwa 13 Jahren, eine lange mehrtägige Wegstrecke von den Pyrenäen aus barfüßig zurückgelegt. Ich wollte unbedingt in eine Klosterschule gehen. Ich wollte so viel wie möglich über das Christentum lernen und Gott dienen und eine Nonne werden dürfen. Wäre das nicht möglich gewesen, hätte ich mein Leben verschwendet. Es war wichtig für mich, ein passendes geistiges und kulturelles Zuhause zu haben. Ich hatte dafür sogar meine Angst vor den Schlangen in der Bergwelt überwunden. Ich glaube, ich kam irgendwo von der spanischen Grenze, denn ich sah aus wie eine Spanierin. Ich hatte eine olivfarbene Haut. Ich war gut genährt, und ich schien viel Lebenskraft zu besitzen.

** Darüber, dass ich von meinem Leben als Kurier zu der Zeit noch nicht gewusst hatte, schrieb ich bereits in meinem Kapitel: „Mein Leben als Kurier der Päpste“.*

Und die brauchte ich, um meinen langen Weg gut zu bestehen, vor allen Dingen in der Nacht, wenn es kälter wurde und die Wölfe heulten und ich auf der kalten Erde schlafen musste. Ich hatte ein goldenes kurzes Kleid an, was mich wunderte, weil ich glaubte, dass man in der Antike immer nur lange Kleider getragen hatte. Aber für Mädchen war das damals anscheinend anders. Insbesondere für Sportausübungen trugen sie kurze Kleider wegen der besseren Bewegungsfreiheit.
Vielleicht hatte ich mir für meinen langen und beschwerlichen Weg auch ein langes Kleid abgeschnitten?

Ich freute mich, wieder nach Frankreich zu fahren – und dieses Mal wohl auch einem neuen Leben entgegen. Für die erste Nacht in Orange hatte ich im Reisebüro ein Hotel gemietet. Das war wichtig gewesen, weil mein Zug erst spät eintraf, und ich nicht mehr auf Zimmersuche gehen wollte. Doch am zweiten Tag suchte ich mir für den Rest der Woche ein schöneres Zimmer. Meine Französischkenntnisse waren nicht besonders gut, aber das machte nichts. Die Tochter der Pensionseigner sprach sehr gut englisch, und zwischendurch sagte sie mir auch immer dies und das in französischer Sprache, von ihr bewusst langsam gesprochen, sodass ich genug Zeit hatte, um zu begreifen. Sie hatte in Amerika studiert. Sie wusste, was es heißt, sich in eine andere Sprache hineinzuhören. Nachdem ich in der netten Pension eingecheckt hatte, dachte ich, dass ich mir erst einmal das Postamt ansehen sollte. Ich ging in Richtung Post und musste dafür nur noch den Parkplatz neben der Post überqueren. Ich sah einen kleinen roten Wagen in meine Richtung einbiegen. Der Mann darin suchte nach einem geeigneten Parkplatz für seinen Wagen. Ich konnte ihn nicht genau erkennen, die Sonne blendete mich. Ich ließ ihn an mir vorbei. Er parkte direkt vor mir. Er stieg aus und es durchfuhr mich mit einem Ruck: Bingo, Monsieur war schon sehr schnell zu mir gekommen! Das Timing des Himmels und unser Timing waren perfekt gewesen. Ich mochte mir gar nicht ausdenken, wie schwierig die Koordination unserer beider Zeiten für die uns begleitenden himmlischen Lehrer gewesen sein musste.
Ich gelobte mir, schön ruhig und gelassen zu bleiben. Ihm von meiner Vorhersehung „noch“ nicht zu schnell zu erzählen. Ich wollte Monsieur auf keinen Fall unter Druck setzen. Und ich dankte dem Himmel für seine Mühe. Monsieur und ich, wir lächelten uns an. Als ich weitergehen wollte, sprach er mich an. Er fand meinen Hut und wohl auch mich

très jolie, und er hoffte, dass wir uns schon bald wiedersehen würden. Seine außergewöhnlichen blauen Augen sahen mich dabei intensiv an. Ich war hin und weg. Ich hatte immer ein Faible für gut aussehende Männer gehabt. Wir verabredeten uns nicht. Ich war mir sicher, der Himmel würde das nächste Wiedersehen genauso geschickt einfädeln wie unser Treffen gerade eben. Ich verabschiedete mich schon schnell von ihm und ließ mir nicht anmerken, dass mein Herz freudig: „Bingo, Bingo!“, klopfte. Als ich zum Postamt ging, dankte ich dem Himmel noch einmal für seine wunderbare Vorarbeit. Und weil das Timing so gut gelaufen war, hielt ich es für ein gutes Omen, dass auch die nächsten Tage gut verlaufen würden.

Danach sah ich mir Orange näher an: Sein antikes Freilichttheater, direkt am Hügel St. Eutrope eingebettet (Ludwig der XIV. soll seine Außenmauer als „die schönste Mauer seines Königreichs“ bezeichnet haben).

Orange Roemisches Theater
Bildquellennachweis ab Seite 350

Ich besuchte die Statue der Jungfrau Maria aus dem 18. Jahrhundert auf dem Hügel über dem Freilichttheater und ging dort spazieren, und ich freundete mich mit den Katzen an, die dort wild lebten und sich an einer Mauer träge die mittäglichen Sonnenstrahlen auf ihr Fell scheinen ließen. Ich ging gut essen und gegen Abend in die Kathedrale Notre-Dame de Nazareth. (In Frankreich scheinen fast alle Kirchen der großen himmlischen Mutter gewidmet zu sein!)

Am nächsten Morgen wollte ich erneut in die Kirche gehen. Ich überquerte dafür den Vorplatz. Und ich sah: Monsieur!
Er schien ein Frühaufsteher wie ich zu sein. Er trank seinen Kaffee. Er freute sich offensichtlich sehr, als er mich sah. Er stand von seinem Sitzplatz auf, und er winkte mich zu sich heran. Er bestellte mir einen Orangensaft und schob für mich einen Stuhl zurecht. Er stellte sich mit seinem Vornamen vor. Und so tat auch ich es. Obwohl er nur der französischen Sprache mächtig war, konnten wir uns doch recht gut unterhalten. Wenn ich ein französisches Wort nicht fand, suchte ich nach diesem in der mir bekannteren italienischen oder auch in der englischen Sprache. Wenn es im Englischen lateinischen Ursprungs war, brauchte ich dieses nur noch so gut wie möglich französisch zu prononcieren. So kamen wir beide gut über die Runden. Er erzählte mir davon, dass er früher eine eigene Firma besessen hatte, nun aber nur noch wenig tat. Er hatte die Firma gut verkaufen können, und dadurch genug Geld verdient, um sich einen frühzeitigen Ruhestand leisten zu können. Ich wollte ihm nicht sagen, dass er für mich ein wenig zu jung war, um schon ein Rentner zu sein. Er sprach von seinem Sternzeichen, und er fragte nach meinem, und er dozierte schon schnell zu Fragen der Astrologie und Astronomie. Er gefiel mir. Ich sah aber trotzdem, dass er sehr eitel war, und dass er, wie die meisten Männer, gerne das Zepter eines Gespräches an sich riss. Doch zu dieser Zeit machte mir das nicht viel aus, ich war schließlich von den Weisen des Himmels zu ihm geschickt worden, die ja wohl wussten, was sie mit uns bezweckten. Außerdem war ich in Urlaubsstimmung. Ich musste über sein Verhalten sogar ein wenig lächeln. Ich hoffte, wenn er sich der Astrologie so sehr zugetan fühlte, dass er auch spirituell genug versiert sein würde, zu verstehen, dass ich mit meinem Besuch bei ihm einer Himmelsweisung nachkam, und dass ich mir als Schamanin auch bewusst darüber war, dass ich – egal wie unsere Geschichte ausgehen würde – dieser Weisung zu folgen hat-

te. (Es gibt viele Menschen, die sich zu ihrer Lebenshilfe der Astrologie oder anderer spiritueller Lehren bedienen und über sie glauben, dozieren zu können, die aber trotzdem nicht besonders tief in die geistige Welt involviert sind.)

Ich wollte nicht zu schnell vorpreschen und von mir erzählen. Ich wollte ihm und mir Zeit lassen. Auch ich hatte meine Entscheidungen zu treffen. Vielleicht würde ich ihn ja wegen seiner eitlen Art – er war sich seines guten Aussehens etwas zu sehr bewusst – mit der Zeit gar nicht mehr so sehr leiden können, und froh sein, wenn ich ihm von unserem gemeinsamen Schicksal nicht all‘ zu viel erzählt hatte. Aber das konnte ich mir auch wieder nicht vorstellen, weil die Reise zu ihm ja vom Himmel initiiert gewesen war. Er fragte mich, in welchem Hotel oder in welcher Pension ich abgestiegen sei. Ich sagte es ihm, und er nickte. Er kannte die Pension, denn Orange ist ein kleiner Ort. Dann verabschiedeten wir uns wieder so gleichmütig wie am Vortag – er hatte ja meine Adresse. Wenn er mich wiedersehen wollte, dann brauchte er nur an der Rezeption nach mir zu fragen, oder es entschied erneut der kosmisch bereitgestellte „Zufall“, ob das nächste Wiedersehen klappen sollte. Ich wusste da noch nicht, dass er fast jeden Tag nach Orange fuhr, um einen Kaffee zu trinken und um sich vom Getümmel dieser wunderbaren antiken Stadt einnehmen zu lassen. Er lebte in einem kleinen Dorf, nur ein paar Kilometer von Orange entfernt.
Er brauchte das Fluidum dieser Stadt.

So sah ich ihn schon am nächsten Tag wieder, als es Markt war, und ich zwischen den Ständen herumlief, um mir die Angebote anzusehen. Er kaufte gerade Aprikosen und nahm dafür eine nach der anderen in die Hand und hielt sie sich an die Nase, um ihre Reife zu überprüfen. Er fragte mich, ob ich ihn begleiten wollte, und das tat ich. So gingen wir zusammen über den Markt und zurück zu seinem Auto. Nun versuchte ich ihm mit vielen Verschlüsselungen zu erzählen, dass ich nicht ohne Grund nach Orange gekommen war. Dass ich in dieser Stadt eine kosmische Aufgabe zu erledigen hatte. Irgendwann musste ich ja damit anfangen, zumindest tröpfchenweise. Ich hatte nicht mehr viel Zeit dazu, ihn zu verschonen, schon bald musste ich wieder abfahren. Aber ich merkte schon: Er begriff: Nichts! Außer: Da kam eine aus Deutschland und warf sich ihm an den Hals. Dass ich eine Schamanin war, das hatte ich ihm bereits erzählt. Aber das sagte nichts, wenn er nicht fähig war, den Begriff, bzw. unsere Berufsbezeichnung, und die damit verbundenen möglichen kosmischen Aufträge richtig einzuordnen.

Er lud mich nicht ein. Wieder war unser weiteres Treffen dem Schicksal überlassen. Ich ging an diesem Tag in das Schwimmbad, das auf dem Hügel St. Eutrope zu finden ist. Auf dem Rückweg zu meiner Pension, der am Friedhof von Orange vorbeiführt, sah ich mir diesen näher an. Gräber sind für mich im Süden immer etwas Besonderes. Es ist, als wenn man einem Museum einen Besuch abstatten würde, weil die Grabinschriften mit den Bildern von den Verstorbenen viele unterschiedliche Geschichten erzählen und Statuen zu sehen sind, die es mit den berühmten Statuen im Louvre durchaus aufnehmen könnten.

Am Abend, in meinem Bett, ging ich mit allen meinen Sinnen zum Himmel hinauf. Ich wollte wissen, was man dort über Monsieur und mein Treffen sagen würde. Ich wollte nichts falsch machen, noch Falsches entscheiden. Doch meine Rückbindung nach oben wollte nicht klappen. Meine himmlischen Lehrer ließen mich mit meinen Fragen allein.

Am nächsten Tag trank Monsieur erneut seinen Kaffee auf dem Platz vor der Kathedrale. Wieder bat er mich zu sich, und wieder setzte ich mich zu ihm, und wieder kamen wir schnell ins Gespräch, das aber genauso oberflächlich dahinging, wie die beiden Tage zuvor. Einladen wollte er mich wohl auch dieses Mal nicht, und um nicht zu aufdringlich zu sein, verabschiedete ich mich schon schnell. Ich wollte erneut schwimmen gehen und den Friedhof mit seinen vielen Engelstatuen aufsuchen. Das war wirklich ein wunderbarer glänzender, aber auch geheimnisvoller Ort. Beides würde mich ablenken und vielleicht Monsieur die Zeit geben, sich doch noch an mich zu gewöhnen!?

Es war leicht gewesen, ihn an diesem frühen Morgen zu verlassen, denn ständig hatte er an meinem Französisch herumzumäkeln gehabt. Er bemerkte noch nicht einmal, dass nicht er, sondern ich es gewesen war, die sich bemühte, mit vielen Gedankensprüngen eine gute Konversation möglich zu machen. Er saß nur lasziv und arrogant da und kritisierte, kritisierte und kritisierte...

Ich schien ihm nicht gut genug.
Ich wusste, dass viele ledige Männer daran glauben, dass immer noch etwas Besseres für sie kommen könnte. Aber ich hatte keine Lust auf Optionsspiele. Was bitte sollte ich mit diesem Mann? Was hatte sich der Kosmos bloß mit ihm und mir gedacht? Und doch wusste ich mittlerweile auch, dass es zwischen uns ein altes Band gab und dass er zu meiner Zeit in Versailles als Yolande Polignac auch dort geweilt hatte und ein wichtiger Minister gewesen war.

Am Abend danach – wieder in meinem Bett –, wollte ich vom Himmel wissen, ob ich schon einmal in Orange gelebt hatte. Dieses Mal wurde mir die Antwort dazu gewährt. Ich hörte schon schnell: „Schon fünf Mal!“ und dass ich mir ein Relikt aus einem dieser Leben im Museum von Orange, dem Musée d’Art et d’Histoire, ansehen könnte; dort würde ich ein Relief mit einem Triumphwagen sehen, das käme aus dieser Zeit. Das Aussehen des Reliefs bekam ich direkt mit der Information zugespielt. Ich hätte auch einmal als Garderobiere für die Schauspieler und Tänzer im Freilichttheater gearbeitet, so wurde mir noch gesagt, einmal sei ich selbst eine Schauspielerin und Tänzerin gewesen, einmal hatte ich mein Geld als „leichtes Mädchen“ verdient und einmal sei ich ein Politiker gewesen. Mit diesen Informationen bestückt, ging ich am nächsten Tag in das genannte Museum, das nur wenige Meter von meiner Pension entfernt und direkt gegenüber vom antiken Theater zu finden ist. Ich fand das Relief schon schnell. Ich versuchte mich dort, vor seiner Auslage, ein Stück weit in die Zeit seiner Herstellung einzubeamen und ein wenig gelang mir das auch, obwohl dafür der laute Betrieb im Museum eigentlich zu störend gewesen war.

Danach schlenderte ich zum Monumentaltor, das ich mir bis dahin noch nicht angesehen hatte. Ich setzte mich zu seinen Füßen. (An ihm führt die Straße nach Lyon vorbei!) Es war laut und stank nach Abgasen. Diese hatten an den Steinen des Tores ganze Arbeit geleistet, die verschmutzt und abgestoßen ihre ehemalig‘ schönen Reliefs nur noch selten für Interessierte freigeben konnten. (Wie man es im Bild auf der nächsten Seite gut erkennen kann.)

Triumphbogen Orange
Bildquellennachweis ab Seite 350

Auf dem Rückweg in die Stadt, versuchte ich mit meinen Fußsohlen meine alten Zeiten in Orange zu ergründen. Ich erspürte die Erde, die schon ein paar Mal meine gewesen war, ich sah Triumphwagen mit Schauspielern in die Stadt einfahren. Darunter war auch ich. Es gab viel Trubel und Freude und großes Theater. Es war eine Zeit großer Gelage gewesen. Die Moral spielte eine untergeordnete Rolle. Alles war möglich. „Lebensfreude, Spiel und Spannung" zu leben, hieß das Spiel. Einer der Protagonisten trug eine Krone aus Lorbeerblättern. Es war um die Zeit von Kaiser Augustus gewesen. Es gab viele junge Seelen zu dieser Zeit.

Ein kleiner Junge von etwa sechs Jahren kam mir mit einem Huhn auf dem Arm entgegen. Er hielt es wie einen Schoßhund. Das war ein wunderbarer Anblick. Ich unterhielt mich mit ihm eine Weile. Kindern macht es nichts aus, wenn jemand ihre Sprache nicht richtig spricht. Sie verstehen einen auch so, denn es ist noch nicht lange her, dass auch sie die Sprache ihres Landes zu erlernen hatten und von der Lautsprache und der Gestik der Erwachsenen abhängig gewesen waren.

Den Nachmittag verbrachte ich allein, ich hatte Monsieur nicht mehr gesehen, ihn aber auch nicht gesucht.
Ja, ich fürchtete mich nun schon vor unserer nächsten Begegnung.

Am nächsten Tag war wieder Markt. Ich wollte mir eine Kleinigkeit, etwas typisch Französisches, für zu Hause zur Erinnerung, aussuchen. Plötzlich piekste etwas auf meinem Rücken. Es fühlte sich unangenehm an. Monsieur war hinter mir und hatte einen Strauch Thymian in der Hand. Mit diesem hatte er mir über meinen Rücken gestrichen und in mir das tiefe und unangenehme Gefühl hinterlassen, ohne Erlaubnis in meine Aura eingedrungen zu sein. Auch wenn ich zu ihm geschickt worden war, so hatte er aber nicht meine Würde zu verletzen. Ich musste meinen Ärger herunterspielen. Monsieur sprach ein paar unverbindliche Worte, und ich wusste, er hatte entschieden, keinerlei Interesse mehr an mir zu zeigen. Ich musste mir meine restliche Zeit nun anders vertreiben. Das war's dann wohl. Wieder machte er ein paar bösartige Bemerkungen darüber, dass ich seine Sprache nicht zur Genüge konnte – dass er selbst nur eine, nämlich seine, Sprache sprechen konnte, das hatte für ihn keine Bedeutung. Er sah den Witz gar nicht.

In der Nacht darauf ging ich erneut zum Himmel hinauf. Ich fühlte mich alleingelassen. Der große Meister Salomon – auch er lebt in der Gralsburg! – kam in meinen Blick und tröstete mich. Doch ich wusste nicht so richtig, ob ich sein Erscheinen wirklich als Trost annehmen konnte. War ich doch eine brave Tochter des Himmels gewesen und nach Orange gefahren, und ich hatte alles versucht, mich mit Monsieur zu befreunden. Ich war ja nicht naiv. Ich hatte schon vor meiner Fahrt nach Orange gewusst, dass nicht unbedingt alles Vorhergesehene in die Richtung laufen muss, die der Himmel wollte oder die ich aus meiner Vorhersicht interpretiert hatte. Jeder Mensch war schließlich frei, seine eigene Entscheidung zu treffen.

Zwei Tage später nahm ich den Zug zurück nach Deutschland.

Es war alles schief gegangen – oder doch nicht? Wie hätte mein Leben mit ihm denn ausgesehen? Ich beschäftigte mich zu Hause mit der Politik im Département Vaucluse und las: Orange hatte seit 1996 einen konservativen, nationalistischen Bürgermeister. Kein Wunder, dass Monsieur nur die französische Sprache sprach und von sich so eingenommen war. Und ich als Kosmopolitin, ich sollte dahin?

———

Während der darauf folgenden Monate hatte ich immer mal wieder aus der geistigen Welt Informationen zu Monsieur erhalten. „Ein Eremit, ein Lonely Wolf, er will das so!"
Ich wollte die ganze Sache vergessen.
Aber der Himmel sah das anders.
Ein Jahr und einen Monat nach der Reise, im Jahr 2001, wurde mir im September – an mehreren Tagen hintereinander – erneut bedeutet, dass ich wieder nach Orange fahren sollte. Sollten Monsieur und ich eine zweite Chance bekommen? Würde es dieses Mal besser werden?
Nein, ich wollte nicht. Ich wollte mir nicht noch einmal die Blöße geben und mich jemandem „an den Hals werfen müssen", der von dem, was ich sagte, gar nichts verstanden hatte, und der, obwohl er glaubte spirituell versiert zu sein, trotzdem die Sprache des Himmels und seine Chancen nicht verstand. Ich wollte auch nicht zu einem Mann, dessen Herz so zu war und der von Frauen offensichtlich nicht viel wusste.
Doch meine kosmischen Lehrer wurden eindringlicher mit mir.
Ich sollte, außer nach Orange, dieses Mal auch auf den Mont Ventoux fahren, und es gäbe für mich in der Provence einen Ort auf einem Hügel zu finden, in dem ich etwas sehr Wichtiges zu erledigen hätte. Man zeigte mir diesen Ort, der auf einem Hügel platziert war. An einem der Häuser gab es eine speziell geschmiedete Glocke an einem etwas asymmetrisch gehaltenen Giebel. Daran sollte ich den Ort wiedererkennen. Also, dachte ich: Wenn Monsieur mich auch dieses Mal nicht haben wollte, dann hätte ich wenigstens noch eine andere Aufgabe für den Himmel zu erledigen. Das war die Reise allemal wert. Ich erkannte, dass die geistige Welt wusste, dass sie mich nur mit einer Zusatzaufgabe für eine erneute Reise gewinnen konnte.
Ich buchte meine zweite Reise.

Trotzdem blieb ich hin- und hergerissen. Ich wusste immer noch nicht, ob ich die Reise wirklich antreten sollte. Demzufolge schlief ich in den folgenden Nächten schlecht. Und auch noch am Abend vor meiner Abfahrt war ich mir nicht sicher, ob ich wirklich fahren wollte. In meiner Reisetasche wartete das Ticket darauf, benutzt zu werden, es starrte mich geradezu an.
In meiner Reisetasche lag auch ein Brief für Monsieur.
Ich hatte mir meine Worte für ihn gut durchdacht aufgeschrieben und diese von einer Mitarbeiterin des Institut Français meiner Stadt übersetzen lassen – der ich natürlich auch erst einmal erklären musste, was eine Schamanin überhaupt ist und dass ich eine kosmisch initiierte Reise vor mir hatte. Erst verstand sie nicht so richtig, dann aber übersetzte sie alles, ohne mit der Wimper zu zucken. Sie setzte meine Worte an Monsieur, warum ich vor einem Jahr nach Orange gekommen war und dass das auf himmlische Anweisung geschehen war, diskret aber doch eindringlich genug. Vielleicht würde er ja jetzt verstehen. Und auch verstehen, dass ich ihn trotzdem nie unter Druck setzen würde?!

Erst morgens um fünf Uhr, zwei Stunden bevor der Zug von Hamburg-Dammtor ging, entschied ich, doch zu fahren. Ich stand auf und machte mich mit Herzklopfen reisefertig. Dieses Herzjagen kannte ich schon. Ich hatte es immer dann, wenn ich etwas tat, das nicht gut ausgehen konnte und irgendwie verboten schien, denn aus der Sicht von Monsieur war es sicherlich verboten, was ich tat. Aber aus der Sicht des Himmels, war ich bestimmt eine brave Tochter.
Und der Himmel hatte Priorität.

Das Laub fiel schon ein wenig von den Bäumen, als ich in Orange das zweite Mal eintraf. Der Ort war mir mehr als vertraut. Der Bahnhof, der Fußweg zu meiner Pension, die Kirche, das antike Theater, das Monumentaltor, die Erde unter meinen Füßen... Alles war Heimat!
Ich hatte meine kleine schöne Pension erneut gebucht und konnte nun, wenn auch völlig übermüdet, aber glücklich, schnell einschlafen.
Und doch war ich auch voller banger Sorge.

Am nächsten Tag saß Monsieur in einem der mir bereits bekannten Cafés, als ich den Platz vor der Kathedrale überschritt. Er sah mich und versteckte sich vor Schreck hinter einer französischen Wirtschaftszei-

tung. Ich setzte mich, mit meinem Brief in einem großen braunen, sehr geschäftlich aussehenden Briefumschlag in der Hand, nur ein paar Tische von ihm entfernt. Auf dem Brief hatte ich als Adressat seinen Vornamen (mehr wusste ich ja nicht!) und als Absender meinen vollen Namen und meine Pensionsadresse geschrieben. Ich musste schon über die Situation lächeln. Was für ein Spiel! Was für ein komisches kosmisch initiiertes Spiel! Monsieur war völlig durcheinander, aber das war ja klar. Ich – die ihm nachrannte – war wieder da! Er hatte sich nicht darauf vorbereiten können wie ich. Wie furchtbar für ihn! Ich legte den Brief auf den Tisch und nahm mir eine Zeitung, die im Café bereit lag und las die Zeilen darin mehr oder weniger halbherzig und beobachtete ihn. Monsieur stand auf. Er zahlte beim Ober. An der Art, wie er das Geld aus seiner Tasche holte und es langsamst abzählte, konnte ich sehen, dass er Geld allgemein nicht gerne hergab, und dass er mit größter Wahrscheinlichkeit ein geiziger Mensch war. Ich musste auch darüber lächeln, denn früher in Versailles hatte er sich mit denselben Argusaugen um die Finanzen gekümmert. Er hielt das Geld dabei lange in der Hand und schob es mehrere Male von der Taille beginnend an seinem Körper bis zur Brustmitte hoch und dann wieder zur Taille hinunter, bevor er es endlich – schmerzlich – loslassen musste, weil der Ober ungeduldig wurde. Monsieur wusste, dass ich ihn dabei beobachtete. Ich dachte: „O Gott im Himmel, ich brauche keinen geizigen Mann."
Ich hatte selbst immer nur wenig besessen. Ich wollte auch gerne einmal in Fülle leben.

Monsieur verließ das Café schnell. Er war auf der Flucht.
Ich überlegte, was ich mit dem Brief machen sollte. Wie ich ihm den zukommen lassen konnte. Ich nahm den Brief, ich wollte ihm nachgehen. Ich hatte keine Zeit zu verlieren, ich hatte wieder nur ein paar wenige Tage. Ich legte das Geld für meinen Saft auf meinen Tisch und nickte dem Ober zu, damit er sah, dass ich nicht ohne zu bezahlen wegrennen wollte und ging in einem bestimmten Abstand hinter Monsieur her, ohne dass er mich bemerken konnte. Wahrscheinlich hatte er seinen Wagen wieder vor der Post geparkt. Bevor er den Parkplatz vor der Post erreichte, begann ich schneller zu werden. Es nützte mir ja nichts, wenn er bereits in sein Auto eingestiegen war, und ich ihn vielleicht nie mehr wiedersehen würde. Ich kannte ja seinen Nachnamen nicht. Aber ich wusste, in welchem Ort er lebte, und wenn meine Briefübergabe nicht

klappen würde, dann konnte ich ja noch immer sein Haus suchen, dessen Außenansicht und Foyer ich bereits in meiner Trommelreise vor der ersten Reise zugespielt bekommen hatte. Aber das wollte ich lieber nicht machen müssen. Ich fühlte mich ja so schon wie eine Stalkerin – und wahrscheinlich fühlte er sich auch von mir gestalkt.

Ich rief hinter ihm her. „Monsieur, j'ai une lettre pour vous!" „Monsieur, ich habe einen Brief für Sie!" Er drehte sich zu mir um. Und obwohl er mich im Café ignoriert hatte, strahlte er jetzt und nahm den Brief freudig entgegen. Er hatte wirklich die außergewöhnlichsten blauen Augen, die ich jemals gesehen hatte. Ich war davon erneut entzückt… Er versprach mir, den Brief zu lesen, und er verabschiedete sich charmant. Ich musste den weiteren Verlauf abwarten. Ich hatte alles mir Menschenmögliche gegeben, nun war er dran. Meine Pensionsadresse stand ja auf dem Umschlag.

Am nächsten Tag passierte nichts. Es gab keine Notiz von ihm an der Rezeption. Wieder vertrieb ich mir an den bereits bekannten Plätzen der Stadt die Zeit. Dann entschied ich am folgenden Tag, einen Wagen zu mieten. Ich sollte ja noch auf den Mont Ventoux fahren, von dem ich wenigstens so viel wusste, dass die Fahrer der Tour de France auf ihm regelmäßig übten und dass die Kelten ihn als ihren „heiligen Berg" bezeichnet hatten – und ich sollte noch nach dem Ort mit der gewissen Glocke suchen. Ich hatte also nicht viel Zeit.

Nach einer guten durchgeschlafenen Nacht bekam ich am nächsten Morgen einen kleinen Renault und düste los. Da ich aus Umweltgründen privat kein Auto mehr habe und mir einen Wagen mieten muss, wenn ich einen benötige, dachte ich mir, dass die Anfahrt auf den Berg eine Herausforderung sein würde. Als Norddeutsche war ich Berge und Serpentinen nicht gewohnt. Doch es ging relativ leicht, nach oben zu kommen. Die Straße war gut ausgebaut. Nur die Abfahrt gestaltete sich ein wenig schwierig. Der Abhang war nur stellenweise durch Leitplanken begrenzt. So war ich froh, als die ersten Baumspitzen auftauchten, denn sie gaben mir wieder mehr Sicherheit. Tour de France Fahrer fuhren auf ihren Rennrädern an mir mit so einer rasanten Geschwindigkeit den Berg hinunter, dass ich mir mit meiner langsamen und vorsichtigen Fahrweise ziemlich dumm vorkam – aber lieber den Berg wieder heil hinunter, als zu rasant und zu mutig zu sein. Als ich den Mont Ventoux – der Name des Berges soll sich von „Mons Ventosus“, lat. „Windiger Berg“ ableiten – verlassen hatte, war ich wieder eine einigermaßen sichere Autofahrerin. Die Aussicht, die ich auf die weiter weg gelegenen hohen Berge gehabt hatte, war grandios gewesen.

Ich vertrieb mir den Tag in der Gegend und ruhte mich weitgehendst in der wunderbaren Landschaft der Bergwelt aus. Ich fuhr in viele kleine Orte hinein, nahm in einem mein Mittagessen ein und vertrödelte meine Zeit in der wunderbaren Natur der Provence. Ich ließ mich einfach treiben, denn für den darauf folgenden Tag hatte ich eine größere Tour geplant, die würde anstrengender werden. Natürlich hatte ich mich an diesem Tag öfter umgesehen und geschaut, ob ich den Ort wieder erkenne, der mir von der geistigen Welt mit seiner besonderen Glocke gezeigt worden war und in dem ich eine Aufgabe zu erfüllen hatte. Doch ich konnte diesen Ort nirgendwo ausmachen. Ich fuhr nach Carpentras und sah mir in der Abendsonne noch ein wenig die Innenstadt an, die vor langer Zeit von den Kelten gegründet worden war und nahm dann die Strecke nach Orange zurück. Abends vertrieb ich mir noch auf dem Marktplatz von Orange die Zeit bis zum ins Bett gehen. Eine Message von Monsieur lag in der Pension nicht vor.

Der nächste Tag war mit Besichtigungen angefüllt. Ich wollte zuerst nach St. Remy, dann nach Arles, Gordes und Roussillon fahren. In St. Remy wollte ich unbedingt das Geburtshaus von Nostradamus besichtigen und mit ihm auf diese Weise auf einer Zeitreise von Seherin zu Seher verbunden sein. Ich nahm mir eine Autokarte zur Hand und fuhr los. Es war noch früh am Vormittag. Ich kam in St. Remy an und besichtigte zuerst den Ort, ohne ein näheres Ziel zu haben. Dann ging ich in die kleine Gasse, in der das Geburtshaus von Nostradamus, gut restauriert, noch immer steht. In das Haus kam man aber nicht hinein. Ich ging in die nahegelegene Kirche, die eine Orgel von 62 Registern, ca. 500 Orgelpfeifen beherbergt. Es gab nur wenige Besucher, und die Orgel wurde gespielt. Ich setzte mich.
Frankreich – das wusste ich schon als Kind –, hatte in meinen Inkarnationsentscheidungen immer eine bedeutende Rolle gespielt; insbesondere in Südfrankreich hatte ich mich oft in ein neues Leben begeben.

Meine Nähe zu Nostradamus hatte ich auch immer gespürt. Wahrscheinlich hatte ich auch als Vittoria Colonna seinen Namen gekannt, denn er war schon zu meiner damaligen Lebenszeit als Astrologe und Weissager über Frankreich hinaus bekannt gewesen. Die Orgelmusik wurde abgebrochen. Ein Mann polterte laut die Treppe zum Organisten hinauf. Man konnte ihn nicht überhören noch übersehen. Beide, der Organist und der Mann sprachen zuerst laut miteinander. Dann aber erscholl die Orgel erneut. Es wurde Bach gespielt. Der Mann entpuppte sich als Kirchensänger. Zu meinem großen Erstaunen sang er in deutscher Sprache die Arie „Ich habe genung. Ich habe den Heiland..." und das Recitative „Ich habe genung! Mein Trost ist nur allein...", von Johann Sebastian Bach, aus der Kantate BWV 82. („Genung" ist die alte Bezeichnung für genug). Hier nun eine modernere Textform *(Translation courtesy of Pamela Dellal and Emmanuel Music, Boston, MA, USA. Vielen lieben Dank!)*

„1. Aria B:
Ich habe genug!
Ich habe den Heiland, das Hoffen der Frommen,
Auf meine begierigen Arme genommen;
Ich habe genug!
Ich hab ihn erblickt,
Mein Glaube hat Jesum ans Herze gedrückt;
Nun wünsch ich, noch heute mit Freuden
Von hinnen zu scheiden.
2. Recitativo B Continuo
Ich habe genug!
Mein Trost ist nur allein,
Dass Jesus mein und ich sein eigen möchte sein.
Im Glauben halt ich ihn,
Da seh ich auch mit Simeon
Die Freude jenes Lebens schon.
Lasst uns mit diesem Manne ziehn!
Ach! Möchte mich von meines Leibes Ketten
Der Herr erretten;
Ach! Wäre doch mein Abschied hier,
Mit Freuden sagt ich, Welt, zu dir:
Ich habe genug."

War das eine Message für mich gewesen? Hatte ich wirklich schon als Alte Weise Seele genug von meinem jetzigen Leben? (Von allen meinen Leben?) War das noch einmal eine Bestätigung dafür, dass ich mich jetzt in meinem letzten Leben befand? „Ich habe genug. [...] Ach! Wäre doch mein Abschied hier, Mit Freuden sagt ich, Welt, zu dir: Ich habe genug.“ Ich konnte mich dem Zauber der Musik nur schwer entreißen. Doch ich musste weiter. Für jeden Ort hatte ich so etwa ein bis zwei Stunden Zeit eingeplant. Der Himmel war wunderbar klar, die Sonne wurde wärmer. Es ging auf die Mittagszeit zu. Wie vorgehabt, fuhr ich weiter nach Arles, wo ich mir die antiken Bauten ansah, die mich an Nîmes erinnerten, und ich fuhr nach Gordes, wo es viele Ateliers gibt und danach nach Roussillon, das durch seine rote Erde und seine leichten und süßen Weine bekannt ist. Es war bereits gegen sechzehn Uhr am Nachmittag. Ich machte eine Pause in den Weinfeldern. Den Ort mit der bestimmten Glocke hatte ich noch immer nicht gefunden. Ich spürte den Druck, der auf mir zu lasten begann. Würde ich ihn überhaupt noch finden? Konnte ich dem Himmel noch gerecht werden? Ich hatte den Wagen nur noch für diesen Tag gemietet. Noch einen Tag dranzuhängen, hätte mein Budget strapaziert. Während ich weiter fuhr, sprach ich einige Stoßgebete gen Himmel: „Bitte, bitte, sagt mir doch...!“
Musste ich etwa meine Suche aufgeben? Sollte ich jetzt umkehren und wie am Vortag über Carpentras nach Orange zurückfahren? Ich bat meine geistigen Lehrer mich zu führen und praktisch für mich das Lenkrad zu übernehmen. Auf diese Weise wurde ich von Roussillon aus noch weiter nach Süden geleitet. Plötzlich tat sich vor mir eine Kreuzung auf. Ich war Gott sei Dank allein auf der Straße, so hatte ich etwas Zeit zu entscheiden, und Ruhe genug, um den Druck des kleinen Grals zu spüren, der sich wie ein Laserstrahl über meinem Kronenchakra bemerkbar machte. Es dauerte ein paar Sekunden, bis die Information bei mir angekommen war, und ich verstand: Ich sollte auch jetzt noch nicht nach Orange zurück. Ich sollte mich noch weiter führen lassen. Das tat ich. Das nächste Schild wies aus: Die Straße führt nach Bonnieux und nach Lacoste; in das Lacoste, dass der berühmte Marquis de Sade im 18. Jahrhundert bewohnt hatte. Lacoste zeigte sich mir mit seiner Burg auf einem Hügel auf der rechten Seite. Die Abbiegung nach Lacoste hinein wollte ich aber nicht nehmen. Ich schien mir meiner Sache plötzlich ganz sicher. Ich sollte nach Bonnieux, dem Ort, der sich auf der linken Seite von Lacoste, auch auf einem Hügel, befand. Ich nahm die nächste

linke Abbiegung nach Bonnieux. Nun musste ich nur noch diese Glocke finden, von der der Himmel gesprochen hatte, dann war ich richtig gelandet. Ich fuhr in Bonnieux ein. Direkt vor mir befand sich die untere Kirche der Stadt mit einem Parkplatz davor. Beim Ausstieg aus meinem Wagen, sah ich sofort auf dem Dach eines Gebäudes an der Stadtmauer, die mir aus der geistigen Welt gezeigte Glocke auf dem etwas asymmetrischen Giebel, den man aber leider im folgenden Bild nur erahnen kann, weil das Foto von oben der Mauer und nicht von unten gemacht worden war (und so kann man auch leider die Stadtmauer nicht sehen).

Bonnieux bei Gewitterwolken
Bildquellennachweis ab Seite 350

Leider hatte ich auch hier keinen Fotoapparat bei mir, sodass ich wieder ein Fremdfoto benutzen muss. Ich wusste damals noch nicht, dass ich eines Tages von dieser Geschichte in einem Buch schreiben würde. Handys für ein schnelles Foto, das man auf den Computer übertragen kann, gab es noch nicht.

In mir stieg eine leise helle Freude hoch.
Ich hatte es geschafft, das Wunder wahr zu machen! (Ich brauche sicher nicht zu sagen, dass dieses immer die schönsten Momente meiner Hellsichtigkeit sind, wenn vom Himmel gesprochene oder in Tagesvisionen oder nächtlichen Träumen zugeschickte Informationen und Vorhersehungen wahr werden und dass ich dann mit größter Dankbarkeit an ihn angeschlossen bin.) Ich ging zuerst in die Kirche hinein. Aber ich hatte keine Ruhe lange in ihr zu verweilen. Es gab etwas Höheres zu ergründen und zu erfüllen. Ich hatte einer bestimmten Aufgabe gerecht zu werden, von der ich aber immer noch nicht wusste, wie sie annähernd aussah, und bis zum Abend war es nicht mehr all‘ zu weit. Es dürfte schon bald dunkel werden. Es war schließlich Herbst. Ich ging auf der mittelalterlichen Straße – entlang der Innenseite der Mauer an der die Glocke zu sehen gewesen war – in den Ort hoch und setzte mich erst einmal in ein Restaurant und trank einen Apfelsaft. Ich brauchte Zeit, um zu fühlen, wie es weitergehen sollte. Dann ging ich, bzw. ließ ich mich von der geistigen Welt bis zum Rathaus der Stadt führen (auch in kleineren Gemeinden wird das Gemeindehaus häufig als Hôtel-de-Ville bezeichnet), und ich wusste, hier war ich nun am richtigen Platz. Auch meine Füße bestätigten mir, dass ich am richtigen Platz angekommen war. Ich nahm meinen Erdhüterkristall aus meiner Umhängetasche und nahm ihn in meine rechte Hand. Ich setzte mich auf die oberste Stufe des Rathauses. Ich schloss meine Augen und nannte die Codierung, mit der ich zu meinen geistigen Helfern kommen konnte. Ich ging in ihre Welt, und ich befragte sie nach dem Grund, diesen Ort besucht haben zu müssen. Ich bekam sofort die wichtigen Bilder dazu zugesandt. Ich sah, dass jüdische Familien in Bonnieux von den Nazis auseinandergerissen und deportiert worden waren. Viele Kinder waren dabei gewesen, und einige Seelen von ihnen hatten sich seitdem nicht von diesem Ort lösen können. Diese Aufgabe der Loslösung sollte ich nun vollbringen. Dazu war ich da!
Zu so etwas sind wir SchamanInnen da!
Ich ging mit allen meinen vieldimensionalen Sinnen zu den Seelen der Kinder. Das war nicht so schwer, weil sie bereits wussten, dass ich dafür gekommen war. Es waren fünf Seelen, die sehr neugierig zu mir heruntersahen. Sie waren von den Weisen des Himmels, die mich mit der Sache beauftragt hatten, auf mein Kommen vorbereitet worden. Ich sah in ihre tief verletzten Kinderseelen. Ich sprach mit ihnen lautlos und bat

sie, diesen Ort für immer zu verlassen und sich dabei von mir helfen zu lassen, um sich auf höhere Dimensionsebenen zu begeben. Ich sagte ihnen, dass sie später ein erneutes Leben in Angriff nehmen könnten, sich aber erst einmal von den Weisen des Himmels beraten lassen und vor allen Dingen Vertrauen zu ihnen haben sollten. Ich sagte ihnen, dass ich wüsste, was sie durchgemacht hatten, denn auch ich war in meinem vorherigen Leben als jüdisches Kind den Nazis zum Opfer gefallen (was mich sicher auch für diesen „Job" der „Loslösung von ihrem Schock" prädestiniert hatte). Ich fragte sie, ob sie wüssten, wie lange sie schon an Bonnieux gebunden seien, und ob sie auch davon wüssten, dass sie gestorben waren und dass die Zeit ihres Ablebens bereits mehr als fünfzig Jahre her war? Ich fragte sie das, weil ich als Schamanin gelernt hatte, dass diese Frage zumeist zum Aufstieg verhilft. Denn wenn sich die Seelen darüber im Klaren werden, wie lange sie sich in den Zwischenwelten aufgehalten haben und dass sie in ihrer Entwicklung damit keinen Schritt weitergekommen waren, dann erschrickt sie das zumeist so tief, dass sie auch sofort an eine Veränderung ihrer Situation gehen wollen. Und weil ich wusste, dass diese Seelen Angst vor der Hölle hatten, weil unsere mittelalterlichen christlichen Religionen ihnen davor Angst gemacht hatten, und darum den Weisen des Himmels, und ihren helfenden Händen, einfach nicht vertrauen konnten, erklärte ich ihnen ihren weiteren Aufstieg und dass der ganz leicht zu nehmen war. Ich bat sie, den weisen Wesenheiten im Himmel endlich zu vertrauen, wie auch ich ihnen vertraute. Schließlich hatten sie mich ja zu ihnen geschickt. (Man sieht was Morde alles anrichten können und inwieweit wir auch noch nach unserem irdischen Tod von den Glaubensdoktrinen unserer Religionen abhängig sein können!) Es brauchte nur ein paar Millisekunden, dann gingen sie der Sonne entgegen. Die irdische Sonne leuchtete auf mein Gesicht und in mein Herz hinein, und ich ging noch ein wenig im angrenzenden Park mit seinen uralten Platanen spazieren. Es war schön, diese Aufgabe gemeistert zu haben und auch gemeistert haben zu dürfen. Ich war unendlich dankbar.

Ich sollte noch anmerken: Auch das Hôtel-de-Ville von Bonnieux hat so eine Glocke auf einem etwas asymmetrisch gehaltenen Giebel. Vielleicht war diese Glocke in meiner Vorhersehung gemeint gewesen und nicht die Glocke auf dem Haus an der Stadtmauer, die ich bei meiner Einfahrt gesehen hatte.

Vielleicht schaffte ich es ja auch noch, Monsieur weicher zu bekommen, dessen Starre und Sturheit mir noch immer zu schaffen machten, und dem ich vielleicht nie erzählen konnte, wozu ich auch noch nach Orange gekommen war.

Am nächsten Tag setzte ich mich in Orange in ein Café vor der Kathedrale, in dem ich noch nie gesessen hatte. Dort gab es Eclairs, die gut aussahen, eins davon wollte ich probieren. Ich wartete. Würde Monsieur nicht mehr kommen, so hatte ich wenigstens meine Aufgabe mit Bonnieux erfüllt. Doch Monsieur kam wieder unbestellt über den Platz, winkte freundlich und setzte sich an meinen Tisch. Zuerst ging unsere Konversation nur oberflächlich hin und her. Die Bedienung kam, und ich bestellte mir mit dem einfachsten Satz aller Sätze „J'aimerais un thé au lait, si'l vous plait", und er sagte charmant: „Das hast Du sehr gut gesagt." Doch sein Nachsatz machte gleich wieder alles zunichte, denn der hieß: „Kannst Du jetzt" (er meinte: nach dem einen Jahr!) „wenigstens mehr Französisch als das letzte Mal?" Ich versuchte seinen Satz zu ignorieren. Doch es gelang mir nicht. Er hatte den ganzen Tag nichts zu tun, ich aber eine Praxis, ich hielt regelmäßig Seminare ab, und ich schrieb meine Bücher. Wie sollte ich da noch die Zeit haben und die Kraft aufbringen, um die französische Sprache genauer zu erlernen? Dass ich spürte und wusste, dass die französische Sprache trotz meiner relativen Sprachlosigkeit durch meine vielen Vorleben in Frankreich immer noch tief in meiner Urprintkopie verankert ist, das hätte ich ihm auch nicht erklären können. Doch ich wollte mich nicht von ihm herunterziehen lassen. Ich wollte den Tag genießen. Er bedeutete mir, meinen Brief gelesen zu haben. Mehr sagte er dazu nicht. Aber er lud mich ein, mit ihm in die Berge zu fahren. Er wollte mich dafür am Nachmittag abholen. Ich sollte bedenken, dass es in dieser Jahreszeit am späten Nachmittag kühl werden konnte und mir deswegen unbedingt eine Jacke oder einen Mantel mitnehmen.
Wir verabschiedeten uns mit Küsschen rechts und Küsschen links.

Monsieur kam gutgelaunt! Er hatte kein genaues Fahrtziel. Er ließ sich nach Osten in die Berge treiben, in Richtung der Dentelles de Montmirail (in die Berge, von denen man sagt, dass sie bizarr wie Klöppelspitzenzähne aussehen). Wir waren schon eine gewisse Zeit unterwegs, als ich ihn bat, an einem Weingebiet halt zu machen. Ich wollte die Gegend genießen. Es war spät am Nachmittag. Die Sonne stand tief, was im September immer ein wunderbares warmes Herbstlicht erzeugt. Ich stand an einem der vielen Weinfelder in entgegengesetzter Richtung zur Sonne, die auf meinen Rücken schien. Ich breitete meine Arme aus und konnte meinen eigenen Schatten sehen, der sich lang auf der Erde erstreckte. Warum ich das tat, wusste ich zunächst nicht. Ich wies auf den Schatten, und spontan sagte ich: „Schau mal, ein Engel!“ Erst als ich das gesagt hatte, begriff ich meine Worte und deren Bedeutung. Ich war der Engel, der zu ihm geschickt worden war. Sollte ich ihn aus seiner Starrheit und aus seinen fast hollywoodreif gespielten Lonely-Wolf Aktionen befreien? Unterwegs hatte er mir gesagt, dass er immer allein geblieben war und auch nie erwogen hatte, zu heiraten, noch mit einer Frau zusammenzuleben. Monsieur stand hinter mir. Er umarmte mich. Es hätte eine wunderbare Umarmung werden können. Eine in Liebe und mit Freude und Dankbarkeit für den Himmel, der uns solch‘ ein wunderbares Geschenk gemacht hatte. Aber so umarmte er mich nicht! So wie er mich umarmte, so umarmt man nicht, wenn man liebt, so umarmte man nur, wenn man etwas forderte; wenn ein Mann sexistisch war und von Frauen wenig bis gar nichts verstand. Hatte er wirklich so wenig Ahnung von Frauen? Von Frauen meines Niveaus? Wieder hatte er meine Aura unangenehm durchdrungen, und wieder hatte er überhaupt nicht verstanden, was ich gerade eben gesagt hatte. Auch wenn ich zu ihm gekommen war, so brauchte aber auch ich Zeit, mich ihm anzunähern. Ich sah, dass er mit sich kämpfte, aber meine inneren Kämpfe nahm er nicht wahr. Wir gingen weiter und kamen zum Rand eines Steinbruchs, der wunderbar mit Zypressen bewachsen war. Dort wollte er mir elegant zeigen, wie er nur mit seinen Mokassins an den Füßen bekleidet, den Steilhang hinuntergehen konnte. Er rutschte dabei aus. Nur ein beherztes Anfassen von mir verhinderte seinen Absturz. Monsieur, th, th, th, machte ich in Sorge um ihn! Er lachte nur.

Ich singe viel und pfeife auch sehr gern.
An diesem Nachmittag sang ich ständig die Arie „Maria, Maria, Maria...“ aus dem Musical „Westside Story“ von Leonhard Bernstein. Ich sang sie leise vor mich hin. Es dauerte einen Moment bis ich begriff, dass ich dieses Lied ständig sang. Da ich vor Jahren von meiner schamanischen Lehrerin Leah Maggie Garfield gelernt hatte, dass man aufpassen soll, was man singt oder auch nur vor sich hinträllert, weil die

Lieder einem mit ihren Texten wichtige Informationen vom Kosmos überbringen können, kam mir der Gedanke, dass Maria im Himmel, unsere verehrte Jesusmutter, bei diesem Lied und dieser Reise ihre Hand im Spiel gehabt haben könnte. Aber dieses Mal schien auch Monsieur nicht ganz stumpf gewesen zu sein. Auch er hatte den Sinn und den Ursprung meines Gesanges verstanden. Vertrauensvoll flüsterte er in mein linkes Ohr hinein, so als wenn uns in der einsamen Landschaft noch jemand anderes hören könnte: „Mein ganzes Leben hat unter der mütterlichen Schirmherrschaft von Mutter Maria gestanden. Sie ist es, die mich immer geführt und beschützt hat. Das sage ich jetzt nur Dir. Davon weiß keiner.“ Also hatten wir doch etwas, das uns verband, und er war wohl doch nicht nur ein dreidimensionaler Sturkopf. Er wollte mir ein bestimmtes Kloster zeigen. Auf dem Weg ins Kloster erzählte er mehr von sich. Dass er italienisch-französischer Abstammung war (ah ja, deshalb so ein Chauvi dachte ich, und ich versuchte, mir diesen nicht vorurteilsfreien Gedanken über seine völkische Genmischung zu verzeihen!) und dass er mit seinem Bruder wegen der Erbschaft seiner Eltern in einem Rechtsstreit lag. Auf meine Frage und meinen Einwand: „Ist das denn nötig?“, reagierte er sofort mit Wut. Er wiederholte meine Worte und karikierte dabei schon fast hysterisch meine Stimme. Na ja, dachte ich, vielleicht kann ich, falls überhaupt je etwas aus uns werden sollte, auf ihn einwirken, denn gegen seinen Bruder kämpft man nicht. Und schon gar nicht um Geld! Man kämpft nur miteinander für ein gutes Ziel. Das sagte ich ihm. Er schwieg und schnaubte verächtlich. Monsieur nahm mit seinem Wagen die Auffahrt zu einer Abtei. Ich sah Mönche in einer Diskussion verwickelt. Ich fragte mich, inwieweit sie wirklich an den Himmel angebunden waren. Ich mochte Männerbünde, gleich welcher Art sie auch waren, nie. Die Welt ist nur zweigeschlechtlich perfekt. Das Yang braucht das Yin und das Yin das Yang, und beide sollten gleichwertig zum Ausdruck kommen dürfen. Anders ist eine friedliche Welt nicht zu schaffen. Ich war froh, als wir die Abtei endlich verließen. Die Verkaufsstände hatte ich auch nicht gemocht. Monsieur hätte mir wirklich etwas Schöneres zeigen können. Auf dem Rückweg nach Orange, erzählte er plötzlich sehr viel: Was ich sprachlich nicht verstand, das versuchte ich emotional zu verstehen. Dann sagte er etwas, das mich in Erstaunen versetzte. Er sagte, dass, wenn er und ich zusammen leben wollten, es für ihn nicht leicht wäre, weil er dann für mich sorgen müsste und dass er mich dann ja auch wegen der Aufent-

haltsgenehmigung zu heiraten hätte. Er sprach sich in Rage. Ich konnte sehen, dass ein großer Druck auf ihm lastete. Hatte er die Sprache des Himmels doch mehr empfangen, als ich bis dahin gedacht hatte?
Monsieur musste den Druck loswerden. Er musste *mich* loswerden. Wahrscheinlich wurde ich ihm materiell zu teuer.
Er redete sich noch mehr in Rage, geradezu in eine Panik hinein. Nun begann er darüber zu nörgeln, was er alles an mir nicht leiden konnte. Zu schlank! Zu intelligent! (Trotz meines Mangels mit der französischen Sprache schien er mein Bildungsniveau doch mitbekommen zu haben.) Zum Schluss seiner vielen kalten und gemeinen Worte war ich eine hässliche und zu dünn an Busen und Po geratene Frau, ohne jede Schönheit und Anmut. Und obwohl er mir meine Würde nahm, lachte ich nur. Ich war ja fähig, seinen Druck und seine Angst vor Veränderung zu spüren; ich hatte leider schon (zu!) viele andere Männer dieser Art kennen lernen oder sehen dürfen. So fuhren wir in Orange ein. Dort ging ein junges Mädchen, etwa im Alter zwischen achtzehn und zwanzig Jahren, auf der Straße entlang; sie war sehr hübsch und schlank, und sie hatte einen großen – vielleicht sogar künstlichen – Busen. „Solche Frauen mag ich!“, sagte er. Nun begriff ich, ich musste das Kapitel mit ihm schließen. Er hatte nicht den Mut zu sagen: „Geh!“ Ich war es, die eine Entscheidung herbeizuführen hatte. Sie hatte viel zu lange schon in der Luft gelegen. Ich brauchte mir seine dummen Kommentare nicht mehr anhören. Ich brauchte keine weiteren Beleidigungen. Ich brauchte einen klugen und feingeistigen Mann! Ich sagte, er solle den Wagen anhalten. Ich würde den Weg zu meiner Pension schon allein finden. Ich nahm meine Umhängetasche und meinen Mantel und stieg aus. Ich schickte ein Stoßgebet zu Mutter Maria, die ich hinter meinem Rücken geradezu hautnah fühlen konnte. Ich vermittelte ihr nonverbal, dass es mir Leid täte, ich hätte alles versucht, aber es ging mit ihm nicht, beim besten Willen nicht. Ich hatte schließlich auch noch meine Würde! Ich war auch traurig und sogar ein wenig wütend und trotzdem versuchte ich die Wagentür nicht zu laut zu schließen. Schließlich hatte ich auch Stil. Ich ging zur anderen Seite des Wagens. Monsieur machte das Fenster herunter. „Adieu Monsieur, à jamais“ („für immer“), sagte ich. Er sagte nichts. Ohne mich noch einmal zu ihm umzudrehen, machte ich mich auf den Weg in meine Pension. Ich wollte ihn nie mehr wiedersehen. Ich wusste, dass er bereute, aber ich wusste auch, dass der Befreiungsschlag für ihn wichtiger gewesen war als eine Bindung mit mir.

Ich brauchte keinen Frauenhasser in meinem Leben, ich hatte genug dieser Männer gesehen. Was mutete er mir eigentlich zu? Ein Mann, der Frauen mit einem großen Busen und Po liebte? Ich war auf die Welt gekommen, um Menschen zu lieben und zu heilen und um sie in die Rückbindung zum Himmel einzuweisen. Ich war weit weg von ihm. Das war wirklich nicht mein Niveau. Hatte er nicht einmal gesagt, er wäre „ein Philanthrop", ein „Menschenfreund"? Ein Mann wie Mister Jekyll und Mister Hyde in einem wäre die bessere Bezeichnung für ihn gewesen. Was hatten die sich im Himmel nur dabei gedacht, mich ihm noch einmal auszusetzen? Am Abend ging ich erneut zum Hügel St. Eutrope. Ich wollte mich zu Füßen der Statue der Jungfrau Maria mit Mutter Maria im Himmel verbinden.

Statue der Jungfrau Maria auf dem Hügel St. Eutrope
Bildquellennachweis ab Seite 350

Ich wollte mich ein wenig bei ihr ausweinen. Ich wollte ihren himmlischen Trost, obwohl ich schon wusste, dass Monsieur einer ihrer Lieblingssöhne zu sein schien. Ich nahm meinen Kristall dafür in die Hand und nannte die mir in Shambhallah gegebene Codierung… Mutter Maria kam sofort. Ich zeigte ihr meine Trauer und fasste sie wie eine hilflose Tochter am Rocksaum ihres einfachen hellgrauen Kleides an. Doch sie fand es ob meiner Seelenreife vollkommen unpassend, dass ich mich dermaßen meinen Emotionen hingab. Sie schüttelte meine Hand ab. Sie zeigte in Richtung Osten, und sie sagte, sie müsse jetzt nach Bosnien, da hätte sie genug zu tun. Da gäbe es viele Frauen, die ihrer Hilfe dringender bedürften als ich. (Auch zu der Zeit meiner zweiten Reise nach Orange, im Jahre 2001, hatten die Frauen noch unter dem Bosnienkrieg – 1992-1995 – viel zu leiden gehabt. Die Demütigungen hielten für sie an, weil die Tötungen und Vergewaltigungen von den Tätermännern mit der Begründung, „sie seien ein gerechtfertigter ethnischer Säuberungsversuch gewesen“, weiterhin „lässig“ abgetan wurden. Dadurch konnte man ihnen nur sehr schwer beikommen.)
Weitere Rückbindungen an meine kosmischen Lehrer klappten an diesem Abend nicht mehr. Ich schlief nicht gut ein. Es war nun Freitag.
In zwei Tagen, am Sonntag, sollte meine Rückreise sein. Ich wollte die nächsten beiden Tage noch für mich genießen. Monsieur war out. Ich wollte *mein* altes Leben zurück. Ich ging zum Bahnhof, um mir mein Ticket nach Deutschland bestätigen zu lassen, denn ich war mir mittlerweile nicht mehr sicher, ob der Zug auch wirklich am Sonntag fuhr, wie es mir gesagt worden war. Doch der Beamte am Fahrkartenverkaufsschalter bestätigte mir die Fahrt des Zuges auch für den Sonntag.
Sonntag früh: Kurz nach acht Uhr sollte der Zug abfahren.
Ich machte mich gegen halb acht Uhr von der Pension aus auf den Weg. Meine Vorahnung fand sich bestätigt, ich fand den Bahnhof verschlossen vor. Ich hoffte zunächst, denn es waren noch zehn Minuten bis acht Uhr, dass die Bahnhofstür doch noch pünktlich um Acht aufgeschlossen würde. Der Fahrplan rechts daneben, wies auf jeden Fall den Zug für diesen Tag für kurz nach acht Uhr aus. Doch mein mulmiges Gefühl fand weiter seine Bestätigung. Als der Zeiger der Bahnhofsuhr auf genau acht Uhr stand, war noch immer niemand zu sehen, der die Tür hätte aufschließen können. Ich versuchte, über den niedrigen Gartenzaun auf den ersten Bahnsteig zu kommen und zog meinen Koffer nach. Ich machte mich auf den Weg zum nächsten Bahnsteig, an dem die Züge in

Richtung Norden haltmachten, und lief dort unruhig geworden hin und her. Ich musste meinen Zug pünktlich bekommen, denn sonst würde ich meine Reise am selben Tag bis nach Hamburg nicht schaffen können. Ich hatte meine Reisen immer über Straßburg angetreten. Über Paris wollte ich nicht fahren müssen, das wäre zu lang gewesen und dafür war mein Ticket nicht ausgestellt. Doch der Zug kam noch immer nicht. Andere Reisende auf dem Bahnhof gab es auch nicht.
Kurz nach halb neun Uhr kam endlich der Bahnhofsvorsteher. Er winkte mir zu. Ich nahm meinen Koffer und ging zu ihm zum ersten Bahnsteig zurück. Er erklärte mir, dass mein Zug an diesem Tag nicht gehen würde. Ich könnte erst gegen Mittag den nach Paris nehmen. Aber das wollte ich ja nicht. So rief ich bei meiner netten Wirtin in der Pension an, und ich fragte sie, ob ich mein Zimmer noch einmal für eine Nacht bekommen könnte. Sie sagte gleich zu und der Bahnbeamte, der mein Gespräch mit ihr mitbekommen hatte, sagte, entgegengesetzt zu Monsieur, dass ich die französische Sprache ganz wunderbar sprach. Ich bedankte mich bei ihm dafür. Mir taten seine freundlich gemeinten Worte wirklich gut. Ich machte mich auf den Weg zurück zur Pension. Ich wollte den Tag relaxed verbringen. Ich konnte an der Tatsache, dass ich noch nicht heim kam, eh nichts ändern. Vielleicht sollte das ja so sein!? Mein Zimmer fand ich noch so vor, wie ich es verlassen hatte. Ich holte nur ein paar wenige Sachen aus meinem Koffer und hängte sie in den Schrank, damit sie nicht knüllen konnten. Das Zimmer musste erst noch gemacht werden. Dann verließ ich die Pension. In dem Moment, als ich die Pension verließ, kam Monsieur direkt von der rechten Seite auf mich zu, was mich, aber auch ihn, total erschreckte. Wir waren nur drei bis vier Schritte voneinander entfernt. Er war wahrscheinlich in der Kathedrale gewesen, und die Sonntagsmesse war gerade beendet worden. Er wollte etwas sagen – vielleicht war es sogar etwas Freundliches, seinem Gesicht nach zu urteilen –, doch mein Groll über sein schlechtes Benehmen, seine Launenhaftigkeit, seine Arroganz und auch über seine Frauenfeindlichkeit, saß zu tief. Ich ging wütend, traurig aber auch stolz zugleich an ihm vorbei und würdigte ihn keines Blickes mehr. Ich machte mich auf den Weg ins Zentrum der Stadt. Vorbei war vorbei! –

Was war das nun gewesen? Ein Zufall, der uns vom Himmel noch einmal zugefallen war? Eine erneute Chance? Oder beruhte diese Begegnung auf der profanen Tatsache, dass er jeden Sonntag zur Messe ging und dass er den Weg zu seinem Auto an diesem Tag nur so an meiner Pension vorbei genommen hatte? Vielleicht aber auch, um nachzusehen, ob ich noch da war, oder besser gesagt, endlich weg war? Ich hatte ihn bis zu diesem Tag nie an meiner Pension vorbeigehen sehen. Doch ich mochte nicht mehr über alles nachdenken, mir schon gar nicht mehr den Kopf über ihn zergrübeln. Es gab so viele Ungereimtheiten, denen ich wahrscheinlich nie auf die Spur kam. Es war so wie es war, und ich hatte das zu akzeptieren. Inwieweit der Himmel die ganze Sache akzeptieren konnte, dass wusste ich nicht. Aber ich würde nicht noch einmal nach Orange fahren, wenn man mich wieder darum bitten würde. Wenn es doch noch eine Chance geben sollte, dann musste Monsieur den Versuch machen, mich zu finden. Ich hatte, um ihn zu finden, ja auch alles mir Menschenmögliche getan. Er hatte ja meinen Namen, und in welcher Stadt ich lebte, das wusste er auch. Er hatte mir auch nie seinen Nachnamen verraten. Auf der Fahrt ins Blaue, hatte ich ihn danach gefragt. Er hatte daraufhin seinen Namen nur – und meines Erachtens völlig bewusst – unverständlich gemurmelt, und weil ich höflich bin, hatte ich auch nicht mehr nachgehakt. Ein wenig traurig, aber auch ein wenig erleichtert, fuhr ich am nächsten Tag nach Hamburg zurück. Ich versuchte, mich nicht mehr vom Vergangenen all‘ zu bedrücken zu lassen. Vorbei war vorbei! Im Zug gab es nette Leute, und die Landschaft, die an mir in Richtung Elsass und im Elsass selbst vorbeiflog, war zeitweise wunderbar anzusehen (zeitweise, weil die Umweltzerstörung heute überall auszumachen ist, wenn man die Welt mit „grünen Augen“, aber genauso aus seinen vielen Inkarnationen heraus betrachtet, in denen die Natur noch nicht so verletzt war wie heute). Ich fand nette Gesprächspartner. Die machten es, dass ich mich wieder etwas leichter fühlen und meine Gedanken auf etwas Besseres konzentrieren konnte. Ich hatte in meinem Leben schon zur Genüge gelernt, nach vorne zu schauen und nicht mehr zurückzublicken! Es nützte ja nichts! Das wollte ich auch jetzt wieder tun…

Nachtrag: Während ich dieses Kapitel schrieb, fand ich beim googeln heraus, dass Yolande Polignac sich beim König Ludwig XVI. dafür eingesetzt hatte, dass der damalige Finanzminister Jacques Necker entlassen wurde. War Monsieurs Abneigung gegen mich die heutige Retourkutsche dafür? Oder war vielleicht sogar der gesamte Ausgang der Reise kosmisch so eingeplant gewesen? Auch eine Schamanin weiß nicht immer alles!

In Frankreich – in Brest

Als ich F. das erste Mal – in diesem Leben! – in seiner Firma in Afrika in einer Frühstückspause getroffen hatte, da wussten wir beide sofort, dass wir uns aus vergangenen Leben kannten, und dass wir wahrscheinlich auch in der heutigen Zeit die Aufgabe hatten, in irgendeiner Form ein Paar zu werden. Er war Südafrikaner burischer Herkunft.

F. liebte mein Land. Er hatte schon immer ein Faible für Deutschland gehabt. Er war etwas jünger als ich und hatte gerade sein Studium in Holland beendet. Während seiner Studienzeit hatte er vorwiegend in WG's gelebt und nur lose Frauenbeziehungen gehabt.

Als ich ihn traf, war ich geschieden. Und ich war Mutter.
Wir waren wie zwei grundverschiedene Welten. Es war für uns nicht leicht, einander zu verstehen. Ich fand ihn eigentlich zu jung und unerfahren für mich, und er hatte an mir auszusetzen, dass ich – typisch deutsch – mit allen Dingen des Lebens psychologisch so entsetzlich in die Tiefe gehen musste und mein Leben nicht einfach leicht nehmen konnte. Trotzdem unterlagen wir beide dem Reiz des kulturell Unbekannten beim Anderen. Aber was viel wichtiger war: Wir schleppten unsere gemeinsamen vergangenen Leben und die Erfahrungen daraus mit uns herum, die erst einmal stärker waren als alle unsere Gegensätzlichkeiten. Sie waren der Kleber, der uns zusammenhielt, der unsere Loyalität und Liebe füreinander ausmachte, der aber gleichzeitig auch immer eine unterschwellige Abneigung gegen den anderen mitlaufen ließ.

Wir waren ständig hin- und hergerissen von unseren Emotionen, die von Anziehung und Ablehnung gekennzeichnet waren. Jeder Tag war angefüllt mit widersprüchlichen Gefühlen, die wir voreinander zu verbergen suchten. Kein Tag war daher nur eitel Sonnenschein, kein Tag aber war auch ohne Reiz und das Gefühl einer großen Nähe. Es war so, als wenn man einen Magneten zwischen uns hielt und ihn immer wieder wegnahm, sodass es mal zu einer Annäherung und dann wieder zu einer Abstoßung kommen musste. Immer wieder versuchten wir voreinander zu fliehen und immer wieder gab es große Versöhnungen. Es brauchte Jahre, bevor wir endgültig auseinander gehen konnten. Ich stand damals nachts mit mehreren Koffern auf einem südafrikanischen Flughafen und war weg für immer. Und doch bin ich sehr dankbar, diese Zeit mit ihm gehabt zu haben. Es war eine starke karmische Beziehung gewesen, in der wir noch viel zu bearbeiten und zu verstehen hatten. Diese Art von Beziehung löst man nicht so schnell, aber sie lässt sich zumeist auch nicht zu einem guten und ruhigen Ende bringen. Wir hatten bis zu unserer Entscheidung, uns endgültig zu trennen, und auch noch danach, viele Emotionen zu klären. Und viele Emotionen klärte ich noch sehr viel später ohne ihn, und ich nehme an, auch ihm erging es damit nicht anders. Von so einer späteren Emotionsklärung meinerseits, will ich nun erzählen:

F. und ich, wir lebten schon ein paar Jahre getrennt, als ich an einem Abend, an dem ich früh ins Bett gegangen war, im Schlaf eine Sichtung in ein vergangenes Leben mit ihm gehabt hatte. Diese Sichtung war unfreiwillig zu mir gekommen, ich hatte sie nicht von mir aus eingeleitet. Aber mein Unterbewusstsein wusste, sie musste *jetzt* sein, wenn ich nachträglich noch vieles mit ihm verstehen und daran reifen wollte.

Ich sah: Ich lebte damals in Brest in einem der kleinen grauen Häuser, die am Hafen in Reih und Glied standen. Innen im Haus gab es einen großen Raum mit ein paar dunkelbraunen Tischen und Bänken und einem großen blauweißen Kachelofen (ich glaube, es waren schon Delfter Fliesen gewesen; die gab es seit dem 16. Jahrhundert). Wahrscheinlich befand ich mich am Anfang des 17. Jahrhunderts. Ich sah mich in der Mitte des Raumes stehen und konnte schon schnell erkennen, dass es eine Gaststätte war, in der ich stand und dass ich die Eignerin dieser Gaststätte gewesen war. Ich hatte ein blaugraues Kleid und eine blauweiße Schürze an, und ich trug eine weiße Spitzenhaube mit einem Band unter meinem Kinn festgebunden. Mit der Haube hielt ich mein mittelblondes, welliges und langes Haar nach oben gesteckt, das bereits mit einigen grauen Haarfäden durchzogen war. Ich war ein wenig füllig. Mein Alter schätzte ich so um die vierzig Jahre. Ich war ein mütterlicher Typ, der für seine Gäste immer da war und aus Brest nur selten herauskam. Ich war als Gastwirtin wieder eine Art von Heilerin für die Menschen gewesen. Ich war keine Intellektuelle. Mein Vorteil bestand aus meinem hohen seelischen Wissen und meinem mütterlichen Verständnis für die Menschen und meiner immerwährenden Gastfreundschaft.

Ich ging zu meiner Haustür und öffnete sie, und ich fand meine Vermutung, dass ich eine Gaststätte besaß, noch einmal dadurch bestätigt, weil ich rechts von der Tür ein Emailleschild mit einem Hahn und der Aufschrift „Le Coq“ hängen sah. Wenn man den Weg geradeaus nach unten zum Hafen nahm, dann konnte man die wunderschönen Galeeren sehen, auf und mit denen Handel in andere Länder betrieben wurde. Diese Galeeren liebte ich mit ihren unterschiedlichen Takelagen sehr. Sie trugen mir viele Gäste zu, die ungefragt und bildreich von diesen Ländern erzählen konnten. Auf diese Weise konnte ich von anderen Ländern träumen und doch damit zufrieden sein, Brest aus beruflichen Gründen nur selten verlassen zu haben.

Ich ging wieder in den Raum zurück. Ich sah mich weiterhin in ihm um. Nach hinten führte eine Tür zu meinen zwei kleinen Privaträumen. Ich ging in den linken hinteren Raum hinein. Dort lag mein Kind, ein Junge. Er schlief. Er war etwa zwei Jahre alt. Der Vater lebte nicht mit uns. Ich zog ihn allein groß. (Ich war mir sofort sicher, dass die Seele meines damaligen Kindes auch heute in meine Verwandtschaft gekommen ist.)

Die Szene in meinem Traum machte einen größeren Sprung.
Es war spät am Abend, und ich hatte meine Gäste schon lange verabschiedet. F. stand mit mir in meinem Gaststättenraum. Im besagten Jahrhundert sah er natürlich etwas anders aus; wenn auch ähnlich zur heutigen Zeit. Im Gegensatz zu meiner einfachen Kleidung, war er sehr teuer angezogen. Er hatte langes, honigblondes Haar, das er leicht gewellt und eingeölt nach hinten gekämmt trug. Er trug ein weißes Hemd mit weiten langen Ärmeln, eine beige Hose und eine hellbraune Weste und darüber eine lange dunkle Jacke, einem Frack ähnlich. Und er trug sehr teure weiche Lederschuhe und Handschuhe, die sich eigentlich nur Edelmänner oder sehr reiche Kaufleute leisten konnten. Sein Geld trug er in seiner Westentasche in einem kleinen Lederbeutel und an einem Knopfloch befestigt.

Seine Kleidung, sein Geld und sein Ansehen schienen für ihn von großer Bedeutung gewesen zu sein. Ich war mir nicht sicher, ob er adelig gewesen war oder sich wie ein Adeliger kleidete, weil er das Geld dafür besaß. Ich war mir aber sicher, dass er nicht aus meinem Land stammte. Schon vom ersten Moment meiner Sichtung wusste ich, dass er – wie in seinem heutigen Leben – holländischer Abstammung gewesen war. Auch sein Name bestätigte diese Vermutung, denn er hieß Jan. Ich erkannte: Er besaß einige Galeeren und betrieb auf ihnen Handel. Tabak und Gewürze waren seine Hauptgüter. Aber er schmuggelte auch gerne.

Er war auch an diesem Abend, wie leider üblich, nicht lang bei mir gewesen. Nur fürs Bett und ein Getränk. Wenn er in Brest war, dann kam er immer erst dann zu mir, wenn ich meine Gaststätte am Abend geschlossen hatte. Er wollte nicht, dass ihn jemand bei mir sah. Und obwohl er mich mit seinem Versteckspiel und der von ihm ständig aufoktroyierten kurzen Zeitmenge fürs Bett und ein Getränk demütigte, versuchte ich, ihm meine verletzten Gefühle darüber nicht zu zeigen. Ich blieb ihm trotzdem zugetan. Ich war eine sehr loyale Seele.
Jan verabschiedete sich.

Er wollte mich, wie immer, schnell verlassen. Ich öffnete ihm die Tür, und ich gab ihm einen Kuss, was er nicht mochte. Er wollte nicht, dass ihn jemand mit mir in einer verfänglichen Situation sehen konnte. Er hatte mich heimlich besucht, und so heimlich sollte auch sein Weggang von mir vonstatten gehen. Keiner sollte ihn mit mir sehen, weil ich unter seinem Stand und unter seiner Würde und er der Vater unseres gemeinsamen Kindes war. Er schämte sich für mich – und doch konnte er mich auch nie ganz verlassen. Ob er Freude daran hatte, sein Kind zu sehen, konnte ich nicht ermitteln.

Jan ging nach draußen auf die Straße. Es regnete. Die Kopfsteinpflaster waren nass. Nach rechts wurde die Straße, gegenüber von meinem Haus, durch eine lange Schutzmauer begrenzt. Vor dieser Mauer befand sich eine Straßenlaterne. (Zu dieser Zeit wurden die Laternen noch mit Kerzen angezündet, Gaslaternen kamen aber schon auf.) Erst wollte er diesen Weg nehmen. Doch dann entschied er sich, doch lieber den Weg geradeaus direkt zum Hafen hinunterzugehen. Er drehte sich noch einmal zu mir um, und er zeigte mir dabei eine Arroganz und Kälte, die er mir von Zeit zu Zeit auch in diesem Leben als F. hatte zukommen lassen. Und was dabei auch noch frappierend gewesen war, war, dass die Person aus der damaligen Zeit mit der von heute im selben Moment im Aussehen fast deckungsgleich wurde. Schon während dieser Sichtung, aber auch noch lange danach, war ich vollkommen darüber erschüttert gewesen, inwieweit F. und ich dieses Muster von Anziehung und Abstoßung, Arroganz und Unterwürfigkeit auch noch in dieses Leben mitgenommen und ausgelebt hatten – obwohl ich mich in diesem Leben schon ab und an davon befreien und es ihm manches Mal heimzahlen konnte. Dann verhielt ich mich oft konträr zu meinem Seelenmuster, und ich wusste gar nicht, warum ich so gemein zu ihm war; ich konnte mich deswegen oft nicht leiden, und ich schämte mich auch dafür.

Als ich F. Jahre nach dieser Sichtung wieder sah, erzählte ich ihm von unserer Vergangenheit in Brest und dass er damals Jan hieß und meiner Meinung nach auch da von holländischer Abstammung gewesen war. Er war genau wie ich hellsichtig, erzählte aber nur selten davon. Aber an dieses Leben konnte er sich nicht erinnern. Er war überhaupt jemand, der sich nicht gerne preisgab, wie man aus meiner nächsten Erzählung von einem weiteren Leben mit ihm noch sehen kann. Jedoch antwortete er mir, dass ihm damals, als er mich das erste Mal in seiner Firma gesehen hatte, sofort und mit einer großen Klarheit: „Bei der hab‘ ich noch etwas abzuarbeiten“, durch den Kopf geschossen war, und dass er von diesem Moment an mit dem Gedanken gelebt hatte, dass er etwas zu begleichen hatte und dass unsere Beziehung deswegen für ihn nicht leicht zu leben sein würde. Und dass er auch sofort davon gewusst hatte, dass dieser Umstand nicht nur mit einem, sondern mit mehreren vergangenen Leben zu tun hatte.

Schade, dass wir beide nicht schon früher von Brest gewusst hatten, wir hätten dann viel mehr die Dynamik unserer Beziehung verstehen und sie auch ganz anders leben und bearbeiten können. Auch dafür sind karmische Rückreisen da. Man versteht dann die Liebe für, aber auch die Abneigung gegen einen Partner besser, die einen hin- und herreißen und manchmal auch fast ganz zerreißen können.

In Kairo – ein anderes Leben mit F.

Es war Weihnachten. Ich machte es mir auf meiner Couch bequem. Ich las bereits das zweite Mal in dem Buch „Einweihung“ von Elisabeth Haich, erschienen im „Drei Eichen Verlag“. Ich las von ihrem früheren Leben mit ihrem heutigen Ehemann in Ägypten und davon, wie sich ihre Ehe mit ihm in diesem Leben daraus resultierend gestaltete – wie sich überhaupt alle vergangenen Leben immer wieder miteinander verweben, wie man es bereits an meinen vorherigen Erzählungen gut ausmachen konnte. Ich war vom vielen Lesen müde geworden und schlief auf meiner Couch ein. Ich wusste da noch nicht, dass das Buch von Frau Haich mein letztes Leben in Ägypten (vor sehr langer Zeit – vor Jesus Geburt – hatte ich noch andere Leben dort!) angetriggert hatte – ja wohl auch antriggern sollte. Im Schlaf sah ich: Ich war so etwa um die neunzehn Jahre alt. Ich lebte in Kairo. Ich war in einer feudalen Umgebung aufgewachsen, und ich konnte, entgegengesetzt zu den meisten Frauen in meinem Land, ein recht freies und intellektuelles Leben führen. Ich hatte im typisch arabischen „hamra“-Rot (einem dunkleren Rot) ein knöchellanges Kleid mit langen Ärmeln und einem hoch am Hals geschlossenen runden Ausschnitt an. Ich trug zwar die für Frauen üblichen Kleider, aber ohne Abaya darüber (den dunklen mantelartigen Überhang). Mein Kleid war von mir ganz bewusst, ohne Stickerei und Bordüren, schlicht gehalten worden. Ich wollte nach europäischer Art gekleidet sein. Ich wollte auf diese Weise ganz bewusst meiner kosmopolitischen Bildung Ausdruck geben. Mein dickes, glattes und schwarzes Haar, trug ich etwas länger als kinnlang; an den unteren Spitzen hatte ich es zu einer Innenrolle eingeschlagen. Mein gut aussehender und weltmännisch gebildeter Vater war zu dieser Zeit Mitglied der ägyptischen Regierung gewesen. Er liebte sein Land und trug dafür viel Verantwortung. Ich datierte die Zeit meiner Sichtung erst einmal auf das Jahr 1900. Ich sah außerdem, dass die Seele meines Vaters auch in Griechenland, in Perea, mein Vater gewesen war. (Und wer aufmerksam gelesen hat, weiß noch, dass er in meinem heutigen Leben zu meinem Pflegevater wurde und auch schon in Ägypten, vor sehr sehr langer Zeit, mein Vater gewesen war.)

Ich kam aus der britischen Botschaft.

Das Tor zum Gebäude bestand aus schön verziertem Gusseisen. Ich war hier oft; ich war hier quasi zu Hause. Vor dem Gebäude gab es ein gro-

ßes rundes Blumenbeet mit rot/orangenfarbenen Strelitzen, bei uns in Deutschland als „Paradiesvogelblumen“ bekannt. Der Weg um das Beet war als große Auffahrt angelegt. Der Eingang sowie die untere Vorderseite des Gebäudes waren von Säulen gesäumt, die obere Etage hatte eine Balustrade zum Begehen. (Für meine LeserInnen, die an dem damaligen Aussehen der britischen Botschaft interessiert sind, muss ich die unten genannte Internetadresse* angeben. Das Bild ist leider nicht unter free share für mich zur Veröffentlichung verfügbar. Das dort eingestellte Bild der britischen Botschaft von 1920, kann meine Beschreibung allerdings noch einmal sehr gut bestätigen; inklusive des runden Blumenbeets und des wunderbaren geschmiedeten Gates. Dieses Bild fand ich erst sechs Jahre nach meiner Sichtung.)
Ich sah wieder F. Dieses Mal war er Engländer, und er hieß John. Er war nicht besonders groß und hatte mittelblondes Haar. Seine Haare waren kurz, aber auch nicht als sehr kurz geschnitten zu bezeichnen. John ähnelte auch dem Jan aus Brest sowie dem heutigen F. fast deckungsgleich. Er trug die für die Freizeit typische Baumwollkleidung britischer Kolonialherren; khakifarben, mit kurzer Hose und einem Hemd, dessen Ärmel er gern hochgekrempelt trug. (Auch in Südafrika lief er in diesem Leben in so einer Kleidung und mit hochgekrempelten Ärmeln gerne umher.) Ich erkannte: Er arbeitete in der Botschaft und war dort genauso zu Hause wie ich. Welche berufliche Funktion er bekleidete, konnte ich nicht sehen. Wir liebten uns. Wahrscheinlich waren wir sogar ein Ehepaar gewesen, oder wir wollten es auf jeden Fall werden. Das kann ich nicht so genau ermitteln. Dafür bräuchte ich mehr Zeit. Aber die habe ich gerade nicht. Mein Unterbewusstsein will es wohl nicht. (Dass ich bereits von meinem Leben mit ihm in Brest als Jan wusste, kam mir in diesem Moment auch nicht in den Sinn!) Ich sollte mir etwas anderes ansehen; etwas, das erst einmal Priorität hatte.
Ich sah: Ich nahm den Weg aus dem Botschaftsgelände heraus nach links auf die staubige, ungepflasterte Straße. Dort stand ein kleiner Wagen.

* *Bitte sehen Sie nach unter: www.egy.com/gardencity/99-04-29.php*
Bildquelle von der britischen Botschaft in Kairo (neu und alt)

Ein beigegelber Viersitzer, der zum Schutz gegen die pralle Sonne am rechten und linken Fenster außen jeweils eine Art Rollo aus Leinentuch angebracht hatte, das man vor der Fahrt mit der Hand je nach Bedarf auf- oder abrollen konnte. Zwei Lederriemen an der oberen Holzleiste des Rollos angenäht, hielten es hoch, wenn man es nicht mehr gegen die Sonne benötigte. Man schien diese Besonderheit erst in meinem Land an das Auto angebracht zu haben. (Fast den identischen Sonnenschutz hatte F. für mich auch in diesem Leben in Südafrika an meinem Wagen anbringen lassen, und ich hatte damals gespürt, dass es etwas Besonderes damit auf sich hatte. Ich schien diese Art von Rollos am Auto irgendwie zu kennen.) Der Wagen schien aus einer britischen Manufaktur gekommen zu sein. Es gab zu dieser Zeit noch nicht viele Autos in meinem Land. Ein eigenes zu besitzen, war eine Rarität. Seine Armaturen bestanden aus feinstem Holz, das auch die Rahmen der Türen bildete. John liebte das Auto sehr. (Auch in seinem heutigen Leben war und ist er noch immer ein Autonarr. Er hatte auch einen Oldtimer in seiner Garage stehen, der allerdings nie fertig restauriert wurde. Es war typisch für ihn, viele Dinge nie zum Ende zu bringen.) John hatte mir den Auftrag erteilt, aus seinem Wagen bestimmte geheime Staatspapiere zu holen und dabei sehr vorsichtig zu sein. Doch er musste es sich anders überlegt haben. Er stand plötzlich hinter mir. Er war in Panik geraten. Ich kam nicht mehr dazu, die Wagentür von der Straßenseite aus zu öffnen. Er schob mich beiseite, öffnete die Tür selbst und nahm die Papiere schnell an sich, die zu meiner Verwunderung trotz seiner Ängste völlig offen auf dem rechten Fahrersitz gelegen hatten. Ich konnte es darum auch fast gar nicht glauben, dass diese Dokumente von so großer Wichtigkeit für ihn gewesen waren – dass es sich wirklich um Papiere handelte, die Staatsgeheimnisse betrafen.

Wir waren beobachtet worden. Schnell standen zwei Polizisten hinter uns. Sie baten uns höflich, mit ihnen mitzukommen. Wegen Johns Immunität konnten wir aber in die Botschaft zurückgehen. Mein Vater kam, er sollte vermitteln. John und ich, wir wurden beide von ihm verhört. Zum Entsetzen meines Vaters und zu meinem Entsetzen, war John nicht nur ein politischer Vertreter Britanniens gewesen, er hatte für sein Land auch spioniert.

Wir saßen erst einmal in der Botschaft fest. Mein Vater versuchte, John zu helfen. Zwei Tage später sah ich aus dem Fenster einen Aufmarsch an britischen Soldaten in das Gebäude einrücken, um uns abzuholen. Mein Vater hatte das so ausgehandelt. Wir sollten beide so schnell wie möglich Ägypten über den Suezkanal verlassen, was für John zurück in seine Heimat, für mich aber „Auswanderung und Abschied von meiner Heimat und meinem Vater für immer" hieß. (Meine Mutter war gestorben, Geschwister hatte ich nicht.) Nun wusste ich auch, dass John und ich bereits verheiratet gewesen waren, ansonsten hätte mein Vater mich sicher nie mit ihm ziehen lassen.

Die nächste Szene: Wir fuhren in Johns Wagen in Begleitung von Sicherheitsbeamten, die uns in einem anderen Wagen folgten, in Richtung Suezkanal. Wir hatten große Sorge um uns. Wir ahnten, dass unsere Ermordung bereits angeordnet worden war und wir dagegen in der Wüste, trotz der Sicherheitsbeamten, nichts ausrichten konnten. Und tatsächlich wurden wir verfolgt. Wir hatten schon die Schiffe auf dem Suez-Kanal ausmachen können, als es passierte...

Ich breche meinen Traum bewusst ab. Bevor ich aus ihm herauskomme, erkenne ich noch, dass ich für John nicht so wichtig gewesen war, wie ich es im damaligen Leben geglaubt hatte; dass seine innere Berufung zum Spion – und damit die Liebe zu seinem Land und seiner Politik – immer Priorität vor seiner Liebe zu mir gehabt hatte. Und dass er mich damals für seine Interessen benutzt und geopfert hatte, denn wie hätte er leichter an Spionagematerial kommen können, als über meinem Vater, der sich in Regierungskreisen frei bewegte und eine hohe Reputation besaß? Ich konnte auch noch erkennen, dass John mich für sein Leben leicht gewinnen konnte, weil ich ihn nicht nur geliebt, sondern weil mein Leben durch ihn auch eine besondere Bedeutung – überhaupt für irgendetwas wichtig gewesen sein zu dürfen – erhalten hatte. Ich war ja – für ägyptische Verhältnisse – bereits eine ziemlich emanzipierte Frau gewesen, und ich wollte deshalb wie die Männer politisch aktiv sein und mitreden können; ich wollte damit auch meinem Vater ebenbürtig sein. John hatte mich nie wie die meisten arabischen Männer als untergeordnet, sondern immer mit Höflichkeit und Respekt gegenüber Frauen und intellektuell ebenbürtig zu den Männern behandelt. Für ihn war es schon damals klar gewesen, dass Frauen einem Beruf, möglichst einer Beru-

fung, nachgehen sollten. Und da ich einen weltgewandten und kosmopolitischen Vater gehabt hatte, der mir eine gute Bildung mit mehreren Sprachen hatte zukommen lassen, und mich auch immer zuvorkommend und gleichbedeutend behandelt hatte, konnte ich mir auch nur einen genauso emanzipierten und kosmopolitischen Ehemann für mich vorstellen. Aber ich hatte natürlich auch die Wertvorstellung mitbekommen, dass eine Frau einem Mann zu dienen hat; ich war ja, trotz meiner modernen Sichtweise auch eine Araberin. Und weil ich so loyal gewesen war, diente ich auch meinem Agenten-Ehemann mit meinem ganzen Herzen.
Als ich aufwachte, weinte ich.

Danach recherchierte ich im Internet, ab wann es dieses Auto gab, das ich gesehen hatte. Es konnte sich eigentlich nur um einen Austin 7 gehandelt haben. Dieses Auto wurde in England ab 1922 gebaut.

Austin Seven, Kasten-Limousine
Bildquellennachweis ab Seite 350

Und ich recherchierte, zu welcher Zeit sich die britische Herrschaft in Kairo zutrug.* Damit muss sich meine gesichtete Zeit in Kairo kurz nach 1922 abgespielt haben (danach kam ich als jüdisches Mädchen in Hamburg auf die Welt).

Nun hatte ich die Antwort darauf, warum F. in diesem Leben öfter gesagt hatte, dass er gern ein Spion oder ein Politiker geworden wäre und dann immer so süffisant wissend in sich hineingelacht hatte, als wüsste er schon, warum er das sagte. Beide, der Politiker und der Spion, sie sind wohl nicht so verschieden, wie man im allgemeinen glaubt; sie dienen ihrem Land gern, und sie müssen daran interessiert sein, hinter Verborgenem schon schnell die Wahrheit zu erkennen, um im entscheidenden Moment das – ihrer Meinung nach – Richtige zu tun! Demnach musste John auch die Forschungsreisende Britin Gertrude Bell – die nicht nur die mächtigste Frau ihrer Zeit und Beraterin von arabischen Herrschern, sondern wie John, nur ein paar Jahre zuvor auch eine Agentin für den britischen Geheimdienst in Kairo, gewesen war – gekannt und wahrscheinlich mit ihr zusammen gearbeitet haben; so wahrscheinlich auch mit T.E. Lawrence von Arabien. Ich bin mir sicher, dass das von mir Beschriebene – oder ein Teil davon –, dann auch noch in den Annalen der britischen Botschaft zu finden sein müsste. Es hängt nur davon ab, ab wann John nach Kairo gekommen war und ob seine Stellung mächtig genug gewesen war, um in solchen Annalen überhaupt erwähnt zu werden. Gertrude Bell war von 1915-1916, aber auch noch einmal 1921 zur „arabischen Konferenz“ in Kairo gewesen.

F. hatte auch im heutigen Leben noch immer viel von einem Agenten. Immer hatte er etwas zu verheimlichen. Er brauchte es, dass Dinge nur ihm gehörten. Er machte auch gerne für sich erst lange – für mich entsetzlich entnervende – strategische Pläne, bevor er an etwas heranging. Sogar für die Dinge, die eigentlich täglicher Peanuts waren; wie die Archetypvermischung Gelehrter und Krieger solche Pläne eben braucht, bevor sie in die Welt oder deren Kriege zieht.

** Wissen aus Quelle: https:// de.wikipedia.org/wiki/Britische_Herrschaft_in_Ägypten Die britische Herrschaft dauerte von 1882 bis 1922 offiziell an; das Protektorat ging aber noch darüber hinaus – quasi noch bis in die 50er Jahre hinein.*

Er war aber kein direkter Krieger mehr, der seinen Kopf für was auch immer hinhielt, das hatte er zu früheren Zeiten, als seine Seele noch jung an Erderfahrungen war, als Soldat, zur Genüge machen müssen.
Er war mehr der Schleicher, der geheimnisvolle Stratege.

Heute ist er eine sehr Alte Weise Seele, die gerne Strategien für Frieden entwickelt – und er hilft gerne Menschen, wenn sie in finanzieller Not sind. Das hatte ich an ihm immer besonders geliebt!
Er war ein sehr stiller Mensch. Er hatte sicherlich ein großes Kopfkino besessen, das ihn ständig auslaugte, denn er war von seinen Gedanken oft sehr müde. Doch das sah ich damals alles nur diffus (ich gab ihm dann lieber Vitamin B12 und Eisen zum Einnehmen, was auch nicht ganz falsch war!)

Erst meine eigene Entwicklung und das Erlangen von Mehrwissen über meine vergangenen Leben und die vergangenen Leben meiner Patienten, die für Visionsreisen zu mir kamen, und das Wissen über die „Seelenalter" und die „Archetypen", machten es, dass ich die Menschen auch in den Ecken ihrer Seele und ihres Herzens besser erkennen und sehen konnte, warum sie diese oder jene Eigenschaften in sich trugen und welches Seelenalter sie innehatten und dass sie darum auch nur so leben konnten, wie sie lebten.

F. konnte vor allen Dingen stillschweigen wie ein Grab, und er ließ sich auch nicht von mir aus der Reserve locken, wenn ich es mit Tricks versuchte, ihm seine Geheimnisse zu entreißen – im Gegensatz zu mir, die auch heute noch das Herz auf ihrer Zunge trägt. Wenn ich aber doch einmal ein Geheimnis mit mir herumtrug, dann spionierte er so lange, bis er es herausfand, um es mir dann mit großem Triumph unter die Nase zu halten.

Noch viel später sah ich, dass ein Seelenanteil aus seinem Seelenfamilienverband Abraham Lincoln gewesen war – oder war er es selbst als eine Kopie seiner Urseele gewesen? Und auch in diesem Leben hatte er noch viel von diesem Präsidenten. Eine Ahnung davon hatte ich öfter gehabt, und ich glaube, dass auch er davon wusste, aber Angst davor gehabt hatte, mir davon zu erzählen und so als Angeber dazustehen. (Aber diese Angst wäre nie berechtigt gewesen!)

Aber noch eine wichtige Frage tat sich auf:
Kann es sein, dass nicht nur er, sondern sein gesamter Familienverband durch alle Inkarnationen hindurch durch Politik, Spionage, Attentate und Schmuggeleien zu lernen hatte?
Kamen daher seine vielen Ängste, z.B. vor Gewitter oder davor, dass sich jemand „out of the blue" an ihm für irgendetwas rächen könnte? (Abraham Lincoln war an einem Attentat gestorben!)

Und ist es so, dass es für alle Seelenfamilien gilt, dass sie immer nur bestimmte, spezifische Entwicklungsziele zu verfolgen haben?
Heute kann ich diese Frage nur bejahen.
Es macht keinen Sinn, wenn alle Seelenfamilien ständig dasselbe lernen müssen, das würde zu viel Zeit auf der Erde verschwenden. Dafür gibt es zu viele Themen, die man zu verstehen hat. Ein Austausch über die irdischen Erfahrungen kann ja auch noch später, in der geistigen Welt, mit den anderen Seelenfamilien geschehen.

Obwohl ich mit F. in diesem Leben viel gereist war, in Kairo sind wir nie zusammen gewesen. Aber immer dann, wenn er beruflich dort zu tun gehabt hatte, überkam mich das ganz sichere Gefühl, dass ich mit ihm dort sein sollte.

Eine Sitzung bei einem anderen Schamanen

Ich hoffe, dass sich für meine LeserInnen aus meinen bisherigen Erzählungen nicht der Eindruck ergeben hat, dass ich alles sofort glaube, was ich in meinen Sichtungen gesehen habe, denn danach gehe ich fast immer ins Internet und überprüfe das Gesehene. Manchmal muss ich auch meine Zweifel offen stehen lassen, weil ich etwas nicht richtig einordnen kann. Und weil ich nicht unkritisch gegenüber meinen eigenen Sichtungen bin, bin ich natürlich immer genauso kritisch gegenüber den Sichtungen anderer SchamanInnen gewesen, die ich einmal aufgesucht habe; wie Sie sich, liebe LeserInnen, sicher noch an meine Schilderung mit der Seherin, die mich an mein letztes Leben in Hamburg zurückzuerinnern versuchte, erinnern können.

Von so einer Sitzung möchte ich nun erzählen, damit ich noch besser verständlich machen kann, wie wichtig es ist, sich selbst in Rückreisen zu begeben. Wenn man die Bilder aus den verschiedensten Zeiten seiner vergangenen Leben mit dem eigenen geistigen Auge sieht, dann erkennt man immer, ob sie die Wahrheit sind, denn zu vergangener Zeit sahen wir und unsere Umwelt nicht nur noch ganz anders aus – unsere heutige Kleidung, unsere heutigen Frisuren, die heutige Natur, die heutige Architektur der Häuser und unsere heutige Technik wie die Flugzeuge und auch Autos z.B., fehlten da noch ganz (es sei denn, es handelt sich um ein Leben in jüngster Vergangenheit) –, und wir können uns auch immer auf die eine oder andere Art wiedererkennen: An der Art wie wir dachten und sprachen, an unserer Gestik, an unserem inneren Wissen, an unseren Vorlieben, an unserem Urseelen-Phänotyp.

Ich machte einen Termin mit A. aus, einem Amerikaner, dessen Großmutter eine indianische Schamanin gewesen war. Auch er bezeichnete sich als Schamane. Ich mochte ihn. Er kam dafür in meine Wohnung. Es muss um das Jahr 1999 herum gewesen sein.

A. wollte schon vor der Sitzung telefonisch von mir wissen, in welchen Ländern ich in meinem jetzigen Leben gelebt hatte. Ich erzählte u.a. von Afrika und England. Er wollte sich darauf fokussieren und nachsehen, warum ich dort *wieder gelebt haben musste*. Für ihn war es klar, dass es dafür karmische Gründe gab. Das war auch immer meine Meinung gewesen. Trotzdem mochte ich es nicht, dass er schon vor meiner Sitzung etwas von mir wissen wollte. Ich sagte ihm dazu aber nichts, um seinen Sichtungen nicht im Wege zu stehen und ihn auch nicht zu beleidigen.

Als A. in mein Wohnzimmer eintrat, legte er seine Brille auf meiner mir liebgewordenen englischen Kommode ab. Dann setzte er sich auf meine Couch. Wenn A. channelt, dann macht er das anders als ich. Er geht dafür in eine Tieftrance hinein, sein Kopf sinkt auf seine Brust, und die Stimmen der geistigen Welt übernehmen ihn ganz; so, dass auch seine Stimme anders klingt. Er weiß darum nach seinen Sitzungen auch nie mehr so genau, was er alles gesagt hat. Ich mag es allerdings überhaupt nicht, wenn man in einer Sitzung fremdbestimmt aussieht und mit fremder Stimme spricht und wenn man sich danach auch noch kaum seiner Worte und Bilder erinnern kann. Ich mochte A. deswegen auch nicht gerne dabei ansehen. Doch die Erfahrung, so etwas bei einem anderen Schamanen mitbekommen zu haben, war es allemal wert, ihn dafür zu respektieren. (Auch der bereits von mir in der Anmerkung auf Seite 14 erwähnte große amerikanische Seher Edgar Cayce, bediente sich dieser Tieftrancetechnik; auch er konnte sich später an das ihm durchgegebene Material gar nicht mehr oder nur schwach erinnern. Seine von ihm nachgesprochenen Durchsagen aus der geistigen Welt wurden deshalb stets von seiner Frau oder seinem dafür abgestellten Personal mitgeschrieben.)

Ich bin auch jetzt – etwa sechzehn bis siebzehn Jahre nach dieser Sitzung – noch der Meinung, dass die heutigen modernen Seher in der Hier- und Anderswelt gleichermaßen stehen und nicht völlig abdriften, sondern immer vollständig wach in ihren Sitzungen bleiben sollten, und da ich selbst so eine moderne Seherin bin, kann ich diese Meinung natürlich auch zu jeder Zeit hinlänglich vertreten. Wir sollten möglichst alle auf vielen multidimensionalen Ebenen wach bleiben können, denn nur so lässt sich das Gesehene nachträglich besser verifizieren und modifizieren, falls man etwas falsch interpretiert hatte. Viele Patienten haben später auch noch diese oder jene Fragen zu dem Gesehenen, da ist es gut, wenn man sich noch an die Bilder erinnern und dazu Antworten geben kann. Aber es ist natürlich auch nicht falsch, noch in der alten Weise zu arbeiten.

„Du kennst King Arthur aus der geistigen Welt“, begann er, „und du hast ein Leben mit ihm auch auf der Erde verbracht.“ (Damals war ich noch weit davon entfernt, mein Buch über die wahre Gralsburg und den wahren heiligen Gral zu schreiben, der von meiner innigen Seelenverbindung zu King Arthur erzählt, und trotzdem ahnte ich von dieser Verbindung immer.)

Dann begann er mir von zwei früheren Leben in Großbritannien zu erzählen. In einem Leben, so sagte er, hätte ich als kleines Mädchen in den Midlands gelebt (die ich auch in diesem Leben ein paar Mal besucht hatte – dort war ich immer sehr gerne gewesen – die Landschaft hatte mich an alte Zeiten erinnert; insbesondere die meilenlangen Trockensteinmauern, die heute als Symbol einer Kulturlandschaft gelten und die Felder als Eigentum markieren, hatten das). Und er sagte weiter, dass meine Eltern damals – so um das Jahr 400 n.Chr. – von römischen Soldaten getötet worden waren und dass F. aus Afrika (er hatte mich vor der Sitzung auch nach meinem wichtigsten Mann aus meinem jetzigen Leben gefragt!), damals zu diesen römischen Soldaten gehört hatte. Ich hätte ihm als Waise Leid getan. Er konnte mich nicht auch noch töten lassen. So nahm er mich nach Beendigung der Kämpfe nach Italien mit und zog mich bei sich auf.

A. schloss seine Sichtung in dieses Leben, indem er noch hinzufügte, dass F.‘s und meine Beziehung schon lange vor diesem eben beschriebenen Leben um das Jahr 400 n.Chr., bestanden hatte.

Danach sah A. mich in einem Leben in London.
Er sagte, ich hätte dort in der Innenstadt gelebt. (Das hatte ich in Londons Innenstadt, in der Nähe des Towers of London, immer gewusst!) Ich sei eine Mutter von drei Kindern gewesen und musste mein Geld mit einem Bierausschank verdienen. Ich hätte das nicht besonders geliebt und mich dafür geschämt. Ich sei deswegen auch sehr früh aus meinem Leben gegangen. Es gäbe auch heute noch ein Bild von mir aus dieser Zeit. Ich sollte mir dieses in einem Buch über den britischen Maler William Hogarth* ansehen, das ich aber wegen seiner Thematik nicht so sehr leiden mögen würde.
Es sei kein gemaltes Bild, eher ein Druck und Satire.

Bierstraße und Ginpfad 1 von William Hogarth, Stahlstich
Bildquellennachweis ab Seite 350

A. kam wieder aus seiner Trance heraus. Er suchte seine Brille.
Ich stand auf und ging zu meiner Kommode. Ich wusste noch, dass er sie dort abgelegt hatte. Doch ich fand sie nicht. Ich suchte unten auf dem Fußboden. Vielleicht war sie hinuntergefallen? Doch sie lag auch da nicht. Ich suchte noch ein wenig im Zimmer herum.

** Hogarth lebte von 1697-1764. Er wird als der erste große Maler und Kupferstecher der Neuzeit genannt. In seinen Werken zeigte er das Leben seiner englischen Zeitgenossen – vom Adel bis hin zu den einfachen Menschen – und hielt ihnen gerne einen moralischen sowie satirischen Spiegel vor Augen.*

Als ich ratlos zu meinem Sessel zurückging, fand ich die Brille direkt vor meinem Sessel vor, da, wo vorher meine Füße gewesen waren. Ob das hieß: Sieh genau auf das, was er dir gesagt hat? Wenn das so war, dann hatte ich das erste Mal in meinem Leben eine Teleportation erlebt! A. schien darüber genauso überrascht wie ich.
Ich ging nach der Sitzung sofort zur Unibuchhandlung, die sich direkt unter meiner Praxis befand. Und tatsächlich hatten sie noch einen Bildband von Frederick Antal, mit dem Titel: „HOGARTH und seine Stellung in der Europäischen Kunst“, vom Verlag der Kunst, Dresden, im Keller. Das Internet war damals noch sehr jung, dieses Bild von Hogarth noch nicht zu finden. Die Abbildung mit der Nummer 243 im Buch zeigte das von A. erwähnte Bild. Ich bin wohl die mit dem Schlüssel für die Getränke in der Hand. Die Bierstraße befand sich tatsächlich am Tower of London.

Nach meiner Erfahrung mit A., war es mir nie mehr möglich gewesen, selbst noch einmal in dieses spezielle Leben einzusteigen, um seine Sichtung überprüfen zu können. Es ist schwierig, in eine Sichtung über ein bestimmtes Leben zu gehen, wenn man darüber schon zu viel weiß (dieses Problem hatte ich ja auch schon mit meinen Leben in Versailles als die Hofdame und Herzogin Yolande Martine Gabrielle Polignac und in Italien als die Dichterin Vittoria Colonna gehabt). Es ist besser, völlig unvoreingenommen zu sein. So weiß ich immer noch nicht so ganz, ob A.‘s Aussagen wirklich stimmten oder Fake gewesen waren. Ich sagte ja schon, dass es mir nicht gefallen hatte, dass er schon vor der Sitzung etwas von mir wissen wollte. Natürlich hätte er dadurch zur Genüge Zeit gehabt, sich mit dem Bild von Hogarth auf eine erfundene Geschichte vorzubereiten, um bei mir einen Wow-Effekt hervorzurufen. Er hätte sich von Schamane zu Schamanin genug unter Druck fühlen können, um so etwas zu machen. Deshalb konnte ich mit dieser Sichtung auch nie meinen totalen Frieden schließen. Ich mache es darum auch nie, dass ich meine Patienten vor meinen Sichtungen zu etwas befrage. Am liebsten ist es mir, wenn ich nur ihre Namen für eine höfliche Begrüßung kenne! Ich will so frei wie möglich bleiben! Deshalb bitte ich die geistige Welt auch immer, mir etwas Bestimmtes zu der sich gerade bei mir befindenden Person zu sagen, was ich selbst beim besten Willen nicht wissen kann (siehe dazu auf der übernächsten Seite ein Beispiel aus meiner eigenen Arbeit), und natürlich kann sich das auch bei A. – trotz seiner Fragen in welchen Ländern ich in meinem jetzigen Leben gelebt hatte – so zugetragen haben. Außerdem ist das Zeitfenster zwischen meiner Wiedergeburt als Yolande Polignac, geb. 1749, und der Ausstellung des Bildes von Hogarth, nur sehr sehr knapp. Das Bild Bierstraße war um das Jahr 1750 für eine Kampagne gegen den Gingenuss – zusammen mit dem Bild Ginpfad – veröffentlicht worden. (Hogarth benutzte das Ginbild, auf dem er die Menschen sturzbetrunken abbildete, als Warnung, denn Gin war für ihn ein gefährliches Getränk, Bier aber gesund, weshalb auf dem Bild „Bierstraße" die Menschen gemütlich zusammen sitzend zu sehen sind.) Und doch könnte ich durchaus die Frau mit dem Schlüssel in der Hand gewesen sein, und nicht nur darum, weil sie mir vom Typ her ähnelt. Ich kann ja nur ein paar Jahre zuvor verstorben sein, das Bild schon früher angefangen oder von Hogarth aus der Erinnerung gemacht worden sein. (Noch mehr dazu auf Seite 344f.) Dass ich schon früh aus diesem Leben ausgeschieden war, das hatte A. ja auch gesagt. Auf dem Bild schätze ich mich etwas über dreißig Jahre alt ein. A. hatte mir außerdem noch gesagt, dass ich dieses Bild aus meinem damaligen Leben nicht mögen würde, weil ich mich für meinen Beruf geschämt hatte. Alkoholgerüche – insbesondere die Gerüche vom Bier – kann ich nicht ausstehen. Sie rufen in mir Assoziationen von Primitivismus hervor. Ich hatte auch in meinem jetzigen Leben in Afrika und England nie ein Glas Bier angerührt. Ich wollte es noch nicht einmal kurz probieren, um den Geschmack zu kennen. Ich kannte ihn ja bereits. Und Pubs waren nie meine liebsten Plätze gewesen. Eher nur draußen vor der Tür, an der frischen Luft, wo ich nicht so eng mit den Gästen zusammensein musste und dem Gestank des Bieres nicht so ausgesetzt gewesen war. Ich war allein mit dieser Einstellung – ich hatte nie eine andere Frau gesehen, die sich genauso strikt und angeekelt verhielt. Ich hatte auch in meinem Leben in Brest, wo ich auch ein Wirtshaus gehabt hatte und Bier ausschenken musste, das Gefühl gehabt, einen Beruf ausüben zu müssen, der eigentlich – trotz seiner Anforderungen an mich, eine gütige Mutter, Freundin und Psychologin für meine Gäste zu sein – unter meiner Würde gewesen war (was mir F., damals als Jan, ja auch deutlich gezeigt hatte, und sicher werden mir das auch andere Besucher zu dieser Zeit gespiegelt haben). Aber man kann im Leben nicht immer alle Rollen spielen. Man sollte die gut spielen, die man vom Himmel vor der Geburt gesetzt bekam. Auch, wenn man zwei Mal hintereinander dasselbe machen muss. Das Ambiente des Ausführungsortes seines irdischen Schicksals sollte man immer nur wie eine Bühne betrachten, auf der das Theater des Lebens gespielt werden *muss*. Diese Bühne kann nicht immer perfekt sein. Da muss manchmal auch der Verkauf von übel riechendem Alkohol hingenommen werden, wenn man als Psychologin, Freundin und Mutter für die Menschen wirken soll.

Und nun zum angekündigten Beispiel:

Einmal hatte ich eine Patientin, eine Lehrerin – die ich vorher nicht gekannt hatte – die genauso meinen hellseherischen Fähigkeiten misstraute wie ich A.'s hellseherischen Fähigkeiten misstraut hatte. Sie hatte mich deshalb während der gesamten Sitzung arrogant und kontrollierend angesehen. Zum Ende der Sitzung bat ich deshalb den Himmel, mir etwas zu ihr zu sagen, durch das sie erkennen konnte, dass ich wirklich fähig bin, in ihre Akashachronik einzusteigen – ja, auch ich wollte, dass ich sie mit einem Wow-Effekt umpusten konnte. Als sie mich darum bat, mit ihrem verstorbenen Vater in Verbindung zu gehen, sagte ich ihr, dass das aber nur dann gehen könnte, wenn er in der geistigen Welt darin einwilligen würde. Der Vater kam zu mir durch. Ich erzählte ihr zuerst von seinem Aussehen und seiner Kleidung, die er zumeist getragen hatte (eine schwarze Hose, ein weißes Hemd und immer Hosenträger!) Da bekam sie schon weite Augen. Dann sagte er, dass er mir drei wichtige Dinge für seine Tochter zu seinem vergangenen Leben sagen wollte: Als erstes, dass er seine Töchter immer sehr geliebt hatte (ich wusste da nicht, dass sie noch eine Schwester hatte!), als zweites, dass es ihm wichtig gewesen war, ein Haus gebaut zu haben (er hätte ja auch in einer Mietwohnung gelebt haben können!) und als drittes, und das war für mich zur besonderen Hilfe gedacht, dass er Holzarbeiter gewesen war (er hätte ja tausend andere Berufe bekleiden können!) Ich würde an dieser Stelle gerne einen Film mit ihrem Gesicht nach der Benennung seiner ehemaligen Berufsbezeichnung zeigen: ihre Arroganz verschwand augenblicklich und wich einem ungläubigen Staunen. Wenn ich sie heute hin und wieder sehe, dann hat sie noch immer den Respekt vor meinem Können, den ich auch verdiene und der mir gut tut. (Man wird nicht so leicht ein Schamane oder eine Schamanin, man muss dafür sehr viel opfern!) Und da ist es für uns auch ab und an wichtig diesen Respekt gezeigt zu bekommen! Und deswegen gebührt auch A. mein Respekt, wenn er wirklich ehrlich gewesen war!

Ein Vogel reinkarniert

Mit dieser Geschichte möchte ich meine Reinkarnations- und Himmelssurferinnenberichte abschließen. Sie hat sich in den Jahren von 2011 bis 2013 zugetragen, und ich glaube, auch sie wurde mir für dieses Buch vom Himmel zugeschickt*, denn sie ist vortrefflich dazu geeignet, meinen Geschichten über Wiedergeburt einen noch sichereren Rahmen zu geben.

Im Jahr 2011 fand ich im Sommer ein kleines Kohlmeisenweibchen. Sie war nahe vor der Eingangstür meines Mietshauses gegen ein Fenster geflogen und lag betäubt auf der Erde. Ich nahm sie vorsichtig auf den Deckel eines Schuhkartons, den ich gerade in der Hand gehabt hatte – ich wollte sie lieber nicht anfassen – und dann mit in meine Dachgeschosswohnung hinauf. Sie sah nicht gut aus. Etwa eine Stunde brauchte ich, um ihr zuzureden, gut durchzuhalten und ihr dabei zu helfen, ihren Ohnmachtsanfällen Herr zu werden. Als es ihr etwas besser ging, war ich froh, sie nicht genauso wie andere Vögel zuvor (ich finde ständig irgendwelche kranke und halbtote Vögel!) beerdigen zu müssen. Danach nahm ich sie mit auf meinen Wohnzimmerbalkon, und ich sagte zu ihr viele Male: „Deine Geschwister warten schon auf dich, hörst Du?" Dabei hielt ich den Schuhkarton so, dass sie so viel wie möglich von der Umgebung sehen und hören konnte. Tatsächlich lauschte sie immer mehr den anderen Vögeln nach. Plötzlich reckte sie sich, sie probierte ihre Flügel aus, sie schüttelte sich mehrmals, und dann war sie weg.

Schon etwa eine halbe Stunde später kam sie mit mehreren Mitgliedern ihrer Familie auf meine Balkonbrüstung zurück und erzählte ihnen lauthals davon, was sie alles bei mir erlebt hatte und dass auch sie mir vertrauen könnten. Ich sah ihnen dabei vom Wohnzimmer, auf einem Sessel still sitzend, zu. Ich wollte die anderen nicht beängstigen.

** So wie mir die Sache mit dem Eppendorfer Weg und der Eichenstraße, in der ich als jüdisches Mädchen in meinem letzten Leben in Hamburg lebte, noch kurz vor der Fertigstellung dieses Buches zugetragen worden war.*

Seit dieser Zeit kam die Kohlmeise fast täglich bei mir vorbei, und so vergingen das Jahr 2011 und auch das folgende Jahr 2012, in dem sie mir eines ihrer gerade geschlüpften Kinder mitbrachte, um es auch an mich zu gewöhnen. Dieses Kohlmeisenkind war sehr schwach und auch ein wenig ungelenk und bedurfte ihrer besonderen Hilfe. Aber das machte ihr nichts. Sie war glücklich darüber, für jemanden sorgen zu können und die Lehrerin sein zu dürfen. Sie war auch die Intelligenteste von allen Meisen in ihrer Meisenfamilie, immer hellwach und dem Leben sehr zugetan.

Als es dann wieder Winter wurde, fütterte ich ihre Familie durch. Sie aber blieb diejenige, die am vertrauensvollsten mit mir umging. Dafür kam sie oft von der Brüstung des Balkons auf den Balkonboden hinunter, um die nach dort gefallenen Sonnenblumenkernreste auch noch aufzupicken, und sie blieb auch dann auf dem Balkonboden, wenn ich ihr ganz nahe war. Sie machte mir mit ihrer Innigkeit viel Freude.

Im Februar 2013, es war noch sehr kalt, sah ich auf meinem Wohnzimmerbalkon eines Nachmittags eine tote Kohlmeise liegen. Ich mochte sie gar nicht aufheben. Ich ahnte es schon: Es war meine kluge und schöne Meise. War sie extra zu mir zum Sterben gekommen? Ich hob sie auf und redete ihr wieder wie damals zu, auch jetzt ins Leben zurückzukommen. Doch dieses Mal half mein Zureden nicht mehr.
Ich versuchte ihr mit meinen Händen und meinem Atem von meiner Lebenswärme so viel wie möglich abzugeben. Aber auch das half nicht.

Sie hatte sich vorher stark erbrochen. Ich wusste nicht, ob sie gegen meine Fensterscheibe geflogen war. Eigentlich kannte sie ihr Gebiet und mein Haus zu genau, um sich so einen Fehler erlaubt zu haben. Vielleicht hatte sie aber auch etwas Falsches gegessen. Die Menschen benutzen so viele Gifte, da wäre das kein Wunder. Oder hatte ich ihr falsches Futter gegeben? (Später sagte mir ein Verkäufer für Vogelfutter, dass gerade im Winter 2012/2013 ganze Chargen von Vogelfutter mit Pilzsporen befallen gewesen waren!)

Ich begrub sie und bat sie dabei innigst, zu mir wiederzukommen, wenn das für sie möglich wäre und es im Sinne des Himmels sei. Sie hatte mir immer so viel Freude gemacht. Sie hatte mich oft einfach nur besucht, um sich zu vergewissern, dass ich noch da war. Einmal, sie muss mein Tun in der Wohnung viel beobachtet haben, schlief ich morgens, entgegen meiner Gewohnheit, sehr lange. Da hörte ich sie auf meiner Schlafzimmerbalkonbrüstung (ich habe zwei Balkone) – auf der sie sonst nie gewesen war – so lange laut zwitschern, bis ich endlich meine Augen auftat. Erst als ich meinen Kopf hob, um sie anzusehen und um mich bei ihr verbal und danach noch ein paar Mal nonverbal für ihre Aufmerksamkeit zu bedanken, konnte ich sehen, dass sie zufrieden damit war, mich wach bekommen zu haben. Erst dann flog sie wieder davon. Sie fühlte sich auch für mich verantwortlich.

Ihr kleines ungelenkes Kind war nun allein. Die nächsten Tage rief es bis spät am Abend herzzerreißend nach seiner verstorbenen Mutter. Dann flog es mit einigen anderen Meisen davon, die sich ein neues Gebiet in der Nähe ausgesucht hatten. Das Leben hatte weiterzugehen. Ich fand dann zwei Monate später, noch einmal eine tote Kohlmeise im Garten, und ich hoffte, dass es nicht die kleine Ungelenke gewesen war.

Ich hatte seit dem Tod meiner geliebten Kohlmeise oft an sie gedacht, denn sie fehlte mir entsetzlich, und ich hatte auch darüber nachgedacht, ob sie es wirklich schaffen könnte, ein erneutes Leben bei mir in der Nähe zu versuchen. Genau am 21.6., dem ersten Sommertag, noch im selben Todesjahr 2013, hörte ich am Nachmittag ein aufgeregtes Piepsen. Eine kleine junge Kohlmeise saß, von ihrer Mutter begleitet, auf meiner Balkonbrüstung an genau derselben Stelle, an der die verstorbene Kohlmeise immer so gerne gesessen hatte. Sie musste ihrer Mutter von mir erzählt haben. Wild und entschlossen machte sie mich darauf aufmerksam, dass sie wieder da war. Sie schlug dafür mit ihren noch sehr kleinen, plusterigen Flügeln vehement hin und her. Sie war völlig aufgelöst, und sie schaute mich dabei direkt und ohne Angst vertrauensvoll an. Ich blieb auch dieses Mal auf einem meiner Sessel still sitzen, und ich machte ihr über meine Sinne klar, dass ich sie verstanden hatte und welch ein Glück ich durch sie empfand. Das war ein wunderbarer Moment, ein wundervolles Geschenk des Himmels, gewesen.

Im darauf folgenden August sah ich, wie die Meise allein auf meiner Balkonbrüstung saß und ganz genau den Platz inspizierte, an dem sie ein halbes Jahr zuvor verstorben und von mir gefunden worden war. Sie brauchte das sicher noch zur Aufarbeitung ihres vergangenen Todestraumas. Jetzt bewohnt sie mit ihren Eltern wieder den Garten unter meinem Balkon. Ich hatte gedacht, dass sie mir in diesem Leben nicht noch einmal so nah kommen würde wie im Leben zuvor, um nicht noch einmal dasselbe Schicksal auf meinem Balkon zu erleben. Doch dem war nicht so. Zwar war sie am Anfang noch zögerlich damit, allein auf meinen Balkon zu kommen, doch dann gewöhnte sie sich immer mehr daran. Und je öfter sie ihr Futter darauf aufgepickt hatte, umso mehr Sicherheit gewann sie, dass ihr nicht noch einmal dasselbe passieren würde.

Diese Meise ist mir mit ihrem Verhalten immer wieder eine große Lehrerin, denn auch jetzt, zeigt sie sich ihrer Familie gegenüber sehr verantwortlich! Und da wäre es kein Wunder, wenn sie mir für dieses Buch auch noch zeigen w(s)ollte, dass der Reinkarnationsvorgang bei Tieren genauso abläuft wie bei den Menschen, und dass, wenn die Liebe und das Lernenwollen groß genug sind, man sogar besonders schnell reinkarnieren und auch sein Geschlecht wechseln kann*. Und dass immer der richtige Lehrer zur richtigen Zeit kommt, wenn man dafür offen ist, ihn zu erkennen. Meine Meise hat dafür ein großes Opfer gebracht, denn es ist nicht so leicht zu sterben und schon schnell wiedergeboren zu werden, wie man gemeinhin nach diesem Bericht glauben könnte.

Sie hat dafür viel auf sich genommen und viel Mut gezeigt.
Aber – Alte Seelen können das. Sie haben das schon oft geübt.

* *Nachtrag:*
Ihr Geschlecht konnte ich erst später ermitteln – bei Jungmeisen geht das noch nicht. Ich bin mir aber ziemlich sicher, dass sie dieses Mal zu einem Männchen geworden war, denn das Gelb an ihrem Bauch ist nun ein dunkles Gelb geworden, und sie weist ein breites und sehr dunkles Band an ihrer Brust bis hinunter zu ihrem Bauch auf, und unterhalb ihres Kopfes ist der schwarze Rand breit; alles Zeichen für eine männliche Kohlmeise.

Resümee

Ich könnte noch von vielen anderen Leben erzählen. Von Leben in Mesopotamien, in der Türkei, in Griechenland, in Indien, Pakistan und in der Eiszeit… (In Norwegen, in Telemark, hatte ich einmal einen Friedhof aufgesucht, von dem ich ganz sicher war, dort selbst einmal begraben worden zu sein!)

Trutz Hardo, Psychologe und Reinkarnationstherapeut, sagte einmal in einem Video bei You Tube mit dem Titel: „Wiedergeburt, die Beweise Teil I und II“, dass es schon in naher Zukunft Schriftsteller geben würde, die das Thema „Wiedergeburt“ aufgreifen und schriftstellerisch verarbeiten würden. Und dass es damit erneut zu einer allgemeinen Anerkennung darüber kommen könnte, dass es Wiedergeburten wirklich gibt.

Er führte mehrere Beispiele an, die eine Wiedergeburt belegen.
So hatte der Forscher Ian Stevensen, 1918-2007, Prof. für Psychiatrie und Begründer der Reinkarnationsforschung an der Universität Virginia, vielzählige Wiedergeburtsfälle auf ihren Wahrheitsgehalt untersucht. Er konnte von einem Kind berichten, das ohne Bein geboren worden war und auch im Leben zuvor ein Bein verloren hatte. Aus Indien kenne ich einen Bericht von einem Mädchen, das sich auf eine kilometerweite Reise machte, um seine Familie aus seinem Vorleben aufzusuchen. Von so einem Fall erzählt auch Trutz Hardo aus der Türkei. Und immer wussten diese Kinder noch vieles, von dem sie eigentlich nichts hätten wissen können, z.B.: Wie das Haus eingerichtet war, wer ihre Großeltern gewesen waren, oder ihr Ehepartner, der häufig noch lebte, was sie mit ihm erlebt hatten, welchen Namen alle trugen und welche Vorlieben aber auch Abneigungen und Schrullen sie gehabt hatten.

Ich schrieb bereits, dass alle von uns gemachten Erfahrungen in unseren Urprint eingehen und dass diese Erfahrungen deshalb mit unserer erneuten Seelenkopie in das nächste Leben (aber auch in alle weiteren Leben) übergeben werden und dass es an diesem Umstand liegt, dass sich Menschen bei einer erneuten Wiederkehr so schnell auf ein neues Leben mit neuen Umständen einstellen können. Es liegt aber auch daran, weil wir *immer schneller inkarnieren* ***müssen***. Würde unser letztes Leben tausend Jahre zurückliegen, was zu früheren Zeiten durchaus üblich war,

weil das Leben noch langsamer vor sich ging, könnten wir das wahrscheinlich nicht oder nur sehr schwer, dann wären wir in unserem Denken und Fühlen noch zu mittelalterlich, um uns auf unsere rasant entwickelnde Technik und unsere beschleunigten Lebens- und Lernbedingungen einlassen zu können.
In meinem Kapitel über meine Inkarnation in Griechenland, schrieb ich, dass ich mir, bevor ich dort in den Leib meiner Mutter eintrat, erst einmal aus der geistigen Welt heraus ein Dampfschiff im Hafen von Thessaloniki angesehen hatte, das mit einer neuen Technik angetrieben wurde, und dass ich das mit Freude tat, weil dieser Umstand für mich eine Neue Zeit einleitete. Und dass ich außerdem davon gewusst hatte, dass ich in meinen späteren Jahren auf so einem Schiff nach Boston reisen würde, denn das hatte man mit mir im Himmel so geplant.
Es ist für uns alle wichtig, dass unsere Entwicklung nie stille steht, sondern immer weitergeht! Auf diese Weise werden unsere und die himmlische Evolution gewährleistet! Aber es ist auch wichtig für uns, schon vor unserer Menschwerdung von einem Teil unseres zukünftigen Lebens zu wissen. Dieses Wissen macht es, unter der Voraussicht, dass das zukünftige Leben einigermaßen gut verlaufen soll, dass wir gerne inkarnieren. Aber selbst zukünftige Krankheiten oder Unfälle oder andere Probleme, werden von uns gelassen hingenommen und als für unser Leben wichtig und gut befunden, wenn wir mit unseren kosmischen LehrerInnen darin übereingekommen waren, dass unsere Seele nur so wachsen kann und diese Art von Wachstumsanschub unbedingt braucht.

Auf die Erde zu kommen, heißt immer:

Unserer Evolution alle Spielmöglichkeiten zu geben.

In meinem Buch „Wighart der Ritter der Schwerter – die Geschichte einer Seelenpartnerschaft über den Schleier hinweg“, werden noch viele andere von mir gelebte Leben beschrieben, so auch die aus voratlantischer (lemurischer) und atlantischer Zeit. Auch mögliche Überschneidungen von Leben hat es gegeben (wie ich in dem Kapitel „Eine Sitzung bei einem anderen Schamanen“, Seite 337, bereits schrieb), die sich dadurch erklären könnten, dass man als Urseelenkopie auf der Erde zur selben Zeit mehrfach ausgeschüttet oder als geteilte Seelenkopie, als eine Art eineiige Zwillingsseele, geboren werden kann oder dass man

Leben von anderen Seelenfamilienmitgliedern als seine eigenen deutet. Es kann aber auch sein, dass ich Jahreszahlen nicht immer gründlich genug recherchieren konnte und es dadurch fälschlich zu einer zeitlichen Überlappung kam. (Zu früherer Zeit hatten wir außerdem oft nur sehr kurze Leben!) Auch das ist mir noch wichtig zum Ende dieses Buches zu vermerken, damit auch Sie, liebe Leserin und lieber Leser, weiter dazu forschen können, wenn es auch Ihnen so geht! Mir ist es wichtig, Tips für neue geistige Forschungsansätze zu geben und kritisch zu bleiben! Dieses Buch ist dazu gemeint, auch zu erklären, wie alles miteinander verwoben ist, und dass der Kosmos von uns in unserer *jetzigen* Neuen Zeit unbedingt mehr verstanden werden sollte, als bisher und dass wir nicht mehr nur linear denken dürfen.
Aber noch andere Fragen treiben mich um, insbesondere diese beiden: Wo lebt unsere Urseele eigentlich? Und wie ist sie in der geistigen Welt verankert? Dazu werde ich für das nächste Buch den Himmel befragen.

„Was hat man nun davon, wenn man Inkarnationsreisen durchführt und dann von einigen Leben weiß oder von der geistigen Welt angeordnete Reisen auf der Erde macht, wenn die so ausgehen wie mit Monsieur?", werden mich jetzt sicher ein paar Leser und Leserinnen fragen. Aber ich frage zurück: „Was hätte ich davon, diese Inkarnationsreisen nicht durchgeführt und andere visionäre Einsichten nicht erlebt zu haben? Nicht die Geschichte mit Otto und Magdeburg, nicht die mit meiner Reise nach Sur und auch nicht die mit Monsieur?"

Himmelssurfer- und Reinkarnationsreisen auszuführen, heißt immer auch Ahnenforschung zu betreiben. Viele Menschen erforschen – was dank der Informationsfülle durchs Internet heute leichter geht als früher – das Leben ihrer irdischen Ahnen. Ich aber erforsche meine vielen Leben in der Erdvergangenheit und damit die vielen Selbste, die einmal aus meinem Urprint und dem Genpool meiner jeweiligen irdischen Eltern für die Erde entstanden waren. Und ich erforsche damit immer auch gleichzeitig die Leben meiner kosmischen Ahnen; die Leben der Mitglieder meines Seelenfamilienverbandes, mit denen ich wiederkehrend inkarnierte, ja inkarnieren musste, um durch die geistige Verwandtschaft ein wenig Halt in dieser Welt haben zu können; aber auch ihnen durch mich Halt zu geben. Sie sind und bleiben ja mit uns verbunden, wie wir mit ihnen. Ich schrieb bereits davon, dass viele Menschen sagen, dass sie das Gefühl haben, überhaupt nicht zu ihrer irdischen Familie zu gehören. Da ist es wichtig, dass ihnen aber mit jedem Leben wenigstens ein oder zwei Seelenfamilienmitglieder als Hilfe zukommen, durch die sie sich auf der Erde zu Hause fühlen können. Es ist aber genauso wichtig für sie zu wissen, dass auch sie diese Seelenfamilienmitglieder zu unterstützen haben, wenn sie ihrer Hilfe bedürfen. Hilfen dürfen nie nur in eine Richtung verlaufen. Aber nicht nur Ahnenforschung betreiben wir, wenn wir uns in unsere vergangenen Leben begeben. Wir betreiben mit Rückführungen auch Einsichten in die Geschichte unserer Erde und in die Geschichte der Menschheit insgesamt. Reist man in eine vergangene Zeit, dann präsentiert sie sich immer so, wie sie damals spezifisch ausgesehen hat. Das macht es einem einigermaßen leicht, sie kulturgeschichtlich richtig einzuordnen. Dieser Umstand erleichtert es einem außerdem, Nachforschungen in Büchern oder im Internet zu betreiben. Wenn man mit seinen Sichtungsfähigkeiten weit entwickelt ist und seine geistigen Lehrer hören kann, dann kann man auch sie dazuholen, und sie darum bitten, einem die Zeit zu dem gerade Angesehenen näher zu erläutern.

Lassen auch Sie sich darauf ein, das göttliche Spiel zu erkennen, das „Immer-Wiederkommen-Und-Immer-Weiter-Lernen“ heißt und unserer Seele die Möglichkeit gibt, viele Male mit den unterschiedlichsten Eltern, Geschwistern, Ehepartnern und Kindern in den verschiedensten Ländern und unter den verschiedensten Erdbedingungen wachsen zu dürfen und das Lieben zu erlernen. Suchen Sie sich dafür nur die besten TherapeutInnen aus! Gehen Sie bitte nicht nur auf *eine Reise*, sondern unternehmen Sie *viele Reisen* in Ihre unterschiedlichsten Erdvergangenheiten, denn erst wenn Sie viele Ihrer vergangenen Leben wie Perlen des Wissens auf einer Kette aufreihen können, können Sie verstehen, wer Sie heute sind und wozu Sie so vielfältig auf der Erde gewesen waren, und wozu Sie weiterhin zu inkarnieren haben.

Wir können annehmen, dass unsere vergangenen Leben, wie auch unser heutiges Leben, nur ein Spiel mit der Zeit und der Illusion sind. Wie schon zu Anfang dieses Buches gesagt und als Theorie von Physikern favorisiert: Wahrscheinlich ist das, was wir von uns sehen, gar nicht real. Vielleicht träumt uns der Superdesigner unseres Universums, den wir Gott nennen und träumen uns alle anderen Superdesigner der anderen wahrscheinlich auch noch bestehenden Universen – und träumt uns auch noch der Supertrooperdesigner, der für alle Universen zusammen zuständig ist und diese zusammenhält –, von einer anderen, von uns fern stehenden Realität aus, und wir und unsere vielen Leben sind eine von ihnen erdachte Symphonie, eine Poesie und ein cleveres mathematisches und physikalisches Spiel zugleich, in denen auch wir unsere eigenen Spiele spielen müssen, um ihre *immens große* Liebe und Verantwortung für die Welt nachzuahmen und tief in uns implementiert zu bekommen.

Die Schmetterlingsraupe träumt davon, eines Tages als Schmetterling fliegen zu können. Und wenn sie sich dazu entwickelt hat, kann sie dann sicher sein, dass sie wirklich fliegt oder ob sie nicht immer noch eine Raupe ist, die nur vom Fliegen träumt? Und kann sie sich sicher sein, nicht auch als Raupe immer nur ein Traum der Schöpfung gewesen zu sein, den sie mitzuträumen hatte? Muss somit nicht auch das Spiel mit der Reinkarnation als ein Traum unserer Weltenherrscher angesehen werden, den wir nur mitzuspielen, bzw. mitzuträumen haben?

Wenn das so ist, dann ist es aber ein wundervoller Traum, in dem ich zu jeder Zeit gern die Protagonistin sein will. Meine Rückreisen in meine vergangenen Leben sind ein Beispiel dafür, wie reich an Erfahrung man damit werden kann und in welcher Form man an ihnen wachsen darf. Ich möchte alle diese Träume nie mehr missen.

Wir neigen dazu zu glauben, dass unsere Welt uns ihr wirkliches Gesicht zeigt, dass sie so aussieht, wie wir sie wahrnehmen. Aber sie ist nicht „nur“ so, wie wir sie sehen. Alle Materie um uns herum befindet sich in ständiger Schwingung. Es ist „nur“ unsere von unserem Gehirn konstruierte Möglichkeit der stofflichen 3D-Darstellung, die diese Schwingung für uns in einen festen Zustand überträgt. Könnten wir alle Materie in ihrer Schwingung wahrnehmen, sähe sie für uns wie eine sich ständig in Bewegung befindliche Flüssigkeit aus; wie ein Meer aus sich bewegendem Licht, das wie Wasser fließt, aus dem sich keine Struktur mehr wahrnehmen ließe – und doch ist diese Struktur in ihr fest eingebunden, aus der unser Gehirn Bilder erschafft. Je tiefer wir mit einem Elektronenmikroskop in etwas hineinsehen können, umso mehr verwischen sich die größeren Strukturen und kleinere, von unseren Augen sonst nie wahrgenommene Strukturen, werden sichtbar.

„Wenn ich alles Große genau betrachte, so sehe ich,
daß es aus lauter Kleinigkeiten zusammengesetzt ist,
und wenn ich ganz genau hinsehe, erkenne ich,
daß es so etwas wie eine Kleinigkeit gar nicht gibt."

Michelangelo

Unser drittes Auge können wir genauso zu benutzen lernen. Wir müssen es nur auf eine andere Sinneswahrnehmung lenken und diese immer wieder trainieren, dann können wir unsere Aufnahme für die geistige Welt auch stetig verändern und vergrößern – für ihren Mikro- aber auch für ihren Makrokosmos.

Ich wünsche Ihnen, lieber Leser und liebe Leserin, für Ihre Einsichten in Ihre vergangenen Leben, ob sie nun real sind oder von Gott „nur" geträumt werden und alle auch noch gleichzeitig passieren – was, um es zu begreifen, fast außerhalb unseres Verstandes liegt – alles von Herzen kommende Gute! Und denken Sie daran, die Welt zu verbessern und schon schnell ein Schamane oder eine Schamanin oder ein Lichtarbeiter oder eine Lichtarbeiterin – welcher Couleur auch immer – werden zu wollen, denn Sie werden in sie erneut hineingeboren, wie Sie sie einmal verlassen haben.

Die Autorin und Verlegerin dieses Buches und Botschafterin des Himmels.

„Dass unsere Aufgabe genau so groß ist wie unser Leben,
gibt ihr einen Schein von Unendlichkeit."

Franz Kafka

Bildquellennachweise:

Von Seite 221
Sur, Oman
Lagune Khor-al-Batah
Bildquelle:
http://commons.wikimedia.org/wiki/File:Sur_Oman_(7).jpg
Description: Sur, Oman, Date 17 March 2008, 07:15, Source 080317-54 Oman-Sur (http://www.flickr.com/photos/60098692@N00/2601167813/) Uploaded by mangostar, Author: Andries Oudshoorn (http://www.flickr.com/people/60098692@N00)
This file is licensed under the Creative Commons Attribution-Share Alike 2.0 Generic (https://creativecommons.org/licenses/by-sa/2.0/deed.en) license

Von Seite 238
Chalkidiki
Bildquelle:
http://commons.wikimedia.org/wiki/File:Chalkidiki_-_DEM_Map_Topo_-_DE.png- Wikimedia Commons Descritpion Deutsch: Topographische Karte der Halbinsel w:de:Chalkidiki in w:de:Griechenland ergänzt um Straßen, Ortschaften und Bezeichnungen, Date 10. Mai 2008, Source Own work, Author: Christaras A
This file is licensed under the Creative Commons Attribution-Share Alike 3.0 Unported (https://creativecommons.org/licenses/by-sa/3.0/deed.en)license.

Von Seite 248
Façade ouest, clocher et arc-boutants de l'église Saint Séverin
Bildquelle:
http://commons.wikimedia.org/wiki/File:Eglise_Saint–Séverin_Quest.jpg-Wikimedia Commons
Description Francais: Façade ouest, clocher et arc-boutants de l'église Saint-Séverin, Date June 2009, Source Own work, Author: Benchaum.
This file is licensed under the Creative Commons Attribution-Share Alike 3.0 Unported (https://creativecommons.org/licenses/by-sa/3.0/deed/en),2.5 Generic (https://creativecommons.org/licenses/by-sa/2.5/deed.en),2.0 Generic (https://creativecommons.org/licenses/by-sa/2.0/deed.en)and1.0 Generic (https://creativecommons.org/licenses/by-sa/1.0/deed.en) license.

Von Seite 252
Das Herscherpaar im Magdeburger Dom (im Original wurde Herrscherpaar wirklich nur mit einem „r" geschrieben)
„Ecclesia und König der Könige", a sculpture in the Cathedral of Magdeburg, Germany from ca. 1250
Bildquelle:
http://commons.wikimedia.org/wiki/File:HerscherpaarMagdeburgCathedral.jpg- Wikimedia Commons

under the creative commons cc-by-sa 3.0 license.
Picture taken by me -- Chris 73 Talk
This file is licensed under the Creative Commons Attribution-Share Alike 3.0 Unported (https://creativecommons.org/licenses/by-sa/3.0/deed.en) license.

Von Seite 294
Orange Roemisches Theater
Bildquelle:
http://commons.wikimedia.org/wiki/File:Orange_Roemisches_Theater.jpg – Wikimedia Commons. Description Deutsch: Das sehr gut erhaltene römische Theater in Orange. Date: 12. May 2005, Source: Own work, Author: KlausF
This file is licensed under the Creative Commons Attribution-Share Alike 3.0 Unported (https://creativecommons.org/licenses/by-sa/3.0/deed.en) license.

Von Seite 299
Triumphbogen Orange
Bildquelle:
http://commons.wikimedia.org/wiki/File:TrBogen_Orange.jpg - Wikimedia Commons Description: Deutsch: Ehren- und Stadtgründungsbogen in Orange, Date: 19. August 2003, Source: Own work, Author: Andim.
This file is licensed under the Creative Commons Attribution-Share Alike 2.5 Generic (https://creativecommons.org/licenses/by-sa/3.0/deed.en) license. (https:creativecommons.org/licenses/by-sa/2.5/deed.en) license

Von Seite 308
Bonnieux bei Gewitterwolken
Bildquelle:
http://commons.wikimedia.org/wiki/File:Bonnieux_nuages_d'orage.jpg
Description Francais: Nuages d'orage au dessus de Bonnieux, Date 11 April 2012, 03. August 2012 (File history).
Source: http://www.flickr.com/photos/fordbuchanan/7227349232/
Author: Ford Buchanan.
This file is licensed under the Creative Commons Attribution 2.0 Generic (https://creativecommons.org/licenses/by/2.0/deed.en)license.

Von Seite 315
Statue der Jungfrau Maria auf dem Hügel St. Eutrope
Bildquelle:
http://commons.wikimedia.org/wiki/File:Colline-St-Eutrope_vierge-Marie.jpg Wikimedia Commons
Description francais: Vierge Marie qui domine la colline, Date 2011/04/01, Source: Own work, Author: Jeanlouiszimmermann.

Von Seite 328
Austin Seven, Kasten-Limousine
Bildquelle:
http://commons.wikimedia.org/wiki/File:1926.Austin.Seven.saloon.jpg – Wikimedia Commons
Summary: 1926 Austin Seven box saloon photographed by Malcolm Asquith en:User: Malcolma. File history: current 15:23, 9.October 2005.

Von Seite 335
Bierstraße und Ginpfad 1 von William Hogarth, Stahlstich um 1860**
Bildquelle:
https://de.wikipedia.org/wiki/William_Hogarth#mediaviewer/File:Hogarth_06.jpg - Wikimedia Commons
Description: Deutsch: Bierstraße und Ginpfad 1 (Beer Street and Gin Lane 1) von William Hogarth, Stahlstich um 1860 von William Hogarth, Stahlstich um 1860 Quelle: William Hogarth - The Complete Works * Scan: 200 dpi * Eingescannt von: Henryart, in dessen Eigentum sich das Werk befindet. Date 23 December 2004 (original upload date)*
Source: Transferred from de.wikipedia (http://de.wikipedia.org); transferred to Commons by User:Ireas using CommonsHelper (http://tools,wikimedia.de/~magnus/commonshelper.php).
Author: Original uploader was Henryart at de.wikipedia (http://de.wikipedia.org) Permission (Reusing this file): This image is in the public domain due to its age.

Meine Anmerkung: Das Datum 1860 ist möglicherweise falsch gesetzt, denn Hogarth lebte von 1697-1764. Im Buch von Frederick Antal ist das Jahr1751 dafür angegeben. Deshalb wurde es von mir auf Seite 335 nicht im Titel verwendet.

Anhang

Weitere zurzeit erhältliche Bücher sind bei der Autorin/Verlegerin direkt zu bestellen im „Verlag LILA das göttliche Spiel" unter der im Impressum angegebenen Telefonnummer (alle Bücher sind versandkostenfrei) oder unter der E-Mail-Adresse oder im Buchhandel unter der ISBN bei Books on Demand:

„MORGENSTERN – Die Seelenalter und die Neue Zeit –"
im ch. falk Verlag erschienen, gechannelt
ISBN 3-89568-065-6
Aus der geistigen Welt wird uns erzählt, wie eine Seele auf der Erde von einer Babyseele zu einer Alten Weisen Seele heranreift, um dann für immer in ihren kosmischen Seelenfamilienverband zurückzukehren.

„www.muetter-und-vaeter-der-welt.de – Ein Aufruf! –"
Verlag LILA Das göttliche Spiel, gechannelt
ISBN 3-8311-1159-6
In diesem Buch wird uns aus der geistigen Welt erklärt, inwieweit die Entzweiung von Männern und Frauen – beginnend vom Matriarchat bis zu unserer heutigen Zeit – auch mit der Einnahme und Ausbeutung unserer Mutter Erde zu tun hat und wie wichtig es ist, dieser Ausbeutung Einhalt zu gebieten. Dieses Buch kann man auch als ein „spirituelles Emanzipationsbuch" bezeichnen.

„Briefe an die Weltenbürger
– Neue Vorgaben für die Neue Zeit –"
Verlag LILA Das göttliche Spiel, gechannelt
ISBN 3-00-014949-X
Erzengelin LILA und die Hüter der Erde erzählen in Briefform, wie wir mit ihnen unser Leben zu einer besseren und heilen Welt gestalten können. Dieses Buch kann man wirklich als eine „Neue Bibel für die Neue Zeit" ansehen; dieses Mal nicht von uns, sondern vom Himmel geschrieben.
(Alle drei genannten Bücher sind als Trilogie zu betrachten.)

„ Die Reise nach Tschernobyl – Ein Schamane erzählt –“
Verlag LILA Das göttliche Spiel, gechannelt
ISBN 978-3-0001940-9-2
Ivor, ein nach der Katastrophe von Tschernobyl verstrahlter und daran verstorbener Schamane, erzählt der Autorin Jahre nach seinem Tod aus der geistigen Welt aus seinem Leben – er erzählt von seinem Studium, seiner schamanischen Einweihung, seiner Liebe zu Olga und ihrem Unvermögen für immer zusammenzubleiben sowie von seiner Verstrahlung am Reaktor selbst. Er will mit diesem Buch erklären, wie wichtig Schamanen auch heute noch für die Erhaltung der Umwelt und zur Erreichung eines heiligen Lebens für alle Menschen sind und wie die soziologischen Begebenheiten seines Landes, es ihm unmöglich machten, auf Dauer für den Himmel erfolgreich wirksam zu sein.

„Wighart der Ritter der Schwerter – Die Geschichte einer Seelenpartnerschaft über den Schleier hinweg –“
Verlag LILA Das göttliche Spiel, teilweise gechannelt
ISBN 978-3-00-027715-3
Dieses Buch stellt eine Besonderheit in der Literatur über Seelenpartnerschaften dar, weil es der Seelenpartner der Autorin aus der geistigen Welt mitgeschrieben hat. Er erzählt von der Entwicklung ihrer beider Seelen – von Lemuria bis zum heutigen Tag – in spannender und liebender Weise.

„Eure erste Erde ist nicht mehr...“
Verlag LILA Das göttliche Spiel, gechannelt
ISBN 978-3-00-031287-8
Wenn nicht jetzt, kurz vor dem Aus unserer Mutter Erde, wann sollte es dann wichtig zu wissen sein, wie Gott und die Gotte geboren wurden und wie sie lernten Schöpfung zu betreiben und dass es bereits eine erste Erde gegeben hat, die wir auch kaputt bekommen haben und wie alles von der Feinstofflichkeit in die Stofflichkeit übergeht?

„In der wahren Gralsburg – Die Arthuslegende reloaded – Arthurus und Anthea“
Verlag LILA Das göttliche Spiel
ISBN 978-3-00-039181-1
Da auch die Tempelritter die wahre Gralsburg auf der Erde nicht zu finden vermochten, hat sich die Autorin und Verlegerin für dieses Buch über einen Zeitraum von etwa einem dreiviertel Jahr in die geistige Welt aufgemacht, um sie dort zu finden. Sie hat dabei nicht nur die echte Gralsburg und den heiligen Gral gefunden, sondern auch noch die beiden nächst höher gelegenen Burgen entdecken dürfen. Viel Wissenswertes über den Sinn des Grals und der drei Burgen, aber auch über König Arthus Tafelrunde ist in diesem Buch zu finden, sowie die große Überraschung, dass Jesus und seine Apostel auch die „Ritter der Tafelrunde“ sind und „King Arthur“ identisch ist mit dem großen Wiedergänger St. Germain.
Die Autorin und Verlegerin wurde aus der geistigen Welt darum gebeten, dieses Wissen nun für die Menschheit begehbar zu machen, weil sie selbst in dem Gralsburgensystem wesenhaft zu Hause ist und dort eine besondere Stellung als „Königin der Balance“ inne hat.

Ein weiteres Buch mit dem Titel „Die wahre Frau Holle – Is-Holda aus der Is-Burg spricht“, ist gerade in Arbeit. Und auch Jesus hat seine Durchsagen für ein Buch, mit dem Titel: „Der wahre Jesus – Isa spricht“, angekündigt.